高等院校石油天然气类规划教材

储层岩石物理学基础

(富媒体)

刘之的 主编

石油工业出版社

内 容 提 要

本书主要介绍储层中存在的各种岩石物理现象的基础原理。全书共七章，前六章主要阐述岩石储集性和孔隙流体性质，储层岩石的声学、力学、电学、核物理性质，以及地震岩石物理性质；最后一章介绍上述各物理参数间的关系。为便于学习，本书以二维码形式给出了部分富媒体资源。

本书可作为高等院校勘查技术与工程、资源勘查工程和地质工程等专业的教材，也可供广大科研和工程人员参考。

图书在版编目（CIP）数据

储层岩石物理学基础：富媒体/刘之的主编．—北京：石油工业出版社，2023.6
高等院校石油天然气类规划教材
ISBN 978-7-5183-5848-9

Ⅰ.①储… Ⅱ.①刘… Ⅲ.①储集层-岩石物理学-高等学校-教材 Ⅳ.①P618.130.2

中国国家版本馆 CIP 数据核字（2023）第 091689 号

出版发行：石油工业出版社
（北京市朝阳区安定门外安华里 2 区 1 号楼　100011）
网　　址：www.petropub.com
编辑部：（010）64523697
图书营销中心：（010）64523633
经　　销：全国新华书店
排　　版：三河市聚拓图文制作有限公司
印　　刷：北京中石油彩色印刷有限责任公司

2023 年 6 月第 1 版　2023 年 6 月第 1 次印刷
787 毫米×1092 毫米　开本：1/16　印张：17
字数：436 千字

定价：42.00 元
（如发现印装质量问题，我社图书营销中心负责调换）
版权所有，翻印必究

前　言

党的二十大报告提出："立足我国能源资源禀赋，坚持先立后破，有计划分步骤实施碳达峰行动""深入推进能源革命，加强煤炭清洁高效利用，加大油气资源勘探开发和增储上产力度，加快规划建设新型能源体系""加强能源产供储销体系建设，确保能源安全"，这些要求为我国石油天然气资源高质量发展提供了根本遵循。

石油天然气赋存在储层的孔裂隙中，需要根据储层岩石物理性质差异及其变化特点来探寻。储层岩石物理学是专门研究岩石的各种物理性质及其产生机制的一门学科，其基本目的是为油气地球物理观测资料的推断解释提供理论基础。

本书是为高等院校勘查技术与工程、资源勘查工程和地质工程等专业本科生编写的教学用书，并可供石油工程、地质、矿产勘查等专业和学科作为教学参考书；本书还推荐给地质资源与地质工程相关专业的研究生做参考书，同时也可为在现场从事地球物理专业的工程技术人员自学和进修提供参考。

为适应石油工业和岩石物理学科的迅速发展，本书广泛吸收了近几年国内外科研成果和认识。作为本科生教程，本书侧重基础理论知识，注重知识的广度。通过本书的学习，学生应当掌握储层中涉及的各种岩石物理的概念、定义，掌握岩石物理现象及过程的影响因素、工程应用，并形成本课程的基本知识框架，为后续课程学习及从事相关领域工作打下良好基础。为了便于学生阅读和理解，本书参考了国内外大量著作和实例，同时也要求学生具备一定的大学数学、物理和有关地质学科的基础知识。

本书完稿时正值西安石油大学70周年校庆，谨以此书表达对70年来辛勤耕耘、默默奉献，为我国石油工业和教育事业做出贡献的老教师们的敬意。是他们的不懈努力，建立和发展了本学科的知识体系及课程的基本框架。由于篇幅所限，本书有些内容未能展开论述，有兴趣的读者可以参考有关专著和相关文献。

本书由3所高等院校学者合作完成，内容共7章，重庆科技学院赖富强编写第一章，西安石油大学刘之的编写第三章并负责全书的统稿，西安石油大学姜志豪编写第二章、第四章第一节与第二节和第七章，成都理工大学李可赛编写第四章第三节至第六节，西安石油大学赵建鹏编写第五章，西安石油大学刘宇航编写第六章。感谢西安石油大学各级主管领导，对本课程的建设和本书的出版一直给予支持和鼓励。我们的研究生和同学们对本书的编写也做了大量工作。在此一并表示感谢。

由于作者水平和学识所限，书中难免存在不足和错误，请广大师生和读者批评指正。

刘之的

2022年12月

目 录

第一章 岩石储集性和孔隙流体性质 ·· 1
    第一节 岩石的骨架特征 ·· 1
    第二节 岩石的孔隙与孔隙度 ·· 19
    第三节 岩石中的流体及流体饱和度 ··· 25
    第四节 岩石的渗透率 ··· 32
    第五节 岩石的密度 ·· 43
    第六节 岩石的压缩性 ··· 47
    第七节 岩石的毛细管压力曲线 ··· 49
    思考题 ·· 54

第二章 储层岩石的声学性质 ·· 55
    第一节 岩石声波的相关基础知识 ·· 55
    第二节 井孔中的声场 ··· 68
    第三节 岩石波速模型 ··· 73
    第四节 声波在岩石物理中的应用 ·· 80
    思考题 ·· 90

第三章 储层岩石的力学特征 ·· 91
    第一节 岩石的变形 ·· 91
    第二节 岩石的弹性 ·· 96
    第三节 岩石的塑性 ·· 106
    第四节 岩石的脆性 ·· 110
    第五节 岩石的强度及破裂准则 ··· 119
    第六节 影响岩石力学性质的因素 ··· 124
    思考题 ·· 130

第四章 储层岩石的电学性质 ··· 131
    第一节 岩石的导电性质 ·· 131
    第二节 岩石的介电性质 ·· 145

第三节　岩石的自然极化性质 ··· 153
　　第四节　岩石激发极化性质 ··· 156
　　第五节　岩石的压电效应和电致伸缩 ·· 159
　　第六节　电学参数的实验室测定 ·· 160
　　思考题 ··· 164

第五章　储层岩石的核物理特征 ·· 165
　　第一节　岩石的天然放射性特征 ·· 165
　　第二节　岩石的核磁共振特征 ··· 181
　　思考题 ··· 193

第六章　地震岩石物理性质 ·· 194
　　第一节　岩石中地震波的传播和衰减 ··· 194
　　第二节　岩石的弹性性质 ·· 211
　　第三节　地震岩石物理特征 ··· 221
　　思考题 ··· 242

第七章　储层岩石物理参数之间的关系 ·· 243
　　思考题 ··· 253

参考文献 ·· 254

富媒体资源目录

序号	名称	页码
1	彩图 1-22 某富有机质页岩样品颗粒 LLE 法测试结果	18
2	彩图 1-24 岩石样品的铸体薄片图像	21
3	视频 1 三维孔隙模型	22
4	彩图 1-27 某致密砂岩样品的三维数字岩心图像	22
5	视频 2 纵波	58
6	视频 3 横波	58
7	视频 4 单轴应力实验	94
8	视频 5 纵向弛豫	183
9	彩图 5-17 双 T_W 法流体识别	192
10	彩图 5-18 双 T_E 法流体识别	192
11	彩图 6-33 基于测井和岩心信息的储层岩石物理性质统计结果	231
12	彩图 6-34 基于 AVO 属性统计结果的岩相预测	232
13	彩图 6-36 跨尺度全频带地层吸收参数与油气储层渗透率间的变化关系	236
14	彩图 6-37 碳酸盐岩孔隙类型示意图	237
15	彩图 6-38 流体识别因子连井剖面	238
16	彩图 6-41 某层段测井曲线	241
17	彩图 6-42 岩石物理交会图	241
18	彩图 6-43 反演参数剖面	242

第一章 岩石储集性和孔隙流体性质

岩石的组成、结构、构造、颗粒（或晶粒）大小及形状、孔隙性、渗透性、所含流体等客观物性是岩石声学、电学、磁学、放射性、核磁共振特性，以及储热、传热等的岩石物理性质产生的基础，同时又是能源矿产勘探开发、地质灾害预测、工程地质勘查等必须研究获得的基础信息。因此，研究分析岩石物理性质，必须首先认识和了解岩石自身的客观物性及表征参量。地质学的相关书籍中已经对岩石的组成、结构、构造、颗粒或晶粒等有系统的阐述，本章仅针对岩石颗粒大小、孔隙性、渗透性、流体性质、孔隙结构等客观物性及其表征参量进行较为系统的阐述，同时也对各种参量的测试方法进行简要介绍。

第一节 岩石的骨架特征

岩石的骨架是由性质不同、形状各异、大小不等的颗粒经胶结作用而成。颗粒的大小、形状和排列方式，胶结物的成分、数量、性质以及胶结方式，都将影响到岩石骨架的性质，并进而影响到岩石的各种物理性质。描述岩石骨架特征的参数主要有粒度、比面、密度、压缩性和润湿性等，本节主要讨论岩石的粒度组成、比面和润湿性。

一、岩石的粒度组成

1. 粒度组成的概念及测量方法

岩石粒度是指岩石颗粒的大小，通常用其直径（单位可用目数或毫米）表示。根据粒径划分碎屑岩的方法有很多，表1–1是SY/T 5434—2018《碎屑岩粒度分析方法》中的粒级分类表。

表1–1 粒级分类表

粒度分类		分级界限	
大类	小类	粒径 d, μm	ϕ 值
砾	巨砾	≥256000	≤−8
	粗砾	<256000~64000	>−8~−6
	中砾	<64000~4000	>−6~−2
	细砾	<4000~2000	>−2~−1

续表

粒度分类		分级界限	
大类	小类	粒径 d, μm	ϕ 值
砂	巨砂	<2000~1000	>-1~0
	粗砂	<1000~500	>0~1
	中砂	<500~250	>1~2
	细砂	<250~125	>2~3
	极细砂	<125~62.50	>3~4
粉砂	粗粉砂	<62.50~31.25	>4~5
	细粉砂	<31.25~3.90	>5~8
泥	—	<3.90	>8

粒度组成是指构成岩石的各种大小不同颗粒的含量，通常以百分数来表示，即不同粒径颗粒在全部岩石颗粒中所占的比例，其计算公式为

$$G_i = W_i / \sum W_i \times 100\% \tag{1-1}$$

式中，W_i 为第 i 种粒径颗粒的质量，g；G_i 为第 i 种粒径颗粒的质量分数，%。

可见，测定岩石粒度组成的关键是如何测定不同粒级颗粒占全部颗粒的百分数。岩石粒度组成测定方法很多，例如对松散的沉积物和能松解成单个颗粒的岩石，可用直接测量法、筛析法、沉降法（水析法）等；对粗大砾石或砾岩，可以采用直接测量法；对固结的岩石，常用薄片粒度分析或图像分析法等。筛析法主要用于砂岩分析，沉降法主要用于粉砂岩和泥质粉砂岩。本节主要对筛析法、沉降法和激光粒度分析仪法进行简要介绍。

1）筛析法

筛析法是用成套的筛子对经松解的岩石颗粒进行筛析，按不同粒级将它们分开，主要用于测定砂岩粒度。筛子的筛孔尺寸有两种表示方法：一种是每英寸长度上的孔数，称为目；另一种则是以毫米直接来表示筛孔孔眼的大小。此外，成套筛子的孔眼大小有一定的规定，例如相邻的两级筛孔孔眼大小的级差为 $\sqrt[4]{2}$ 或 $\sqrt{2}$。在实验室进行筛析时，一般都采用细金属丝编成的标准筛进行。把所选用的筛子自上而下按筛孔大小从大到小排列好（图1-1），将岩石颗粒放入最上面筛子中，开动振筛机振动15min。取下筛子，把每个筛子中的颗粒倒出，逐份称量，算出质量分数和累计质量分数。筛析法测定岩石样品的粒度范围大于0.063mm，所需样品量大于10g，平均测量时间为1~2h。表1-2为利用筛析法测定的某岩样粒度组成。

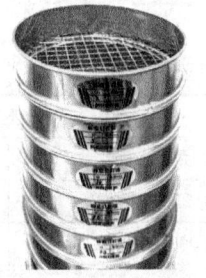 

(a) 自上而下筛孔由大到小排列　　(b) 筛子俯视图

图1-1　筛析法实验中使用的部分筛子

表 1-2 某岩样粒度组成

粒径(筛孔直径)		筛内颗粒质量 g	平均粒径 mm	质量分数 %	累计质量分数 %
目	mm				
15	1.332	0.443	1.332	0.493	100.000
20	0.900	0.268	1.074	0.298	99.507
40	0.450	5.761	0.6	6.413	99.209
60	0.280	36.104	0.345	40.190	92.796
80	0.180	29.891	0.219	33.274	52.606
100	0.154	5.497	0.166	6.119	19.332
120	0.125	3.857	0.138	4.293	13.213
140	0.105	0.920	0.114	1.024	8.920
160	0.098	2.416	0.101	2.689	7.896
180	0.090	1.386	0.094	1.543	5.206
200	0.074	3.291	0.081	3.663	3.663

2）沉降法

通过筛析法最小筛孔后的颗粒常为极细颗粒，需要再细分其粒级含量时，可采用沉降法。沉降法的依据是不同大小的颗粒在液体中具有不同的沉降速度，主要用于测定粉砂岩和泥质粉砂岩粒度。沉降法的基础是斯托克斯定律：球形颗粒在黏滞液体中受重力作用自由沉降时，沉降速度是与颗粒直径有关的常数，即

$$d = \sqrt{\frac{18\gamma v}{g(\rho_s - \rho_L)}} \tag{1-2}$$

式中，d 为颗粒直径，cm；v 为粒径为 d 的颗粒在液体中下沉速度，cm/s；ρ_s 为颗粒密度，g/cm^3；ρ_L 为液体密度，g/cm^3；γ 为液体的运动黏度，cm^2/s；g 为重力加速度，9.81m/s^2。

根据式（1-2）可知，选定悬浮液（如水溶液）后，液体的密度和运动黏度就为已知数，在已测得颗粒密度的情况下，再测出颗粒在液体中的下降速度，则由式（1-2）可计算出颗粒直径，最后统计出不同粒径的颗粒在总颗粒中所占的百分比。还需要注意的是，沉降法中粒度定义是：如果一个颗粒与球形颗粒具有相同的沉降速度，即认为该颗粒的粒度等于球形颗粒的直径。

在式（1-2）的推导过程中，斯托克斯曾假设：(1) 颗粒坚硬，并具有光滑的球形表面；(2) 在黏性和不可压缩液体中，颗粒的运动相当缓慢，且距离容器壁及底为无穷远；(3) 颗粒沉降应以恒速进行；(4) 在运动着的颗粒与分散介质之间的界面上，不发生滑动，等等。因此，该公式存在一定的局限性。此外，颗粒浓度对颗粒在分散液中下降速度影响较大，为保证颗粒在沉降时呈单粒分散下沉，在测定时要求岩石样品颗粒在悬浮液中的质量浓度不得超过 1%。沉降法测定岩石样品的粒度范围小于 0.063mm，所需样品量大于 30g，平均测量时间范围为 1~2d。在实际应用中，一般将筛析法和沉降法两种方法相结合。

3）激光粒度分析仪法

岩石粒度分析除了沉降法和筛析法等传统方法外，激光粒度分析仪法逐渐成为一种应用

范围比较广的室内测定新方法。激光粒度分析仪如图1-2所示。激光具有很好的单色性和极强的方向性，因此一束平行的激光在没有阻碍的无限空间中将会照射到无限远的地方，并且在传播过程中很少有发散现象。然而，当光束遇到颗粒阻挡时，一部分光将发生散射现象，散射光的传播方向将与主光束的传播方向形成一个夹角，夹角大小与颗粒大小有关：颗粒越大，产生的散射光夹角就越小；颗粒越小，产生的散射光夹角就越大。这就是著名的米氏散射理论。激光粒度分析仪的测试原理主要基于光与颗粒间的作用，即根据颗粒能使激光产生散射来测试岩石粒度分布。激光发出的单色光，经过光路变换成平面波的平行光；平行光经过试样槽，遇到散布其中的颗粒，发生衍射和散射，从而在后方产生光强的相应分布，被信息接收器接收并转化为信号，进而经过复杂的程序处理而得出颗粒粒径分布。激光粒度分析仪测定岩石样品的粒度范围为 $0.02 \sim 2000\mu m$，所需样品量小于5g，平均测量时间范围为 $3 \sim 5 min$。

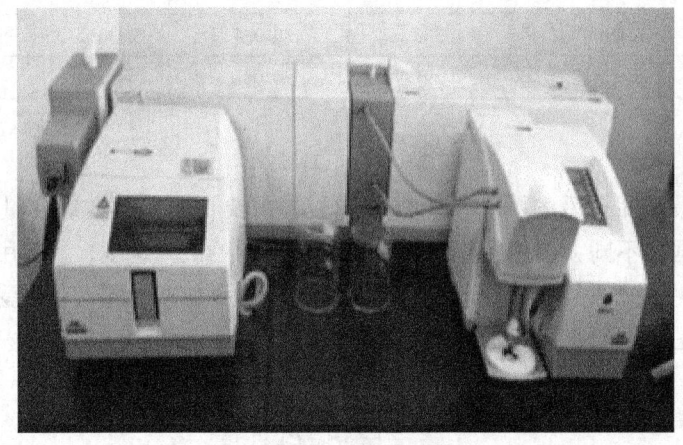

图1-2 激光粒度分析仪

2. 粒度组成的表示方法及粒度参数计算

粒度组成的表示方法有数字列表法和作图法两大类。其中作图法较常用，主要包括直方图、频率曲线图、累计频率曲线图（累计曲线图）、概率累计曲线图等。这些图件直观表示了各种粒径颗粒在岩石中所占的质量分数，不同图件主要反映的地质环境及应用不同。

1) 直方图

以颗粒直径（以 ϕ 值或毫米为单位）为横坐标，纵坐标为频数（质量分数），将所测得的各粒级频数画成矩形柱，即为直方图或柱状图。直方图中长方形的"宽"代表粒度区间，"高"代表每种粒度的频数，表示各粒度区间的质量分数。通常把直方图中突出于周围方块之上的高方块中的高点称为"峰"，如果只有一个峰，则称为"单峰"；如果有两个或两个以上的峰，则称为"双峰"或"多峰"。图1-3是以 ϕ 值为横坐标得到的不同储层岩石的粒度直方图。从中可看出，图1-3(a) 样品的粒度分布范围广，具有多峰，且峰所在粒级的质量分数并不高，说明该样品分选性极差；图1-3(b) 样品的粒度分布为单峰，且粒度分布较宽，说明该样品分选性较差；图1-3(c) 和图1-3(d) 样品的粒度范围较窄，两者都具有较明显的单峰且后者更突出，说明两者的粒度分选性好且后者的分选性更好，同时后者样

品的粒径更小。ϕ 值与 mm 表示的颗粒直径间的转换关系为

$$\phi = -\log_2 d \tag{1-3}$$

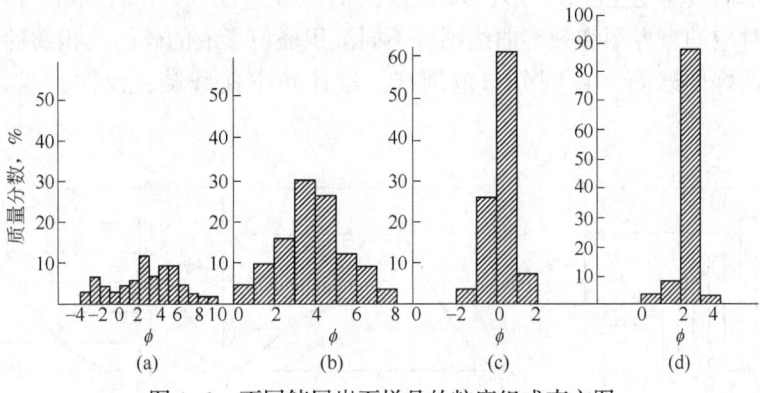

图 1-3 不同储层岩石样品的粒度组成直方图

2) 频率曲线图

将直方图上各矩形顶边中点连成一光滑曲线则为频率曲线图。常见的粒度组成频率分布曲线形态如图 1-4 所示。粒度组成频率曲线的形态可用对称性或偏度表示 [图 1-4(a) 和图 1-4(b)],峰的展开度可用峰度(也称为尖度)表示 [图 1-4(c)] (其定义见粒度累计曲线)。同时,粒度组成频率曲线中的高点也称为"峰",主峰所对应粒径值称为"众数"。如果只有一个峰,则称为"单峰";如果有两个或多个峰,则称为"双峰"或"多峰",如图 1-4(d) 所示。单峰曲线横向展开度窄,峰值高,表示分选好,说明该岩石以某一粒径颗粒为主,岩石粒度组成越均匀 [图 1-4(d) 中样品 1];反之,表示分选差。双峰频率曲线代表混合物沉积,分选中差或差 [图 1-4(d) 中样品 2]。若两峰相距较近且峰值高,则表示分选较好;若两峰相距远且峰值低,则表示分选差。多峰频率曲线一般表示分选差 [图 1-4(d) 中样品 3],为多种来源沉积物混合,常为冰川沉积或洪积物。

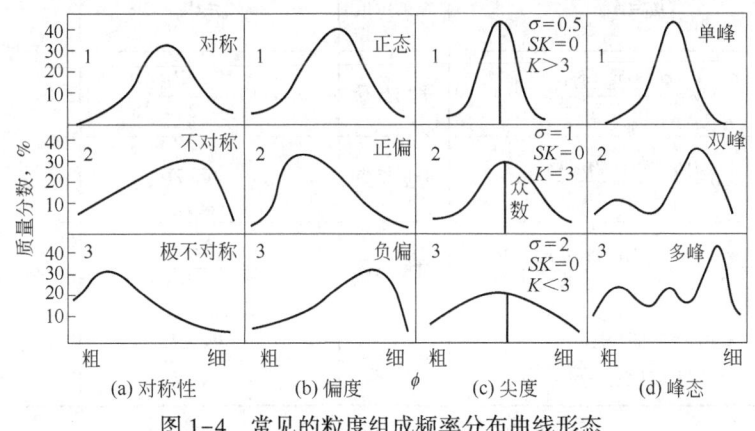

图 1-4 常见的粒度组成频率分布曲线形态

3) 累计频率曲线图

累计频率曲线图以累计质量分数为纵坐标,以颗粒直径为横坐标。需要注意的是,激光

粒度分析仪法获取的岩石粒度组成累计频率曲线是以累计体积分数为纵坐标。从粗粒一端开始，以每一粒级的百分含量为基点，向细粒一端点出累计质量分数，将各点用光滑曲线连接而成。累计频率曲线总是呈"S"形，如图 1-5(c) 所示。图 1-5(a) 和图 1-5(b) 分别为累计频率曲线对应的直方图和频率曲线图。不同沉积环境形成的碎屑沉积物的累计频率曲线形态不同。分选好的岩石，粒度分布范围窄，累计频率曲线陡；反之，累计频率曲线较平缓。

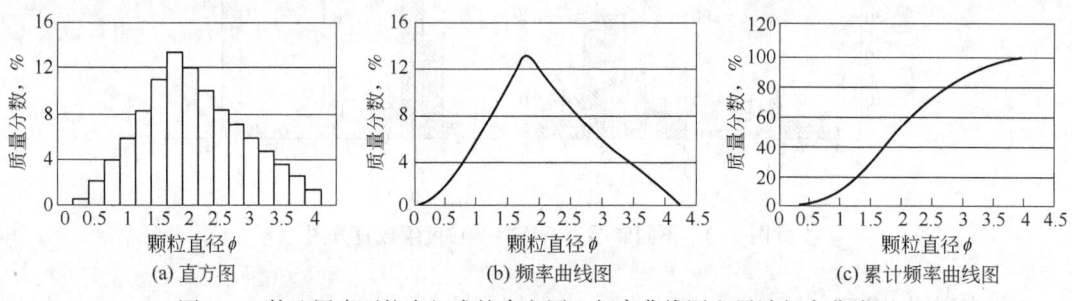

图 1-5 某地层岩石粒度组成的直方图、频率曲线图和累计频率曲线图

根据累计频率曲线上的一些特征点，可以获得粒度中值、不均匀系数、分选系数、标准偏差等粒度分布特征参数，对沉积的环境和物性等进行分析、评价。各参数定义见表 1-3。P、ϕ 分别为累计频率曲线的横坐标以 mm、ϕ 值为单位表示的粒径，下标表示对应的累计质量分数。如 P_i、ϕ_i 分别表示累计频率曲线上累计质量分数 i 所对应的以 mm、ϕ 值表示的粒径（表 1-3）。粒度中值 M_d 指在粒度组成累计频率曲线上累计质量分数 50% 所对应的颗粒直径，单位为 mm。

表 1-3 粒度分布量化表征参数

Folk 和 Ward(常用)		特拉斯克		意义
参数	含义	参数	含义	
粒度中值	$M_d = \phi_{50}$	粒度中值	$M_d = P_{50}$	粒度分布集中趋势
平均粒径	$M = \dfrac{\phi_{16}+\phi_{50}+\phi_{84}}{3}$	平均粒径	$M = \dfrac{P_{25}+P_{75}}{2}$	
标准偏差	$\sigma = \dfrac{\phi_{84}-\phi_{16}}{4} + \dfrac{\phi_{95}-\phi_{5}}{6.6}$	分选系数	$G_e = \sqrt{P_{75}/P_{25}}$	分选程度
偏度	$SK = \dfrac{\phi_{16}+\phi_{84}-2\phi_{50}}{2(\phi_{84}-\phi_{16})} + \dfrac{\phi_5+\phi_{95}-2\phi_{50}}{2(\phi_{95}-\phi_5)}$	对称系数	$S = \dfrac{P_{25} \cdot P_{75}}{M_d^2}$	粒度分布对称程度
峰度	$K = \dfrac{\phi_{95}-\phi_5}{2.44(\phi_{75}-\phi_{25})}$	峰度系数	$K_e = \dfrac{P_{75}-P_{25}}{2(P_{90}-P_{10})}$	表示粒度曲线的尖锐程度

Folk 和 Ward 提出采用偏度来反映颗粒频率分布的不对称程度，其提出的划分标准见表 1-4。从表中可看出，正偏表示沉积物以粗粒为主，负偏表示沉积物以细粒为主，而对称曲线的偏度为 0，如图 1-4(b) 所示。从图 1-4(b) 中可看出，样品 1 的颗粒频率分布对称性好，样品 2 的颗粒以粗粒为主，而样品 3 的颗粒以细粒为主。

表 1-4　偏度等级划分依据（据 Folk 和 Ward，1957）

偏度 SK	−1.00~−0.30	−0.30~−0.10	−0.10~0.10	0.10~0.30	0.30~1.00
偏度等级	极负偏	负偏	近对称	正偏	极正偏

Folk 和 Ward 提出用正态分布标准偏差 σ 的大小来划分颗粒分选性的等级。根据标准偏差 σ 来划分岩石的分选等级见表 1-5。从表中可看出，标准偏差 σ 越小，岩石分选性越好，如图 1-4(c) 所示。从图 1-4(c) 中可看出，样品 1 的分选性要好于样品 2 和样品 3 的分选性。分选性好坏可作为沉积环境的标志。

表 1-5　按标准偏差 σ 划分的分选等级（据 Folk 和 Ward，1957）

标准偏差 σ	<0.35	0.35~0.50	0.50~0.71	0.71~1.00	1.00~2.00	2.00~4.00	>4.00
分选等级	极好	好	较好	中等	差	较差	极差

峰度用来评价频率曲线两尾端分选与曲线中央部分分选的比率，其度量标准见表 1-6。一般来说，窄峰态的曲线，其中部较尾部分选好，如图 1-4(c) 所示。若峰度很低或非常低，则说明该沉积物未经改造就进入了新环境，而新环境对其改造又不明显，是几种物质直接混合的结果，其分布曲线则可能是宽峰或多峰分布等。

表 1-6　峰度等级划分依据（据 Folk 和 Ward，1957）

峰度 K	<0.67	0.67~0.90	0.90~1.11	1.11~1.50	1.50~3.00	>3.00
偏度等级	很宽	宽	中等	窄	很窄	非常窄

根据累计频率曲线还可获得粒径不均匀系数 α，其计算公式为

$$\alpha = \frac{\phi_{60}}{\phi_{10}} \tag{1-4}$$

一般而言，不均匀系数大于 1。该值越接近 1，表明岩石粒度组成越均匀。一般储层岩石的不均匀系数分布在 1~20 之间。

根据特拉斯克的规定，分选系数 $S=1~2.5$ 为分选好；$S=2.5~4.5$ 为分选中等；$S>4.5$ 为分选差。

4) 概率累计曲线图

概率累计曲线图和累计频率曲线图的横坐标一样，都为颗粒直径，纵坐标都是累计质量分数，但累计频率曲线纵坐标采用普通等间距刻度，概率累计曲线为正态概率坐标，即纵坐标是以 50% 为对称中心的非等间距坐标，按单峰正态曲线分布规律刻画。一般碎屑沉积物的概率累计曲线表现为几个相交的直线段，这说明大多数沉积物中都包含了几个粒度次总体，而不是由一个简单的对数正态总体组成。Visher（1969）的研究证明，不同成因环境的样品，其概率累计曲线的线段数目、线段间截点的位置及线段斜率等性质各不相同。借此可辨别海滩、浅海、河流和三角洲、浊流等沉积环境及各亚类沉积环境。

由于搬运形式不同，碎屑沉积物的粒度成分可分为滚动、跳跃、悬浮三个粗细不同的次总体。每一种搬运方式的碎屑粒度分布都成一种对数正态分布，以自己的平均粒度和分选性区别于其他搬运方式。因此，在概率坐标纸上，每个次总体将单独形成一条直线，每条直线至少有四个控制点。各直线斜率不同，表示分选性不同，斜率越大，分选性越好。直线段的

交点称为截点。有的直线在截点附近的一些点并不位于直线上，而是以相邻的点构成一弧线，由截点至该弧线的距离称为混合度，用来度量两种对数正态分布之间的混合程度。图1-6为某地层的岩石粒度组成概率累计曲线，从图中可见该地层跳跃组分含量较高。

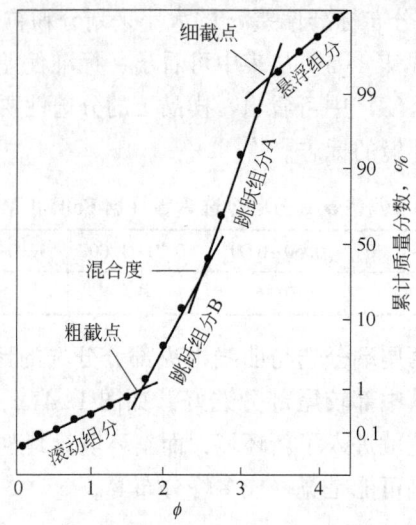

图1-6　某地层的岩石粒度组成概率累计曲线图

二、岩石的比面

1. 岩石比面的概念

除了用粒度组成表示岩石骨架分散性外，还可用岩石的比面（或比表面积）来描述岩石骨架颗粒的分散程度。

岩石比面有多种表达方式：

（1）以岩石表观体积 V 为基准的比面 S_b：

$$S_b = \frac{A}{V_b} \tag{1-5}$$

（2）以岩石骨架体积 V_{ma} 为基准的比面 S_{ma}：

$$S_{ma} = \frac{A}{V_{ma}} \tag{1-6}$$

（3）以岩石孔隙体积 V_p 为基准的比面 S_p：

$$S_p = \frac{A}{V_p} \tag{1-7}$$

式(1-5)至式(1-7)中，各比面的单位均为 m^2/m^3；A 为岩石颗粒的总表面积或岩石孔隙的总内表面积，m^2；V_b、V_{ma}、V_p 单位均为 m^3。

因为

$$\phi = \frac{V_p}{V_b}, V_p = \phi V_b, V_{ma} = (1-\phi)V_b \tag{1-8}$$

因此由上述各式可得出按以上三种不同体积定义的比面具有下述关系：

$$S_b = \phi S_p = (1-\phi) S_{ma} \tag{1-9}$$

式中，ϕ 为岩石的孔隙度（详见本章第二节）。

当颗粒间是点接触时，岩石孔隙的总内表面积即为所有颗粒的表面积之和。例如，半径为 R 的等圆球按立方体排列组成多孔介质（八个等圆球占据立方体的八个顶点），则该多孔介质（立方体）的边长为 $4R$，故其比面应为 $S = 8 \times 4\pi R^2/(4R)^3 = \pi/(2R)$。因此，$R$ 越小，多孔介质的比面越大，说明细颗粒物质的比面要明显大于粗颗粒物质的比面。

岩石骨架表面是流体流动的边界，对流体在岩石中的流动有较大的影响。岩石与流体接触时所产生的表面现象、流体在岩石中的流动阻力、岩石的渗透性、岩石的孔隙度以及骨架表面对流体的吸附量等都与岩石比面有关。

岩石比面的大小受颗粒粒径、颗粒排列方式、颗粒形状、颗粒胶结方式和胶结物含量等因素的综合影响。胶结物含量对岩石比面的影响取决于胶结物类型、晶粒大小。一般当孔隙度相同时，颗粒粒径小的比面比颗粒粒径大的比面大，扁圆形颗粒的比面要比圆球形颗粒的比面大，颗粒间胶结物含量少的岩石要比胶结物含量多的岩石比面大。

岩石比面的计算一般以岩石表观体积为基准，即单位体积岩石内岩石颗粒的总表面积或总孔隙的内表面积。此外，在有关比面的定义中，其分母也可用"单位质量"表征，即单位质量岩石内颗粒的总表面积，此时比面的单位为 m^2/g，这样表示的比面一般习惯称为岩石比表面积。有兴趣的读者可推导两种岩石比面的单位 m^2/m^3 与 m^2/g 之间的转换关系。

2. 岩石比面的实验室测定

不同的测试方法，所测得岩石比面的结果也会不同，因为不同的方法测量得到的比面具有不同的意义。在任何情况下，应根据岩石的实际情况，按照所要解决的问题来选择比面的定义及测量方法。岩石比面的测定有直接法和间接法，其中直接法包括透过法和气体吸附法，间接法包括岩石孔隙度和渗透率估算法、岩石的粒度组成资料估算法。本节主要对透过法和气体吸附法测定岩石比面进行介绍。

1) 透过法

透过法是指根据岩石对流体的透过性来求比面的方法。图 1-7 为透过法的实验流程图，主要包括马略特瓶、岩心夹持器和水压计。由于马略特瓶内的水流出，在岩心上端造成负压，空气流过岩心。岩心两端压差由水压计测出，排出水的流量等于空气流过岩心的流量。

测试步骤如下：（1）将待测样品装入岩心夹持器，同时打开开关 1 和 2，通过漏斗向马略特瓶中注水；（2）当瓶内水面升到一定的高度后，同时关闭开关 1 和 2；（3）打开开关 3，并通过开关 3 来控制流出的水量；（4）待水压计的压差稳定后，用量筒计量流出的水量，并计算出水的流量。这样即可按式(1-10)的高才尼—卡尔曼（Koeny-Caman）方程（1927）计算比面：

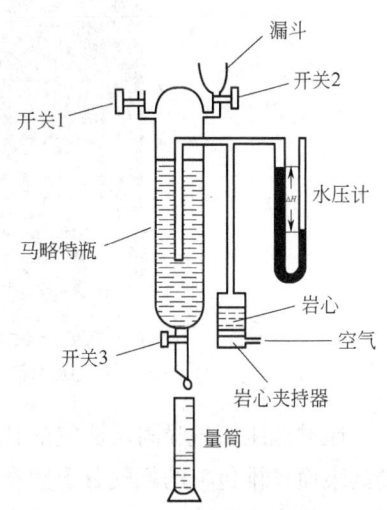

图 1-7 透过法岩石比面测定仪

$$K=\frac{\phi^3}{\xi S_b^2}\times 10^8=\frac{\phi^3}{\xi S_{\min}^2(1-\phi)^2}\times 10^8=\frac{\phi}{\xi S_p^2}\times 10^8 \qquad (1-10)$$

式中，K 为岩心渗透率；ξ 为高才尼常数，一般取 5，与岩石中孔喉的复杂度有关，一般岩石孔喉越复杂，流体流动路径越复杂，该值越大。

结合达西渗流公式，进一步可得到岩石比面的计算公式：

$$S_b=14\sqrt{\phi^3}\sqrt{\frac{A\Delta H}{Q_o\mu L}} \qquad (1-11)$$

式中，ϕ 为岩心孔隙度，小数；A 为岩心截面积，cm^2；L 为岩心长度，cm；μ 为室温下空气的黏度，$mPa\cdot s$；ΔH 为空气通过岩心稳定后的压差，cmH_2O（厘米水柱，$1cmH_2O=98Pa$）；Q_o 为通过岩心的空气量，相当于从马略特瓶中流出的水量，cm^3/s。

由式（1-11）可看出，如果已知岩心的孔隙度 ϕ、岩心截面积 A、岩心长度 L 及空气黏度 μ，实验过程中，测出压差 ΔH 及相应流量 Q，即可计算出岩石的比面。

2）气体吸附法

除了透过法测试岩石比面外，在实验室中，气体吸附法因其测试原理的科学性、测试过程的可靠性、测试结果的一致性，在国内外各行各业中被广泛采用（气体吸附法测试获得比面单位为 m^2/g，一般称为比表面积）。气体吸附法的测试原理和方法可参考国家标准 GB/T 19587—2017《气体吸附 BET 法测定固态物质比表面积》。气体吸附法测定比表面积的原理是依据气体在固体表面的吸附特性，在一定压力下，被测样品颗粒表面在超低温下对气体分子具有可逆物理吸附作用，并对应一定压力存在确定的平衡吸附量。通过测定出该平衡吸附量，利用理论模型求出被测样品的比表面积。氮气因其易获得性和良好的可逆吸附特性，成为最常用的吸附介质，同时在测试中温度始终保持在-196℃左右，因此也称氮气吸附法为低温液氮吸附法或低压氮气吸附法。图 1-8 为氮气吸附法全自动表面积和孔结构分析仪。

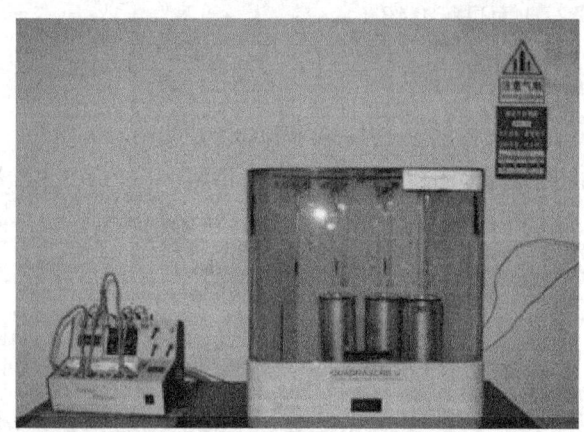

图 1-8 氮气吸附法全自动表面积和孔结构分析仪（Autosorb-IQ 型）

通过低压氮气吸附法测定的比表面积称为"等效"比表面积，即样品的比表面积是通过其表面密排包覆的氮气分子数量和分子最大横截面积来表征。实际测定出氮气分子在样品表面平衡饱和吸附量，通过不同理论模型计算出单层饱和吸附量，进而得出分子个数，采用

表面密排六方模型计算出氮气分子等效最大横截面积,即可求出被测样品的比表面积。计算公式为

$$S_g = \frac{V_m N_A A_m}{22400 W} \times 10^{-18} \tag{1-12}$$

式中,S_g 为被测样品比表面积,m^2/g;V_m 为标准状态下氮气分子单层饱和吸附量,mL;A_m 为氮气分子等效最大横截面积(密排六方理论值 $A_m = 0.162 nm^2$);W 为被测样品质量,g;N_A 为阿伏加德罗常数,$6.02 \times 10^{23} mol^{-1}$。

对式(1-12)进行简化处理,得到低压氮气吸附法计算比表面积的公式:

$$S_g = 4.36 V_m / W \tag{1-13}$$

由式(1-13)可看出,准确获取样品表面单层饱和吸附量 V_m 是比表面积测定的关键。基于低压氮气吸附的比表面积测试方法很多,其中 BET 法比表面积分析测定应用较广。BET 理论计算是建立在 Brunauer、Emmett 和 Teller(1938)三人从经典统计理论推导出的多分子层吸附公式基础上,即著名的 BET 方程:

$$\frac{p}{V(p_0-p)} = \frac{1}{V_m C} + \frac{C-1}{V_m C} \frac{p}{p_0} \tag{1-14}$$

式中,p 为吸附质分压,MPa;p_0 为吸附剂饱和蒸气压,MPa;V 为样品实际吸附量,mL;C 为与样品吸附能力相关的常数。

由式(1-14)可看出,BET 方程建立了单层饱和吸附量 V_m 与多层吸附量 V 之间的关系,为比表面积测定提供了很好的理论基础。在实际应用中发现,只要当 p/p_0 取点在 0.05~0.35 范围内时,BET 方程与实际吸附过程相吻合。因此,在进行实际应用时,一般都在相对压力 0.05~0.35 范围内选取多个点数据,利用 BET 方程进行拟合计算,从而得到样品的比表面积。某样品的低压氮气吸附—脱附等温线的测试结果如图 1-9 所示。在图中的氮气吸附等温线中取相对压力 0.05~0.35 范围内数据点,根据式(1-12)和式(1-13)可计算出样品的比表面积为 $8.417 m^2/g$。岩石的比表面积差异比较明显,有的岩石样品的比表面积大,而有的岩石样品的比表面积小。烃源岩岩石(包含富有机质页岩)中有机质的比表面积比较大,如龙马溪组页岩中干酪根的比表面积平均值大于 $200 m^2/g$,而其岩石的比表面积平均值小于 $20 m^2/g$。不同类型黏土矿物的比表面积差异较明显,其顺序为蒙脱石($71.5 m^2/g$)>伊/蒙混层($31.31 m^2/g$)>高岭石($12.41 m^2/g$)>绿泥石($4.4 m^2/g$)>伊利石($3.21 m^2/g$)。低压氮气吸附法除了获得样品的比表面积外,还可获得样品的总孔容(孔隙体积)、微孔比表面积、微孔孔容、平均孔径、分形维数等孔隙结构参数。除此之外,低压氮气的吸附—脱附等温线形态

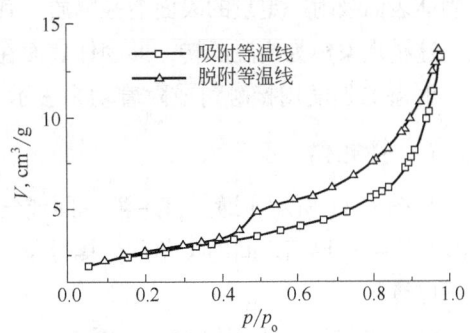

图 1-9 某样品的低压氮气吸附—脱附等温线

(吸附回线形态)可以用于样品的孔类型定性分析。图 1-9 中样品的吸附回线为国际纯粹与应用化学联合会(IUPAC)分类法的 H3 型,兼有 H2 型特征,其吸附—脱附曲线中脱附曲线分支近似平行,并带有不很明显的拐点。这类曲线反映出该样品的孔隙形态以圆筒状孔、四边都开口的平行板状孔等为主,含有墨水瓶状孔等开放性孔。

透过法与气体吸附法的实验方法、实验原理和实验结果都存在较大差异。前者采用空气作为流动介质，后者则一般采用氮气作为吸附介质；前者为基于达西渗流的动态测定结果，所反映的是能够参与流动的岩心孔隙内表面，后者是基于BET方程的静态吸附测定结果，既包括了岩心中可流动部分，也包括了岩心中不可流动部分，因此，后者测量结果一般大于前者。在实际应用中，应根据不同的问题选择使用不同的测试方法。

三、岩石的润湿性

岩石的润湿性是岩石矿物与流体相互作用的结果，是岩石—流体组成体系综合特性的反映。岩石的润湿性影响着油、气、水在岩石孔隙中运移的难易程度，以及流体（油、气、水）在岩石孔道内的微观分布。不同的润湿性造成油、气、水在孔隙中的流动方式、分布状态以及残留形式不同。

1. 润湿性的基本概念

润湿现象是指在气—液—固或液—液—固三相体系中，流体中的某一相沿着固体表面铺开，从而降低体系表面自由能的现象。润湿现象的本质就是降低固体的表面自由能。液滴在固体表面迅速铺开（如水滴在光滑的玻璃板上），说明液体润湿固体表面[图1-10(a)]；而液滴在固体表面不能铺开（如水银在光滑的玻璃板上），说明液体不润湿固体表面[图1-10(b)]。这些现象都是润湿现象。润湿总是发生在三相体系中，第一相为固体，第二相为液体，第三相为气体或另一种液体。

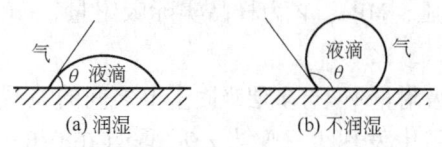

图1-10 液体对固体表面的选择性润湿
θ—接触角

润湿性是指当存在两种非混相流体时，其中某一相流体在界面张力作用下沿固体表面延展或附着的倾向性。当两种非混相流体与固体接触时，能沿固体表面发生流散的流体相为润湿相，而另一相为非润湿相。当然，液体对固体的润湿能力会因第三种物质的加入而发生改变。若固体表面吸附一定量的表面活性物质，其润湿性可由亲水性变为亲油性或由亲油性变为亲水性，这种现象称为润湿反转，即固体表面在活性物质吸附作用下润湿性发生转化的现象。

润湿的程度用接触角或附着功来表示。

1）接触角

如图1-11所示，通过液—液—固或气—液—固三相交点作液—液或液—气界面的切线，切线与固—液界面之间的夹角称为接触角（也称润湿角），用θ表示，并规定θ从密度大的液体一侧算起。

油—水与岩石表面接触角如图1-11所示，水—油—岩石体系的润湿性可分为：（1）当$\theta<90°$时，水可以润湿岩石，则水为润湿相，油为非润湿相，岩石具有亲水性，称为水湿；（2）当$\theta=90°$时，油、水润湿岩石的能力相当，岩石既不亲水也不亲油，称为中性润湿；（3）当$\theta>90°$时，油可以润湿岩石，则油为润湿相，水为非润湿相，岩石具有亲油性，称为油湿。此外，需要注意的是水或油与岩石表面接触时，水或油在岩石表面完全铺展，即$\theta=0°$或$180°$，称为完全润湿（强水湿），或完全不润湿（强油湿）。

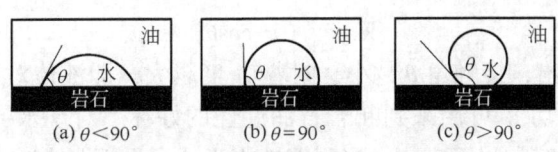

(a) $\theta<90°$ (b) $\theta=90°$ (c) $\theta>90°$

图 1-11 油—水与岩石表面接触角

某相流体润湿固体表面是作用于三相周界相应的各界面张力作用的结果。如图 1-12 所示，在三相周界接触点（O）处有三种表面张力：气—液表面张力 σ_{gL}、气—固表面张力 σ_{gs}、液—固表面张力 σ_{Ls}。这三种表面张力间达到平衡时，满足著名的杨氏方程：

$$\sigma_{gs}=\sigma_{Ls}+\sigma_{gL}\cos\theta \tag{1-15}$$

由式（1-15）可得

$$\theta=\arccos\frac{\sigma_{gs}-\sigma_{Ls}}{\sigma_{gL}} \tag{1-16}$$

由式（1-16）可看出，只要已知 σ_{gL}、σ_{gs}、σ_{Ls} 后，即可通过计算求得接触角。

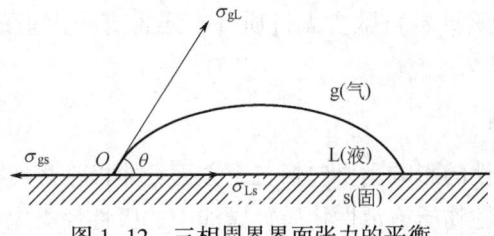

图 1-12 三相周界界面张力的平衡

2) 附着功

附着功（也称黏附功）是指在非润湿相流体中，将单位面积的润湿相从固体界面拉开所做的功。如图 1-13 所示，在分开过程中，表面能变化为 ΔU_s，则

$$\Delta U_s=U_2-U_1=[(\sigma_{gL}+\sigma_{gs})-\sigma_{Ls}]A_s \tag{1-17}$$

式中，U_1、U_2 为润湿相流体离开固体表面前后固体的比表面能；A_s 为润湿相流体与固体表面的接触面积。

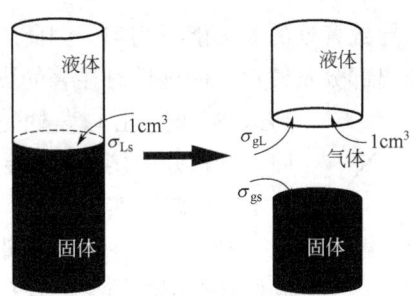

图 1-13 附着功示意图

根据表面张力的概念，$\sigma_{gL}+\sigma_{gs}>\sigma_{Ls}$，故 ΔU_s 必定大于零，即体系的表面能增加。这个表面能的增量就等于附着功，以符号 W 表示。联合式（1-15）、式（1-17），可得接触角与附着功之间的关系：

$$W = \sigma_{gL}(1+\cos\theta) \tag{1-18}$$

由式（1-18）可看出，接触角 θ 越小，附着功 W 越大，即液体对固体的润湿程度越好；反之越差。因此，附着功 W 可用来判断岩石润湿性的好坏。对于水—油—岩石体系，当附着功大于油水界面张力时，岩石亲水；当附着功小于油水界面张力时，岩石亲油；当附着功等于油水界面张力时，岩石为中性润湿。

2. 岩石润湿性的影响因素

1) 矿物组成的影响

根据水滴在固体表面上接触角大小，一般将矿物分为两类：（1）若水滴在矿物表面上接触角 $\theta<90°$，则该矿物属于亲水矿物，如石英、长石、硅酸盐、碳酸盐、硅铝酸盐等，按亲水次序强弱排列为黏土矿物、石英、石灰岩、白云岩、长石；（2）若水滴在矿物表面上接触角 $\theta>90°$，则该矿物属于亲油矿物，如石墨、烃类有机固体和矿物中的金属硫化物等。油气层岩石的矿物组成比较复杂，包含多种矿物，虽然多数岩石表面亲水，但亲水程度不同。烃源岩（包含富有机质页岩）除含无机质外，还含有一定量的有机质，将造成其表面既亲水又亲油。

2) 流体组成的影响

研究流体组成对润湿性的影响主要包括三个方面：非极性烃类，含有极性的氧、硫、氮化合物，以及原油中的极性物质或活性物质。原油中非极性烃类中含碳原子数不同，具有不同的非极性程度。实验表明，原油中烃类所含碳原子数越多，接触角越大。原油中的极性物质对岩石表面润湿性的影响取决于极性物质的性质。有的极性物质能够完全改变岩石润湿性，使润湿性发生转化；有的极性物质影响程度不明显。

3) 表面活性物质的影响

表面活性物质吸附到岩石表面，可使岩石润湿性发生变化，甚至润湿反转。需要注意的是，表面活性物质对岩石润湿性的影响比极性物质更为显著。

4) 矿物表面粗糙度的影响

实际岩石表面粗糙不平，导致各处的表面能不均匀，因此岩石润湿性在各部位也有所差异。尤其是矿物颗粒的尖锐凸出部分及棱角，润湿性有显著的影响。实验表明，当润湿周界到达棱角时，在棱角处受阻，此时在棱角与三相润湿周界接触处的接触角将受到其影响，所测得的接触角并不能反映真实情况。

岩石润湿性是岩石骨架本身的矿物组成与流体组成相互作用的结果。岩石孔隙表面具有优先润湿某种流体的倾向，导致了各种不同状况的宏观润湿性。岩石的微观非均质润湿性可分为斑状润湿和混合润湿。斑状润湿也称部分润湿或斑块润湿，是指油湿或水湿表面无特定位置。就单个孔隙而言，一部分表面为强水湿，其余部分可能为强油湿（图1-14）。混合润湿

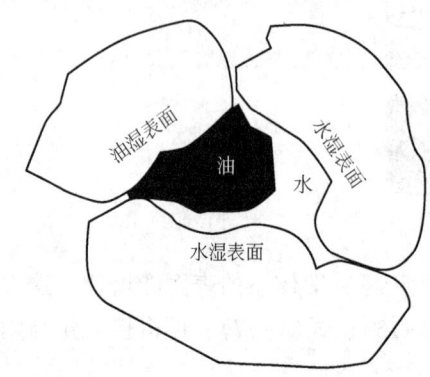

图1-14 斑状润湿示意图

则是指不同大小孔道的润湿性不同，小孔隙保持水湿不含油，而大孔隙岩石颗粒表面由于和原油接触表现为油湿。此外，对于烃源岩（包含富有机质页岩）而言，由于岩石本身含有较多的有机质固体，使其润湿性比较复杂，岩石润湿性表现出既亲水又亲油。

3. 润湿性对油、水在岩石孔隙中分布的影响

由于各相界面张力的相互作用，润湿相总是附着于颗粒表面，并占据较窄小的孔隙角隅，而把非润湿相推向更畅通的孔隙中间。因此，岩石颗粒表面润湿性不同将造成油、水在岩石孔隙中分布差异，岩石表面亲水的部分，其表面为水膜所包围，而亲油的部分则为油膜所覆盖。图1-15为油、水、气在岩石孔隙中分布示意图。

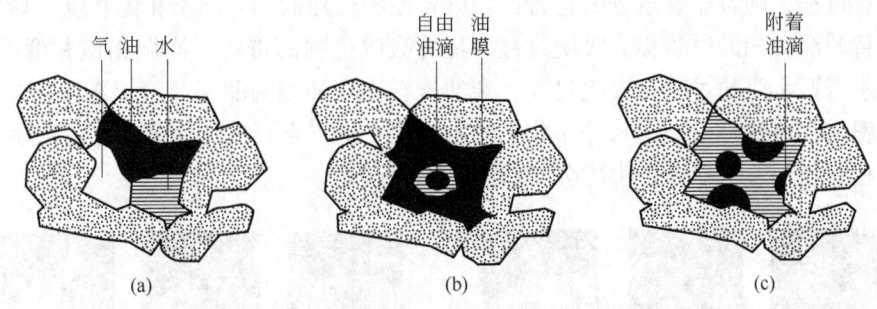

图1-15 油、水、气在岩石孔隙中分布示意图

图1-16分别表示在水湿[(a)(b)(c)]和油湿[(d)(e)(f)]岩石孔隙中，油、水在不同饱和度下的分布情况。如果岩石颗粒表面亲水（或亲油），水（或油）则附着于颗粒表面。从图1-16(a)可看出，当含水饱和度较低时，水围绕砂岩颗粒接触点形成一个水环，称为环状分布。由于含水饱和度很低，这些水环既不能互相接触，又不能彼此连通，也不能流动，即以束缚水状态存在；与此同时，含油饱和度很高，油则处于"迂回状"连续分布在孔隙的中间，在压差作用下形成渠道流态流动。这里迂回状指油相连续地沿颗粒盘绕迂

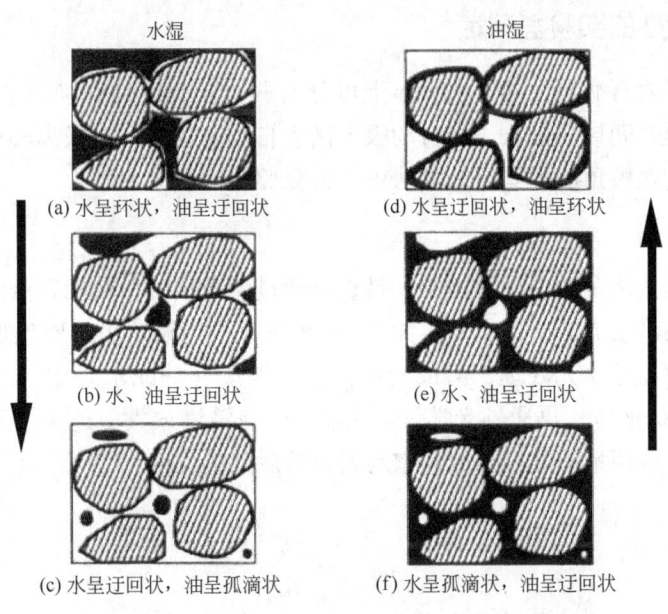

图1-16 油、水在岩石孔隙孔道中的分布示意图

回。图1-16（b）是当含水饱和度增加时，水环也随之增大，直至增到水环彼此连通起来，成为"共存水"的一种形式。水能否流动取决于压差的大小。高于这一共存水饱和度后，水将形成"迂回状"分布并能参与流动。图1-16（c）是含水饱和度继续增加，油最终失去连续性并破裂成油珠、油滴，以"孤滴状"分布在岩石孔隙中间部位。油滴在较大压差下可以被水驱走，但遇到狭窄孔隙喉道后很容易而被卡住，形成对液流的较大阻力。当岩石颗粒表面亲油时，油、水分布状态及其饱和度的变化恰与上述情况相反，如图1-16（d）（e）（f）所示。

油、水在岩石孔隙中的分布不仅与油、水饱和度有关，而且与饱和度的变化方向有关，即取决于过程是润湿相驱替非润湿相还是非润湿相驱替润湿相。将非润湿相驱替润湿相的过程称为驱替过程，随着驱替过程的进行，润湿相饱和度降低，非润湿相饱和度逐渐增大。把润湿相驱替非润湿相的过程称为吸吮过程，随着吸吮过程的进行，润湿相饱和度不断增加。例如，亲水岩石水驱油过程为吸吮过程，亲油岩石水驱油则为驱替过程。图1-17分别给出了吸吮过程和驱替过程中油、水分布状态的示意图。由于岩石饱和流体的先后次序不同，即使饱和度相同，油、水在孔隙中的分布状态也不同。

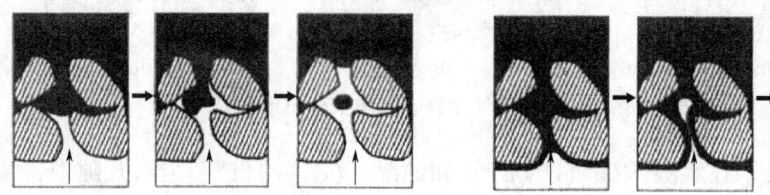

(a) 亲水岩石水驱油的吸吮过程　　　　　　(b) 亲油岩石水驱油的驱替过程

图1-17　润湿次序对水驱油的影响

岩石表面润湿性的差异影响不同流体在孔喉中的分布，将直接影响岩石电学和声学等特性及相关实验结果。

4. 岩石润湿性的实验室测定

在实验室测量岩石润湿性的方法大体上可分为两类：一类是直接测量法，如接触角法、吊板法等；另一类是间接测量法，如自动吸入法、自吸驱替法、自吸离心法等。以下主要介绍直接测量法中的接触角法和间接测量法中的自吸驱替法。

1）接触角法

接触角法是直接测量法中最常用的，是直接通过测定接触角来确定流体对固体表面的润湿程度，其中以液滴法最简单、实用。如图1-18所示，接触角法的原理是将待测岩石样品加工成平板，表面经过磨光处理，磨成光面，浸入液体（油或水）中，在样品光面上滴一滴直径约1~2mm的液体，再通过光学仪器或显微镜将液滴放大，连续拍照液滴形状，便可直接测出接触角，或测量液滴的高度和它与岩石接触处的宽度（弦长）（图1-19），计算接触角 θ 的公式为

$$\tan\frac{\theta}{2}=\frac{2h}{D} \tag{1-19}$$

式中，θ 为接触角，（°）；h 为液滴高度，mm；D 为液滴和固体表面接触的弦长，mm。

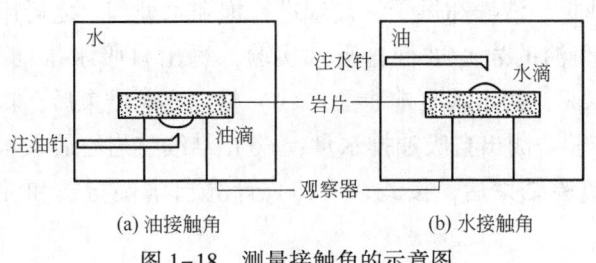
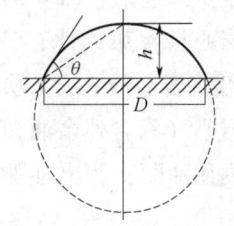

图 1-18　测量接触角的示意图　　　　　图 1-19　投影法测接触角示意图

接触角法只能定性评价油气层岩石的润湿性。根据行业标准 SY/T 5153—2017《油藏岩石润湿性测定方法》的规定，对于水—油—岩石体系，当 $0°<\theta<75°$ 时，岩石润湿性为水湿；当 $75°<\theta<105°$ 时，岩石润湿性为中性润湿；当 $105°<\theta<180°$ 时，岩石润湿性为油湿。利用接触角法测得的结果可见图 1-20，其中图 1-20(a) 是空气—水—岩石条件下的接触角测定结果，图 1-20(b) 是水—油—岩石条件下的接触角测定结果。此外，利用接触角法研究烃源岩（包含富有机质页岩）润湿性时，发现空气—油—岩石条件下油在岩石表面表现为铺展，而空气—水—岩石条件下岩石表面上水的接触角小于 90°，这与烃源岩中有机质固体有关，水的接触角随着有机碳含量的增大而增大。烃源岩中有机质表现为亲油性，无机矿物表现为亲水性，因此，在烃源岩孔隙中，其润湿性表现为非均质润湿性。

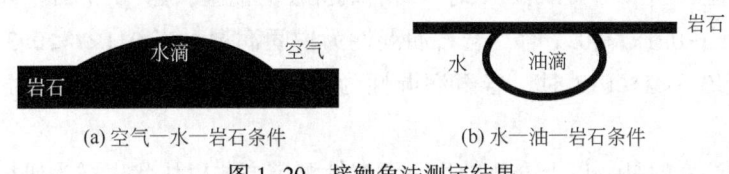

图 1-20　接触角法测定结果

2）自吸驱替法

自吸驱替法是指在岩心自吸油（或水）完成后，再将岩心放在岩心夹持器中加压进行驱替，测出驱替排出的油（或水）量，并将自吸排出的油（或水）量与岩心中排出的总油（或水）量进行比较。自吸驱替法测定润湿性的原理如图 1-21 所示。

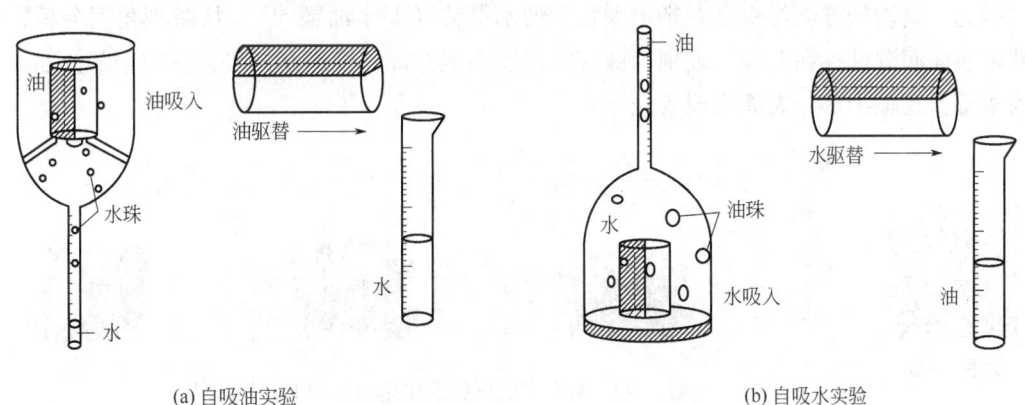

图 1-21　自吸驱替法测定润湿性的示意图

实验步骤包括：（1）对岩心进行抽提、清洗和烘干，接着进行饱和水处理，之后用油驱，使岩心只含束缚水；（2）将饱和油的岩心进行自吸水实验，测出自吸水排油量；（3）继续将岩心放入岩心夹持器内用水驱，测出水驱排油量；（4）排油实验结束后，将饱和水的岩心（只含残余油）进行吸油实验，测出自吸油排水量；（5）继续将岩心放入岩心夹持器内用油驱，测出油驱排水量。实验结束后，按式（1-20）计算出水湿指数和油湿指数：

$$\begin{cases} 水湿指数\ I_w = \dfrac{自吸水排油量}{自吸水排油量+水驱排油量} \\ 油湿指数\ I_o = \dfrac{自吸油排水量}{自吸油排水量+油驱排水量} \end{cases} \quad (1-20)$$

阿莫特（Amott）润湿指数定义为

$$I = I_w - I_o \quad (1-21)$$

根据阿莫特润湿指数的大小，可定性评价岩石的润湿性。根据行业标准 SY/T 5153—2017《油藏岩石润湿性测定方法》的规定，对于水—油—岩石体系，当 $-1 \leq I < -0.7$ 时，岩石润湿性为强油湿；当 $-0.7 \leq I < -0.3$ 时，岩石润湿性为油湿；当 $-0.3 \leq I < -0.1$ 时，岩石润湿性为弱油湿；当 $-0.1 \leq I \leq 0.1$ 时，岩石润湿性为中间润湿；当 $0.1 < I \leq 0.3$ 时，岩石物湿性为弱水湿；当 $0.3 < I \leq 0.7$ 时，岩石润湿性为水湿；当 $0.7 < I \leq 1$ 时，岩石润湿性为强水湿。

此外，需要注意的是，以上介绍的岩石润湿性测定方法以块状岩样为研究对象，而对于粉末状颗粒的样品，可采用 LLE（liquid-liquid extraction）法定性研究其润湿性。测试步骤如下：将 1g 岩样粉末状颗粒（粒径小于 10μm）、20mL 水和 20mL 油混合在一起，充分搅拌及摇晃，放置一段时间，通过观察颗粒是沉在水中还是悬浮在油中判断颗粒亲疏性。该方法可用于定性研究烃源岩（包含富有机质页岩）润湿性。某富有机质页岩的测试结果见图 1-22。从图中可看出，部分页岩颗粒沉在水底，部分颗粒悬浮在油中，部分颗粒悬浮在油水界面处，因此，页岩岩样颗粒中存在亲水颗粒和憎水颗粒（即亲油颗粒）。从微观角度分析，页岩孔隙表面润湿性存在差异，表现为微观非均质润湿特征，即斑状润湿，孔隙中部分表面表现为水湿，孔隙中部分表面表现为油湿。

彩图 1-22

图 1-22 某富有机质页岩样品颗粒 LLE 法测试结果
1—亲油颗粒和亲水颗粒各一半；2—亲油颗粒多于亲水颗粒；3—亲油颗粒远多于亲水颗粒

第二节 岩石的孔隙与孔隙度

一、岩石的孔隙

岩石颗粒间未被胶结物质充满或未被其他固体物质占据的空间称为空隙。空隙按几何尺寸或形状可分为孔隙、洞穴和裂缝，其中孔隙是一种最普遍的存在形式，因此常将空隙称为孔隙。岩石孔隙空间的主要构成包括孔隙和喉道，其中岩石颗粒包围着的较大空间称为孔隙，而仅仅在两个颗粒间连通的狭窄部分称为喉道。岩石中孔隙的形状、大小、发育程度、形成过程非常复杂，孔隙间的差异较明显。下面主要从孔隙类型和孔隙结构两个方面讨论岩石的孔隙。

1. 孔隙类型

1) Meinzer 分类

Meinzer 按储层岩石孔隙组成和孔隙间的相互关系，将岩石的孔隙分为六种类型，如图 1-23 所示。

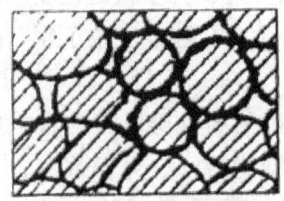
(a) 分选好的高粒间孔隙

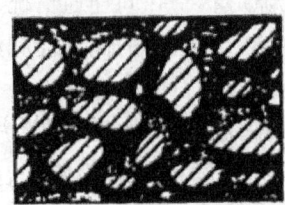
(b) 分选差的低粒间孔隙

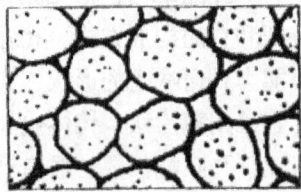
(c) 砾石组成的沉积物，除大的粒间孔隙之外，砾石本身也是多孔的，因而整个沉积物的孔隙很大

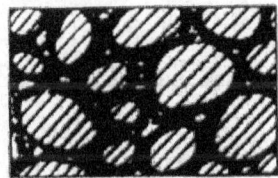
(d) 沉积物分选好，但颗粒间有胶结物，因而总孔隙很小

(e) 由裂隙和溶蚀形成的多孔岩石

(f) 由断裂形成的有胶结物的多孔岩石

图 1-23 岩石孔隙的六种类型

2) 按孔径大小分类

（1）超毛细管孔隙：孔径大于 0.5mm 或裂缝宽度大于 0.25mm。此类孔隙中流体在重力作用下自由流动。岩石中大裂缝、溶洞及未胶结或胶结疏松的砂岩孔隙大部分属于此类。

（2）毛细管孔隙：孔径介于 0.0002~0.5mm 之间或裂缝宽度介于 0.0001~0.25mm 之间。由于毛细管力的作用，此类孔隙中流体不能自由流动，需要在一定压差下才能使流体在其中流动。砂岩中包含大量此类孔隙。

（3）微毛细管孔隙：孔径小于 0.0002mm 或裂缝宽度小于 0.0001mm。在此类孔隙中，分子间引力很大，要使流体在孔隙中移动需要非常高的压力梯度，这在储层条件下一般很难达到。同时，人们常将孔道半径 0.2μm 作为流体能否在孔隙中流动的分界线。泥岩和页岩中包含大量的此类孔隙。

3）按生成时间分类

孔隙按生成时间分为原生孔隙和次生孔隙。原生孔隙是与沉积过程同时形成的孔隙，如粒间孔隙；而次生孔隙是沉积作用后由于各种原因形成的孔隙，如地下水作用形成的溶孔、溶洞或在构造应力作用下岩石破裂形成的裂隙。

4）按组合关系分类

孔隙按组合关系分为孔道和喉道。孔道是较大的孔洞（简称孔），而喉道是连接大孔隙之间的细小通道（简称喉）。

5）按连通性分类

孔隙按连通性分为连通孔隙和死孔隙。岩石中绝大多数孔隙都是连通的，也有不连通的死孔隙。

2. 孔隙结构

岩石孔隙结构包括孔隙大小、孔隙形状、孔间连通情况、孔隙类型、孔壁粗糙程度等孔隙特征和它的构成方式。孔隙结构直接影响岩石的储集性和渗流特性。孔隙性反映了岩石的储集能力，而喉道的形状、大小则控制着岩石的渗透能力。

常采用薄片法、铸体电镜法、压汞法、微/纳米 CT 等方法研究岩石孔隙结构，常采用孔喉比、孔隙配位数、喉道迂曲度等孔隙结构参数描述岩石孔隙结构特征。对于致密岩石（如致密砂岩、富有机质页岩等），还常利用气体吸附法研究和表征岩石孔隙结构特征（测试方法可见本章第一节），包括比表面积、孔容平均孔径、孔径分布，以及微孔、中孔和大孔对比表面积和孔容的贡献等。

（1）孔喉比：孔隙与喉道直径的比值。

（2）孔隙配位数：每个孔道所连通的喉道数。如一个孔道与三个喉道相连，则孔隙配位数为3。一般砂岩的孔隙配位数介于 2~15 之间。

（3）喉道迂曲度 τ：用以描述孔隙弯曲程度的一个参数，定义为流体质点实际流经的路程长度与岩石外观长度之比值。该值一般无法直接测定，介于 1.2~2.5 之间。

孔喉比、孔隙配位数、喉道迂曲度等孔隙结构参数可通过高倍显微镜观察铸体薄片来确定，如图 1-24 所示。同时，在显微镜下还可观测到孔隙内壁的粗糙程度、孔隙的排列与组合方式等。

此外，微/纳米 CT 成像技术除了研究岩石的二维孔隙结构特征外，还可用来研究岩石的三维孔隙结构特征，如岩石中孔喉的三维分布、孔隙连通性情况等。基于微/纳米 CT 扫描获取岩心样品的二维切片图像如图 1-25(a) 所示。该图为灰度图，图中的灰色、白色区域为岩石骨架（高密度），黑色区域为孔隙空间（低密度）。基于微/纳米 CT 扫描获取岩心样品的三维灰度图像如图 1-25(b) 所示。在获取二维 CT 切片灰度图像时存在系统噪声，并且岩石骨架和孔隙之间的边缘比较模糊，需要通过滤波算法（如中值滤波法）增强信噪

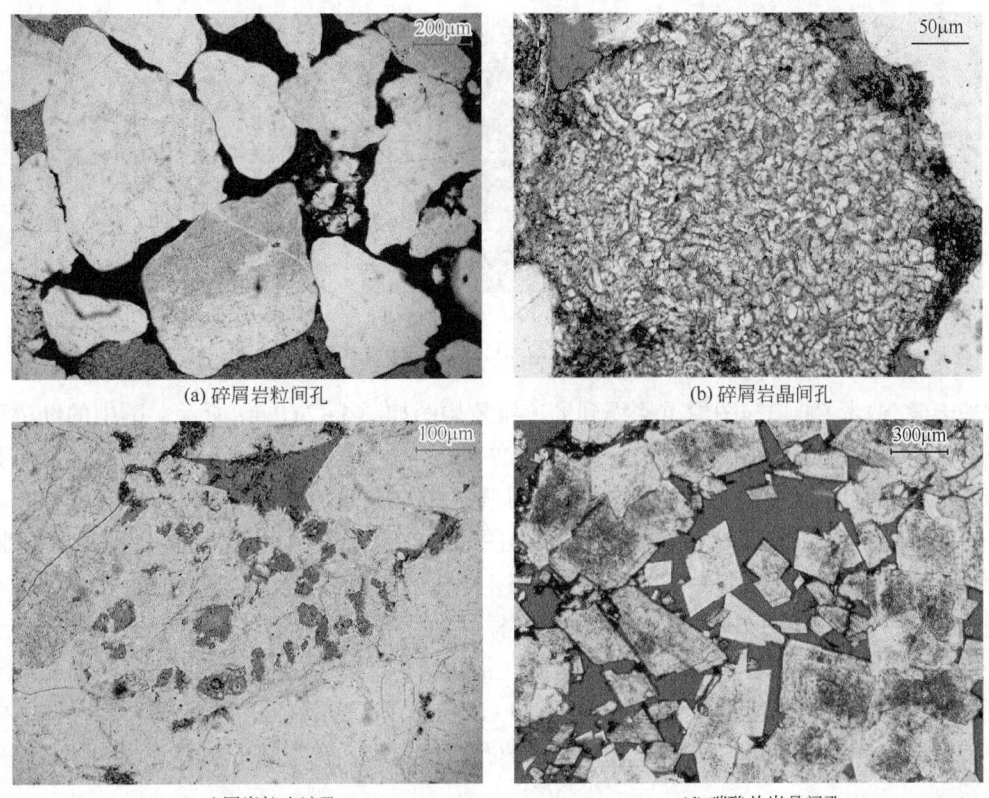

(a) 碎屑岩粒间孔　　(b) 碎屑岩晶间孔
(c) 碎屑岩粒内溶孔　　(d) 碳酸盐岩晶间孔

图 1-24　岩石样品的铸体薄片图像

比。滤波后的灰度图像 [图 1-26(a)] 还需要进行二值化分割，划分出岩石骨架部分和孔隙部分，使其由灰度图像转变为二值化图像。图像的二值化关键在于分割阈值的选取，可选用基于岩心孔隙度的二值化分割方法。

彩图 1-24

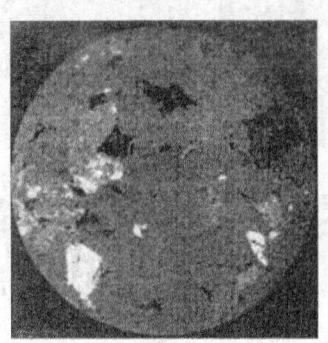 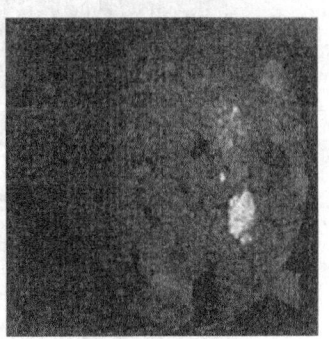

(a) 二维切片图　　(b) 岩心三维视图

图 1-25　微/纳米 CT 扫描结果图

当灰度低于阈值时表征孔隙，而灰度高于阈值时则表征骨架。通过二值化分割得到的二值图像如图 1-26(b) 所示，其中黑色区域代表岩石骨架，白色区域代表孔隙空间。在此基础上，还可根据实际需要，采用数学形态学算法对其作进一步精细处理，精细处理结果可见图 1-26(c)。在获取二值化后的图像基础上，对其进行代表体积元分析（REV），在岩心孔隙度约束下选取合理尺寸，可利用数学算法将二维图像重建得到三维数字岩心模型。

 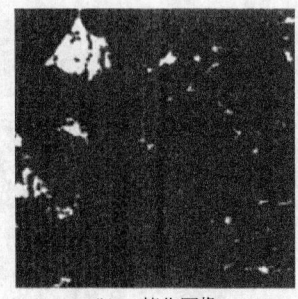 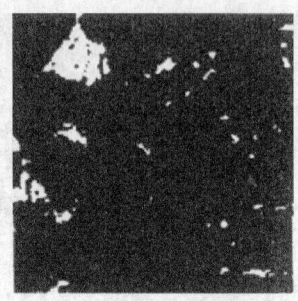

(a) 滤波后的二维灰度图像　　　　　(b) 二值化图像　　　　　(c) 精细化处理后图像

图 1-26　图像二值化分割流程示意图

基于微/纳米 CT 扫描图像重构得到的三维重构图如图 1-27(a) 所示，图中的红色区域为岩石骨架，蓝色区域为孔隙空间。从图 1-27 (a) 中可看出，微米级尺度下样品具有孔喉大小不一、孔隙形状不规则等特点。同时，从图 1-27(a) 中还可清晰分辨样品中孔隙与骨架间的接触边界，这样可从样品的三维重构图中提取出岩石骨架和孔隙模型。在此基础上，提取的三维孔隙模型可见图 1-27(b) 和视频 1，图中蓝色部分为孔隙，透明部分为岩石骨架，从图 1-27(b) 中可看出，微米级尺度下样品中孔喉分布状态主要包括连片状孔隙和孤立状孔隙，其中连片状孔隙的连通性要比孤立状孔隙好，后者多为"死孔隙"，在三维空间中多为孤立体且不具有连通性。同时，从图 1-27(b) 中还可看出，微米级尺度下样品中孔隙分布不均，具有微观非均质性，局部区域的孔隙较富集，在空间上主要表现为片状或条带

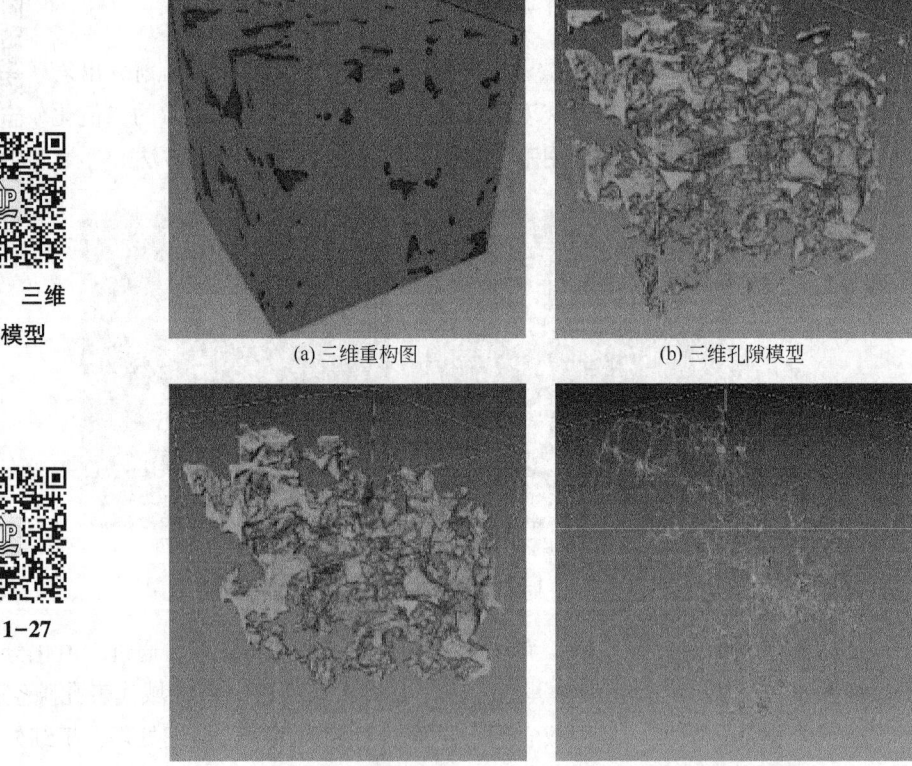

视频 1　三维孔隙模型

彩图 1-27

(a) 三维重构图　　　　　　(b) 三维孔隙模型

(c) 三维连通孔隙模型　　　　(d) 三维孔喉网络模型

图 1-27　某致密砂岩样品的三维数字岩心图像

状，这部分区域孔隙主要与残余粒间孔或粒间溶蚀孔有关；而局部区域的孔隙较分散，在空间上多呈孤立分布，这部分区域孔隙主要与粒内溶蚀孔有关。在三维孔隙模型基础上，利用数学算法（如燃烧算法）对数字岩心进行连通性测试可得到三维连通孔隙模型，其结果如图1-27(c)所示，图中蓝色部分为孔隙，透明部分为岩石骨架。在三维连通孔隙模型基础上，通过数学算法对模型进行简化，可获得三维孔喉网络模型，如图1-27(d)所示。

基于微/纳米CT岩心扫描技术发展起来的数字岩心表征技术，从提出到现在发展迅速，尤其在致密砂岩地层岩石微观孔隙结构表征，以及微观渗流机理、岩电关系等研究领域得到了广泛应用，成为复杂地层微观研究的重要辅助手段。

二、岩石的孔隙度

岩石包含三个体积：骨架体积V_{ma}、孔隙体积V_p和总（表观、视）体积V_b。其中岩石总体积是由骨架体积和孔隙体积两部分组成。岩石孔隙体积大小用孔隙度（在岩石力学中，也称为孔隙率）定量描述。孔隙度是指岩石孔隙体积与岩石总体积的比值，通常以百分数表示，其表达式为

$$\phi = \frac{V_p}{V_b} \times 100\% = \frac{V_b - V_{ma}}{V_b} \times 100\% \tag{1-22}$$

在不同类型的孔隙中，流体的可流动情况有很大差别。参与渗流的孔隙为流动孔隙，而不参与渗流的孔隙为无效孔隙。因此，将孔隙度分为绝对孔隙度、连通孔隙度、有效孔隙度和流动孔隙度。

岩石的绝对孔隙度ϕ_a是指岩石总孔隙体积V_a与岩石总体积V_b之比，即

$$\phi_a = \frac{V_a}{V_b} \times 100\% \tag{1-23}$$

岩石的连通孔隙度ϕ_c是指岩石中相互连通的孔隙的体积V_c与岩石总体积V_b之比，即

$$\phi_c = \frac{V_c}{V_b} \times 100\% \tag{1-24}$$

岩石的有效孔隙度ϕ_e是指岩石中有效孔隙体积V_e（在一定压差下，被油、气、水饱和并参与渗流的连通孔隙体积）与岩石总体积V_b之比，即

$$\phi_e = \frac{V_e}{V_b} \times 100\% \tag{1-25}$$

需要注意的是，有些孔隙虽然彼此连通，但未必都能让流体流过。例如亲水岩石孔隙表面常存在着水膜，相应地缩小了油气流动的孔隙通道。因此，在连通孔隙度基础上，进一步提出流动孔隙度概念。

岩石的流动孔隙度ϕ_{ff}是指岩石流体能够在其中流动的孔隙体积V_f与岩石总体积V_b之比，即

$$\phi_{ff} = \frac{V_f}{V_b} \times 100\% \tag{1-26}$$

流动孔隙度不是一个定值，它随地层中的压力梯度和液体的物理、化学性质而变化。

由上述定义可知，不同孔隙度间的关系为 $\phi_a > \phi_c \geq \phi_e \geq \phi_{ff}$。对储集性较好的岩石，不同孔隙度间差别较小，而对储集性较差的岩石，不同孔隙度间差别较明显。

当岩石具有双重孔隙系统时，如裂缝—粒间孔隙系统，总孔隙度 ϕ_a 为原生孔隙度 ϕ_p 和裂缝孔隙度 ϕ_f 之和，即

$$\phi_a = \phi_p + \phi_f \tag{1-27}$$

其中

$$\begin{cases} \phi_p = 基质孔隙体积/岩石总体积 \\ \phi_f = 裂缝孔隙体积/岩石总体积 \end{cases} \tag{1-28}$$

大量的实验测定结果表明，裂缝孔隙度 ϕ_f 明显小于原生孔隙度 ϕ_p。

在用显微镜处理岩石的微观结构图像（如铸体薄片等）时，可使用另一个孔隙度概念，即面孔率。面孔率是指显微镜下的岩石可视孔隙度，即孔隙面积与观测视域总面积的比值，其表达式为

$$\phi_{area} = \frac{A_p}{A_b} \times 100\% \tag{1-29}$$

式中，ϕ_{area} 为岩石面孔率；A_p 为岩石孔隙面积，m^2；A_b 为岩石总面积，m^2。

需要注意的是，孔隙度表示的是三维体积的比值，而面孔率表示的是二维面积的比值。

大量的实验测定结果表明，不同类型岩石的孔隙度差异较大，可根据孔隙度的大小评价储层特征。行业标准 SY/T 6285—2011《油气储层评价方法》和国家标准 GB/T 26979—2011《天然气藏分类》中规定：

（1）对碎屑岩储层，若 $\phi \geq 30\%$，则其为特高孔储层；若 $25\% \leq \phi < 30\%$，则其为高孔储层；若 $15\% \leq \phi < 25\%$，则其为中孔储层；若 $10\% \leq \phi < 15\%$，则其为低孔储层；若 $5\% \leq \phi < 10\%$，则其为特低孔储层；若 $\phi < 5\%$，则其为超低孔储层。

（2）对碳酸盐岩储层，若 $\phi \geq 20\%$，则其为高孔储层；若 $12\% \leq \phi < 20\%$，则其为中孔储层；若 $4\% \leq \phi < 12\%$，则其为低孔储层；若 $\phi < 4\%$，则其为特低孔储层。

（3）对气藏储层，若 $\phi \geq 20\%$，则其为高孔气藏；若 $10\% \leq \phi < 20\%$，则其为中孔气藏；若 $5\% \leq \phi < 10\%$，则其为低孔气藏；若 $\phi < 5\%$，则其为特低孔气藏。

三、影响岩石孔隙度的因素

影响岩石孔隙度的因素主要包括矿物成分与胶结物，颗粒形状、大小、排列方式与分选程度，埋藏深度与压实作用等。

1. 矿物成分与胶结物的影响

岩石中的矿物成分将影响颗粒形态，如石英为粒状，而云母为片状，黏土矿物遇水发生膨胀将降低岩石孔隙度。同时，胶结物的成分、含量以及胶结类型对岩石孔隙度有重要的影响，如胶结物含量增加，造成岩石孔隙度降低。

2. 颗粒形状、大小、排列方式与分选程度的影响

大量砂岩岩样统计规律表明，岩石孔隙度与岩石颗粒形状、大小、分选程度和排列方式有关。如图1—28所示，岩石颗粒分选程度好，颗粒越均匀，岩石孔隙度越大；岩石颗粒分

选程度差，小颗粒碎屑充填到大颗粒间隙中，造成岩石孔隙度下降。

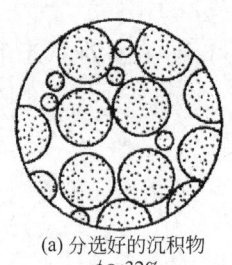 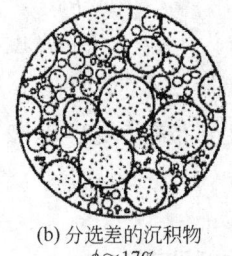 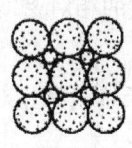

(a) 分选好的沉积物 $\phi\approx32\%$　　(b) 分选差的沉积物 $\phi\approx17\%$　　(c) 大颗粒间隙被小颗粒填充

图 1-28　分选程度对岩石孔隙度的影响

3. 埋藏深度与压实作用的影响

随着地层埋藏深度增加，地层压力和温度增加，岩石颗粒排列更加紧密，岩石颗粒间发生非弹性的、不可逆的压实变形，造成岩石孔隙度下降。同时，当颗粒紧密排列达到最大限度时，埋藏深度继续增加，会促使颗粒在接触点上的局部溶解，溶解的矿物（如石英）将在孔隙空间形成新的结晶，造成岩石孔隙度降低，严重时导致孔隙消失，使其演化成非渗透层。

对泥岩等以压实作用为主的岩石，其孔隙度随埋藏深度增大而减小，其表达式为

$$\phi(H)=\phi_0-A\ln H \tag{1-30}$$

或

$$\phi(H)=\phi_0\exp(-BH) \tag{1-31}$$

式中，H 为埋藏深度，m；ϕ_0 为初始孔隙度，小数；A 和 B 为拟合系数。

第三节　岩石中的流体及流体饱和度

岩石的物理性质由岩石骨架及其孔隙流体的物理性质共同决定。岩石孔隙中包含的流体可能为油、气、水的单相、两相或三相并存。石油和天然气赋存于其中并达到一定的量，则称为油气层。

一、天然气的物理性质

1. 天然气的密度和相对密度

天然气的密度是指单位体积天然气的质量，其表示式为

$$\rho_g=\frac{m_g}{V_g} \tag{1-32}$$

式中，ρ_g 为天然气的密度，kg/m³；m_g 为天然气的质量，kg；V_g 为天然气的体积，m³。

天然气的密度可取样在实验室测定，可参考国家标准 GB/T 26981—2020《油气藏流体物性分析方法》中相关测试方法。

天然气的相对密度是指在标准状态（293K，0.101MPa）下，天然气的密度 ρ_g 与干燥空气的密度 ρ_a 之比，其表达式为

$$\gamma = \frac{\rho_g}{\rho_a} \tag{1-33}$$

式中，γ 为天然气的相对密度；ρ_a 为干燥空气的密度，kg/m^3，在标准状态下空气的密度为 $1.293kg/m^3$。

一般而言，天然气的相对密度分布在 0.58~0.62 之间。

2. 天然气的组分

天然气中常见组分的物性参数可见表1-7。

表1-7 烃类及非烃类气体的物性参数表

组分名称	分子式	相对分子质量	在0.101MPa下的沸点,℃	临界压力 MPa	临界温度 K	密度 (0.1MPa,288.6K) kg/m^3	密度 (0.1MPa,273K) kg/m^3
甲烷	CH_4	16.043	−161.50	4.6408	190.67	0.6785	—
乙烷	C_2H_6	30.070	−88.61	4.8835	305.5	1.2794	—
丙烷	C_3H_8	44.097	−42.06	4.2568	370.00	1.8910	—
异丁烷	iC_4H_{10}	58.124	−11.72	3.6480	408.11	2.527	—
正丁烷	nC_4H_{10}	58.124	−0.50	3.7928	425.39	2.5318	—
异戊烷	iC_5H_{12}	72.151	27.83	3.3336	460.89	3.0453	—
正戊烷	nC_5H_{12}	72.151	36.06	3.3380	470.11	3.0453	—
正己烷	nC_6H_{14}	86.178	68.72	3.0344	507.89	3.6374	—
正庚烷	nC_7H_{16}	100.205	98.44	2.7296	540.22	4.2293	—
正辛烷	nC_8H_{18}	114.232	125.67	2.4973	569.39	4.8214	—
正壬烷	nC_9H_{20}	128.259	150.78	2.3028	596.11	0.6785	—
正癸烷	$nC_{10}H_{22}$	142.286	174.11	2.1511	619.44	1.2794	—
空气	N_2,O_2	28.964	−194.28	3.7714	132.78	—	1.2931
二氧化碳	CO_2	44.010	−186.43	7.3787	304.78	—	1.9768
氦气	He	4.003	−372.52	0.2289	5.278	—	0.1785
氢气	H_2	2.016	−459.73	1.3031	33.22	—	0.08985
硫化氢	H_2S	34.076	−315.74	9.0080	373.56	—	1.5392
氮气	N_2	28.013	−371.19	3.3936	126.11	—	1.2507
氧气	O_2	31.999	−389.22	5.0807	154.78	—	1.4289

二、地层原油的物理性质

原油是石蜡族烷烃、环烷烃和芳香烃等不同烃类，以及各种氧、硫、氮的化合物所组成的复杂混合物。原油的化学组成是造成原油性质不同和产生各种变化的内因，压力和温度则是引起各种变化的外部条件。原油中的非烃类物质对原油的一些物理性质有着重大影响，因此，可根据原油中某些物质含量对原油进行分类，如按胶质—沥青质含量分类、按含蜡量分类、按硫含量分类等。

1. 地层原油的密度和相对密度

地层中的高压高温条件造成地下原油溶有大量的天然气，导致地层原油密度比地面脱气原油密度低。一般来说，地层原油密度随着温度增加而下降，随着压力的变化关系比较复杂，如图 1-29 所示。当压力小于饱和压力时，随着压力增大，溶解的天然气增加，造成原油密度减小；当压力高于饱和压力时，天然气已全部溶解，压力继续增加，原油将受到压缩，造成原油密度增大。

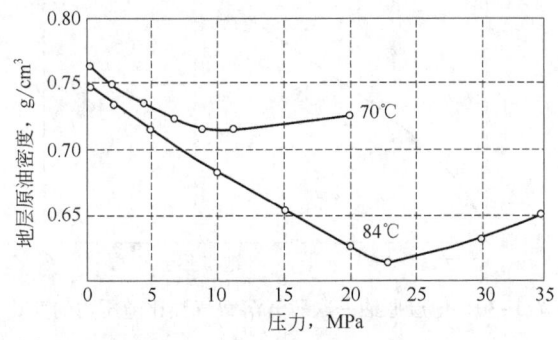

图 1-29 原油密度随压力的变化

原油密度是指在一定条件下，单位体积原油的质量。原油相对密度定义为标准条件（0.1MPa，20℃）下原油密度与 0.1MPa、4℃条件下纯水密度的比值，其表达式为

$$\gamma_o = \rho_o / \rho_w \tag{1-34}$$

式中，ρ_o 为原油密度，kg/m³；ρ_w 为纯水密度，kg/m³；γ_o 为原油相对密度。

根据原油相对密度大小，可对原油进行分类：$\gamma_o < 0.852$ 为轻质原油，$0.852 < \gamma_o < 0.930$ 为中质原油，$0.931 < \gamma_o < 0.998$ 为重质原油，$\gamma_o > 0.998$ 为特稠原油。

此外，原油相对密度还可用 API 相对密度表示，其值越大，说明原油相对密度越小。API 相对密度与原油相对密度的关系为

$$\gamma_{API} = \frac{141.5}{\gamma_o} - 131.5 \tag{1-35}$$

式中，γ_{API} 为 API 相对密度，°API；γ_o 为温度 15.6℃时的相对密度。

2. 地层原油的溶解气油比

地层原油溶有大量的天然气，常用地层原油的溶解气油比来表征原油中溶解气量多少。地层原油的溶解气油比是指单位体积或单位质量地面原油在地层条件（压力、温度）下所溶有天然气在标准状态下的体积，即

$$R_s = V_{g脱出气量} / V_{o脱气原油} \tag{1-36}$$

式中，$V_{g脱出气量}$ 为地层原油在地面脱出的气量，m³；$V_{o脱气原油}$ 为地面脱气原油的体积，m³；R_s 为压力 p、温度 T 下原油溶解气油比，m³/m³。

由式 (1-36) 可看出，溶解气油比给出了地层原油中溶解天然气的多少。为了便于研究，一般采用一次脱气测定的溶解气油比为基准。地层原油在一次脱气后所得的溶解气油比与压力的关系曲线可见图 1-30。从图中可看出，当压力低于饱和压力 p_b 时，溶解气油比随

着压力增加而增大；当达到饱和压力时，溶解气油比为 R_{si}；压力持续增加，溶解气油比不再变化且始终保持为饱和压力下的溶解气油比。这是因为当压力高于饱和压力时，原油中溶解气量最大；当压力小于饱和压力时，原油中气体逸出，原油中溶解气量减少，造成溶解气油比降低。

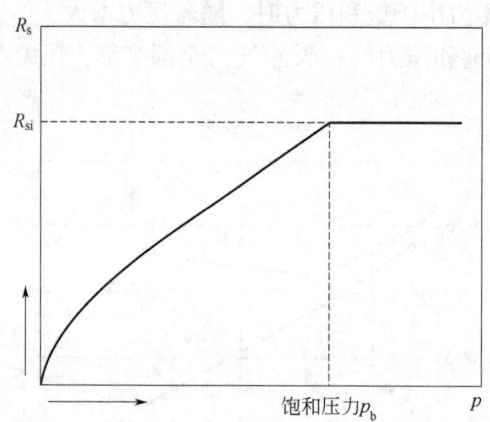

图 1-30　地层原油一次脱气溶解气油比随压力的变化

如果地层原始压力高于原油饱和压力，原始条件下溶解气油比将等于饱和压力下的溶解气油比，故将 R_{si} 称为原始溶解气油比。

3. 地层原油的黏度

原油的化学组成是原油黏度高低的主要影响因素。原油中重烃含量和非烃含量，特别是胶质—沥青质含量的多少对原油黏度有重要的影响，胶质、沥青质含量多，引起原油液层分子的内摩擦力增大，造成原油黏度增大。原油溶解气油比对地层原油黏度也有重要的影响，地层原油溶解气油比越大，原油黏度越低。

压力和温度对地层原油黏度的影响如图 1-31 所示。从图中可看出，当地层压力高于饱和压力时，压力增加引起原油的弹性压缩，原油密度增大，引起原油液层间摩擦阻力增大，造成原油黏度增大；当地层压力低于饱和压力时，随着地层压力降低，原油中溶解气不断脱出，造成地层原油黏度增大。

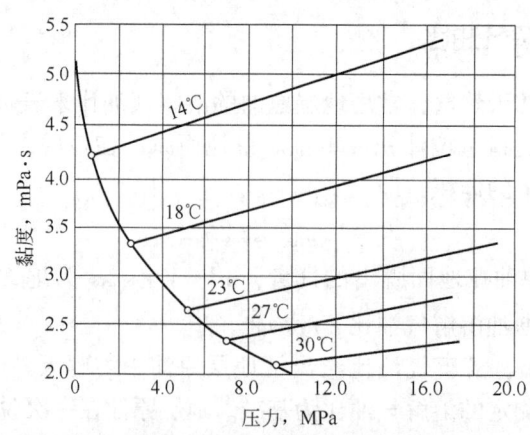

图 1-31　原油黏度与压力、温度的关系

三、地层水的物理性质

1. 地层水的水型分类

地层水是指岩石孔隙或裂隙中的水,溶解有大量的盐类矿物,一般用矿化度来表示地层水中含盐浓度,单位为 mg/L。

地层水的水型分类常采用苏林分类法,其划分思路是:根据 Na^+(包括 K^+)和 Cl^- 的当量比,利用水中阴阳离子的结合顺序(离子亲和能力大小),以水中某种化合物出现的趋势而命名水型。

地层水划分为四种类型:当 $Na^+/Cl^->1$ 时,则水中多余的 Na^+ 将与 SO_4^{2-} 或 HCO_3^- 结合,如果 $\frac{Na^+-Cl^-}{SO_4^{2-}}<1$,则形成硫酸钠水型;如果 $\frac{Na^+-Cl^-}{SO_4^{2-}}>1$,则形成碳酸氢钠水型。当 $\frac{Na^+}{Cl^-}<1$ 时,则水中多余的 Cl^- 将与 Mg^{2+} 或 Ca^{2+} 结合,如果 $\frac{Cl^--Na^+}{Mg^{2+}}<1$,则形成氯化镁水型;如果 $\frac{Cl^--Na^+}{Mg^{2+}}>1$,则形成氯化钙水型。

2. 地层水的黏度

地层水的黏度表示流体内摩擦阻力的大小。地层水的黏度与压力、温度和含盐量的关系如图 1-32 所示。由图中可看出,地层水的黏度随温度增加而降低,压力对地层水黏度影响较小,含盐量对地层水黏度影响也不显著。

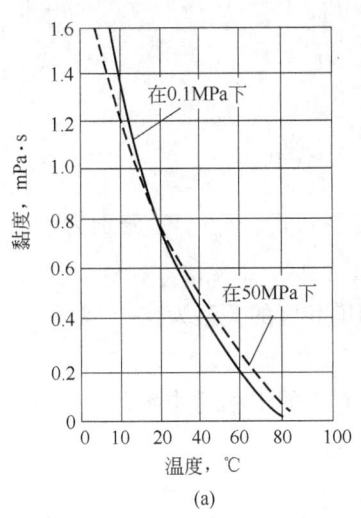
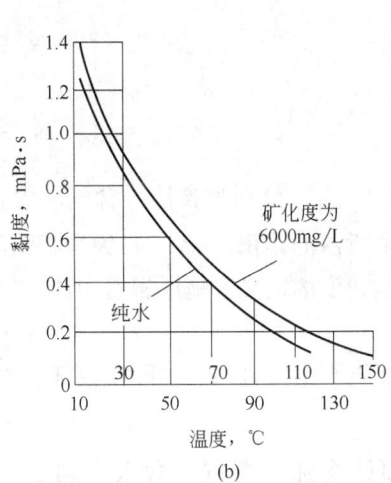

图 1-32 地层水黏度与压力、温度和含盐量的关系

岩石孔隙中不同类型流体(油、气、水)的物理性质对比可见表 1-8。油、气、水等流体物理性质的差异,造成岩石孔隙中饱含不同流体时岩石将表现出不同的物理性质。

表 1-8 油、气、水的物理性质对比

流体	油	气	水
密度	\multicolumn{3}{c}{$\rho_w > \rho_o > \rho_g$}		
体积系数	$B_o > B_w > B_g$		
压缩系数	$C_g > C_o > C_w$		
黏度	受压力、温度、原油组成的影响	受压力、温度、气体组成的影响	受压力、温度、含盐量的影响
溶解气油比	$p > p_b$，R_{si} 不变；$p < p_b$，R_{si} 随 p 增大而增大		

四、岩石中流体的饱和度

1. 流体饱和度的概念

油气层岩石孔隙中充满一种流体时，称为饱和了一种流体。岩石孔隙中存在多种流体（石油、天然气和地层水）时，每种流体的相对含量可利用饱和度参数进行定量描述。某种流体的饱和度是指该种流体在岩石孔隙中所占的体积百分数。

1) 含油、含气、含水饱和度

根据饱和度的定义，含油、含气、含水饱和度分别为岩石孔隙中油、气、水体积（V_o、V_g、V_w）与岩石孔隙体积（V_p）的比值，即

$$S_o = \frac{V_o}{V_p} \times 100\% \tag{1-37}$$

$$S_g = \frac{V_g}{V_p} \times 100\% \tag{1-38}$$

$$S_w = \frac{V_w}{V_p} \times 100\% \tag{1-39}$$

式中，S_o、S_g、S_w 分别为含油、含气、含水饱和度，%；V_o、V_g、V_w 分别为油、气、水在岩石孔隙中所占的体积，m³；V_p 为岩石孔隙体积，m³。

根据饱和度的定义，地层岩石中油、气、水三相饱和度的关系为

$$S_o + S_w + S_g = 1 \tag{1-40}$$

当地层岩石中只含油、水两相或气、水两相时，它们的饱和度关系为

$$S_o + S_w = 1 \text{ 或 } S_w + S_g = 1 \tag{1-41}$$

2) 原始含油、含气、含水饱和度

油气田投入开发之前，岩石孔隙中流体处于一种相对平衡状态，岩石孔隙中流体的饱和度称为原始流体饱和度。原始状态下岩石孔隙中油、气、水体积（V_{oi}、V_{gi}、V_{wi}）与岩石孔隙体积的比值分别称为原始含油、含气、含水饱和度，常用 S_{oi}、S_{gi}、S_{wi} 表示。

从不同角度，地层原始含水饱和度也被称为共生水饱和度、束缚水饱和度、原生水饱和度等。

3) 束缚水饱和度

束缚水饱和度与原始含水饱和度的符号表示相同，为 S_{wi}，也称不可再降低的水饱和度。岩石孔隙中的束缚水一般黏附在颗粒表面，赋存在微孔隙中或滞留在颗粒接触处，在压差作用下是不能流动的。束缚水饱和度可理解为岩石孔隙中束缚水体积与孔隙体积的比值。

4) 当前含油、含气、含水饱和度

油气田开发的不同阶段，岩石孔隙中含油、含气、含水饱和度称为当前含油、含气、含水饱和度，简称为含油、含气、含水饱和度。

5) 残余油（气）饱和度

在油气田开发过程中，经过某一采油方法或驱替作用后，仍然不能采出而残留于岩石孔隙中的原油（天然气）称为残余油（气），其体积在岩石孔隙中所占体积的百分数称为残余油（气）饱和度，用 S_{or}（S_{gr}）表示。

2. 饱和度的影响因素

影响储层中含油（气）饱和度高低的因素很多，对原始地层，有油（气）供给程度、排驱动力、油（气）藏的保存条件、储层自身储集条件，以及所处构造部位等。在其他条件相同时，含油（气）饱和度主要受岩石孔隙结构及表面性质，以及油（气）自身性质等的影响。

1) 岩石孔隙结构及表面性质的影响

岩石孔隙结构及表面性质是影响岩石的含油（气）饱和度关键因素之一。岩石颗粒较粗，则其比面小，孔隙、喉道半径大，孔隙连通性好，造成油（气）进入岩石孔隙的阻力小，导致岩石孔隙中含油（气）饱和度高，束缚水饱和度低。此外，油（气）层中亲水岩石的束缚水饱和度大于亲油岩石。

2) 油（气）性质的影响

油（气）密度不同，含油（气）饱和度不同。黏度高的油，排水动力小，不易进入岩石孔隙，导致岩石孔隙中残余水饱和度高，原油饱和度低，反之亦然。

3. 流体饱和度的实验室测定

岩石流体饱和度的确定有多种方法，主要包括实验室测定法、地球物理测井法（详见地球物理测井相关书籍）和经验统计公式或经验统计图版法，其中实验室测定法包括常规岩心分析方法及专项岩心分析方法。以下主要介绍常规岩心分析方法中的蒸馏抽提法。

蒸馏抽提法所用仪器如图 1-33 所示，包括长颈烧瓶、岩心杯、冷凝管和捕水器。该方法的实质是抽提岩心中的水，通过测定含水饱和度来确定含油饱和度。测试步骤如下：（1）

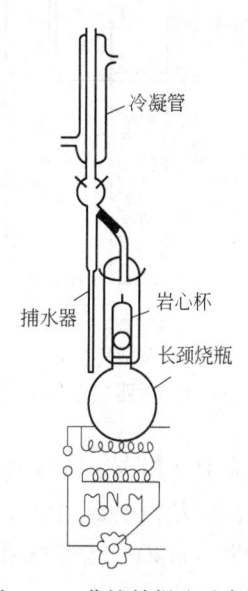

图 1-33 蒸馏抽提法示意图

获取含油岩样质量后，将岩心放入测定仪的微孔隔板漏斗中；（2）向烧瓶中加入密度小于水、沸点比水高、溶解洗油能力强的溶剂，如甲苯或酒精、苯等，并对烧瓶进行加热；（3）使岩样中水分蒸馏出来，经过冷凝管冷凝后聚集于捕水器中，待捕水器中水不再增加时，测量出水的体积；（4）对洗净后的岩心进行烘干并称重。按照饱和度定义可由式(1-39)计算出含水饱和度，含油、含气饱和度分别为

$$S_o = \frac{V_o}{V_p} \times 100\% = \frac{W_1 - W_2 - W_w}{V_p \rho_o} \times 100\% \tag{1-42}$$

$$S_g = 1 - (S_w + S_o) \tag{1-43}$$

式中，W_1 为岩心抽提前的质量，kg；W_2 是洗净和烘干后岩心的质量，kg；W_w 是根据水的体积换算水的质量，kg；ρ_o 是油的密度，kg/m³。

溶剂抽提法的优点在于：岩心清洗得干净。常用这种方法对岩心进行洗油、清洗并测定其饱和度。

第四节 岩石的渗透率

孔隙性和渗透性是岩石重要的物性参数，其中孔隙性决定了岩石的储集性能，用孔隙度表示；而渗透性是岩石在一定压差作用下允许流体通过的性能，常用渗透率表示。

一、达西定律

图1-34为著名的达西实验的装置图。1856年，法国水文工程师亨利·达西（Henri Darcy）用相同粒径的砂子填充成一段未胶结砂柱，进行水流渗滤实验。研究发现：当水通过砂柱时，其流量和砂柱截面积、进出口端的压差成正比，与砂柱的长度成反比。采用不同流体时，流量与流体黏度成反比。采用不同粒径的砂子时，若其他条件相同，砂柱粒径不同，其流量不同。达西将这些参数和规律表示成方程的形式，就是著名的达西定律：

$$Q = K \frac{A \Delta p}{\mu L} \tag{1-44}$$

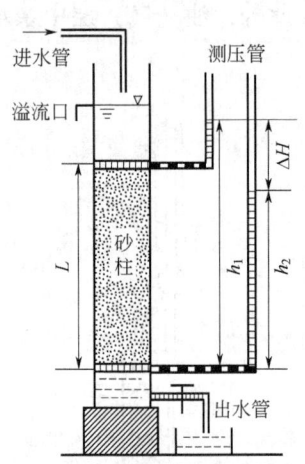

图1-34 达西实验的实验装置

式中，Q 为在压差 Δp 下通过砂柱的流量，cm³/s；A 为砂柱截面积，cm²；L 为砂柱长度，cm；μ 为通过砂柱的流体黏度，mPa·s；Δp 为流体通过砂柱前后的压力差，10^{-1}MPa；K 为比例系数，又称为砂子的渗透系数或渗透率，D。

式(1-44)中采用达西单位制，渗透率的单位是达西，符号为D（相当于国际单位制SI的 μm^2）。1D的物理意义是：黏度为1cP(1mPa·s)的流体，在压差为1atm(101325Pa)作用下，通过截面积为1cm²、长度为1cm的多孔介质，其流量为1cm³/s时，该多孔介质的渗透率称为1D。由式(1-44)导出的渗透率计算公式为

$$K = \frac{Q\mu L}{A\Delta p} \tag{1-45}$$

达西定律在实际使用中采用的单位制不同,主要分为绝对单位制和混合单位制,如绝对单位制中的国际单位制 SI、混合单位制中的达西单位制。达西定律常用的单位制见表1-9。

表1-9 达西定律使用的单位制

参数	符号	量纲	绝对单位制		混合单位制		
			CGS 制	SI	达西单位制	矿场单位制	
						公制	英制
长度	L	L	cm	m	cm	m	ft
质量	m	M	g	kg	g	kg	lb
时间	t, T	T	s	s	s	d	hr
面积	A, F	L^2	cm^2	m^2	cm^2	m^2	ft^2
流量	q, Q	L^3/T	cm^3/s	m^3/s	cm^3/s	地面 m^3/d	地面 bbl/d
速度	v	L/T	cm/s	m/s	cm/s	m/d	ft/d
密度	ρ	M/L^3	g/cm^3	kg/m^3	g/cm^3	kg/m^3	lb/ft^3
压力	p	$(ML/T^2)/L^2$	dyn/cm^2	$N/m^2(Pa)$	atm	atm	lbf/m^2
黏度	μ	M/LT	$g/cm \cdot s(P)$	$kg/ms(Pa \cdot s)$	cP	cP	cP
渗透率	K	L^2	cm^2	m^2	D	D	mD

自然界流体流动类型可分为层流和湍流。Reynolds(1883)最早发现管流中层流向湍流的转变,并给出了判别流动形态的雷诺数,其表达式为

$$Re = \frac{v\rho_f L}{\mu_f} \tag{1-46}$$

式中,v 为流体流动的特征速度,cm/s;L 为特征长度,cm;ρ_f 为流体密度,g/cm^3;μ_f 为流体的黏度,$mPa \cdot s$;Re 为雷诺数。

随着雷诺数的增大,流体的流动形态由层流逐渐过渡为湍流。

达西定律的使用具有一定条件,即多孔介质中流体渗流必须在层流范围内。当多孔介质中的渗流速度增大到一定值后,除产生黏滞阻力外,还会产生惯性阻力,此时流量与压差不再呈线性关系,这个流体速度就是达西定律的临界渗流速度。卡佳霍夫提出了利用雷诺数确定达西定律的临界流速。已知多孔介质和流体的物性参数,如多孔介质孔隙度、渗透率及流体密度、黏度等,卡佳霍夫提出的雷诺数表达式则为

$$Re = \frac{v_f \rho_f \sqrt{K}}{17.5 \mu_f \phi^{3/2}} \tag{1-47}$$

式中,v_f 为流体的渗透速度,cm/s;ϕ 为孔隙度。

根据临界雷诺数(0.2~0.3),即可计算出临界渗流速度。

需要注意的是，对于渗透率较低的多孔介质（如低渗透岩石），在低速渗流时，由于流体与岩石之间存在吸附作用，或在黏土矿物表面形成水化膜，当压力梯度很低时，流体不流动，而当附加一个足够大的压力梯度时，液体开始流动，这个现象称为阈压效应。同时，气体在低渗透岩石中低速渗流时，将会出现与液体低速渗流时完全不同的现象，这主要与气体的滑脱效应有关。

用岩石进一步开展实验（图1-35），当岩石孔隙中由一种不可压缩液体100%饱和时，液体在岩石横切面积A内呈均匀分布，液体呈水平流动，液体的体积流量在岩石任意横截面上是定值［图1-35(a)］，则式(1-45)是液测渗透率计算公式。当岩石孔隙中流体是可压缩的气体时，气体体积随着压力和温度的变化十分明显。气体在岩石中沿着渗流方向，每一截面上压力均不相同，且逐渐减小［图1-35(b)］。因此，岩石不同横截面上的体积流量不同，不能直接利用达西公式进行计算。假设气体渗流为稳定流，则气体在岩石不同横截面上的质量流量不变。气体在整个流动过程中为等温，根据波义耳定律，有

$$Qp = Q_o p_o = 常数 \tag{1-48}$$

式中，p_o为大气压力，10^{-1}MPa；Q_o为大气压力下气体体积流量，cm³/s；p为任意横截面上的压力，10^{-1}MPa；Q为任意横截面上的流量，cm³/s。

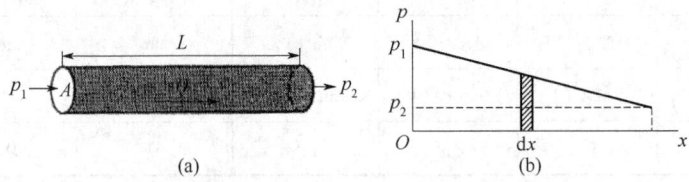

图1-35 一维渗流的岩心中压力分布

如图1-35(b)所示，取微小长度单元dx，单元内流量为Q，达西公式的微分形式为

$$K = -\frac{Q\mu}{A}\frac{\mathrm{d}x}{\mathrm{d}p} \tag{1-49}$$

由于dx和dp有着不同的符号，为保证渗透率为正值，在公式右边取负号。将式(1-48)代入式(1-49)中，并对两边积分，则有

$$\int_{p_1}^{p_2} Kp\mathrm{d}p = -\int_0^L \frac{Q_o p_o \mu_g}{A}\mathrm{d}x \tag{1-50}$$

$$K_g = \frac{2Q_o p_o \mu_g L}{A(p_1^2 - p_2^2)} = \frac{Q_o p_o \mu_g L}{A(p_1 - p_2)(p_1 + p_2)/2} \tag{1-51}$$

式中，K_g为气测渗透率，D；p_1、p_2分别为入口和出口断面上压力，10^{-1}MPa。

式(1-51)即为气测渗透率计算公式，气测渗透率与两端压力的平方差成反比。对比液测渗透率计算公式［式(1-45)］和气测渗透率计算公式［式(1-51)］发现，测试时两端的平均压力［$\bar{p}=(p_1+p_2)/2$］对气测渗透率有显著的影响。研究气体测定岩石渗透率时发现，对于相同岩石和气体，不同平均压力下所测得渗透率不同，其中低压下所测得渗透率大，高压下所测得渗透率趋于一个常数，称为等效液体渗透率；对于相同岩石和平均压力下，不同

气体（如 He、空气、CO_2 等）所测得渗透率也不相同，气体相对分子质量越小，所测得渗透率越大，如图 1-36 所示。这就是克林肯贝格发现气体在微小毛细管中流动时的滑脱效应，也称"克氏效应"。克林肯贝格研究认为，液—固间分子作用力比液—液间分子作用力大，管壁处液体流速为零；而气—固间分子作用力远小于液—固间分子作用力，管壁处气体流速不为零，形成了"气体滑脱效应"。因此，对于相同岩石，气测岩石渗透率大于液测岩石渗透率。

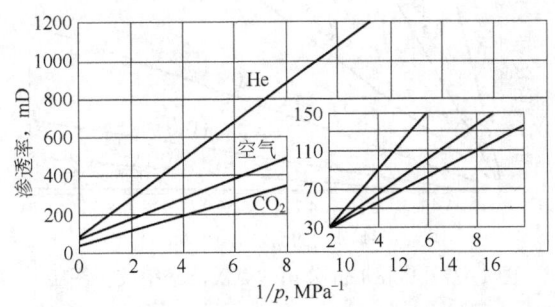

图 1-36　不同气体在不同平均压力下测定的渗透率

气体滑脱效应对气测渗透率的影响较大，特别是对于低渗透岩石，在低压下测定时影响更大。因此，通常规定：凡渗透率小于 100mD 的岩心，需进行克氏渗透率校正。校正克氏渗透率的方法主要分为两类：一是在实验室测定渗透率的基础上进行校正；二是利用经验公式和图版进行校正。

（1）实验测定基础上的校正：实验测定时，可改变几次平均压力 $\bar{p}$，再按气测渗透率计算公式计算出 K_g，并绘制出 K_g 与 $1/\bar{p}$ 关系曲线，根据关系曲线可得到 K_g 与 $1/\bar{p}$ 之间的关系，见式(1-52)。

$$K_g = K_a(1 + b/\bar{p}) \tag{1-52}$$

式中，K_a 为等效液体渗透率，D；$\bar{p}$ 为岩石进出口两端平均压力，MPa；b 为取决于气体性质和岩石孔隙结构的常数，称为"滑脱因子"。

从式(1-52)中可看出，K_g 与 $1/\bar{p}$ 间呈直线关系，该直线在 K_g 轴上的截距即为等效液体渗透率，也为岩石渗透率。

（2）伊弗莱计算法：当平均压力接近于 0.1MPa 时，有

$$K_a = K_g \frac{C}{C + 0.174}, C = 7\sqrt{\bar{p}_e} \tag{1-53}$$

式中，$\bar{p}_e$ 为压汞法所得出毛细管压力曲线中平缓段的平均压力，MPa；C 为常数。

（3）Purcell 法：

$$K_a = \frac{C}{C + 0.174} \frac{C^2\phi/\bar{p}^2 + 2K_g - \sqrt{C^2\phi/\bar{p}^2(C^2\phi/\bar{p}^2 + 4K_g^2)}}{2} \tag{1-54}$$

式中，$\bar{p}$ 为平均压力，10^{-1}MPa；C 为常数，当 $K_a < 10$mD 时，$C = 2.26$，当 $K_a = 10 \sim 100$mD 时，$C = 2.42$，当 $K_a > 100$mD 时，$C = 2.72$。

（4）图版法：所用图版各有不同，图 1-37 是其中可采用的一种图版。

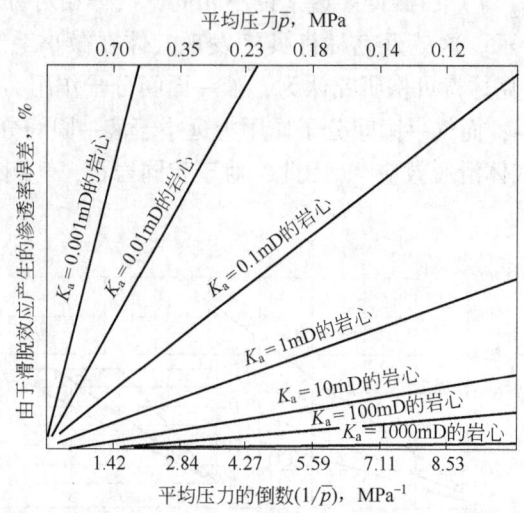

图1-37 Core Lab公司的克氏渗透率校正图版

二、岩石渗透率的概念

1. 岩石的绝对渗透率

岩石的绝对渗透率是指不与岩石发生任何物理、化学作用的不可压缩流体100%饱和岩心，在单相、线性、稳定渗流条件下，岩石允许该流体通过的能力，其表达式为式(1-45)。测定岩石绝对渗透率必须满足：(1)岩石中全部孔隙为单相液体所饱和，液体不可压缩，且为稳定流；(2)岩石中渗流为一维直线渗流；(3)液体性质稳定，不与岩石发生物理、化学作用。利用蒸馏水测定时，因岩石中黏土矿物遇水膨胀将使岩石渗透率降低；利用酸液测定时，因酸—岩化学反应将使岩石渗透率增大；利用原油测定渗透率时，因原油的吸附将使岩石渗透率降低。因此，在实际应用中，只能选用一种与岩石反应非常小的流体单相渗透率来近似代替绝对渗透率。室内实验室一般采用空气、氮气、氩气来测定岩石渗透率，通过校正获取岩石的绝对渗透率。

［例1-1］ 假设岩样长度为3cm、截面积为2cm^2，用黏度为1mPa·s的盐水100%饱和，在压差为0.2MPa下的流量为0.5cm^3/s，则该岩样的绝对渗透率为

$$K = \frac{Q\mu L}{A\Delta p} \times 10^{-1} = \frac{0.5 \times 1 \times 3}{2 \times 0.2} \times 10^{-1} = 0.375(\mu m^2) = 0.375(D) \tag{1-55}$$

如果用3mPa·s的油代替盐水，在相同的压差作用下，油的流量为0.167cm^3/s，这时该岩样的绝对渗透率为

$$K = \frac{Q\mu L}{A\Delta p} \times 10^{-1} = \frac{0.167 \times 3 \times 3}{2 \times 0.2} \times 10^{-1} = 0.375(\mu m^2) = 0.375(D) \tag{1-56}$$

由此可见，岩石绝对渗透率是岩石本身具有的固有性质，只与岩石孔隙结构有关，与通过岩石的流体性质无关。

对于含有裂缝的岩石，岩石总渗透率由基质渗透率和裂缝渗透率两部分组成，其中裂缝的渗透率远大于基质的渗透率。

纯裂缝岩石的渗透率是指流体沿两块不渗透平板之间的裂缝进行流动时的渗透率，其表达式为

$$K_f = 8.33 \times 10^6 b \phi_f \tag{1-57}$$

式中，K_f 为裂缝渗透率，D；b 为裂缝宽度，cm。

裂缝—孔隙岩石的总渗透率，等于基质渗透率和裂缝渗透率之和，即

$$K_t = K_m + K_f \tag{1-58}$$

式中，K_t 为岩石总渗透率，D；K_m 为基质渗透率，D。

若岩石中存在多组裂缝，且各组裂缝孔隙度为 ϕ_{fi}，各组裂缝与流体渗流方向夹角为 α_i，如图1-38所示，则渗透率为

$$K_t = K_m + \sum_{i=1}^{n} K_{fi} \cos\alpha_i \tag{1-59}$$

式中，K_{fi} 为第 i 组裂缝沿渗流方向渗透率，D；α_i 为第 i 组裂缝与渗流方向的夹角，（°）；n 为岩块中裂缝的组数。

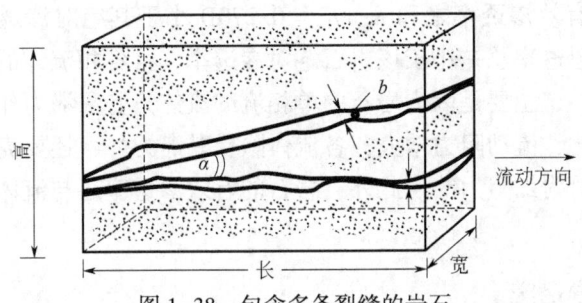

图1-38 包含多条裂缝的岩石

大量的实验测定结果表明，不同类型岩石的渗透率差异较大，可根据空气渗透率的大小评价储层特征。行业标准SY/T 6285—2011《油气储层评价方法》中规定：(1) 对碎屑岩储层，若 $K \geq 2000\text{mD}$，则其为特高渗储层；若 $500\text{mD} \leq K < 2000\text{mD}$，则其为高渗储层；若 $50\text{mD} \leq K < 500\text{mD}$，则其为中渗储层；若 $10\text{mD} \leq K < 50\text{mD}$，则其为低渗储层；若 $1\text{mD} \leq K < 10\text{mD}$，则其为特低渗储层；若 $0.1\text{mD} \leq K < 1\text{mD}$，则其为超低渗储层。(2) 对碳酸盐岩储层，若 $K \geq 100\text{mD}$，则其为高渗储层；若 $10\text{mD} \leq K < 100\text{mD}$，则其为中渗储层；若 $1\text{mD} \leq K < 10\text{mD}$，则其为低渗储层；若 $K < 1\text{mD}$，则其为特低渗储层。国家标准GB/T 26979—2011《天然气藏分类》中规定：对气藏储层，若 $K \geq 50\text{mD}$，则其为高渗气藏；若 $5\text{mD} \leq K < 50\text{mD}$，则其为中渗气藏；若 $0.1\text{mD} \leq K < 5\text{mD}$，则其为低渗气藏；若 $K < 0.1\text{mD}$，则其为致密气藏。

2. 岩石的有效渗透率

当岩石孔隙中存在多相流体时，为了评价岩石允许每一相流体在孔隙中流动能力，引入岩石的有效渗透率和相对渗透率概念。

岩石的有效渗透率也称相渗透率，是指当岩石中有两种或多种流体共流时，岩石允许某一相流体在孔隙中通过的能力，用 $K_i (i=o, w, g)$ 表示。当岩石为油水两相流体饱和时，油水两相流体的有效渗透率为

$$K_o = \frac{Q_o \mu_o L}{A \Delta p} \times 10^{-1} \quad (1-60)$$

$$K_w = \frac{Q_w \mu_w L}{A \Delta p} \times 10^{-1} \quad (1-61)$$

式中，Q_o、Q_w 为压差作用下，通过岩心的油、水流量，cm^3/s；μ_o、μ_w 为通过岩心的油、水黏度，$mPa \cdot s$；K_o、K_w 为油、水的有效渗透率，D。

[例 1-2] 对于例 1-1 中同一岩样，若其中饱和 70% 的盐水和 30% 的油，且在该饱和度条件下稳定渗流。在压差相同的条件下，测得盐水流量为 $0.3cm^3/s$，而油的流量为 $0.02cm^3/s$，则油、水的相（有效）渗透率分别为

$$K_o = \frac{Q_o \mu_o L}{A \Delta p} \times 10^{-1} = \frac{0.02 \times 3 \times 3}{2 \times 0.2} \times 10^{-1} = 0.045(\mu m^2) = 0.045(D) \quad (1-62)$$

$$K_w = \frac{Q_w \mu_w L}{A \Delta p} \times 10^{-1} = \frac{0.3 \times 1 \times 3}{2 \times 0.2} \times 10^{-1} = 0.225(\mu m^2) = 0.225(D) \quad (1-63)$$

岩石油、水两相有效渗透率之和 $K_o + K_w = 0.270D$ 小于其绝对渗透率 $K = 0.375D$，说明岩石各相流体的有效渗透率总是小于该岩石绝对渗透率，且各相流体的有效渗透率之和也小于该岩石绝对渗透率。这主要是因为岩石中单相流的流体只受黏滞力作用，而岩石中多相流的各流体之间相互干扰，流动阻力增大，各流体除受黏滞力外，还要克服毛细管力、附着力和各种液阻现象引起的附加阻力等。此外，岩石的有效渗透率还与流体饱和度及其在孔隙中的分布状况有关。

3. 岩石的相对渗透率

某一相流体的相对渗透率是该相流体的有效渗透率与基准渗透率的比值，是衡量某一种流体通过岩石能力大小的直接指标。基准渗透率一般可选择空气绝对渗透率或 100% 饱和地层水的水测渗透率或束缚水饱和度下的油相渗透率。油、水的相对渗透率则为

$$K_{ro} = K_o / K_a \quad (1-64)$$

$$K_{rw} = K_w / K_a \quad (1-65)$$

式中，K_{ro}、K_{rw} 为油、水的相对渗透率，D；K_a 为岩石的基准渗透率，D。

[例 1-3] 在例 1-2 中，油、水的相对渗透率分别为

$$K_{ro} = 0.225/0.375 = 0.6 \quad (1-66)$$

$$K_{rw} = 0.015/0.375 = 0.12 \quad (1-67)$$

三、影响岩石渗透率的因素

岩石渗透率是岩石性质和结构特征的综合反映，且与方向有关。岩石渗透率的影响因素主要包括沉积作用、构造作用、孔隙结构、成岩作用等。

1. 沉积作用与构造作用的影响

1) 岩石骨架构成与岩石构造的影响

岩石的颗粒粒度、颗粒分选性、胶结物和层理等特性对岩石渗透率有重要影响。不同粒

度大小碎屑沉积时，小颗粒充填在大颗粒形成的孔隙中，造成孔隙和喉道变小，尤其是片状结构的云母及杂基充填在孔隙和喉道中，导致岩石渗透率降低。疏松砂岩粒度越细，分选性越差，其渗透率越低，如图 1-39 所示。同时，在正韵律沉积岩层中，粒度向上逐渐变细，造成垂向渗透率降低。此外，岩石中存在的不规则斜层理、微细层理（微细的交错层理、波状层理）等构造对岩石渗透率影响较大。砂岩中常见的团块、斑状、条带等构造也将造成岩性的非均质性显著，最终导致岩石渗透率差异明显。

2）裂缝的影响

碎屑岩和碳酸盐岩中均有裂缝发育，裂缝对岩石渗透率影响有重要作用。如图 1-40 所示，裂缝对岩石孔隙度几乎没有实质影响，而裂缝对岩石渗透率有显著的影响。

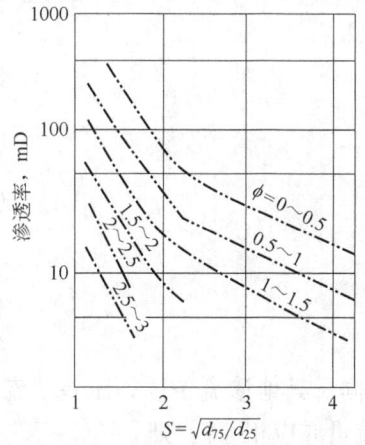

图 1-39　粒度中值 ϕ 一定时，
分选系数和渗透率关系

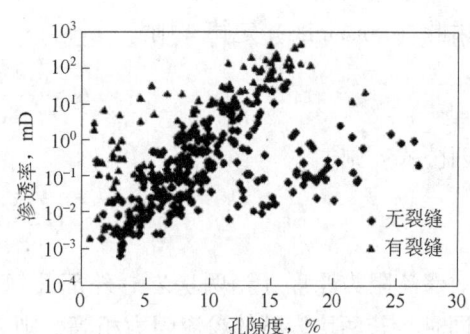

图 1-40　裂缝对碳酸盐岩孔隙度
和渗透率的影响

3）颗粒排列方式的影响

对砂岩地层，平行层理渗透率一般大于垂直层理渗透率；对碳酸盐岩地层，只具有原生孔隙的碳酸盐岩水平渗透率大于垂向渗透率，而具有次生裂缝的碳酸盐岩垂向渗透率可能会大于水平渗透率。

2. 孔隙结构的影响

在实际研究过程中，可考虑将真实岩石简化为由毛细管组成的假想岩石。真实岩石简化过程如图 1-41 所示。

图 1-41　毛细管束模型示意图

在图 1-41(b) 中，流体通过岩石孔隙实际走过的长度与岩石外表长度相等，则有

$$S = \frac{n \cdot (2\pi r) \cdot L}{AL} = n \cdot (2\pi r)/A \tag{1-68}$$

在图 1-41（c）中，假设流体通过岩石孔隙实际走过的长度为 L_e，岩石外表长度为 L，根据迂曲度的定义，则迂曲度 τ 为

$$\tau = \frac{L_e}{L} \tag{1-69}$$

则

$$S_b = \frac{n \cdot (2\pi r) \cdot L\tau}{AL} = \left(n \cdot \pi r^2 \tau \cdot \frac{2}{r}\right) \Big/ A \tag{1-70}$$

又

$$\phi = \frac{n\pi r^2 L\tau}{AL} = n\pi r^2 \tau / A \tag{1-71}$$

将式（1-71）代入式（1-70），则

$$S_b = \frac{2\phi}{r} \tag{1-72}$$

$$r = \frac{2\phi}{S_b} \tag{1-73}$$

根据泊肃叶（Poiseuille）定律，则

$$Q = \frac{n \cdot \pi r^4 \Delta p}{8\mu L \tau} \tag{1-74}$$

根据达西公式，则

$$Q = \frac{KA\Delta p}{\mu L} \tag{1-75}$$

根据等效渗流阻力原理（当两块岩石外部几何尺寸相同，其他渗流条件如压差、流体黏度等也相同时，若两块岩石的渗流阻力相等，则表现为流量亦应相等），则

$$\frac{KA\Delta p}{\mu L} = \frac{n \cdot \pi r^4 \Delta p}{8\mu L \tau} \tag{1-76}$$

得

$$K = \frac{n \cdot \pi r^4}{8\tau A} = \frac{(n\pi r^2 \cdot \tau) r^2}{8\tau^2 A} \tag{1-77}$$

将式（1-71）代入式（1-77），则可得渗透率 K 与孔隙半径 r 和孔隙度 ϕ 之间的关系：

$$K = \frac{\phi r^2}{8\tau^2} \tag{1-78}$$

如已知岩石的渗透率、孔隙度，则可计算岩石的孔隙半径：

$$r = \sqrt{\frac{8K\tau^2}{\phi}} \tag{1-79}$$

对比式（1-79）和式（1-73），得

$$\frac{8K\tau^2}{\phi} = \frac{4\phi^2}{S_b^2} \tag{1-80}$$

式（1-80）变形得

$$K = \frac{\phi^3}{2\tau^2 S_b^2} = \frac{\phi^3}{2\tau^2 S_{ma}^2 (1-\phi)^2} \tag{1-81}$$

式（1-78）和式（1-81）称为高才尼—卡尔曼方程，从中可看出，渗透率与孔隙度成一

次方关系，与岩石孔隙半径及比面成二次方关系。这说明岩石渗透率不仅与岩石孔隙度有关，还与岩石孔隙结构的特性有关，如孔隙半径、比面、迂曲度和孔隙壁面粗糙度。大量的室内实验证明了岩石渗透率与孔隙度之间存在较好的相关性，如图1-42所示。从图中可看出，粗砂岩和粉砂质泥岩的渗透率随着孔隙度增加而增大。

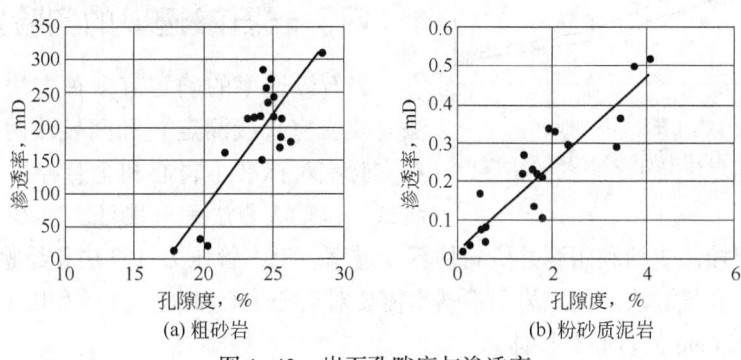

图1-42　岩石孔隙度与渗透率

粒度细、孔隙半径小，则岩石比面大，渗透率低。粒度及其分选性对渗透率与孔隙度关系的影响可见图1-43，从图中可看出，粒度分选性对渗透率有明显的影响。不同粒径对渗透率与孔隙度关系的影响可见图1-44，从图中可看出，在相同孔隙度下，渗透率随着粒径变小而减小；在相同粒径下，渗透率随着孔隙度增加而增大。

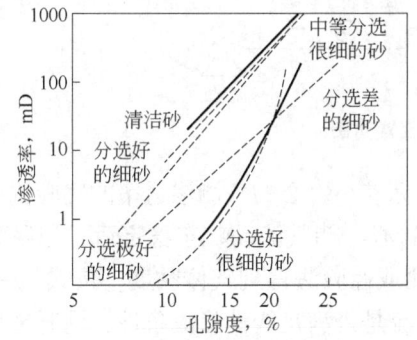　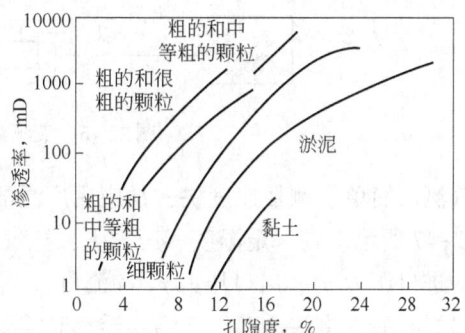

图1-43　不同分选性的孔隙度和渗透率关系　　图1-44　不同粒径的孔隙度和渗透率关系

3. 成岩作用的影响

1）地层静压力的影响

大量的研究表明，有效上覆压力对岩石渗透率有重要的影响，即随着有效上覆压力增大，岩石渗透率逐渐减小。通过实验得到的有效上覆压力与砂岩渗透率的关系曲线如图1-45所示，从图中可看出，有效上覆压力越大，岩石渗透率越小。

2）胶结作用和溶蚀作用的影响

无论早期成岩阶段，还是晚期成岩阶段，胶结物的沉淀和胶结作用都会使孔隙通道变小，孔喉比增加，粗糙度增大，造成岩石渗透率降低。溶蚀作用会使岩石孔隙度增

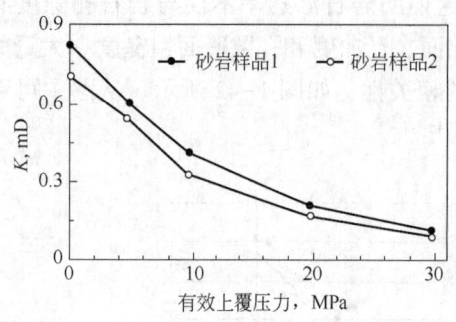

图1-45 有效上覆压力对砂岩渗透率的影响

大,但溶蚀作用对岩石渗透率影响比较复杂,岩石渗透率可能增大或增加不显著,这是因为溶蚀作用的次生孔隙一般很不规则,孔喉比和曲折度大。

四、岩石渗透率的实验室测定

岩石渗透率的确定有多种方法,可分为直接法(实验室直接测定)和间接法两类。直接法是在实验室对标准小岩心和全直径岩心进行渗透率测试,包括液测法和气测法,其基本的原理均基于达西定律;间接法包括利用测井资料估算渗透率、毛细管压力计算法和经验公式法。以下主要介绍液测法和气测法。测定岩石渗透率需要对岩心进行抽提、洗净和烘干,并预制成直径2.5cm、长4~6cm的岩心圆柱体。

液测法包括稳态法和非稳态法,实验室常规实验一般采用稳态法测试岩石渗透率。该方法需要测试介质(地层水、酒精、煤油等)在岩石孔隙中的渗流达到稳定状态,即测试条件需满足达西定律。标准小岩心的液测渗透率的装置简图如图1-46所示。在一定温度下,在岩样的上、下端施加稳定的压力差Δp,待流动稳定后,测量流经样品的流量Q,按式(1-45)计算出岩石的液测渗透率。

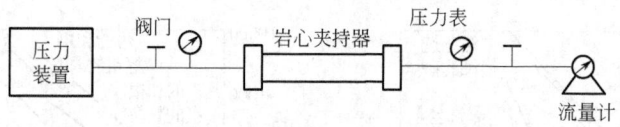

图1-46 液测渗透率的装置简图

气测法简单、测量速度快,是应用广泛的方法。标准小岩心的气测渗透率的实验流程图如图1-47所示。在一定温度和压力下,让气体通过岩心,待其流动状态稳定后,记录岩心两端的进口压力p_1、出口压力p_2和流量Q,再用实测或经验法得到气体黏度,按式(1-44)计算出岩石的气测渗透率。气测渗透率时需要检验渗流是否满足线性渗流条件,同时平均压力的改变应保持两端压差恒定(保持流态不变,同时改变进出口压力)。

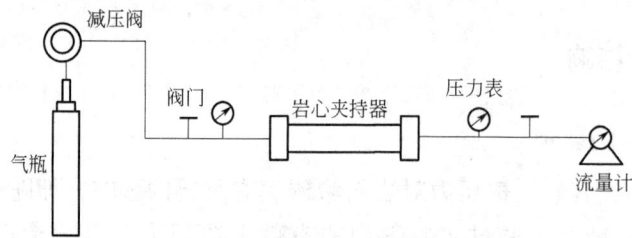

图1-47 气测渗透率的实验过程图

利用气测法获取的某岩石渗透率与不同平均压力间的关系如图1-48所示,从图中可看出,气体渗透率与平均压力倒数呈正相关性,这说明气测渗透率受到气体滑脱效应的影响。按照克氏渗透率室内实验校正方法对实验数据进行处理,可发现气体渗透率与平均压力倒数呈近似线性关系，按照式(1-52)进行非线性拟合可获取等效液体渗透率，即为岩石的渗透率。

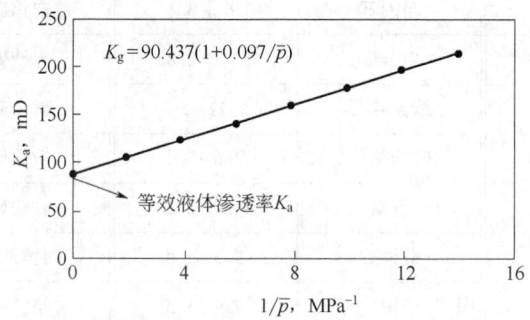

图 1-48　在不同平均压力下测定的气体渗透率

第五节　岩石的密度

密度是岩石的一种固有性质，对地球局部的重力场及地震波的传播速度和反射系数有重要影响，同时还能影响岩石的热导率和对 γ 射线的吸收与散射。地壳内不同岩（矿）体之间存在的密度差异，是开展重力勘探工作的地球物理前提条件。对岩石的密度测定以及对测定结果的研究是重力勘探工作的一项重要内容。

一、岩石密度的基本概念

岩石是由固相骨架及其孔隙流体所组成的复杂集合体。按照物质密度的定义，根据岩石的存在状态和组成等，有以下三种类型的岩石密度，即岩石的骨架密度（岩石真密度）、岩石的颗粒密度、岩石的体密度。一般在不特别说明的情况下，岩石密度都是指体密度。

1. 岩石的骨架密度

骨架密度定义为单位体积岩石固体物质（骨架）的质量，即

$$\rho_{ma} = m_{ma}/V_{ma} \tag{1-82}$$

其中

$$V_{ma} = V_b - V_p \tag{1-83}$$

式中，m_{ma} 为岩石固体部分质量，kg；V_{ma} 为岩石骨架体积，m³；ρ_{ma} 为岩石骨架密度，kg/m³。

2. 岩石的颗粒密度

颗粒密度指单位体积岩石颗粒的质量，即

$$\rho_{grain} = m_{grain}/V_{grain} \tag{1-84}$$

式中，m_{grain} 为颗粒质量，kg；V_{grain} 为颗粒体积，m³；ρ_{grain} 为颗粒密度，kg/m³。

常见矿物的密度见表 1-10。

表1-10 常见矿物的密度

名称	密度,$10^3 kg/m^3$	名称	密度,$10^3 kg/m^3$	名称	密度,$10^3 kg/m^3$
石英	2.65	角闪石	3.62~3.65	白钨矿	5.9~6.2
正长石	2.55~2.63	白云母	2.77~2.88	赤铁矿	4.5~5.2
方解石	2.72~2.94	绿高岭石	1.72~2.5	磁铁矿	4.8~5.2
白云岩	2.86~2.93	叶绿泥石	2.6~3.0	黄铁矿	4.9~5.2
重晶石	4.4~4.7	石墨	2.09~2.25	钛铁矿	4.5~5.0
刚玉	3.9~4.0	辉铜矿	5.5~5.8	磁黄铁矿	4.3~4.8
石膏	2.2~2.5	斑铜矿	4.9~5.2	铬铁矿	3.2~4.4
金刚石	2.6~2.9	锰矿	3.4~6.0	黄铜矿	4.1~4.3

3. 岩石的体密度

体密度定义为单位体积岩石的质量，即

$$\rho_b = m/V_b \tag{1-85}$$

式中，ρ_b 为岩石体密度，kg/m^3；m 为岩石质量，kg。

在实际使用中，密度的单位为 g/cm^3，两者换算关系为 $10^3 kg/m^3 = 1 g/cm^3$。

部分岩石的密度值范围可见表1-11。

表1-11 部分岩石的密度值范围表

名称	密度,$10^3 kg/m^3$	名称	密度,$10^3 kg/m^3$	名称	密度,$10^3 kg/m^3$
橄榄岩	2.6~3.6	云母片岩	2.5~3.0	表土	1.1~2.0
玄武岩	2.6~3.3	千枚岩	2.7~2.8	辉长岩	2.85~3.05
辉长岩	2.7~3.4	蛇纹岩	2.6~3.2	泥岩	1.2~1.4
安山岩	2.5~2.8	大理岩	2.6~2.9	粉砂岩	1.8~2.8
辉绿岩	2.9~3.2	白云岩	2.4~2.9	砂质页岩	2.3~3.0
玢岩	2.6~2.9	石灰岩	2.3~3.0	泥板岩	1.7~2.9
花岗岩	2.4~3.1	页岩	2.1~2.8	角砾岩	1.6~3.0
石英岩	2.6~3.0	砂岩	1.8~2.65	泥灰岩	1.5~2.8
流纹岩	2.3~2.7	白垩	1.8~2.6	砾岩	2.1~3.0
片麻岩	2.4~2.9	干砂岩	1.4~1.7	玄武岩	2.7~3.3
铝矾土	2.4~2.5	黏土	1.5~2.2	煤	1.2~1.7

岩石体密度取决于其各种物质组成和含量，在已知岩石组成、含量及各组成密度的情况下，岩石密度可按岩石组成的体积加权获得，即

$$\rho_b = \sum_i \frac{V_i}{V_b} \rho_i \tag{1-86}$$

式中，ρ_i 为第 i 种成分的密度，kg/m^3；V_i 为第 i 种成分的体积，m^3。

在研究岩石物理方面的问题时，常常按照其组成，把岩石简化成几个物理性质单一的部分（图1-49），并认为岩石整体的物理性质是各单一组成部分物理性质的体积加权代数和。根据岩石体积物理模型，油气层岩石的物理性质是岩石骨架、黏土矿物、地层水、烃类（石油和天气）的物理性质的体积加权代数和，其数学表达式为

$$W = \sum W_i V_i = W_{ma} V_{ma} + W_{sh} V_{sh} + W_w V_w + W_h V_h \tag{1-87}$$

$$V_{ma} + V_{sh} + V_w + V_h = 1 \tag{1-88}$$

式中，W 为岩石的物理性质；W_{ma} 为岩石骨架的物理性质；W_{sh} 为黏土矿物的物理性质；W_w 为地层水的物理性质；W_h 为烃类的物理性质；V_{ma} 为岩石骨架的体积百分数；V_{sh} 为黏土矿物的体积百分数；V_w 为地层水的体积百分数；V_h 为烃类物质的体积百分数。

(a) 地下岩心　　(b) 岩石体积物理模型

图 1-49　地下岩心和岩石体积物理模型

这个模型考虑了体积因素对岩石物理性质的影响，但仍然只能是某一物理性质的一种近似。通常也把岩石体积物理模型简称为岩石物理模型。

以某纯砂岩地层为例，该地层孔隙度为 20%，其含油饱和度为 60%，含水饱和度为 40%，骨架密度为 $2.65g/cm^3$，原油密度为 $0.85g/cm^3$，水密度为 $1.0g/cm^3$，则该纯砂岩油层的体积密度可以表示为

$$\rho_b = \phi \rho_f + (1-\phi) \rho_{ma} \tag{1-89}$$

式中，ρ_{ma} 为砂岩骨架密度，g/cm^3；ρ_f 为孔隙流体的密度，g/cm^3。

对该砂岩地层，则有

$$\rho_f = S_o \rho_o + S_w \rho_w = 0.6 \times 0.85 + 0.4 \times 1 = 0.91 (g/cm^3) \tag{1-90}$$

将上述参数代入式（1-89），可得 $\rho_b = 0.2 \times 0.91 + (1-0.2) \times 2.65 = 2.302 (g/cm^3)$。需要注意的是，岩样从地层中钻取或含有水分时所测的密度为岩石体密度，而岩样经过低温烘干后所测的密度为岩石干密度。

二、影响岩石密度的因素

岩石密度的大小主要与岩石中矿物组成及其含量、岩石致密程度（孔隙发育程度）、胶结物类型、孔隙流体种类及其饱和度，以及岩石所处环境的温度、压力等因素有关。

1. 岩石中矿物组成及其含量

岩石中矿物组成及含量是影响岩石密度的重要因素。岩石中高密度矿物的含量越高，岩

石密度越大，如含金属矿物多的岩石密度一般要大于含非金属矿物多的岩石。因此，不同岩性的岩石具有不同的密度，即不同种类岩石具有不同的密度，如表1-10和表1-11所示。从表1-10和表1-11中可看出，不同岩性的岩石密度存在差异，特别是金属矿的密度明显大于非金属矿。

2. 岩石致密程度

一般情况下，岩石越致密，岩石中孔隙越少，岩石密度越大。沉积岩的成岩时代早晚不同及经历地质作用不同，将造成岩石孔隙度不尽相同，则其密度会有所差异。不同岩性的岩石密度与孔隙度的关系如图1-50所示。从图中可看出，不同岩性的岩石密度都随着孔隙度增加而呈下降趋势，且不同岩性的岩石密度与孔隙度之间呈显著的线性关系。

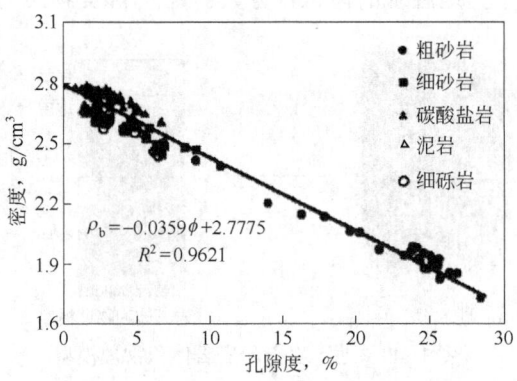

图1-50　不同岩性的岩石密度与孔隙度的关系

3. 胶结物类型

胶结作用是沉积物在成岩过程中的一种变化。在岩石内部结构中经常存在各种胶结物，如硅质、铁质、钙质和泥质等。岩石中胶结物类型不同，其密度不同。一般而言，铁质胶结岩石的密度最大，硅质和钙质胶结岩石的密度要大于泥质胶结岩石。

4. 孔隙流体种类及其饱和度

岩石是一种多孔介质，岩石孔隙中流体的种类及其饱和度对岩石密度也有一定的影响。一般而言，油、气、水三者间的密度关系为水>油>气。因此，油气层地下岩石中饱和不同流体及其饱和度不同，将造成岩石密度不同。

5. 温度和压力

根据物理学相关知识可知，具有"热胀冷缩"或者"热缩冷胀"性质的物质密度受到温度影响较明显。对于岩石而言，随着温度增加，岩石体积增大，造成岩石密度减小；随着压力增大，岩石受到压缩，其体积减小，造成岩石密度增大。储层岩石均处在不同的温度和压力环境下，储层中岩石密度将受到温度和压力的综合作用，因此，不同温度和压力环境的综合作用将使岩石密度表现出差异性。

第六节 岩石的压缩性

一、岩石压缩系数

岩石作为一种特殊、复杂的天然多孔材料，具有可压缩性。当岩石处于原始埋藏状态时，上覆地层压力 p_v（外压）、地层孔隙流体压力 p_p（或地层压力、内压）以及岩石骨架所承受的压力 Δp（也称有效上覆压力或有效应力，其最大值为外压与内压之差，取决于岩石骨架的致密程度）处于平衡状态。随着地层中流体被采出，地层压力下降，平衡状态被打破，作用在岩石骨架上的力增大，在弹性限度范围内，岩石颗粒会挤压变形，排列更加紧密，引起岩石中孔隙缩小以及孔隙体积减小，如图1-51所示；当作用在骨架上的力超过弹性极限时，岩石将可能被压碎。

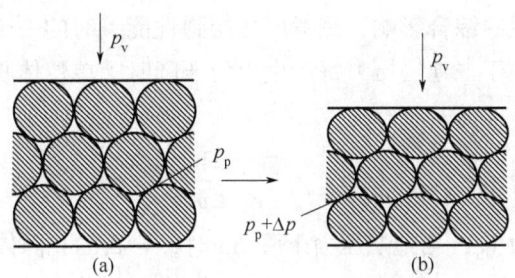

图1-51 岩石骨架变形示意图

岩石压缩系数正是用于描述和表征弹性限度内，岩石骨架或其孔隙体积随压力变化而变化的参数，定义为地层每改变单位压力时，单位体积岩石中孔隙体积的变化量。根据岩石的组成及变形特征，Geertsma（1957）提出了三种具体表示方法，分别见式(1-91)、式(1-92)、式(1-93)。这三种表示方法分别以岩石外表体积 V_b、骨架体积 V_{ma} 和孔隙体积 V_p 为基准，分别表示了压力变化引起的岩石体积、骨架和孔隙体积的变化特征。

$$C_b = -\frac{1}{V_b}\frac{\Delta V_p}{\Delta p} \tag{1-91}$$

$$C_{ma} = -\frac{1}{V_{ma}}\frac{\Delta V_p}{\Delta p} \tag{1-92}$$

$$C_p = -\frac{1}{V_p}\frac{\Delta V_p}{\Delta p} \tag{1-93}$$

式中，C_b 称为岩石体积压缩系数，MPa^{-1}；ΔV_p 为单位压力变化时，岩石孔隙体积的变化量，m^3；Δp 为地层压力变化值，MPa^{-1}，常用有效上覆压力 Δp_e 表示；C_{ma} 称为岩石骨架压缩系数，MPa^{-1}；V_p 为孔隙体积，m^3；C_p 称为岩石孔隙体积压缩系数，MPa^{-1}。

岩石中孔隙体积随压力增加而减小，故上述各表达式右边加负号。在实际中，岩石孔隙体积压缩系数使用范围最广。

按以上三种不同体积为基准定义的岩石压缩系数具有以下关系：

$$C_b = \phi C_p = (1-\phi)C_{ma} \tag{1-94}$$

尼科拉耶夫斯基等研究了实验室常压条件下测试的孔隙度 ϕ_0 与地层条件下孔隙度 ϕ 间的关系，提出了两者间的转换关系式：

$$\phi = \phi_0 e^{-C_p \Delta p_r} \tag{1-95}$$

大量的室内实验结果表明，岩石体积压缩系数约 $(0.1 \sim 0.2) \times 10^{-4} \text{MPa}^{-1}$，岩石骨架压缩系数约 $(0.2 \sim 5) \times 10^{-4} \text{MPa}^{-1}$，岩石孔隙体积压缩系数约 $(5 \sim 22) \times 10^{-4} \text{MPa}^{-1}$。

二、岩石的综合弹性压缩系数

根据前面相关小节的学习，我们已经认识了流体（油、气、水）和岩石的压缩系数。对整个油气层而言，除了考虑岩石压缩系数外，还需要考虑地层中流体压缩系数。地层压力降低时，一方面岩石的压缩系数使岩石中孔隙体积减小 ΔV_p，另一方面流体的压缩系数使岩石孔隙中流体发生膨胀 ΔV_L，这两者综合作用将使地层中流体从地层孔隙中流出。因此，对油气层，常采用地层综合弹性压缩系数（或总压缩系数）C_t 来表示整个油气层的弹性大小，它代表了岩石和流体弹性的综合影响，是考虑地层弹性能量时的一个重要参数。地层综合弹性压缩系数的物理意义在于，地层压力每产生单位压降时，单位体积岩石中孔隙及流体总的体积变化，即

$$C_t = -\frac{1}{V_b} \frac{\Delta V}{\Delta p} \tag{1-96}$$

假设地层岩石体积为 V_b，当地层压力下降 Δp 时，岩石的孔隙体积和孔隙中流体总的体积变化 ΔV 为

$$\Delta V = \Delta V_p + \Delta V_L = \Delta V_p + \Delta V_o + \Delta V_g + \Delta V_w \tag{1-97}$$

将式(1-97) 代入式(1-96) 中，则有

$$C_t = \left| \frac{1}{V_b} \frac{\Delta V_p + \Delta V_o + \Delta V_g + \Delta V_w}{\Delta p} \right| \tag{1-98}$$

考虑到
$$V_p = \phi V_b \tag{1-99}$$

$$V_o = S_o V_p \quad V_g = S_g V_p \quad V_w = S_w V_p \tag{1-100}$$

对式(1-98) 进行变形可得

$$C_t = \left| \frac{1}{V_b} \frac{\Delta V_p}{\Delta p} \right| + \phi \left(\frac{S_o}{V_o} \frac{\Delta V_o}{\Delta p} + \frac{S_g}{V_g} \frac{\Delta V_g}{\Delta p} + \frac{S_w}{V_w} \frac{\Delta V_w}{\Delta p} \right) \tag{1-101}$$

因此
$$C_t = C_b + \phi(C_o S_o + C_g S_g + C_w S_w) \tag{1-102}$$

式中，S_o、S_g、S_w 分别为含油、含气、含水饱和度。

可令 $C_L = C_o S_o + C_g S_g + C_w S_w$，则有

$$C_t = C_b + \phi C_L \tag{1-103}$$

式中，C_L 为流体压缩系数，MPa^{-1}。

根据流体压缩系数、岩石压缩系数和岩石孔隙度即可得到地层综合弹性压缩系数，再结合油气储层体积和地层生产压差，则可估算出地层依靠弹性膨胀能量所能采出流体的总体积，其计算公式为

$$\Delta V = V_b \Delta p (C_b + \phi C_L) \tag{1-104}$$

第七节 岩石的毛细管压力曲线

岩石的毛细管压力与润湿相流体或非润湿相流体饱和度的关系称为毛细管压力曲线,它反映了在一定压力下流体(如水银)可能进入的孔隙喉道大小及其孔隙容积。应用毛细管压力曲线可对岩石孔隙结构进行研究。

一、毛细管压力的概念

将毛细管插入润湿相液体中,则管内气—液界面为凹形,液体受到一个向上的附加压力 p_c,使润湿相液面上升到一定高度 h,如图 1-52(a) 所示。把毛细管插入非润湿相液体中,则管内气—液界面成凸形,液体受到一个向下的附加压力 p_c,使非润湿相液面下降到一定高度,如图 1-52(b) 所示。毛细管中产生的液面上升或下降的曲面附加压力,称为毛细管压力或毛细管力。

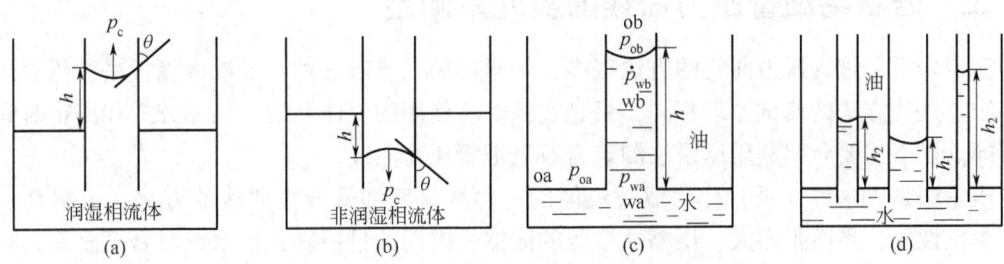

图 1-52 毛细管中液面上升或下降现象

θ—接触角;h、h_1、h_2—不同毛细管半径条件下润湿相流体上升的高度

如图 1-52(c) 所示,毛细管插入在装有油、水两相的容器中,润湿相水沿着毛细管上升高度 h,则毛细管中水柱受到的附着张力和重力达到力的平衡关系为

$$A \cdot 2\pi r = \pi r^2 h(\rho_w - \rho_o)g \tag{1-105}$$

则

$$h = \frac{2\sigma\cos\theta}{r(\rho_w - \rho_o)g} \tag{1-106}$$

其中

$$A = \sigma\cos\theta$$

式中,A 为附着张力,mN/m;r 为毛细管半径,m;h 为水在毛细管中上升高度,m;σ 为油水界面张力,mN/m;g 为重力加速度,m/s^2。

假设毛细管中,紧靠油水界面附近,油相中 ob 点的压力为 p_{ob},水相中 wb 点的压力为 p_{wb};在大容器中,紧靠油水界面附近,油相中 oa 点和水相中 wa 点的压力分别为 p_{oa} 和 p_{wa},则有

油相中

$$p_{ob} = p_{oa} - \rho_o gh \tag{1-107}$$

水相中

$$p_{wb} = p_{wa} - \rho_w gh \tag{1-108}$$

连通管中同一水平高度上的压力相等,且认为烧杯容器足够大,oa 点所处油水界面为水平,则

$$p_{oa} = p_{wa} \tag{1-109}$$

毛细管压力还可定义为两相界面上压力差,其数值等于界面两侧非润湿相压力减去润湿

相压力。毛细管压力只存在于两相界面上,并可形成压力突变。根据上述定义,则得

$$p_c = p_{ob} - p_{wb} = (\rho_w - \rho_o)gh = \Delta\rho gh \qquad (1-110)$$

式中,p_c 为毛细管压力,Pa;$\Delta\rho$ 为两相流体密度差,kg/m³。

式(1-110)表明,毛细管压力越大,液柱上升越高。将式(1-106)和式(1-110)结合,可得

$$p_c = \frac{2\sigma\cos\theta}{r} \qquad (1-111)$$

由式(1-111)可看出,毛细管压力与毛细管半径成反比,即毛细管半径越小,毛细管压力越大,毛细管中润湿相液面上升越高。如图1-52(d)所示,当毛细管半径变化时,润湿相流体上升的高度不一致,其中毛细管半径越小,流体上升越高。

此外,当岩石亲水时($\theta<90°$),毛细管压力为正,此时为动力,岩石将自发吸水(即自吸),接触角越小,岩石自吸能力越强;当 $\theta>90°$ 时,毛细管压力为负,此时为阻力,岩石不能自发吸水,必须施加一个外力克服毛细管压力,才能使水进入岩石孔隙中。

二、岩石毛细管压力曲线的实验室测定

测定岩石毛细管压力曲线的方法很多,最常用的主要有三种:半渗透隔板法、压汞法和离心法。这些方法的测试原理相同,只是实验时所使用的流体介质、加压方式和测定时间长短不同。以下主要介绍利用压汞法测定岩石毛细管压力曲线。

压汞法是以水银(汞)作为驱替流体的一种测量毛细管压力曲线的方法。水银是一种化学稳定性好、界面张力大、压缩性微弱的流体,因而计量精确,且水银对岩石表面具有不可润湿性,不会发生毛细管渗透现象。只有对水银施加一定的压力,克服毛细孔的阻力,水银才能进入岩石孔隙中,孔径越小,所需的压力越大。图1-53是PoreMaster 60型全自动压汞仪。主要实验步骤如下:(1)把已清洗、烘干的岩样放入岩心室,并用抽空泵对岩心室系统进行抽空;(2)对岩心室系统进行充汞,记录进汞体积 V,已知岩心室系统的体积为 V_t,则岩样外部体积 $V_b = V_t - V$,并关闭真空系统;(3)按实验设定压力 p_c,利用高压计量泵逐级加压,在压力作用下汞将被压入岩样的孔隙中,稳定后记录压力及进汞体积 V_{Hg},直至达到实验设定的最高压力;(4)根据岩样孔隙度 ϕ 和岩样外表体积 V_b,便可算出岩样中汞饱和度 $S_{Hg} = V_{Hg}/(\phi V_b)$;(5)根据不断进泵得到的 p_c 和 S_{Hg},便可绘出毛细管压力曲线(压汞曲线),同样,在压汞进程达到终点最高压力后,再逐级降压,使压入岩样中的汞退出,便可得到一条退汞曲线,如图1-54所示。

利用压汞法测定岩石毛细管压力曲线的测试条件与实际储层条件不完全相同,因此,在使用毛细管压力曲线资料时,需要把实验室测定结果换算到储层条件。

若采用同一岩样进行实验,则在实验室条件下,

$$p_{cL} = \frac{2\sigma_L\cos\theta_L}{r}, \quad 即 \quad r = \frac{2\sigma_L\cos\theta_L}{p_{cL}} \qquad (1-112)$$

在储层条件下,

$$p_{cR} = \frac{2\sigma_R\cos\theta_R}{r}, \quad 即 \quad r = \frac{2\sigma_R\cos\theta_R}{p_{cR}} \qquad (1-113)$$

式中,p_{cL} 为实验室条件下毛细管压力,Pa;p_{cR} 为储层条件下曲面的附加压力,Pa;σ_R 为

储层条件下两相间界面张力，mN/m；σ_L 为实验室条件下两相间界面张力，mN/m；θ_L 为实验室条件下接触角，(°)；θ_R 为储层条件下接触角，(°)。

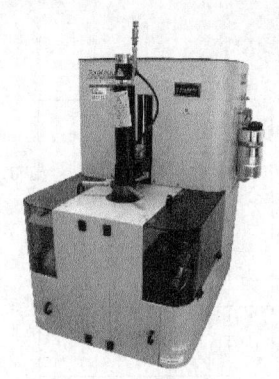

图 1-53　PoreMater 60 型全自动压汞仪

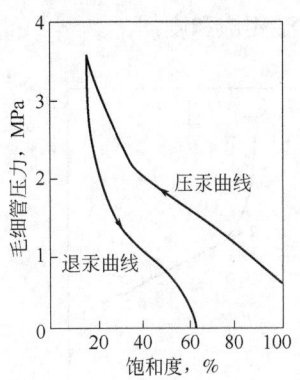

图 1-54　毛细管压力曲线

对相同岩样，式(1-112) 和式(1-113) 中 r 应相等，由此可得

$$p_{cR} = \frac{\sigma_R \cos\theta_R}{\sigma_L \cos\theta_L} p_{cL} \tag{1-114}$$

利用式(1-114)，可将压汞法测定的毛细管压力换算到储层条件下毛细管压力，即压汞所测毛细管压力 p_{Hg} 可换算为储层条件下油水毛细管压力 p_{ow}。已知汞表面张力 $\sigma_{Hg} = 480\text{mN/m}$，$\theta_{Hg} = 140°$，油水界面张力 $\sigma_{ow} = 25\text{mN/m}$，$\theta_{ow} = 0°$，则

$$p_{ow} = \left|\frac{\sigma_{ow}\cos\theta_{ow}}{\sigma_{Hg}\cos\theta_{Hg}}\right| p_{Hg} = \left|\frac{25\times\cos0°}{480\times\cos140°}\right| p_{Hg} \approx \frac{1}{15} p_{Hg} \tag{1-115}$$

式(1-115) 说明，实际储层中油水毛细管压力 p_{ow} 仅为压汞法所得毛细管压力的 1/15。

三、岩石毛细管压力曲线的基本特征

1. 毛细管压力曲线的定性特征

图 1-55 为典型的毛细管压力曲线，该曲线一般具有两头陡、中间缓的特点，可将其分为三段：初始段、中间平缓段和末段。

初始段说明随着毛细管压力增加，润湿相饱和度缓慢降低，非润湿相饱和度缓慢增加。非润湿相饱和度增加可能是由岩样表面凹凸不平或切开较大孔隙引起的，需要注意的是这并不代表非润湿相已真正进入岩石孔隙中。

中间平缓段是主要的进液段，大部分非润湿相在该阶段进入岩石孔隙中，并且逐渐进入到小孔隙中，非润湿相饱和度增加很快，而相应的毛细管压力变化则不太大。中间平缓段的长短、位置的高低对分析岩石的孔隙结构有重要作用：中间平缓段越长，说明岩石喉道分布越集中，分选性越好；中间平缓段位置越靠下，说明岩石喉道半径越大。

末段说明，随着毛细管压力急剧升高，非润湿相进入岩石孔隙的量越来越少，直至非润湿相完全不能再进入岩心为止。如果该阶段与纵轴相平行，说明压力继续增加，非润湿相饱和度已不再增加。

2. 毛细管压力曲线的定量特征

如图 1-56 所示，描述岩石毛细管压力曲线的定量指标主要包括排驱压力、饱和度中值压力和最小润湿相饱和度。

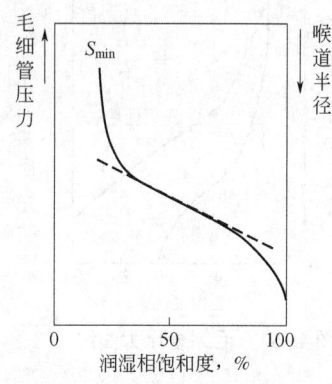

图 1-55 典型的毛细管压力曲线

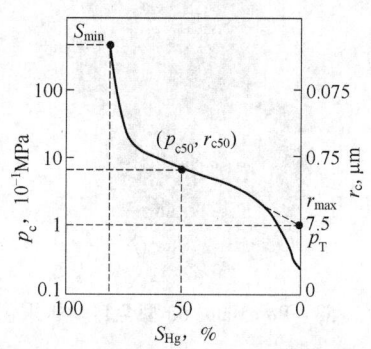

图 1-56 毛细管压力曲线的定量特征
r_c—孔喉半径；r_{max}—最大连通孔喉半径

1）排驱压力 p_T

排驱压力，也称入口压力、门槛压力或阈压，是指非润湿相开始进入岩样最大喉道的压力，即非润湿相开始进入岩样时的最小压力，与岩样最大喉道半径的毛细管压力对应。将毛细管压力曲线中间平缓段延长至非润湿相饱和度为零时与纵坐标相交，其交点所对应的压力就是排驱压力。

排驱压力是评价岩石储集性能好坏的主要参数之一，根据排驱压力大小，可评价岩石物性的好坏。岩石渗透性好，孔隙半径大，排驱压力 p_T 较低，说明岩石物性好；反之，p_T 越大，岩石物性越差。利用 p_T 值，还可确定岩石最大喉道半径并判断岩石润湿性。

2）饱和度中值压力 p_{c50}

饱和度中值压力 p_{c50} 是指在毛细管压力曲线上饱和度为 50% 时对应的毛细管压力值。p_{c50} 对应的喉道半径是饱和度中值喉道半径 r_{c50}，简称中值半径。p_{c50} 值越小，r_{c50} 越大，说明岩石孔渗特性越好；p_{c50} 值越大，则说明岩石孔渗特性越差。如果岩石孔隙大小分布接近于正态分布，r_{c50} 可粗略地视为岩石平均喉道半径大小。

3）最小润湿相饱和度 S_{min}

最小润湿相饱和度表示驱替压力达到最高时，未被非润湿相浸入的孔隙体积百分数。S_{min} 代表了仪器最高压力下所对应的孔喉半径（包括比它更小的孔喉）及其所连通的孔隙体积占整个岩样孔隙体积的百分数。该数值越大，说明岩样小孔喉越多。此外，S_{min} 实际上是反映岩石孔隙结构的一个指标，岩石物性越好，S_{min} 值越低。

四、岩石毛细管压力曲线特征的影响因素

1. 岩石孔隙结构

毛细管压力曲线是毛细管压力和饱和度的关系曲线。由式(1-111) 可知，根据不同的

毛细管压力可求出对应的毛细管半径，因此，通过毛细管压力曲线可反映岩样孔隙喉道的分布规律。

岩石毛细管压力曲线形态主要受到岩石孔隙结构的影响，如孔隙喉道的分选性和大小。孔道大小分布越集中，分选越好，毛细管压力曲线的中间平缓段就越长且越接近水平线。孔隙半径越大，则中间平缓段越接近横轴，毛细管压力越小。孔隙喉道大小及集中程度主要影响着曲线的歪度，是毛细管压力曲线形态倾向于粗孔道或细孔道的量度。大孔道越多，则毛细管压力曲线越靠近左下方，称为粗歪度；反之，曲线靠右上方，称为细歪度。因此，根据毛细管压力曲线形态，可以评估岩石储集性能好坏，如图1-57所示。从图中可看出，图1-57(a)代表的岩石具有极好的物性，而图1-57(f)代表的岩石具有极差的物性。

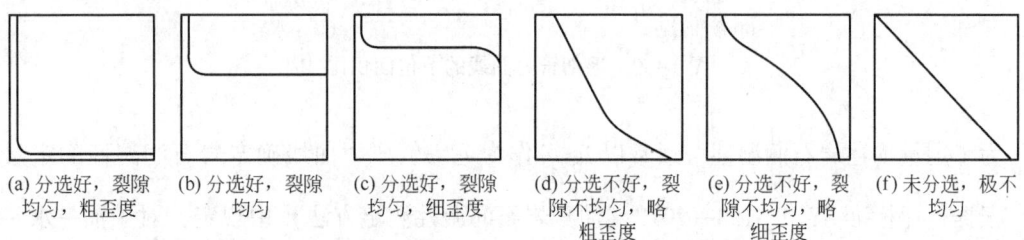

(a) 分选好，裂隙均匀，粗歪度　(b) 分选好，裂隙均匀　(c) 分选好，裂隙均匀，细歪度　(d) 分选不好，裂隙不均匀，略粗歪度　(e) 分选不好，裂隙不均匀，略细歪度　(f) 未分选，极不均匀

图1-57　几种类型岩石的毛细管压力曲线

2. 非润湿相饱和度变化方向

非润湿相饱和度变化方向对毛细管压力曲线特征的影响如图1-58所示。从图中可看出，在相同饱和度条件下，非润湿相驱替润湿相的驱替过程的毛细管压力总大于润湿相自吸的吸吮过程的毛细管压力。

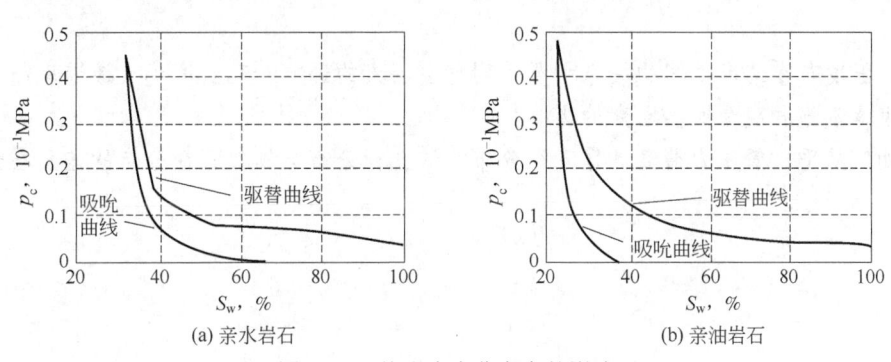

(a) 亲水岩石　(b) 亲油岩石

图1-58　饱和度变化方向的影响

3. 岩石的润湿性

离心法测得的毛细管压力曲线如图1-59所示。图中虚线Ⅰ是岩样完全饱和水后，用油驱水所得的毛细管压力曲线；曲线Ⅱ是在上述油驱水后，接着用水驱油所得的毛细管压力曲线；曲线Ⅲ是紧接着再用油驱水所得毛细管压力曲线。A_1为曲线Ⅲ的下包面积，A_2为曲线Ⅱ的下包面积。针对油—水—岩石体系，若$A_1 > A_2$，即用油驱水所做的功大于用水驱油所做的功，说明岩石亲水；若$A_1 < A_2$，说明岩石亲油；若$A_1 = A_2$，说明岩石为中性润湿。

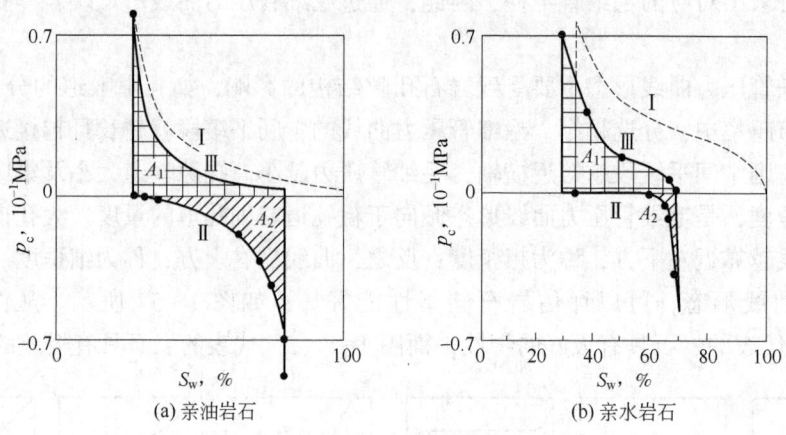

图 1-59 毛细管力曲线的下包面积比

为了定量描述岩石润湿性，通常以 $\lg\dfrac{A_1}{A_2}$ 作为毛细管压力曲线确定岩石润湿性的定量指标。根据行业标准 SY/T 5153—2017《油藏岩石润湿性测定方法》中规定，对于油—水—岩石体系，若 $\lg\dfrac{A_1}{A_2}>0$，则岩石亲水；若 $\lg\dfrac{A_1}{A_2}<0$，则岩石亲油；若 $\lg\dfrac{A_1}{A_2}=0$，则岩石为中性润湿。

1. 简述不同润湿性（亲水、亲油）储层中，不同孔隙流体（油、气、水）的分布特征。
2. 孔隙度与渗透率之间的关系主要受到什么因素的影响？孔隙度越大渗透率越大吗？
3. 束缚水饱和度受哪些因素的影响？
4. 如何从毛细管压力曲线计算孔径分布？该孔径分布与真实孔径分布的差别在哪？

第二章
储层岩石的声学性质

储层岩石声学研究的是岩石中声波的产生、传播、接收机制，以及声波传播过程中与岩石的相互作用形式、作用机制。岩石是由骨架（固相）、流体（油、气或水）共同构成的多相复杂材料。由于其组成矿物、流体性质的差异，以及结构、构造的复杂性，因此声波在其中传播过程中，速度、吸收、衰减、频率特性都变得很复杂，是岩石组成、结构、构造、力学性质、流体等客观物性，以及赋存温度、压力环境等因素的综合反映。本章主要包括岩石声波的相关基础知识、井孔中的声场、岩石波速模型以及声波在岩石物理中的应用。

第一节 岩石声波的相关基础知识

一、岩石的弹性参数

声波测井中，声波的传播介质是岩石，而影响声波在岩石中传播的主要因素是岩石的岩性及其物理、化学性质。本部分将重点介绍岩石的弹性及弹性常数。

受外力作用发生形变，外力取消后恢复到原来状态的物体，称为弹性体。而当外力取消后不能恢复其原始状态的物体称为塑性体。一个物体是弹性体还是塑性体，不仅和物体本身的性质有关，而且和物体所处的环境有关（温度、压力等）及外力的特点（外力作用的形式、时间和大小）有关。在一般情况下，外力小，作用时间短，物体表现为弹性体。

某一样品若增加拉力，则形变程度、样品内聚力会相应增加，若拉力逐渐减小至零，该样品也逐渐恢复至原来形状，这样的形变称为弹性形变，组成该样品的物质称为弹性介质。

1. 理想弹性体

在弹性力学中，对研究的物体通常有以下几个基本假设：

（1）物体是连续的，即整个物体都被组成该物体的介质所充满，因而该物体的一些物理量如应力、应变、位移以及描述物体或介质的弹性力学性质的参数都可以当作空间上的连续参数来处理。

（2）物体是均匀的。所谓均匀，是指物体由同一类型的均匀材料所组成。如果在物体中任选两个体积大小相等、形状完全相同的体积元，其全部物理、化学性质均应相同，而且能够代表整个物体的物理、化学性质。

（3）物体是各向同性的，也就是说，物体的性质与方向无关。因此，物体的弹性常数不随坐标方向的改变而改变。

（4）物体是完全弹性的，即对应于一定的温度，存在着应力和应变之间的一一对应关系，且应力—应变关系是线性的，服从广义胡克（Hooke）定律。在弹性限度范围内，杨氏模量 E、切变模量 G、泊松比 ν 和体积弹性模量 K 等表征物体弹性力学性质的参数都是恒定的常量，不随时间而改变，和物体的历史无关。在形变过程中没有能量损耗，即弹性波在传播过程中不发生衰减。

满足以上几个基本假设条件的物体称为理想弹性体。

理想弹性体在外界因素作用下所产生的形变或位移远小于理想弹性体原来的尺寸，均在弹性限度范围之内；外力撤出之后，理想弹性体能完全恢复原状。

2. 岩石的弹性特性

地球物理学研究的对象是地壳中各种不同地质年代、由不同成分矿物组成、结构各异的岩石。显然，地下岩石并非理想弹性体。

首先，岩石中有孔隙和裂缝，并不是连续介质。这些孔隙和裂缝中往往含有油、气、水等不同于骨架成分的物质。而且，孔隙和裂缝的大小、形状和分布都是随机的，所以岩石也是非均匀介质。同时，由于存在沉积的层理、断裂形成的节理等因素，岩石的各向异性情况相当复杂。因此，对于地下岩石来说，描述其弹性力学性质的杨氏模量 E、切变模量 G、泊松比 ν 和体积弹性模量 K 等参数，以及应力、应变、位移等都和理想弹性体有区别。例如，当地下岩石受力变形时，不仅需要考虑岩石固相骨架的位移，还要考虑岩石孔隙和裂缝中与骨架相态不同的流体（油、气、水）的位移，因为两者是不同的，固相与液相交界处的位移是不连续的。

其次，由于岩石有孔隙和裂缝，而其中的流体在受力时发生形变的规律不可能与固相骨架相同，甚至存在着流体在孔隙中的流动和骨架颗粒的相对滑动，因而使整个岩石表现出非弹性的特征。

另外，对于非完全弹性体，由于有内摩擦和黏滞还会产生弛豫现象，即应力和应变的相位并不相同。也就是说，应变到达最大值的相位（或时间）与应力达到最大值的相位（或时间）并不相同，而是相差一个相位移（时间）因子。

岩石地质体还有一个重要的特点是，岩石的等效杨氏模量 E、切变模量 G、泊松比 ν 和体积弹性模量 K 等参数都是随时间而改变的。因此，将岩石看成弹性介质是一种近似。

对于声波测井，由于发射的声波能量较小，作用在岩石上的时间也较短，所以在声波测井中，岩石可看作弹性体。因此研究声波在岩石中的传播规律，可以应用弹性波在物质中的传播规律。

3. 岩石的弹性参数

单位横截面所产生的内聚力 F/S 称为应力。它是在弹性体内部发生形变的体积元和相邻的体积元之间相互作用的量度，是弹性体反抗使其发生形变的外力而产生的内力。

单位长度所产生的形变 $\Delta l/l$ 称为应变。应变包括角应变、体应变、线应变三种。

在弹性力学中，用弹性系数来确定弹性介质的弹性性质。常用的几个弹性常数为：杨氏模量 E、切变模量 G、体积弹性模量 K、泊松比 ν、密度 ρ、拉梅系数 λ 和 μ。

杨氏模量又可以称为拉伸模量和纵向伸长系数，一般用 E 表示。在线性弹性形变区，应力与应变的比值称为杨氏模量。因此，杨氏模量在数值上等于弹性体发生单位线应变时弹性体产生的应力大小，即

$$E = \frac{F/S}{\Delta l/l} \tag{2-1}$$

对大多数固体，当外力不超过弹性极限时，应力与应变成正比，即服从胡克定律。

切变模量又称为剪切模量和刚性模量，一般用 G 表示。切变模量是指弹性体在发生单位角应变 θ 时所需的剪切应力的大小，即

$$G \approx \frac{F/S}{\theta} \tag{2-2}$$

流体介质中不发生剪切形变，因此在流体介质中 $G=0$。

体积弹性模量又称体积压缩模量，一般用 K 表示，指弹性体受均匀静压力 p 时，静压力与体应变 $\Delta V/V$ 的比值：

$$K = \frac{p}{\Delta V/V} \tag{2-3}$$

泊松比一般用 ν 表示，表征弹性材料变形时横向缩短 $\Delta d/d$ 和纵向伸长的比值，即

$$\nu = \frac{\Delta d/d}{\Delta l/l} \tag{2-4}$$

表 2-1 中给出了一些岩石和介质的与弹性性质有关的参数。

表 2-1 岩石和介质的与弹性性质有关的参数

介质	杨氏模量 E	体积弹性模量 K	切变模量 G	拉梅系数 λ	泊松比 ν
	10^4 MPa				
钢	20	17	8	11	0.30
铝	7	7.5	2.6	5.5	0.35
玻璃	7	5	3	3	0.25
花岗岩	7	3	2	2.5	0.25
石灰岩	5.5	3.5	2	3.5	0.20~0.32
砂岩	4.5	3	1.5	2.5	0.23~0.28
页岩	3	2	1	1	0.22~0.40

泊松比 ν 的取值范围为 0~0.5，流体 $\nu \approx 0.5$，软沉积物 $\nu \approx 0.45$，岩石 $\nu \approx 0.25$，刚性岩石 $\nu \approx 0.05$。对自然界中常见的岩石来说，$\nu \approx 0.25$。

岩石的密度定义为单位体积岩石的质量，一般用 ρ 表示。由于岩石由固相骨架和孔隙流体组成，分别定义骨架的密度 ρ_{ma} 和孔隙流体的密度 ρ_f。若孔隙中只存在一种密度为 ρ_f 的流体，岩石的密度 ρ 可表示为

$$\rho = (1-\phi)\rho_{ma} + \phi\rho_f \tag{2-5}$$

式中，ϕ 为岩石的孔隙度。

表征应力与应变方向一致、与应变方向互相垂直的两个系数称为拉梅系数，一般用 λ 和 μ 表示。λ 和 μ 是为了在使用上的方便引入的，并不具有明显的物理意义，数值上有

$$\lambda = K - \frac{2}{3}G \qquad (2\text{-}6)$$

$$\mu = G \qquad (2\text{-}7)$$

另外，需要说明的是，这些参数是对均匀、完全弹性的介质定义的。对岩石这类非均匀、非完全弹性的地质体，上述参数仍然沿用。这些参数是在某些限制条件下，将岩石视为近似均匀及弹性的介质而得到的宏观近似值，它们与岩石的孔隙度、骨架的矿物成分、孔隙流体的性质等因素有相当复杂的关系。

杨氏模量 E、泊松比 ν、拉梅系数 λ 和 μ、体积压缩模量 K 和切变模量 G，都是表征物体弹性性质的物理量，统称为弹性系数。可以证明，对于均匀各向同性完全弹性介质，只有两个独立的弹性常数。因此，这些弹性常数之间必然存在着内在的联系，知道其中的任意两个，都可以求出其余的四个。常把弹性常数分为三组，相互之间的转换关系见表2-2。

表 2-2 弹性常数之间的转换关系表

参数	λ, μ	E, ν	K, G
λ	λ	$\dfrac{E\nu}{(1+\nu)(1-2\nu)}$	$K - \dfrac{2}{3}G$
μ	μ	$\dfrac{E}{2(1+\nu)}$	G
E	$\dfrac{\mu(3\lambda+2\mu)}{\lambda+\mu}$	E	$\dfrac{9KG}{3K+G}$
ν	$\dfrac{\lambda}{2(\lambda+\mu)}$	ν	$\dfrac{3K-2G}{6K+2G}$
K	$\lambda + \dfrac{2}{3}\mu$	$\dfrac{E}{3(1-2\nu)}$	K
G	μ	$\dfrac{E}{2(1+\nu)}$	G

二、岩石中声波的类型及特点

质点的振动及能量，通过质点间相互作用在介质中传递，形成声波波动。根据传播介质的不同，声波可以分为很多类型，其中在弹性介质内部传播，且未受到介质边界影响的弹性波，称为体波。体波有两种类型，即纵波和横波。沿着一种弹性介质表面或两种不同弹性介质的界面传播的波，称为界面波；若与弹性介质相邻的介质为空气或真空，则界面波又称为表面波。常见的界面波有瑞利波（Rayleigh wave）、勒夫波（Love wave）和斯通利波（Stonely wave，或称管波）。

视频 2　纵波

视频 3　横波

1. 纵波和横波

纵波又称 P 波或胀缩波，其质点运动方向与波传播方向一致，以疏、密带形式传播，如图 2-1 及视频 2 所示。横波又称剪切波或 S 波，其传播方向与质点运动方向垂直，如图 2-2 及视频 3 所示。声振动在弹性介质中传播，某一瞬间，介质中已被扰动部分和未被扰动部分之间的界面称为波面或波阵面，波面呈封闭状。波面为球面的波称为球面波，波面为柱面的波称为柱面波。波面曲率很小的波可近似为平面波。通常，同一介质中 P 波传播速度高于 S 波。

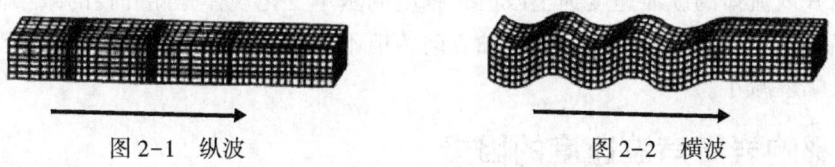

图 2-1 纵波　　　　　　　　　　图 2-2 横波

岩石的声波速度以单位时间内声波在岩石中传播的距离来表征。在均匀各向同性介质中，纵波速度 v_P、横波速度 v_S 与拉梅常数 λ、切变模量 G 的关系为

$$v_P = \sqrt{\frac{\lambda + 2G}{\rho_b}} \tag{2-8}$$

$$v_S = \sqrt{\frac{G}{\rho_b}} \tag{2-9}$$

式中，ρ_b 为密度，g/cm³；λ 为拉梅常数；G 为切变模量，GPa。

拉梅常数的表达式为

$$\lambda = \frac{2G}{1-2\nu}\nu \tag{2-10}$$

若介质的泊松比 ν 为 0.25，则 $\lambda = G$，于是

$$v_P = \sqrt{3}\, v_S \tag{2-11}$$

在声学理论中，波速的倒数（$1/v$）称为慢度，在地球物理测井领域中则习惯称为声波时差，简称为时差。声波测井通过测量声波传播固定距离 L 所用的时间 T_L 来估算地层的时差和声速。由于距离 L 可能跨越多种不同地层或地层自身的非均质，声波测井获得的时差或波速指的是传播距离内地层的平均值。

2. 瑞利波和斯通利波

瑞利波是指在固体介质表面传播的波，因瑞利于 1887 年首先指出这种波的存在而得名。瑞利波沿固体表面传播时，固体介质表面的质点作椭圆运动，椭圆的长轴与瑞利波的传播方向垂直，椭圆的短轴方向则是瑞利波的传播方向。可以理解为：瑞利波在传播时，介质质点在沿传播方向和表面法线方向组成的平面内作向后（即与传播方向相反）的椭圆运动。瑞利波的能量分布随沿离开介质法线方向的距离增加，呈负指数规律减小，是一种典型的非均匀波。

瑞利波的速度 v_R 略低于横波速度 v_S，为同介质中横波波速的 0.862~0.955 倍。瑞利波在各向同性均匀固体介质的自由表面传播时，传播速度只与介质自身的弹性有关，与频率无关；在非均匀介质中，瑞利波传播速度将呈现频散现象，波速将随频率变化而变化。

斯通利波是在两种不同介质的交界面传播的波，因斯通利发现得名。斯通利波的存在与介质的拉梅常数、切变模量和密度有关。当两种不同介质的拉梅常数 λ、切变模量满足 $\lambda_1/G_1 = \lambda_2/G_2 = 1$，且密度之比 ρ_{b1}/ρ_{b2} 和切变模量之比 G_1/G_2 满足某种条件时，斯通利波将会在两种介质的交界面产生，其波速同时取决于两种介质的性质。

斯通利波是油气井测井研究和利用的一种常见波动类型。对油气井测井而言，斯通利波是在尺寸有限的井内流体中产生的声波，只是在某些特定的低频时才被激发，而且有频散。

斯通利波的幅度与速度是"对偶"的，即幅度增加的同时其速度减小，反之亦然。斯通利波的速度以井内流体的纵波速度为上限值，幅度的基本变化规律是随井径的减小而变大，随井壁地层横波速度的降低而增大，沿井轴方向传播不发生几何扩展，井壁地层的渗透率增加时会导致其幅度减小。

三、影响岩石声波速度的因素

研究表明，岩石作为具有复杂结构、构造，并赋存于一定温度、应力和流体环境下的多矿物集合体，其声波的传播特性和传播机制十分复杂。岩石声波作为重要的地球物理探测信息，一直备受关注。长期以来，在相关领域，尤其是油气等能源矿产资源勘探领域、地震科学领域，国内外研究学者对岩石声波的传播机制进行了大量研究。下面简要介绍岩石声波的速度特性及主要影响因素。

1. 岩性是影响声速的最主要因素

岩石的物质成分不同是造成岩石声速有差异的主要原因。表2-3是油气工业中常见介质的纵波速度和纵波时差。

表2-3 常见介质的纵波速度和纵波时差

介质	纵波速度 v_P m/s	纵波时差 Δt μs/m	介质	纵波速度 v_P m/s	纵波时差 Δt μs/m
空气(0℃)	330	3000	白云岩	900~7600	1111~131
甲烷(1atm)	442	2260	石灰岩	1000~7000	1000~142
石油	1070~1320	985~757	致密灰岩	6400~7000	156~143
普通钻井液	1530~1620	655~622	泥灰岩	3050~6400	330~156
铁	5340	187	大理岩	3750~6940	267~144
角砾岩	1450~5600	690~178	石膏	1500~4600	667~217
砾岩	1450~5600	690~178	橄榄岩	7800~8700	128~115
细砾岩	1700~5400	588~185	花岗岩	3700~6510	270~154
砂岩	800~4500	1250~222	玄武岩	2520~6400	397~1S6
砂质页岩	1450~5180	690~193	凝灰岩	1890~2380	529~420
细粒粉砂软泥	1460~1680	685~595	角页岩	5990~6210	167~161
粉砂泥质软泥	1500~1640	667~610	片麻岩	5200~6350	192~157
粉砂岩	800~4000	1250~250	岩盐	4600~5200	217~193
泥岩	1830~3962	548~252	褐煤	2200~2700	455~370
泥质软泥	1490~1510	671~662	烟煤	1700~2600	588~385
泥板岩	900~4800	1111~208	无烟煤	2500~3500	400~286
泥质页岩	1780~4740	562~211	磁铁矿	5810~5960	172~168
板页岩	2300~6650	435~150	赤铁矿	5530	181

2. 声波速度与岩石密度的关系

Birch（1961）根据在围压下测量获得的火成岩声波速度测量数据，提出了岩石密度 ρ 和纵波速度 v_P 的经验关系：

$$v_P = \alpha + b\rho \tag{2-12}$$

若密度和波速的单位分别是 10^3kg/m^3 和 km/s，则 $\alpha = 2.76$，$b = 0.98$。

Volarovich 和 Bajuk（1977）根据苏联境内大量火成岩岩样的声波实验得到了与 Birch 关系式基本一致的结果。Gebrande 等（1982）通过大量实验得到了火成岩纵波速度 v_P、横波速度 v_S 与岩石密度的关系。

Simmons（1964）给出了描述岩石密度、组分和波速更加广义的线性关系：

$$v = a\rho + b + cm_A + \sum_{i=1}^{n} e_i C_i \tag{2-13}$$

式中，C_i 是第 i 种矿物的质量分数；m_A 是岩石组分的平均相对原子质量；a、b、c、e_i 皆为通过实验得到的常数。

相同孔隙度岩石，组成岩石的骨架矿物不同，密度不同；相同矿物构成的岩石，孔隙度不同，其密度也不同；同一岩石，随着饱和流体性质和含量的变化，其密度也会随着变化等等。因此，声波速度与岩石密度的关系实际上也隐含反映了声波速度与岩石孔隙度、矿物组成及含量、孔隙流体特性等的关系，声波速度与岩石密度的关系是多因素综合作用的结果。

3. 孔隙度对声速的影响

以饱水岩石的孔隙度和波速关系研究为例，描述饱水岩石孔隙度和波速的关系式很多，其中以 Wyllie 等（1956）提出的时间平均公式最为著名：

$$\frac{1}{v_P} = \frac{1-\phi}{v_m} + \frac{\phi}{v_f} \tag{2-14}$$

式中，ϕ 为孔隙度；v_P 是实验测得的饱水岩石纵波速度；v_m 为岩石骨架的纵波波速；v_f 为岩石孔隙流体的纵波速度。

类似的经验关系式还有很多，如 Raymer 等（1980）提出的

$$v_P = (1-\phi)^2 v_m + \phi v_f \tag{2-15}$$

岩石骨架声速远高于流体声速，因此，对同种岩石，声速将随其孔隙度的增大而减小。

砂岩中黏土矿物也是影响岩石波速的重要因素，通过研究 80 块砂岩岩样的黏土矿物含量与岩石波速的关系，实验结果可以线性经验公式表示为

$$v = A_0 - A_1\phi - A_2 V_{cl} \tag{2-16}$$

式中，A_0、A_1、A_2 为常数；ϕ 为砂岩孔隙度；V_{cl} 为黏土矿物含量。

实验数据表明，砂岩的孔隙度或黏土矿物含量增加，将造成波速减小。

4. 压力对声速的影响

波速随压力的增大而增大，这一现象可由裂隙的闭合来解释，这种闭合是由在压力下具有较大刚性的物质反映出来的（即相应于弹性模量的增大）。图 2-3 是某岩心在不同含气饱和度（S_g）下的纵波速度与压力的关系图。从图 2-3 中可以看出，纵波速度随着压力的增

大而增大。在低压区，波速增加很快；在高压区，波速增加缓慢。当压力达到一极大压力值后，随着压力的增大，波速基本保持不变。对应不同的饱和条件，极大压力值是不同的。

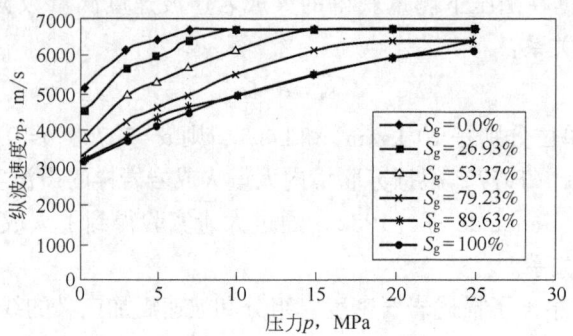

图 2-3　某岩心在不同含气饱和度下的纵波速度与压力的关系图

经分析，压力对声速的影响可达 35% 以上。因此，在做声波驱替饱和实验时，必须要考虑压力条件。通过将实验测得的声波速度值与实际测井值相比较，认为一般压力选在 5~10MPa 便能满足实际储层的压力要求。

图 2-4 描述了页岩岩石纵、横波速度随压力（围压）的变化规律。从图 2-4 中可看出，页岩岩石纵、横波速度有随着压力增加而呈增大的趋势，且增加的幅度随着压力的增加而减小。

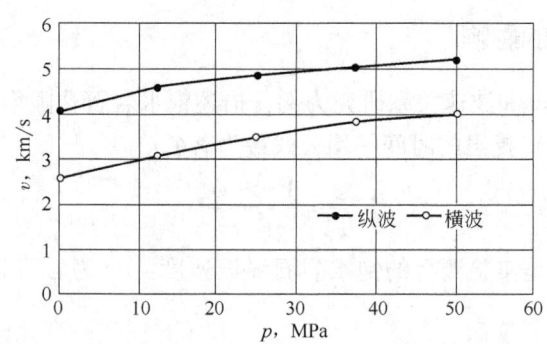

图 2-4　页岩岩石纵、横波速度随压力（围压）的变化规律

5. 温度对声速的影响

岩石声波速度随温度的微小变化可以用饱和流体黏滞性的变化来解释。图 2-5 是某三块岩心样品在常温（25℃）和 120℃高温下的纵波速度变化趋势图。

从图 2-5 中可以看出，温度对纵波速度影响不大。随着温度的增大，纵波速度只稍许减小。个别样品变化相对较大，可认为是由岩心中的泥质受热膨胀而变得疏松所造成的。根据图 2-5，温度由 25℃变到 120℃，波速减小幅度最大的为 8.21%，最小的为 1.12%，平均不到 3.5%。因此相对压力而言，温度对岩心声速的影响可以忽略。

砂岩纵波速度随温度的变化规律可见图 2-6。从图中可看出，随着温度升高，岩石波速有不同程度的降低，且降低的幅度随着温度升高而增大，即温度越高，岩石波速越低，该结果与压力对岩石波速的影响规律相反。

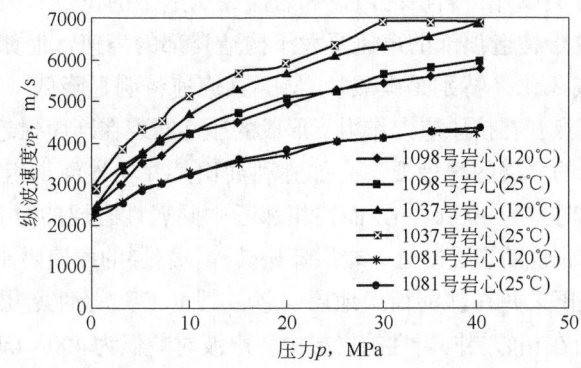

图 2-5　三块岩心样品 25℃ 和 120℃ 下的纵波速度变化趋势图

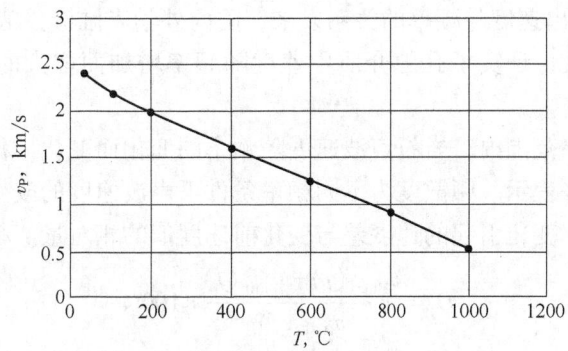

图 2-6　砂岩纵波速度随温度的变化规律

总体而言，随地层埋藏深度增加，相同岩性地层，压力增大会导致其波速增加，而温度升高则会导致其波速减小。因此，在地壳内，波速随深度的变化是这两种作用综合平衡的结果。在大陆地区，地壳的纵波速度平均值约等于 6.5km/s，而在地幔内，纵波速度基本上随深度增大而增加，纵波速度的范围为 8.1~13.7km/s。

6. 成岩条件对波速的影响

岩石生成的地质条件对岩石的声速也有影响。首先，对岩性及孔隙度相同或相近的岩层而言，老地层的声速比新地层的声速要高。这是老地层在漫长的地质年代中所承受的上覆岩层的压力长期压实的结果，新地层总比老地层压实程度低。另外，由于长时间地壳运动，碎屑岩骨架颗粒排列得更趋紧密，致使其密度和弹性都有所增加。表 2-4 为某地区深度相近但地质年代不同的泥岩地层的声速数值。

表 2-4　不同泥岩地层声速

地层	岩性	声速 v_P, m/s
新近系	泥岩	1600~1700
上白垩统	泥岩	1900~2000
下白垩统	泥岩	2000~2400
中—下侏罗统及二叠系、三叠系	泥岩	2500~3000

除了和地质年代有关以外，岩层的声速和岩层在构造上的位置有关。岩性相同并属于同一地质年代的岩层，位于构造顶部的声速要大于构造翼部的声速，但如果构造顶部岩层在构造史上曾经遭受剥蚀或风化（特别是碳酸盐岩），其声速将明显降低。

按照地质力学的观点，在挤压应力作用下形成的压性断裂在断面附近岩层孔隙度减小，因而比相邻层段岩性相同的岩层的声速要高。如胜利油田某井在沙河街组地层（沙一段）穿过断层，在断面附近声波时差为 300μs/m，而在相邻段中同岩性岩层的时差则为 340~480μs/m。在张应力作用下形成的张性断裂面附近，岩层疏松破碎，岩层的声速要比相邻层段中同岩性的岩层声速低。如胜利油田某井在沙河街组地层（沙一段）穿过张性断层，在断面附近声波时差为 440μs/m 以上，而在相邻层同岩性的岩层中，声波时差仅为 400~430μs/m。

7. 波速与频率的关系

从 1956 年 Biot 提出速度与频率的关系以来，国内外学者陆续发表了大量关于速度随频率变化关系研究的论文，证实了孔隙介质中速度随频率增加而增大的趋势，验证了 Biot 理论的正确性。

在一定的测量频率范围内，岩石声波速度随频率的变化而变化，称为频散。速度与频率的关系可以用频散度来表示。频散度为不同频率条件下声波速度的改变程度，此参数度量的是同种介质由测量频率变化引起的速度差与变化前速度值的相对量。频散度计算公式为

$$D_P = \frac{v_{P\max}(f) - v_{P\min}(f)}{v_{P\min}(f)} \times 100\% \tag{2-17}$$

式中，D_P 表示频散度；$v_{P\max}(f)$、$v_{P\min}(f)$ 分别为不同频率下纵波速度的最大值和最小值。

频散度用来描述频散的程度，不能用来描述速度随频率的变化规律，而这可通过频散方程来描述。若岩石可用恒定的品质因子 Q 值模型来描述，则可以建立速度、频率及 Q 之间的关系，相应的频散方程为

$$\frac{v_1}{v_2} = 1 + \frac{1}{\pi Q} \ln(f_1/f_2) \tag{2-18}$$

式中，Q 为品质因子；v_1 和 v_2 分别为频率 f_1 与 f_2 时的声波速度。

以层理面发育的页岩为例，实验结果见图 2-7。声波测试频率分别为 25kHz、50kHz、100kHz、250kHz、490kHz，从图 2-7 中可以看到，不同层理面角度下，页岩岩石的纵波速度均随着测试频率增加而增大，且呈对数相关性（表 2-5）；在相同的频率条件下，随着层理面角度增大，纵波速度总体上呈减小的趋势，声波速度减小的原因可能是声波穿透页岩层理数增加，层理面微裂纹较多。

表 2-5 不同层理面角度条件下纵波速度与频率关系

层理面角度	表达式	层理面角度	表达式
0°	$v_P = 50.30\ln f + 3934.4\,(R^2 = 0.823)$	60°	$v_P = 105.24\ln f + 3284.7\,(R^2 = 0.989)$
10°	$v_P = 68.99\ln f + 3773.3\,(R^2 = 0.935)$	70°	$v_P = 114.54\ln f + 3284.1\,(R^2 = 0.966)$
20°	$v_P = 65.25\ln f + 3675.6\,(R^2 = 0.984)$	80°	$v_P = 98.37\ln f + 3394.7\,(R^2 = 0.889)$
40°	$v_P = 91.64\ln f + 3487.9\,(R^2 = 0.823)$	90°	$v_P = 110.77\ln f + 3282.9\,(R^2 = 0.964)$
50°	$v_P = 73.96\ln f + 3458.6\,(R^2 = 0.823)$		

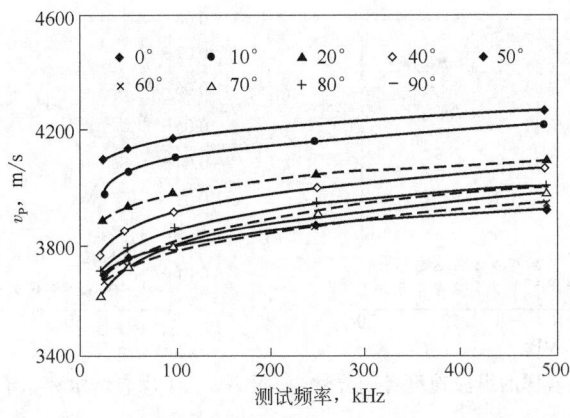

图 2-7 层理面发育的页岩纵波速度与频率的关系

此外，岩石的波速还会受到岩石孔隙中饱和流体的性质及各相流体的含量、地质年代等的影响。

8. 波速的各向异性

不同研究领域对各向异性的定义不同。广义上讲，若在介质中同一位置测量，介质的物理量随方向而变，则称该介质各向异性；若在相同方向测试，介质的物理量随位置变化，则称该介质非均质。实验室岩石样品测试结果和野外地震勘探都表明，地壳岩石的声波速度具有各向异性特征。

有众多学者通过室内实验测量岩石在水平两个正交方向和垂直方向的波速，研究了岩石声波速度，尤其纵波速度的各向异性。Thomsen（1986）、邓继新等（2004）、李阿伟等（2014）、刘茂诚（2010）研究揭示了泥岩、页岩、砂岩等岩石具有垂直对称轴的横向各向同性（VTI）特性。在工业应用中，常采用 Thomsen 参数来表征岩石纵横波速度的各向异性特征，纵波速度各向异性参数为 ε，横波速度各向异性参数为 γ，表达式分别为

$$\varepsilon = \frac{c_{11}-c_{33}}{2c_{33}} = \frac{v_{Ph}^2 - v_{Po}^2}{2v_{Po}^2} \tag{2-19}$$

$$\gamma = \frac{c_{66}-c_{44}}{2c_{44}} = \frac{v_{Sh}^2 - v_{So}^2}{2v_{So}^2} \tag{2-20}$$

式中，ε 和 γ 称为 Thomsen 各向异性参数；c_{11}、c_{33}、c_{44}、c_{66} 为表征横向各向同性介质弹性性质的刚度常数；v_{Po}、v_{So} 分别为纵波和横波的垂直方向传播速度；v_{Ph}、v_{Sh} 分别为纵波和横波的水平方向传播速度。

李阿伟等（2014）通过实验研究了围压和流体对致密砂岩岩石声波速度各向异性的影响，实验结果见图 2-8 和图 2-9。从图 2-8 中可看出，岩样纵波速度各向异性随围压增加而降低，低围压下变化速率大，高围压下变化速率减缓；饱水和饱油岩样的纵波速度各向异性差异小，但都明显低于干燥岩样纵波速度各向异性。从图 2-9 中可看出，横波具有与纵波相似的各向异性特征，但干燥、饱水和饱油岩样的横波速度各向异性差异小于同样状态的纵波速度各向异性差异。

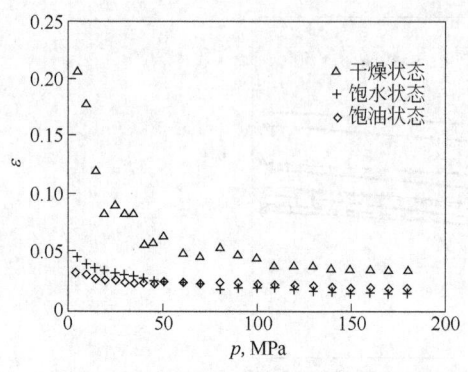 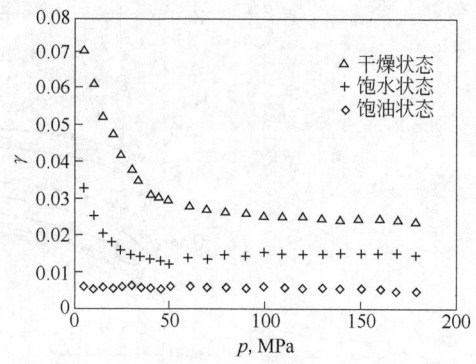

图 2-8 干燥、饱水和饱油岩样的纵波速度各向异性　　图 2-9 干燥、饱水和饱油岩样的横波速度各向异性

可以通过实验方法研究层理发育页岩气层岩石的声波速度各向异性。按如图 2-10 所示的取样方案钻取页岩岩样,规定岩心轴线方向与层理面的夹角为层理面角度 β,按层理面角度 0°、10°、20°、30°、40°、50°、60°、70°、80°、90°进行取心,实验测量中的纵波频率为 250kHz,速度为 v_P;横波频率为 260kHz,速度为 v_S。

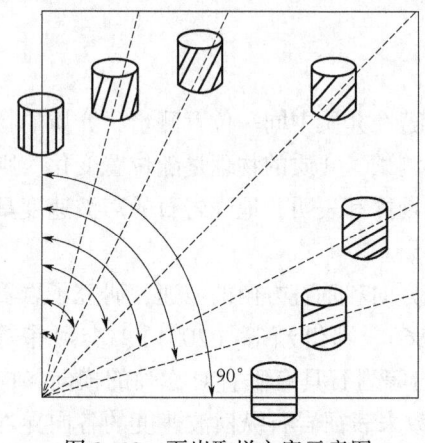

图 2-10　页岩取样方案示意图

不同层理面角度条件下岩石纵横波速度比分布见图 2-11(a),从图中可以看出,不同层理面条件下岩样纵横波速度比存在一定的离散性,且岩样的纵横波速度比均值随层理面角度变化的变化幅度较小,其中层理面角度为 30°,岩样的纵横波速度比均值偏小。不同层理面角度与岩样纵波速度均值的关系见图 2-11(b),岩样的纵波速度均值随层理面角度增大而减小。其中,层理面角度为 30°的岩样纵波速度均值偏低。样品中层理面是造成岩样纵横波速度比或纵波速度差异的主要原因。因此,地层中存在的层理面在造成页岩结构非均质性的同时,也将导致页岩声学性质的各向异性。

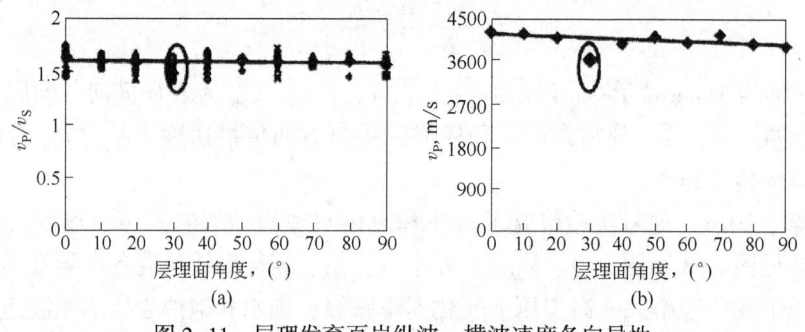

图 2-11　层理发育页岩纵波、横波速度各向异性

为了得到能够反映不同层理面角度下岩样纵、横波速度之间的关系曲线,按照不同层理面角度,分别对纵、横波速度进行相关分析,拟合出不同层理面角度下的纵、横波间的关系式,见表 2-6。从表中可以看到,不同层理面角度下,岩样纵、横波间的关系都是良好的线

性关系，且每个层理下纵、横波速度间关系式的系数不同，表明岩样中较发育的层理对其纵、横波速造成的影响也较大。声波时差的差异在一定程度上反映了页岩性质的非均质性。

表 2-6　层理发育页岩的纵波速度与横波速度关系

层理面角度	表达式	层理面角度	表达式
0°	$v_S = 0.2925v_P + 1343.8 (R^2 = 0.845)$	60°	$v_S = 0.4363v_P + 753.29 (R^2 = 0.914)$
10°	$v_S = 0.4956v_P + 563.59 (R^2 = 0.773)$	70°	$v_S = 0.4563v_P + 728.16 (R^2 = 0.851)$
20°	$v_S = 0.4197v_P + 885.17 (R^2 = 0.758)$	80°	$v_S = 0.4663v_P + 657.93 (R^2 = 0.845)$
40°	$v_S = 0.4655v_P + 633.55 (R^2 = 0.957)$	90°	$v_S = 0.4119v_P + 907.8 (R^2 = 0.851)$
50°	$v_S = 0.5104v_P + 485.5 (R^2 = 0.963)$		

四、声波衰减的影响因素

声波在介质中传播不仅具有速度等运动学特性，也具有衰减等动力学特性。声波的衰减主要包括振幅、频率、吸收等特性。现有研究表明，随岩石物理参数的变化，声波衰减变化比速度敏感，研究声波的衰减特性有助于更好地了解岩石内部的结构、构造变化。

1. 衰减与频率的关系

不同频率下测量得到的岩石的衰减系数 α 不同。一般情况下，波的衰减与频率成正比，即低频波传得远，传播时间长；高频波传不远，传播时间短。

衰减与频率的关系有两种：

$$\alpha \sim f \tag{2-21}$$
$$\alpha \sim f^2 \tag{2-22}$$

式(2-22)适用于较疏松的岩石或土壤。以层理性页岩为例，不同层理面角度下，声波衰减系数随着测试频率增加而总体上呈增大的趋势。

但也会出现矛盾，如实验实测 Q 值与频率无关，而 Q 与 α 是成反比的，于是可得出 α 与频率也无关的推论。这可能与 Q 的定义有关，因为 Q 值的测定是在一个周期内波的衰减，本身就与频率和周期无关。而 α 是波的动态传播特征，故与频率有关。Q 代表材料和介质的性质，α 代表波的传播特征，Q 是静态的，α 是动态的。这就是 α 和 Q 的不同之处。

2. 衰减和矿物成分、孔隙度的关系

总体而言，波在岩石中的衰减远比在矿物中的衰减高。例如，方解石是构成石灰岩的主要矿物之一，而方解石矿物和石灰岩的 Q 值分别为 1900 和 109，两者相差十倍以上。其原因主要是岩石中除了矿物成分外，还包含了大量的孔隙、结构面（包括矿物颗粒间的界面），这些孔隙、结构面的存在对波的衰减有着重要的影响。不同岩性岩石的致密程度不同，波的衰减也不同，即岩石越致密，Q 值越大，衰减系数 α 越小；岩石越疏松，Q 值越小，衰减系数 α 越大。图 2-12 为 50~100Hz 条件下不同岩性岩石衰减系数的变化范围。从图 2-12 中可以看出，火成岩和变质岩的衰减远远比沉积岩小，而含有大量孔隙和结构面的岩石，特别是未完全固结的沉积岩，波的衰减比致密火成岩高 5~7 个数量级。

声波在岩石中传播，其能量随孔隙度、裂缝、溶洞的增加而衰减的研究很重要。

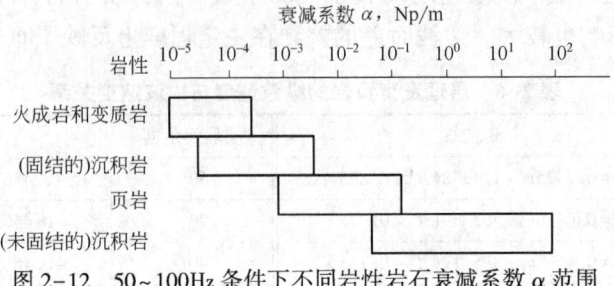

图 2-12　50~100Hz 条件下不同岩性岩石衰减系数 α 范围

3. 衰减和压力的关系

压力作用下，岩石内部孔隙的体积将会减小，黏土类矿物将会被进一步压实。因此，从定性的角度看，围压增加，岩石中波速会增高，而岩石中波的衰减将会减小。大量实验资料也证实了这一观点。

第二节　井孔中的声场

在油气工业中，常见的井孔是一个长圆柱孔形，内部由流体充注。井孔的深度要比井孔半径大得多，声波沿着深度方向传播，形成声波导结构。现阶段在有限大横截面的闭波导的研究更多。井孔外部是无限大的地层，这种横截面无限大的波导称为开波导。与闭波导相比，开波导问题更为复杂困难，有许多特殊的性质，已有的研究相对较少。井孔中声场的研究对象就是围绕这种带有圆柱形孔的开波导的声学问题，也是本节的主要内容。

一、单极子源的井孔声场

在讨论井孔声场时，最简单的是裸眼井中的单极子声源问题。单极子声源就是点声源，它向各个方向发出球对称的声场。当单极子声源位于井轴上时，这样产生的声场是轴对称的。

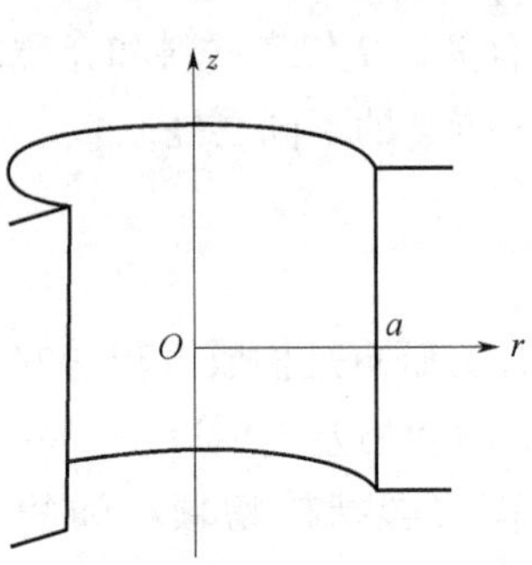

考虑无限大弹性介质内的一个半径为 a 的无限长圆孔，孔内充满密度为 ρ_f、声速为 v_f 的流体，孔外固体介质的密度为 ρ，纵波和横波的速度分别为 v_P 和 v_S 建立 $r\theta z$ 柱坐标系，z 轴与井孔的中心轴重合（图 2-13），声源位于坐标系的原点。

孔内流体介质中声波产生的声压 p 满足速度为 v_f 的波动方程：

$$\nabla^2 p = \frac{\partial^2 p}{v_f^2 \partial t^2} \tag{2-23}$$

图 2-13　井孔及坐标系

孔外固体介质中的弹性波的位移 $\boldsymbol{u}$ 满足弹性波方程

$$(\lambda+2\mu)\nabla(\nabla \cdot \boldsymbol{u}) - \mu\nabla\times\nabla\times\boldsymbol{u} - \rho\frac{\partial^2 \boldsymbol{u}}{\partial t^2} = 0 \tag{2-24}$$

式中，λ 和 μ 是拉梅系数，它们和声速的关系是 $v_P = \sqrt{\dfrac{\lambda+2\mu}{\rho}}$ 和 $v_S = \sqrt{\dfrac{\mu}{\rho}}$。

流体的声波方程（2-23）和弹性体的弹性波方程（2-24）统称为声波方程。

声源是位于坐标原点的点声源。频率为 f 的稳态点声源在无限大的流体介质中产生的声压是 $\dfrac{\exp(ik_f R)}{R}$，这里 $R=\sqrt{r^2+z^2}$ 是场点和声源的距离，$k_f=\dfrac{\omega}{v_f}$。一般脉冲点源可以看成由不同频率的点源合成的结果，如果脉冲源的频谱为 $F(\omega)$，产生的声场为

$$p_0(t,R)=\dfrac{1}{2\pi}\int_{-\infty}^{\infty}F(\omega)\dfrac{\exp(ik_f R)}{R}d\omega \tag{2-25}$$

整个声场可以分为三个部分，一部分是声源在孔内产生的直达波，它是声源在无限大的流体介质中激发的声场；另一部分是孔壁在孔内产生的反射波；第三部分是孔外的声场。在孔壁 $r=a$ 处，这三部分声场应满足法向位移和应力连续、切向应力为零的边界条件，即

$$u_{0r}+u_{fr}=u_r \tag{2-26}$$

$$-p_0-p_f=\sigma_{rr} \tag{2-27}$$

$$0=\sigma_{rz} \tag{2-28}$$

式中，p_0 和 u_{0r} 是声源直达波在孔壁处的声压和径向位移；p_r 和 u_{fr} 是孔内流体中反射波在孔壁处的声压和径向位移；u_r、σ_{rr} 和 σ_{rz} 是孔外声场在孔壁处的径向位移和两个应力分量。

对于一般的井孔声场问题，还存在一个边界条件，即在 $r=a$ 处 $\sigma_{r\theta}=0$。在轴对称问题中，$u_\theta=0$ 这个条件已自动满足。井孔内流体中位移 u 和位移位 φ_f 的关系可以表示为

$$u=\nabla\varphi_f \tag{2-29}$$

在孔外有

$$u=\nabla\varphi_f+\nabla\times\psi \tag{2-30}$$

式中，φ 是纵波位，是一个标量；ψ 是横波位，是一个矢量。

在 $u_\theta=0$ 轴对称问题中，ψ 可以用另一个量 η 表示为

$$\psi=\nabla\times(\eta z) \tag{2-31}$$

η 也可以称为位移位。位移位 φ_f、φ 和 η 分别满足速度为 v_f、v_P 和 v_S 的波动方程。

式（2-30）表明固体中的位移可以分为两部分。第一部分是纵波，它是一个标量场的梯度，第二部分是横波，它是一个矢量场的旋度。根据矢量理论分析，梯度场的旋度为零，旋度场的散度为零，任何一个位移场一定可以分解为两个位移场的和，其中一个的旋度为零，另一个散度为零。旋度为零的位移场有体积变化，常称为膨胀波或压缩波，或称为声场的纵波部分。散度为零的位移场没有体积变化，常称为切变波或等体积波，或称为声场的横波部分。通常纵波和横波是按照质点位移方向和传播方向平行或垂直来定义的，这样的定义只能用于平面波等简单的情况。根据式（2-29）和式（2-30），声压、位移、应变和应力等物理量就都可以用位移位表示，可以把边界条件化为位移位的方程。

现在求解式（2-23）至式（2-29）规定的问题，利用傅里叶变换分离变量。可以用位移

位的二维谱表示：

$$\varphi(r,z,t) = \frac{1}{2\pi}\int_{-\infty}^{\infty}\int_{-\infty}^{\infty}\varphi(r,k,\omega)\exp(ikz-i\omega t)\mathrm{d}k\mathrm{d}w \tag{2-32}$$

同样，定义位移位 φ_f、η 和位移、应力等物理量的二维谱，在频率波数域中讨论问题时也直接称为位移位、位移和应力等。

二、多极子源的井孔声场

前面介绍的单极子声源，理想的单极子声源是一个小球，球表面各点沿半径方向作相同的振动，引起体积变化。在无穷大的空间里，单极子声源向周围介质辐射的声场是中心对称的。实际测井使用的声源一般没有体积的变化，辐射的声场也不是中心对称的，因此不能用单极子声源来模拟。如图 2-14 所示，在由振动片构成的声源中，工作的时候振动片左右振动，介质被推向左边流出，右边流入，总的介质体积变化为零。当振动片又向右运动时，介质被推向右边流出，左边流入，总的介质体积变化仍然是零。同时，左右两边的声场是反相的，显然不是中心对称的。

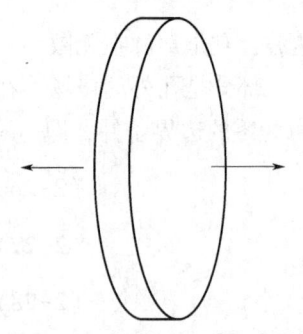

图 2-14　振动片声源示意图

这种声源，通常用偶极子声源来模拟。理想的偶极子声源由两个幅度相等、相位相反、无限靠近的单极子声源组成。如图 2-15 所示，建立直角坐标系，两个相位相反的单极子声源的坐标分别是 $(r_0,0,0)$ 和 $(-r_0,0,0)$，产生的声场分别是 $F\dfrac{\exp(ik_fR)}{R}\bigg|_{x_0=r_0}$ 和 $-F\dfrac{\exp(ik_fR)}{R}\bigg|_{x_0=-r_0}$，其中 $R=\sqrt{(x-x_0)^2+y^2+z^2}$ 是声场中的点 (x,y,z) 到声源 $(-x_0,0,0)$ 的距离，两者相加得到总的声场。当两个点声源的距离 $2r_0$ 趋于零，且幅度 F 无限增大，使 $F_1=2r_0F$ 保持为常数，其极限就是偶极子声源，它辐射的声场是

$$F\frac{\exp(ik_fR)}{R}\bigg|_{x_0=r_0}-F\frac{\exp(ik_fR)}{R}\bigg|_{x_0=-r_0}=F_1\frac{\partial}{\partial x_0}\frac{\exp(ik_fR)}{R}\bigg|_{x_0=0}=-F_1\frac{\partial}{\partial x}\frac{\exp(ik_fR)}{R}\bigg|_{x_0=0} \tag{2-33}$$

设原点到 (x,y,z) 的连线和 x 轴的夹角是 β，则式 (2-33) 可以写为

$$-F_1\cos\beta\frac{\partial}{\partial R}\frac{\exp(ik_fR)}{R}=F_1\cos\beta\left(\frac{1}{R}-ik_f\right)\frac{\exp(ik_fR)}{R} \tag{2-34}$$

其中

$$R=\sqrt{x^2+y^2+z^2}$$

式中 (2-34) 中包含 $\cos\beta$，因此偶极子声源的声场对于声源是中心反对称的，在远场声压与距离成反比，F_1 也称为偶极子声源的幅度。

偶极子声源一般也称为一阶声源。建立 $r\theta z$ 柱坐标系，一般情况下，将 $2m$ 个单极子声源等间隔地放置在 $z=0$ 平面的圆周 $r=r_0$ 上（图 2-16），相邻单极子声源的相位相反。r_0 非常小，而每个单极子声源的幅度很大，这样就组成了 m 阶的多极子声源。

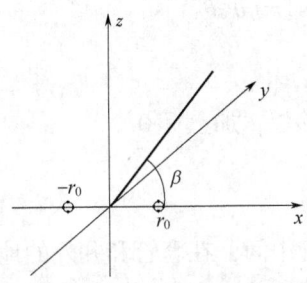 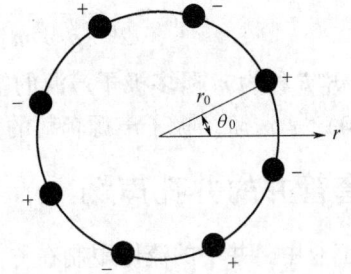

图 2-15 偶极子声源示意图　　　图 2-16 $z=0$ 平面上的多极子声源

m 阶多极子声源由 $2m$ 个单极子声源组成，它们的位置是 $(r_0,\theta_j,0)$，这里 $j=0,1,\cdots,2m-1$，$\theta_j=\theta_0+\dfrac{j\pi}{m}$。它们的幅度是 F。一个单极子声源发出的声场是 $F\dfrac{\exp(\mathrm{i}k_f R)}{R}$，这里 R 是声源和观察点 (r,θ,z) 之间的距离 $R=\sqrt{r_0^2+r^2-2rr_0\cos(\theta-\theta_j)+z^2}$。因此，可以推导声场的位移位在频率波数域的二维谱。位于原点的声源的直达波位移位，对于偏心声源，r 应改为观察点在 $z=0$ 的平面上的投影和声源的距离，因此，第 j 个单极子声源辐射的位移位为

$$\varphi^{(j)}=\frac{\mathrm{i}F}{2\rho_f\omega^2}H_n^{(1)}\left(\alpha_f\sqrt{r_0^2+r^2-2rr_0\cos(\theta-\theta_j)}\right) \qquad (2\text{-}35)$$

式中，α_f 是径向波数。

根据贝塞尔函数的加法定理，式（2-35）可写成

$$\varphi^{(j)}=\frac{\mathrm{i}F}{2\rho_f\omega^2}\sum_{n=0}^{\infty}\varepsilon_n\mathrm{J}_n(\alpha_f r_0)\mathrm{H}_n^{(1)}(\alpha_f r)\cos[n(\theta-\theta_j)] \qquad (2\text{-}36)$$

式中，$\varepsilon_0=1$，$n>0$ 时 $\varepsilon_n=2$。

式（2-36）是 $r>r_0$ 的情况，当 $r<r_0$ 时，式（2-36）中的 r 和 r_0 交换位置。对于多极子声源，r_0 很小，利用贝塞尔函数的性质，可以写为

$$\varphi^{(j)}=\frac{\mathrm{i}F}{2\rho_f\omega^2}\sum_{n=0}^{\infty}\frac{\varepsilon_n}{n!}\left(\frac{\alpha_f r_0}{2}\right)^n\mathrm{H}_n^{(1)}(\alpha_f r)\cos[n(\theta-\theta_j)] \qquad (2\text{-}37)$$

因为相邻的声源相位相反，这 $2m$ 个单极子声源的声场叠加得到 m 阶多极子声源的声场为

$$\varphi_m=\sum_{j=0}^{2m-1}(-1)^j\varphi^{(j)}=\frac{\mathrm{i}F}{2\rho_f\omega^2}\sum_{n=0}^{\infty}\frac{\varepsilon_n}{n!}\left(\frac{\alpha_f r_0}{2}\right)^n\mathrm{H}_n^{(1)}(\alpha_f r)\sum_{j=0}^{2m-1}(-1)^j\cos[n(\theta-\theta_j)]$$

$$(2\text{-}38)$$

由于 $2m$ 个单极子声源位置的对称性，可以得到

$$\sum_{j=0}^{2m-1}(-1)^j\cos\left[n\left(\theta-\theta_0-\frac{j\pi}{m}\right)\right]=\begin{cases}2m\cos[n(\theta-\theta_0)], & n=m,3m,5m,\cdots\\ 0, & n=\text{其他}\end{cases} \qquad (2\text{-}39)$$

当 n 为 m 的奇数倍时，对 j 的求和才不为零。因此，式（2-38）中对 n 的求和只需保留 $n=m,3m,5m,\cdots$。同时，由于式（2-38）中含有 r_0^n 项，当 r_0 很小的时候，只需取 n 最小的项，即 $n=m$ 项，式（2-38）可以写成

$$\varphi_{0m} = \frac{iF_m \alpha_f^m}{2^{m+1}\rho_f \omega^2 m!} H_m^{(1)}(\alpha_f r) \cos[m(\theta-\theta_0)] \tag{2-40}$$

式中，$F = 4mr_0^m F$ 称为 m 阶多极子声源的幅度，这里 $m \geq 1$。

式(2-40)是 m 阶多极子声源辐射的直达波的位移位，加上标0。

三、套管井的井孔声场

在油气工业中，井中的流体限制在称为套管的钢管中间，在套管和井外的地层之间是固井水泥层，这样的井孔通常称为套管井。固井质量不好的井，在水泥层与钢管之间和水泥层与地层之间可能有流体层，称为窜槽。声波测井技术在套管井中的一个主要应用是检测固井质量，即水泥层和钢管及地层之间的胶结状况。如果水泥层和钢管脱黏（胶结不好），声波测井得到的信号主要是钢管中传播的波，看不到地层的纵横波。钢管波信号传播速度比较快，超过5000m/s，幅度比较大，持续时间比较长，称为振铃信号。如果水泥层和钢管黏结，但是与地层脱黏，振铃信号会弱一些，但是仍然看不到地层的纵横波。在固井质量好的井孔内的测井信号中常常可以看到地层的纵横波。

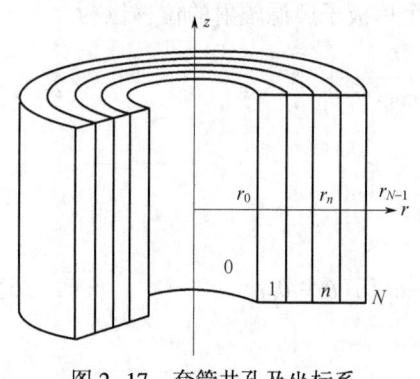

图 2-17 套管井孔及坐标系

图 2-17 是套管井的示意图，井内是流体，井外是许多层不同的介质，它们的分界面都是以井轴为中心的圆柱面。建立 $r\theta z$ 柱坐标系，其 z 轴与井孔中心轴重合。介质层从内到外编号，中心的流体是 0，最外面的地层是 N，它延伸到无穷远。界面也从里到外编号，从 0 到 $N-1$。第 n 层分界面在 n 层介质和 $n+1$ 层介质之间，半径是 r_n。n 层介质的密度是 ρ_n，如果是液体，声速为 v_{fn}，如果是固体，纵波和横波的速度分别为 v_{Pn} 和 v_{Sn}。声源位于坐标系的原点，激发的声场是轴对称的，位移方向在 $r\theta z$ 平面里，$u_\theta = 0$。

在 $k\omega$ 频率波数域考虑轴对称且 $u_\theta = 0$ 的情况。对于 $0 < n < N$ 的层，如果第 n 层介质是固体，引入位移位 φ_n 和 η_n 表示这一层中的位移和相应的应力。两个位移位分别满足纵波和横波的波动方程。利用分离变量法可以求得波动方程的通解，通解包含公共的因子 $\exp(ikz-i\omega t)$，在 r 方向是两个线性独立的贝塞尔函数的线性组合。这里用 $H_0^{(1)}$ 和 $H_0^{(2)}$ 的线性组合，省略去公共因子的通解是

$$\varphi_n(r,k,\omega) = \frac{iF(\omega)}{2\rho_0 \omega^2}[A_n(k,\omega)H_n^{(1)}(\alpha_n r) + B_n(k,\omega)H_n^{(2)}(\alpha_n r)] \tag{2-41}$$

$$\eta_n(r,k,\omega) = \frac{iF(\omega)}{2\rho_0 \omega^2}[C_n(k,\omega)H_0^{(1)}(\beta_n r) + D_n(k,\omega)H_0^{(2)}(\beta_n r)] \tag{2-42}$$

式中右边引入的分式因子 $\frac{iF(\omega)}{2\rho_0 \omega^2}$，$\alpha_n$ 和 β_n 是径向波数，满足

$$\alpha_n^2 = \frac{\omega^2}{v_{Pn}^2} - k^2 \tag{2-43}$$

$$\beta_n^2 = \frac{\omega^2}{v_{Sn}^2} - k^2 \tag{2-44}$$

A_n、B_n、C_n 和 D_n 为 k 和 ω 的待定函数。

式(2-41)和式(2-42)中，$H_0^{(1)}$ 和 $H_0^{(2)}$ 两项分别表示扩散波和汇聚波。在测井问题中，最外边的地层里没有声源，因此第 N 层介质中只有扩散波，位移位是

$$\varphi_N(r,k,\omega) = \frac{iF(\omega)}{2\rho_0\omega^2} A_N(k,\omega) H_0^{(1)}(\alpha_n r) \tag{2-45}$$

$$\eta_N(r,k,\omega) = \frac{iF(\omega)}{2\rho_0\omega^2} C_n(k,\omega) H_0^{(1)}(\beta_n r) \tag{2-46}$$

如果第 n 层介质是流体，需要位移位 φ_n 表示这一层中的声压和位移，位移位满足波动方程。因此，当 $0<n<N$ 时，通解是

$$\varphi_n(r,k,\omega) = \frac{iF(\omega)}{2\rho_0\omega^2} [A_n(k,\omega) H_0^{(1)}(\alpha_n r) + B_n(k,\omega) H_0^{(2)}(\alpha_n r)] \tag{2-47}$$

而当 $n=N$ 时，通解是

$$\varphi_N(r,k,\omega) = \frac{iF(\omega)}{2\rho_0\omega^2} A_N(k,\omega) H_0^{(1)}(\alpha_n r) \tag{2-48}$$

第三节　岩石波速模型

岩石是由固相、气相、液相组成的复杂集合体，其中，固相又通常由多种矿物构成。严格意义上，岩石是非均匀的，但波在物体内传播的理论是建立在均匀物体的假定之上的。当波长比岩石中存在的不均匀尺度大许多时，可以将岩石看作是一个统计意义上的均匀物体，这时描述和表征岩石特性的参量就可以看成是描述这样一个等效模型（"等效体"）。

应用实际测量的波在岩石中传播的速度和衰减等实验结果时，会遇到两个方面的问题：一是若已知岩石的矿物组成、比例、结构形态，如何求出作为多相体的岩石的等效性质（弹性参数、波速、衰减等）；二是如何通过测量岩石的等效性质和利用其他可能的资料，解释和反演岩石中的矿物组成、比例、几何结构。显然，第二方面的问题在实际应用中有着重要的意义。

从单种矿物的速度或弹性模量测试中发现，各种矿物的速度值相差很大，随着岩石中所含矿物的比例不同，岩石的速度也是千差万别。是否能用较简单的模型来描述，在进行实验测试的同时许多学者已经开展了岩石结构模型研究。这里大体上把它们分成三类：第一类，仅考虑矿物的比例，即对矿物性质进行体积平均，推测岩石性质，简称空间平均模型；第二类，考虑岩石的孔隙和流体，从集中讨论岩石内部球形孔隙对岩石性质影响开始（球形孔隙模型），到讨论椭球形裂纹及对岩石性质影响（包裹体模型），再到孔隙中流体的变换对岩石性质的影响（Gassmann 方程）；第三类，考虑流体与岩石骨架的相互影响（Biot 理论）。

一、计算波速的空间平均岩石模型

考虑以下弹性参数：

$$K_b = V\frac{dp}{dV} = \frac{1}{C_b} \qquad (2-49)$$

式中，K_b 为岩石体积模量。

K_b 表示压力增量 Δp 和体积变化率 $\Delta V/V$ 之比，K_b 越大，表示可压缩程度越小，因此，K_b 又称不可压缩系数，其倒数 C_b 称为压缩系数。对空气而言，$C_b \to \infty$；在常压和室温下，水的 C_b 值为 $4.4 \times 10^4 \mathrm{MPa}^{-1}$；多数岩石的 C_b 值在 $10^5 \mathrm{MPa}^{-1}$ 左右。

1910 年，Voigt 提出一个平均模型，假设外加应力对岩石内各种矿物所引起的应变是均匀的，如图 2-18(a) 所示，这是一种理想化的等应变模型，在岩石内的各种矿物沿着受力方向平行排列。设岩石内有 N 种矿物，第 $i(i=1,2,\cdots,N)$ 种矿物的体积模量为 K_{bi}，剪切模量为 G_i，所占岩石体积百分比为 V_i，则 Voigt 的空间平均（多相等效体）体积模量 K_V 和剪切模量 μ_V 分别为

$$K_V = \sum_{i=1}^{N} K_i V_i \qquad (2-50)$$

$$\mu_V = \sum_{i=1}^{N} \mu_i V_i \qquad (2-51)$$

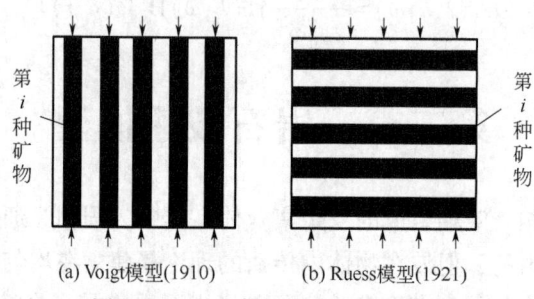

(a) Voigt模型(1910)　　(b) Ruess模型(1921)

图 2-18　基于模量的岩石平均模型

此模型假定每种矿物的应变相同，则每种矿物承受的应力不同。K_V 相当于串联电阻的总阻抗。

1929 年，Ruess 提出了类似的等应力模型，如图 2-18(b) 所示，每种矿物承受的压力相同，因矿物性质各异，每种矿物的应变显然不一样，假设岩石内的各种矿物成层排列，且成层的方向与应力方向垂直。其体积模量 K_R 和剪切模量 μ_R 分别为

$$K_R^{-1} = \sum_{i=1}^{N} K_i^{-1} V_i \qquad (2-52)$$

$$\mu_R^{-1} = \sum_{i=1}^{N} \mu_i^{-1} V_i \qquad (2-53)$$

K_R 反映了并联电路的总阻抗，显然 K_V 为不可压缩性的上限值，而 K_R 为下限值。串联阻抗会大于并联阻抗，实际岩石参数的弹性模量介于这两个极限情况之间。1952，Hill 提出将这两种模型的结果取算术平均，并称为 VRH 值，则

$$K_{VRH} = \frac{1}{2}(K_R + K_V) \qquad (2-54)$$

$$\mu_{VRH} = \frac{1}{2}(\mu_R + \mu_V) \qquad (2-55)$$

Kumazawa（1969）仿照 Hill 的做法，取几何平均值，得

$$K_{geom} = (K_R + K_V)^{\frac{1}{2}} \quad (2-56)$$

$$\mu_{geom} = (\mu_R + \mu_V)^{\frac{1}{2}} \quad (2-57)$$

假定岩石由两种矿物组成，且 $K_1 : K_2 = 1 : 0.2$，于是用上述四种方法计算的 $K-V$ 曲线如图 2-19 所示。

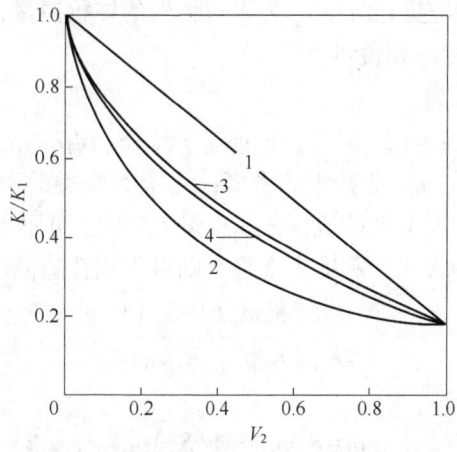

图 2-19 两种矿物组成的岩石模型，其平均岩性参数用不同方法计算时得到的 K 随第 2 种矿物体积百分比（V_2）的变化曲线

1—Voigt 模型；2—Ruess 模型；3—Hill 模型；4—几何平均模型

从该图可知，Voigt 模型给出了估计值的上限，Ruess 模型给出了估计值的下限，而算术平均和几何平均值则位于上、下限值的中间。大量的实验表明，在高压状态下，计算值 K_{VRH} 与测试值符合得较好，如表 2-7 所示。

表 2-7 实测 K_b 值和计算的 K_{VRH} 值比较（压力为 1GPa）

岩石种类	实际测量的 K_b 值	计算的 K_{VRH} 值	误差
花岗岩	49.1	49.0	<1%
花岗岩	54.6	52.3	4%
花岗二长岩	60.4	57.3	5%
辉长岩	81.5	84.3	4%
辉岩	94.8	84.2	<1%

已知 K_b、G，可求出 v_P、v_S、λ 等其他各种弹性参数。

二、Wood 孔隙流体模量模型

在岩石及其组分都是各向同性的假设前提下，Wood 模型（1941）认为岩石的压缩系数是各组分压缩系数 C_{bi} 的平均值，即

$$C_b = \sum_{i=1}^{N} f_i C_{bi} \quad (2-58)$$

式中，f_i 为组成岩石的各成分的体积百分比；N 为岩石组分的个数。

对流体悬浮物或流体混合物，由 Wood 公式可精确地计算出其声波速度：

$$v = \sqrt{\frac{K_R}{\rho}} \tag{2-59}$$

其中

$$\frac{1}{K_R} = \frac{1-\phi}{K_{ma}} + \frac{S_w \phi}{K_{BR}} + \frac{(1-S_w)\phi}{K_{HYD}} \tag{2-60}$$

式中，K_R 是采用 Reuss 平均模型计算获得的混合物有效体积模量（假定剪切模量为零）；ϕ 为岩石的孔隙度；S_w 为含水饱和度；K_{ma} 为岩石骨架的体积模量；K_{BR} 为孔隙中盐水的体积模量；K_{HYD} 为孔隙中烃类的体积模量。

此时岩石的密度可表示为

$$\rho = (1-\phi)\rho_{ma} + S_w \phi \rho_{BR} + (1-S_w)\phi \rho_{HYD} \tag{2-61}$$

式中，ρ_{ma} 为岩石骨架密度；ρ_{BR} 为盐水的密度；ρ_{HYD} 为烃类的密度。

当求取烃类和水混合情况下孔隙流体体积模量 K_{fl} 时，可不考虑岩石骨架，即以岩石中孔隙流体为研究对象，其中含水饱和度为变量，则可得到孔隙流体的体积模量 K_{fl} 为

$$\frac{1}{K_{fl}} = \frac{S_w \phi}{K_{BR}} + \frac{(1-S_w)\phi}{K_{HYD}} \tag{2-62}$$

而孔隙流体的密度 ρ_f 为

$$\rho_f = S_w \rho_{BR} + (1-S_w)\rho_{HYD} \tag{2-63}$$

若假设岩石为海底沉积物，即 S_w 等于 1，则此岩石的体积模量可表示为

$$\frac{1}{K} = \frac{1-\phi}{K_{ma}} + \frac{\phi}{K_{BR}} \tag{2-64}$$

Wood 模型在流体替换过程中常用于估算孔隙流体的体积模量、岩石的密度和孔隙流体的密度。

三、计算岩石波速的时间平均模型

岩石由骨架及骨架间的孔隙组成。Wyllie（1956）把岩石简化为两层的模型，即一层为岩石固相，另一层为所有孔隙流体，如图 2-20 所示，图中岩石厚度为 l。

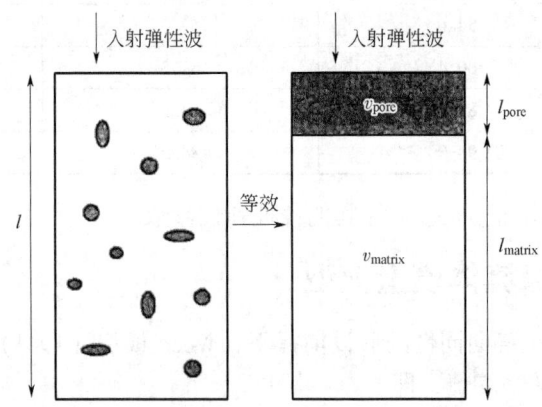

图 2-20　岩石简化为骨架与孔隙两层模型的示意图

总厚度 l 由孔隙流体层厚度 l_{pore} 与固相骨架层厚度 l_{matrix} 组成。当岩石孔隙度为 ϕ 时，

显然有

$$l_{\text{pore}} = \phi l \tag{2-65}$$

$$l_{\text{matrix}} = (1-\phi) l \tag{2-66}$$

取孔隙流体的波速为 v_{pore}，岩石骨架的波速为 v_{matrix}，则波传播通过孔隙流体和岩石骨架的时间分别为

$$t_{\text{pore}} = \frac{\phi l}{v_{\text{pore}}} \tag{2-67}$$

$$t_{\text{matrix}} = \frac{(1-\phi) l}{v_{\text{matrix}}} \tag{2-68}$$

声波通过岩石的总时间等于通过这两层介质的时间之和，即

$$t = \frac{1}{v} = t_{\text{pore}} + t_{\text{matrix}} \tag{2-69}$$

将式（2-67）和式（2-68）代入式（2-69），得到

$$\frac{1}{v} = \frac{\phi l}{v_{\text{pore}}} + \frac{(1-\phi) l}{v_{\text{matrix}}} \tag{2-70}$$

v 是岩石等效体的波速，可表示为

$$\frac{1}{v} = \frac{1-\phi}{v_{\text{matrix}}} + \frac{\phi}{v_{\text{pore}}} \tag{2-71}$$

这就是经典的 Wyllie 方程，又称为时间平均方程。该方程形式简单，被广泛应用，对压实固结程度高的岩石，其精度较高；对弱胶结和欠压实地层，需进行校正。

当岩石中黏土矿物含量不可忽略时，式（2-71）也可以加入黏土矿物含量的修正项：

$$\frac{1}{v} = \frac{1-\phi-c}{v_{\text{matrix}}} + \frac{c}{v_{\text{clay}}} + \frac{\phi}{v_{\text{pore}}} \tag{2-72}$$

式中，c 代表黏土矿物含量；v_{clay} 是弹性波通过等效的黏土层的速度。

四、计算岩石波速的裂隙模型

Schon（1996）提出了一个计算等效速度的含裂隙介质模型，有几个假定。

（1）设单位体积内的裂隙体积为 D。

（2）D 很小，无裂隙和有裂隙岩石的密度近似相等，即 $\rho_m = \rho_f$。

（3）裂隙一般细而长，纵横比很小，在压力增加时将产生闭合，D 随压力减小，减小量与 D 成正比，即

$$-\frac{\mathrm{d}D}{\mathrm{d}p} = \alpha D \tag{2-73}$$

（4）设平面波模量（plane wave modulus）M 的定义（White, 1983）为

$$M = \lambda + 2\mu \tag{2-74}$$

$$v_P = \sqrt{\frac{M}{\rho}} \tag{2-75}$$

在干燥岩石情况下，设

$$\overline{M} = M_m (1-D) \tag{2-76}$$

式中，M_m 为无裂隙的岩石模量；$\overline{M}$ 是含裂隙的岩石模量。

在以上假设基础上，可得

$$\overline{M}/\rho = (M_m/\rho)(1-D) \tag{2-77}$$

$$v_P^2 = v_m^2(1-D) \Rightarrow v_P = v_m(1-D)^{\frac{1}{2}} \tag{2-78}$$

考虑到 $-\dfrac{\mathrm{d}D}{\mathrm{d}p} = \alpha D$。用分离变量法求解此微分方程式，得

$$D = D_0 \mathrm{e}^{-\alpha p} = D_0 \mathrm{e}^{-\frac{p}{p^*}} \tag{2-79}$$

以上各式中，p^* 为参考压力；D_0 为 $p=0$ 时的裂隙密度；v_m 为无裂隙岩石的波速；v_P 为岩石含裂隙的波速，于是有

$$v_P = v_m (1 - D\mathrm{e}^{-\frac{F}{F^\phi}})^{\frac{1}{2}} \tag{2-80}$$

五、球堆模型（Gassmann 方程）

在油气工业中，岩石物理是将地球物理数据与油气藏特性和储层参数联系到一起的理论基础。流体替换则是岩石物理分析中的重要手段，而 Gassmann 方程是流体替换中最重要的理论基础之一，因此，Gassmann 方程对地震地球物理研究具有重要意义，构成了地震岩石物理研究的核心内容。

Gassmann 方程（1951）是利用岩石骨架、造岩矿物和孔隙流体的已知体积模量来计算孔隙流体的体积模量，其中岩石骨架涉及构架岩石的模型，而孔隙流体可能是气体、原油、水或三者的混合物。

1. Gassmann 方程的基本假设

对于岩石这个复杂的多相系统，Gassmann 方程的基本假设是：

（1）岩石或多孔介质在宏观上为均质且各向同性。该假设确保了波长大于颗粒和孔隙大小。对于大多数岩石，频率范围从地震频率到实验室频率的波一般能符合该假设。

（2）所有孔隙都是连通或相通的。该假设暗示着岩石具有较好的孔隙连通性，岩石中不存在孤立或连通性差的孔隙。当岩石被波激励时，在低频率下，孔隙空间内孔隙压力是平衡的，且不存在孔隙压力梯度。因此，Gassmann 方程比较适用于地震频率（<100Hz）及高渗透条件。

（3）孔隙内完全饱和无黏性的光滑流体（液体、气体或混合物）。该假设对孔隙压力平衡有贡献，且使岩石的切变模量与孔隙流体无关。

（4）岩石—流体系统是个封闭系统（不排液），即波传播过程中，研究系统内不存在流体的流入或流出。

（5）孔隙流体不对岩石骨架产生软化或硬化作用，流体和岩石骨架间不存在相互作用。该假设消除了岩石基质和孔隙流体之间的任何物理、化学相互作用的影响。当流体改变会造成"岩石骨架弹性模量"发生任何变化时（如具有活性化学成分的水置换油或改变界面能造成黏土矿物膨胀使其软化），Gassmann 方程将不适用。

（6）当岩石被波激励时，在低频率下，岩石骨架和孔隙流体之间不存在相对移动。在

高频率下，岩石骨架和孔隙流体之间发生相对移动，波会分散，Gassmann方程将不适用。

2. Gassmann方程的推导

岩石中除掉孔隙连通部分称为岩石的骨架。值得注意的是，骨架中有可能含有不流动的液体，它与干燥岩石状态近似，但并不一定相等。骨架密度和体积模量用ρ_{ma}和K_{ma}表示，孔隙流体的密度和体积模量用ρ_f和K_f表示。假设流体与固体一起移动，其密度为两种密度的简单加权平均：

$$\rho = \phi \rho_f + (1-\phi) \rho_{ma} \tag{2-81}$$

改变骨架剪切模量时，流体与固体相互不发生影响，岩石的平均切变模量为骨架的切变模量：

$$G = G_{ma} \tag{2-82}$$

一个封闭的流体饱和岩石立方体，其各面都承受的应力增量Δp，并且不断地改变体积，其体积模量为

$$K_b = \frac{\Delta p}{\Delta V/V} \tag{2-83}$$

在流体饱和岩石单位面积上的总应力增量为骨架的应力增量Δp_{ma}和流体的应力增量Δp_f之和：

$$\Delta p = \Delta p_{ma} + \Delta p_f \tag{2-84}$$

岩石体积的总变化量是骨架体积变化和流体体积变化之和：

$$\Delta V = \Delta V_{ma} + \Delta V_f \tag{2-85}$$

流体应力变化引起的流体体积（孔隙体积）变化：

$$\Delta V_f = \phi V \Delta p_f / K_f \tag{2-86}$$

流体应力变化同样引起骨架体积变化：

$$\Delta V_{mf} = (1-\phi) V \Delta p_f / K_{ma} \tag{2-87}$$

还有骨架应力变化引起的骨架体积变化：

$$\Delta V_{ma} = V \Delta p_{ma} / K_{ma} \tag{2-88}$$

岩石体积的总变化为

$$\Delta V/V = (\Delta V_f + \Delta V_{mf} + \Delta V_{ma})/V = \left(\frac{\phi}{K_f} + \frac{1-\phi}{K_{ma}}\right) \Delta p_f + \frac{1}{K_{ma}} \Delta p_{ma} \tag{2-89}$$

再从单元立方体体积变化考虑，单位体积岩石受压时，体积变化也可表示为两部分：一部分是岩石中不含流体时，骨架应力变化引起的体积变化；另一部分是流体应力变化导致的骨架体积变化：

$$\frac{\Delta V}{V} = \frac{1}{K_s} \Delta p_{ma} + \frac{1}{K_{ma}} \Delta p_f \tag{2-90}$$

式中，K_s为基质（颗粒）体积模量。

由式(2-89)和式(2-90)可以得到骨架的应力增量：

$$\Delta p_{ma} = \frac{\phi\left(\frac{1}{K_{ma}}-\frac{1}{K_f}\right)\Delta p_f}{\frac{1}{K_{ma}}-\frac{1}{K_s}} \tag{2-91}$$

将式(2-91)结果再代入式(2-90)得到

$$\frac{\Delta V}{V} = \left[\frac{1}{K_{ma}}+\frac{\phi\left(\frac{1}{K_{ma}}-\frac{1}{K_f}\right)}{K_s\frac{1}{K_{ma}}-\frac{1}{K_s}}\right]\Delta p_f \tag{2-92}$$

于是，岩石的体积模量为

$$K_b = \frac{\Delta p}{\Delta V/V} = \frac{\phi\left(\frac{1}{K_{ma}}-\frac{1}{K_f}\right)+\frac{1}{K_{ma}}-\frac{1}{K_s}}{\frac{\phi}{K_s}\left(\frac{1}{K_{ma}}-\frac{1}{K_f}\right)+\frac{1}{K_{ma}}\left(\frac{1}{K_{ma}}-\frac{1}{K_s}\right)} \tag{2-93}$$

式(2-93)即为 Gassmann 方程。

六、衰减模型

衰减问题过于复杂，不能用一种模型或一种机制来解释，尚无一个被广泛接受的衰减模型。Toksoz 和 Johnson（1981）提出，描述岩石中波衰减和能量耗散的机理分成两大类，如图 2-21 所示。第一类是用广义的或非线性的弹性波方程去解释衰减；第二类是从衰减的机理方面考虑。

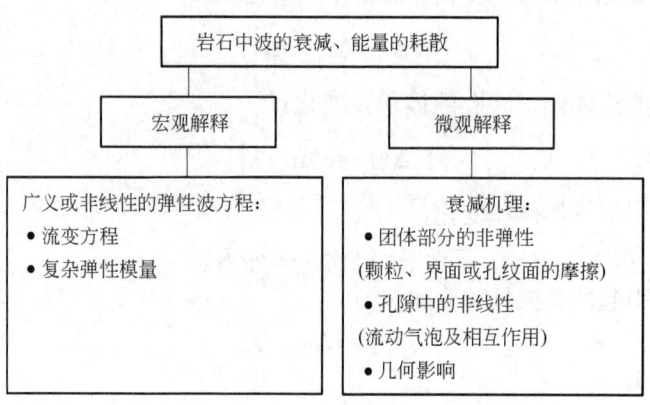

图 2-21 描述岩石中波的衰减和能量耗散的几种解释和模型

第四节 声波在岩石物理中的应用

声波在岩石等介质中传播时，速度的变化、幅度的衰减等声学特性与地层岩性、岩石结构、孔隙度、胶结程度、地质年代及埋藏深度有密切联系。已有研究表明，声波在岩石中的传播速度可以较好反映岩石的综合物理性质。因此，声波尤其是波速常常被用于计算孔隙度、预测岩石力学参数。

一、孔隙度计算

1. Wyllie 时间平均公式

计算岩石的孔隙度是声速最重要的应用之一。基于声波速度计算岩石孔隙度的公式是 1956 年由 R. Wyllie 提出的，即时间平均公式（或威利时间公式）。在纯岩石中，Δt、Δt_{ma}、Δt_f 分别为地层、岩石骨架及孔隙中流体的声波时差，ϕ 为地层孔隙度，则由岩石体积物理模型，声波时差表示为

$$\Delta t = \phi \Delta t_f + (1-\phi) \Delta t_{ma} \tag{2-94}$$

式（2-94）就是关于声波时差的岩石体积模型。换言之，声波在孔隙度为 ϕ 的单位厚度岩层内传播所用的时间 Δt 可以等效为，声波以流体声速通过全部孔隙所用时间 $\phi \Delta t_f$ 与声波以岩石骨架声速经过全部骨架所需时间 $(1-\phi)\Delta t_{ma}$ 之和。

由式（2-94）可以得到声波时差计算孔隙度的公式为

$$\phi = \frac{\Delta t - \Delta t_{ma}}{\Delta t_f - \Delta t_{ma}} \tag{2-95}$$

Wyllie 方程可以看成是岩石孔隙度和慢度之间的经验公式，其中岩石骨架的声波时差 Δt_{ma} 视岩性而定（如砂岩、石灰岩等）。后来人们为了扩大岩石孔隙度与慢度之间的关系的应用范围，对 Wyllie 方程进行了不同形式的修正。如 Wyllie 方程中的 $(1-\phi)$ 项可以变为 $(1-\phi)^n$，其中指数项的指数 n 由岩性确定。孔隙度也可以分解成两项，其中一项与可以流动的液体（如油、水、气）有关，另一项与孔隙内不可流动的物质（如孔隙表面的泥质）有关。无论采用何种估算公式，地层慢度都是岩石孔隙度估算的一个关键参数。

2. 利用体积模型计算孔隙度

1) 纯砂岩水层

声波计算孔隙度与岩层孔隙度相等，即

$$\Delta t = \phi \Delta t_w + (1-\phi) \Delta t_{ma} \tag{2-96}$$

$$\phi = \frac{\Delta t - \Delta t_{ma}}{\Delta t_f - \Delta t_{ma}} \tag{2-97}$$

式中，Δt_w 为水的时差值。

2) 纯砂岩油气层

当砂岩孔隙内含有石油和水两种流体时，根据体积模型得出

$$\Delta t = \phi [S_o \Delta t_o + (1-S_o) \Delta t_w] + (1-\phi) \Delta t_{ma} \tag{2-98}$$

$$\Delta t = \phi [S_o(\Delta t_o - \Delta t_w)] + \phi(\Delta t_w - \Delta t_{ma}) + (1-\phi) \Delta t_{ma} \tag{2-99}$$

式中，S_o 为声波探测范围内砂岩的含油饱和度；Δt_o 为油的时差值。

3) 泥质砂岩水层

泥质在砂岩中分布形式有分散泥质、层状泥质与结构泥质三种。分散泥质是分散地填充或黏结在砂岩的孔隙中的，它不受上覆岩层压力，在泥质中含有较多的束缚水。层状泥质与结构泥质以夹层、颗粒或结核的形式存于砂岩中，它们与邻层泥岩一样受到上覆岩层的压实作用，并具有相同的特征。这里讨论的泥质仅由黏土矿物伊利石、蒙脱石、高岭土等组成，属湿黏土。

（1）分散泥质。设分散泥质砂岩中总孔隙度为 ϕ_t，其中一部分为分散泥质体积百分数 V_{sh1}，另一部分为砂岩有效孔隙度 ϕ。孔隙中不受压实的分散泥质的声速可近似地看作为与孔隙水的声速相等，按体积模型可写为

$$\Delta t = \phi \Delta t_w + V_{sh1} \Delta t_{sh1} + (1-\phi_t) \Delta t_{ma} = \phi_t \Delta t_w + (1-\phi_t) \Delta t_{ma} \tag{2-100}$$

$$\phi_t = \phi + V_{sh1} \tag{2-101}$$

由此可见，由于孔隙中存在分散泥质，用声波确定的孔隙度为总孔隙度。

（2）层状泥质与结构泥质。除分散泥质外，还有层状泥质与结构泥质。设砂岩中层状泥质与结构泥质所占的体积百分数为 V_{sh2}，由于层状泥质和结构泥质受到压实的影响，并作为孔隙空间外的岩石骨架中的独立部分存在，其时差可取邻近泥岩的时差 Δt_{sh}，按体积模型可写为

$$\Delta t = \phi \Delta t_w + V_{sh2} \Delta t_{sh} + (1-\phi-V_{sh2}) \Delta t_{ma} \tag{2-102}$$

4) 钙质砂岩水层

钙质在砂岩中的分布状态也有分散状、层状及结核团块状等。由于钙质的声波时差比砂岩骨架声波时差还低，故在这里不再分类讨论。设钙质的体积百分数为 V_{Ca}，时差为 Δt_{Ca}，根据体积模型可计算钙质砂岩的时差为

$$\Delta t = \phi \Delta t_w + V_{Ca} \Delta t_{Ca} + (1-\phi-V_{Ca}) \Delta t_{ma} \tag{2-103}$$

二、岩石力学参数预测

岩石的力学参数主要包括岩石的弹性模量、泊松比、剪切模量和体积模量等弹性参数，以及岩石的抗压强度、抗张强度、抗剪强度、断裂韧性等岩石强度参数。岩石力学参数是研究和认识地层构造特性、裂缝发育、断裂活动和工程地质特性的基础资料。

弹性波速度还可以用来估算地层的力学性质，利用 P 波、S 波速度和地层密度的测井曲线，可以计算地层的体积弹性模量（bulk modulus）、剪切弹性模量（shear modulus）、杨氏模量（Young's modulus）以及泊松比（Poisson's ratio），这些都是确定地层力学性质的重要参数。但要注意，从声学测井得到的这些物理模量是动态模量，它们与决定岩石长期变形的静态模量不同（Cheng，Johnson，1981），但也可以用来预估岩石静态参数。而地层的力学性质在估算井的稳定性、出砂的可能性、裂隙强度，以及有关油储/产量及开发参数时至关重要。

岩石的强度参数预测一直备受国内外关注。国内外学者围绕岩石力学参数评价，开展了大量基础性研究工作，针对砂岩、碳酸盐岩和页岩等常见岩石类型，建立了大量的经验关系，具体见表 2-8、表 2-9 和表 2-10。从这些模型可以清楚地看到，声波速度是获取岩石强度的基本而关键的参数。

表 2-8　碳酸盐岩的单轴抗压强度经验预测模型

参考模型	方程	备注
Δt—M&S(Militzer, Stoll, 1973)	$C_0 = (7682/\Delta t)^{1.82}$	适用于石灰岩
Δt—G&R	$C_0 = 10^{2.44+109.14/\Delta t}$	适用于石灰岩
E—limestone(Chang et al., 2006)	$C_0 = 4.66E^{0.51}$	中强度石灰岩(UCS>2000psi)
E—limestone(Chang et al., 2006)	$C_0 = 64E^{0.34}$	强度范围为 8700psi<UCS<14500psi 的白云石

注：UCS—岩石单轴抗压强度。

表 2-9　砂岩的单轴抗压强度经验预测模型

参考模型	方程	备注
Δt—Mc Nally(McNally, 1987)	$C_0 = 185213e^{-0.037\Delta t}$	东南亚澳大利亚三叠系低—中孔隙度砂岩. 65μs/ft<Δt<100μs/ft, UCS>3000psi
Δt—Mod McNally(Modifed McNally)	$C_0 = 838825e^{-0.057\Delta t}$	适用于高孔隙且 UCS<3000psi 的疏松砂岩
Δt—HRDS(Rahman et al., 2008)	$C_0 = 40847e^{-0.0268\Delta t}$	适用南亚海上油气田古近—新近系砂岩
Δt—FORMEL(Raaen et al., 1996)	$C_0 = 145(140-2.1\Delta t+0.0083\Delta t^2)$	90μs/ft<Δt<140μs/ft
Δt—Cubed-sand(Chang et al., 2006)	$C_0 = 2.05\times 10^9 \Delta t^{-3}$	针对墨西哥湾弱疏松岩石
Δt—Freyburg(Freybury, 1972)	$C_0 = 1.55\times 10^6/\Delta t - 4567.5$	德国图灵根州固结砂岩
E—Everest(Bradford et al., 1998)	$C_0 = 330.7+1.177\times 10^{-14}E^{2.7}$	
E—Literaturel(Chang et al., 2006)	$C_0 = 6700\exp(1.86\times 10^{-7}E)$	
E—C&D(Coates, Denoo, 1981)	$C_0 = 4.54\times 10^{-3}E$	
BRUCE	$C_0 = A\times 0.026\times 10^{-6}EK_b(0.0045+0.0035V_{clay})$	适用于 UCS>4350psi，$A = 2\cos\theta/(1-\sin\theta)$
W&P(Weingarten, Perkins, 1995)	$C_0 = 145\times 10^{-12}(114+97V_{clay})K_b E$	美国某气田疏松砂岩
MECHPRO1(Fjaer et al., 1992)	$C_0 = 8.7\times 10^{-12}KE(1+0.78V_{clay})$	UCS>4350psi 的砂岩
MECHPRO2(Fjaer et al., 1992)	$C_0 = 2.27\times 10^{-10}M^2\times [(1+v)/(1-v)]^2(1-2v)(1+0.78V_{clay})$	UCS>4350psi 的砂岩
E—Travis Peak	$C_0 = 3668\exp(4.14\times 10^{-7}E)$	0.01<ϕ<0.18 的致密砂岩

表 2-10　页岩的单轴抗压强度经验预测模型

参考模型	方程	备注
Δt—Horsrud(Horsrud, 2001)	$C_0 = 111.65(304.8/\Delta t)^{2.93}$	高孔隙度的北海 Teriany 页岩
Δt—GOM(Chang et al., 2006)	$C_0 = 62.35(304.8/\Delta t)^{3.2}$	上新世及更新的页岩
Δt—Global(Chang et al., 2006)	$C_0 = 195.75(304.8/\Delta t)^{2.6}$	全球通用
Δt—Cubed-Shale(Chang et al., 2006)	$C_0 = 72.5(304.8/\Delta t)^3$	墨西哥湾

参考模型	方程	备注
Δt—Lal(Lal,1999)	$C_0 = 1450(304.8/\Delta t - 1)$	高孔隙度 Tetiary 页岩
E—Horsnud(Horsrud,2001)	$C_0 = 0.0232 E^{0.91}$	高孔隙度的北海 Tetiary 页岩
E—literaturel(Chang et al.,2006)	$C_0 = 0.221 E^{0.712}$	高强度和压实的页岩

波速直接反映岩石的宏观（总体的、平均的）特性，而衰减直接反映岩石的微观结构特性，这也是当前正在研究的前沿课题。

1. 利用 P 波、S 波慢度测量进行岩性分析

地层孔隙内的碳氢化合物（油和气）改变了地层 P 波慢度，因此可以通过测量地层慢度来识别油气。慢度的改变可由 Gassmann 方程来模拟：

$$K = K_d + \frac{(1-K_d/K_s)^2}{\phi/K_f + (1-\phi)/K_s - K_d/K_s^2} \tag{2-104}$$

式中，K 为岩石总体的体积变形模量；K_s 为岩石颗粒的变形模量；K_d 为干燥岩石的体积模量；ϕ 为孔隙度；K_f 为孔隙中流体的体积模量。

孔隙流体对 P 波速度的影响由下式计算：

$$v_P = \sqrt{(K + 4\mu/3)\rho} \tag{2-105}$$

式中，ρ 为岩石密度；μ 为剪切模量。

对于含较轻的碳氢化合物或气体的孔隙岩石（如砂岩）来说，K_f 值可以远远小于水的体积模量，P 波速度会下降，慢度将提高。这种由孔隙中碳氢化合物造成的速度或慢度变化在高孔隙度岩石中尤为突出。当这种变化足够强时，P 波慢度就足以探测到碳氢化合物。然而，在许多砂岩、页岩交替地层中，这种孔隙中碳氢化合物造成的变化容易与岩性变化混在一起。这种情况下，利用纵横波速度之比 v_P/v_S 得到的结果会更好些。因为是当 P 波和 S 波的速度随岩性变化时，P 波对孔隙内流体比 S 波更加敏感，而两波速之比能抵消（至少是部分抵消）地层变化的影响。因此，v_P/v_S 的变化可以更好地显示孔隙流体的影响。

图 2-22（a）中给出砂岩、页岩交替地层的 v_P/v_S—Δt_P 交会图实例。图中的慢度数据由阵列分析得到（阵列跨度为 3.5ft）。该图及图 2-22(b) 中的页岩、饱和砂岩、干燥或含气砂岩的趋向曲线由 Brie 等人（1995）提出的方法得到。图 2-22 中显示大多数数据点都在页岩和饱和砂岩趋向曲线附近，只有少量数据表现出从饱和砂岩的趋向曲线向干燥或含气砂岩趋向线倾斜的趋势，表示孔隙内流体为轻流体（如轻油、含气等）。这一点可以从方程推导：当孔隙内流体模量减小时，P 波速度减小（慢度增大），而 S 波速相对来说不受影响，结果导致 v_P/v_S 随着交会图上 P 波慢度的增大而变小（图 2-22）。对于含气地层，该比值下降幅度与气体的含量有关。这时，干燥砂岩趋向线与饱和砂岩趋向曲线之间的数据点反映砂岩中液体的饱和度，人们可以由此定量地分析孔隙中的流体饱和度（Brie 等，1995）。但是，v_P/v_S 与饱和度之间的定量关系还取决于一些其他因素，如气、油或重油的性质，及孔隙中这些多相介质（油、气等）混合所遵循的规律。

高分辨率的 P 波、S 波慢度曲线交会图上 v_P/v_S 与 Δt_P 或 Δt_S 的相关性好，尤其是对砂岩、

页岩交替的地层。图 2-22(b) 与图 2-22(a) 基本相同，所不同的是图 2-22(a) 中用的是高分辨率的 P 波、S 波慢度数据（数据处理间隔即子阵列的跨度为 0.5ft）。与图 2-22(a) 相比，图 2-22(b) 中从饱和砂岩区到干燥或含气岩区的整个区域中的数据走向更加集中，涵盖的区域更加广泛，标示出不同砂岩区间的孔隙流体不同的饱和程度。图 2-22 表明，高分辨率的声波慢度曲线可用来更好地确定地层碳氢化合物及其饱和程度。

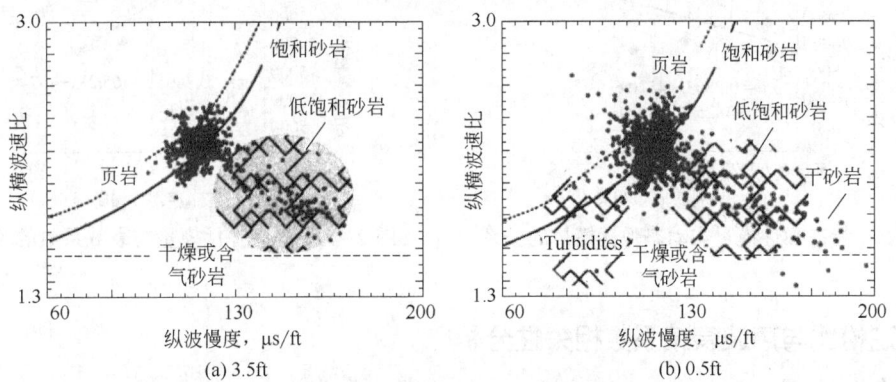

图 2-22　利用阵列跨度和薄层跨度慢度曲线得到的 v_P/v_S—Δt_P 交会图

2. 单轴抗压强度与声波衰减系数的相关性分析

图 2-23 为纵波速度与单轴抗压强度的关系图。由图 2-23 中可见，纵波速度与单轴抗压强度的相关性较差，基于波速预测单轴抗压强度的 RMSE（均方根误差）为 31.25MPa。波速未能很好反映复杂孔隙结构对岩石强度的影响。

图 2-24 为衰减系数与单轴抗压强度的关系图。由图 2-24 中可见，单轴抗压强度随着衰减系数的增加而减小，呈幂函数关系，相关性系数为 0.8362，基于衰减系数预测单轴抗压强度的 RMSE 为 21.38MPa。声波衰减系数能反映出复杂孔洞结构对岩石强度的影响。

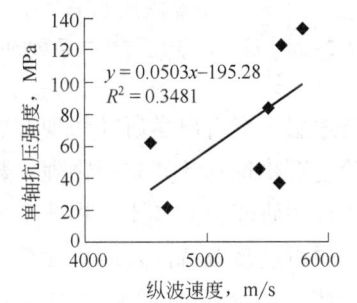 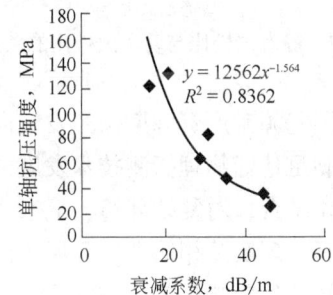

图 2-23　单轴抗压强度与纵波速度的关系　　图 2-24　单轴抗压强度与衰减系数的关系

3. 弹性模量与声波衰减系数相关性分析

通过测量岩心的纵、横波时差和密度，计算岩心的动态弹性模量，然后根据该地层动静态弹性模量的转换关系式，将动态杨氏模量转换为静态杨氏模量，是工业界常用的获取静态弹性模量的方法。然而大量研究表明，该方法在缝洞碳酸盐岩等复杂地层适用性差。

图 2-25 中动态弹性模量和静态弹性模量的 R^2 仅 0.2574；图 2-26 为衰减系数与静态弹性模量的关系图，衰减系数与静态弹性模量的 R^2 为 0.7112。可见，衰减系数将是实现复杂结构地层岩石静态弹性模量预测的重要途径。

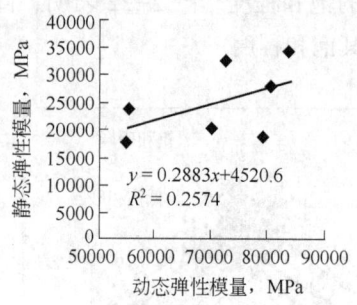

图 2-25 静态弹性模量与动态弹性模量的关系

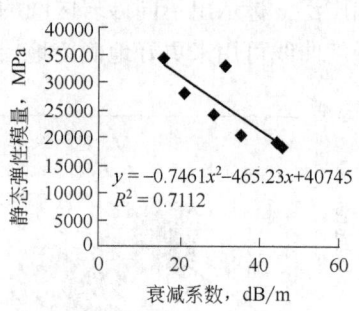

图 2-26 静态弹性模量与衰减系数的关系

4. 泊松比与声波衰减系数相关性分析

图 2-27 中动态泊松比和静态泊松比的相关性较差，$R^2 = 0.2408$；图 2-28 为衰减系数与静态泊松比的关系图，衰减系数与静态泊松比的 $R^2 = 0.8725$。衰减系数是实现复杂结构地层岩石静态泊松比预测的重要方法。

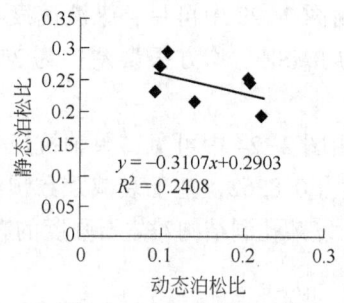

图 2-27 静态泊松比与动态泊松比的关系

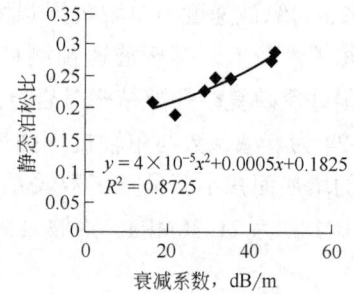

图 2-28 静态泊松比与衰减系数的关系

随着我国能源矿产资源勘探开发转向深部、复杂地层，岩石声学研究的现有成果已不能很好支撑和满足地球物理探测技术发展的需要。实验岩石物理与计算岩石物理、数字岩石物理等多手段相结合，对复杂环境、复杂岩石的声学特性的研究十分必要。将数字岩石物理实验和室内岩石物理实验相结合，开展缝洞碳酸盐岩地层声波衰减特性及缝洞发育、分布、产状等对衰减特性的影响研究，获得了声波衰减与孔隙度、岩石强度等参数的一些规律性认识，如图 2-29 至图 2-32 所示。

三、渗透率测量

除了地震波速度及衰减以外，地层渗透率也是影响单极子、偶极子声波测量的重要参数。分析全波声波测井中的斯通利波给出了一种测量地层渗透率及渗透率剖面的方法，由此得到的渗透率依赖于地层流体的流动性质以及由斯通利波传播造成的压力扰动，这个压力扰动可以由理论计算得到。

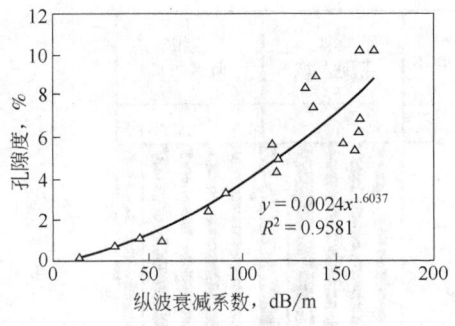
图 2-29 250kHz 频率下纵波衰减系数与孔隙度的关系

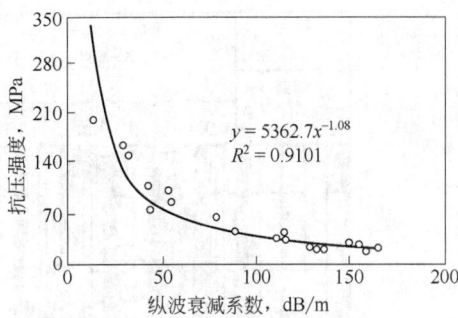
图 2-30 250kHz 频率下纵波衰减系数与抗压强度的关系

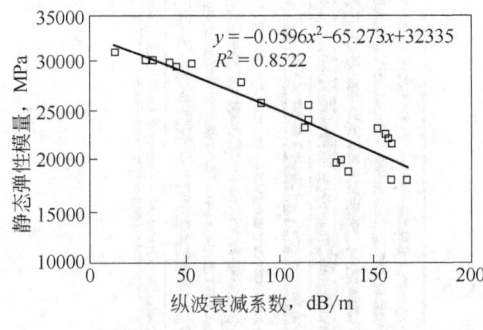
图 2-31 250kHz 频率下纵波衰减系数与静态弹性模量的关系

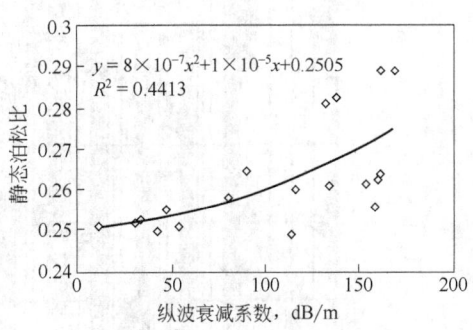
图 2-32 250kHz 频率下纵波衰减系数与静态泊松比的关系

早期的理论研究（Biot，1962；Rosenbaum，1974）建立了渗透率与斯通利波衰减及波速之间的理论关系。1984 年，Williams 等人发表了渗透率对斯通利波的影响的野外数据实例，因为所用的测井仪器可以记录低频斯通利波（1~2kHz）。在这样低的频率下，测量斯通利波的速度及振幅十分容易，而且渗透率对斯通利波的速度及振幅衰减的影响比较大。其结果指出，井壁滤饼对斯通利波的影响不像想象得那么大；常用的 Biot-Rosenbaum 模型低估了地层渗透率对斯通利波波速及衰减频散的影响。1989 年，Winkler 等人完成第一组实验室内的斯通利波测量，并给出了地层渗透率与斯通利波传播特征之间的关系。随后，学术界及工业界的一些研究机构在此领域里进行了许多探索和研究。

图 2-33 给出了三种不同的途径得到的渗透率剖面比较情况：声波测井、核磁共振（NMR）和岩心测量。这三种测量有着不同的测量尺度并基于不同的物理和测量原理，它们之间吻合良好，表明了声波测井渗透率测量的可靠性。图中第四及第五道曲线分别是由实测及模拟得到的斯通利波。实测数据相对于模拟数据的频率偏移（频移）和走时滞后（时滞）在第一道中给出。将频率偏移及走时滞后数据进行反演，可以得到地层的渗透率剖面。反演的优劣可以通过把由反演得到的走时滞后和频率偏移与实测数据相比较而得到，如图 2-33 中第一道中的曲线所示。由此得到的渗透率曲线和从核磁共振得到的渗透率曲线，画在图 2-33 的第二道中。岩心测量结果通过平滑处理以对应相应的测量尺度（即波的传播距离），其结果也展示在同一图中（实心圆点）。这三种不同手段得到的渗透率之间对应很好，验证了其结果的可靠性。

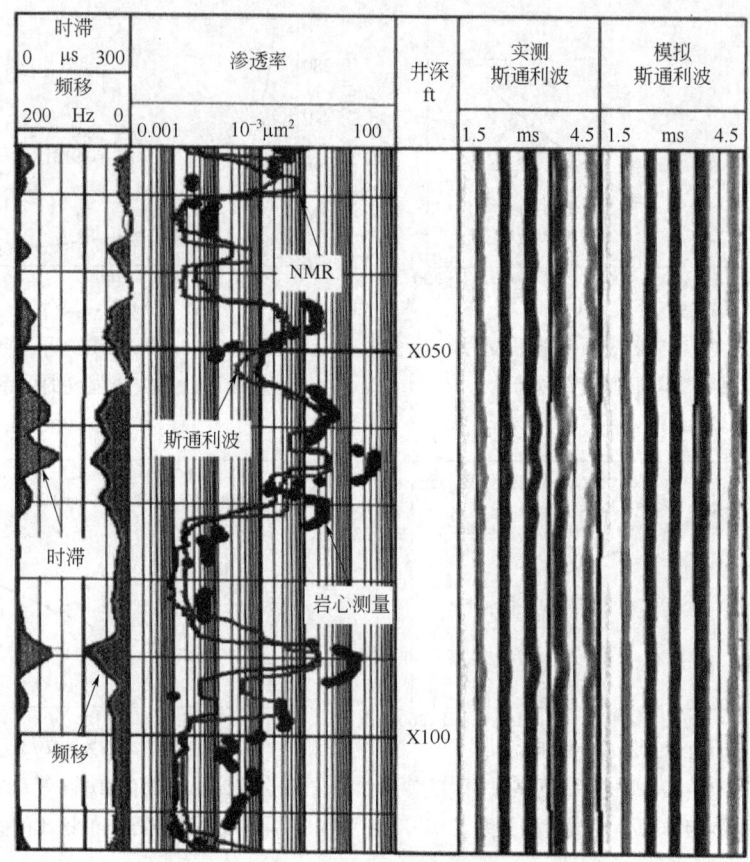

图 2-33　三种方法得到的渗透率曲线的比较

四、地层各向异性测量

现代正交偶极子测井仪可以测量的另一个重要的地层特征是地层内的横波各向异性，包括环向各向异性以及纵向与横向之间（或垂直与水平之间）的各向异性。早期的各向异性研究基本上都是围绕着垂直向与水平向之间的各向异性，也叫横向各向同性介质（TI）。最常用的模型是对称于垂直轴的横向各向同性模型（VTI），这种模型的对称轴与井轴吻合，具有旋转对称性。沉积岩石，如页岩，呈现出很强的各向异性，且可以用 VTI 模型来模拟。

通过模拟过声波在 VTI 地层中的竖直井里的传播，结果表明，除了斯通利波以外，井中测到的所有声波，如 P 波、S 波以及偶极子测井中的弯曲波等，都只测量波在垂直方向的传播速度，只有斯通利波才对水平向传播的横波波速敏感并因此可以用来测量 VTI 地层中的横波各向异性。Schmitt（1989）给出了各向异性渗透地层的测井理论。

裂隙是储层内的碳氢化合物与外界的通道，研究地球介质中的裂隙是油气勘探中的一个重要课题。若天然裂隙或人造裂隙与井轴平行或斜交，则会造成井壁周围横波的环向各向异性。图 2-34 是井穿过裂隙地层的示意图。各向异性大小或强度给出裂隙的发育程度或强度，快横波的偏振方向给出裂隙走向（Esmersoy 等，1995；Tang 和 Patterson，2000）。沿裂隙走向的剪切刚度与岩石不含裂隙时的剪切刚度基本一致，而沿垂直于裂隙表面方向的剪切刚度则变小。因此，偏振与裂隙走向一致的横波因受到较大的剪切模量因而传播较快，而沿垂直于裂隙走向偏振的横波传播较慢。研究表明，由裂隙产生的各向异性正比于裂隙密度或裂隙的发育程度。

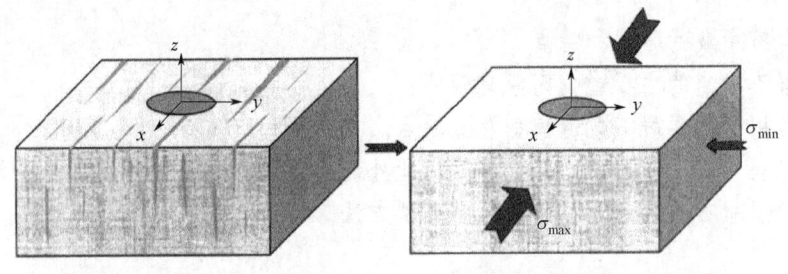

(a) 裂隙地层中竖直钻井的示意图　　(b) 水平应力作用情况下的竖直井

图 2-34　井穿过裂隙地层的示意图

根据美国得克萨斯州西部的测井实例（Joyce 等，1998），该地层是二叠纪盆地的 Clear Fork 致密灰岩地层，分析结果见图 2-35。第一道中给出了快、慢横波的慢度曲线。图中第二道给出了资料处理后的偶极子快、慢横波，同时给出了数据处理所用的波形时窗。第三道中，给出了两种不同分辨率的各向异性剖面，各向异性坐标的范围是 0%~50%。右边的高分辨率曲线对应的是接收换能器阵列的总跨度（小于 3ft），左边的低分辨率各向异性曲线对应的是波传播的距离上的平均各向异性，即声发射源到接收换能器阵列之间的距离（小于 12ft）。图中下半部分裂隙集中区域的各向异性平均为 15%~20%。在强各向异性区域内（即裂隙区），快（实线）、慢（虚线）横波的到时有一个明显的差别，这是因裂隙导致的横波分裂现象。

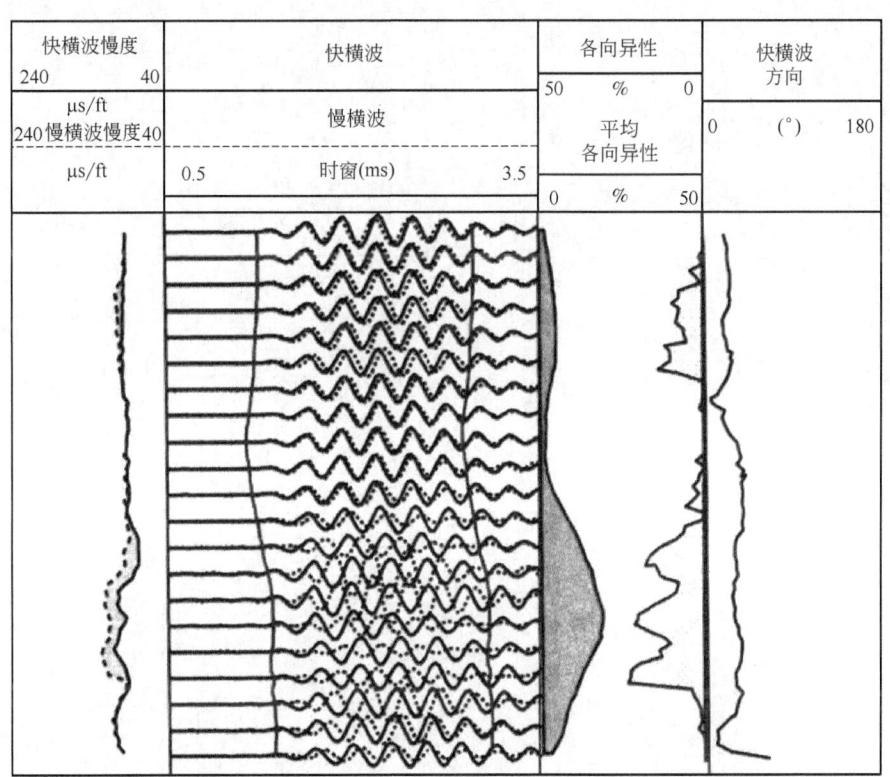

图 2-35　呈现较强各向异性的两个裂隙带中正交偶极子数据分析结果

1. 简述岩石中波的分类和特点。
2. 储层岩石波速的主要影响因素有哪些？
3. 简述常用的储层岩石波速模型及优缺点。
4. 声波时差可以用来评价储层孔隙度，此外还有哪些声学参数可以用来评价储层参数？
5. 调研储层岩石波速和衰减的实验室测试方法。

第三章 储层岩石的力学特征

储层岩石的力学性质,即岩石在受力之后所表现的特性的反映,主要有变形特性和强度特性。岩石由矿物颗粒以某种结构固结在一起,其变形和强度性质由矿物成分、结构和孔隙等多种因素决定。本章介绍储层岩石的变形与强度特性。

第一节 岩石的变形

在外力作用下,岩石的长度、体积和形状均会发生变化。受力变形是岩石最常见的力学性质。地壳中的各种构造形迹是岩石在一定物理环境下由地应力作用的结果。众所周知,相同岩石在不同物理环境下,或不同岩石在相同物理环境下,其力学特性各不相同。

一、应力和应变

1. 应力

1) 应力的定义

作用在岩石内部任一点 O 的力可采用这样的描述(图3-1):对于通过 O 的任意单位矢量 n,设想有一个以 n 为法线且面积为 δS 的小切面,该切面所切开的两部分之间存在相互作用力 δF(这里忽略力矩,但 δF 的方向不必与 n 相同),把

$$\sigma_{OP} = \lim_{\delta S \to 0} \frac{\delta F}{\delta S} \quad (3-1)$$

定义为在 O 点相应于 n 方向的应力。该定义包含两方面内容:(1) 应力是单位面积上的作用力;(2) 应力不仅与岩石内部的受力情况有关,还与切面方向 n 的选择有关。

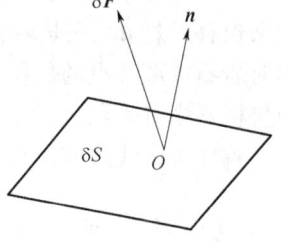

图3-1 应力示意图

设 O 点在给定的直角坐标系中坐标为 (x_1, x_2, x_3),用 $\sigma_{ij}(i=1,2,3)$ 表示法线为 i 方向切面上 j 方向的应力,将得到九个量。所以,应力可用二阶张量表示:

$$\sigma_{ij} = \begin{bmatrix} \sigma_{11} & \sigma_{12} & \sigma_{13} \\ \sigma_{21} & \sigma_{22} & \sigma_{23} \\ \sigma_{31} & \sigma_{32} & \sigma_{33} \end{bmatrix} \quad (3-2)$$

σ_{ij} 又称为应力张量。这里要说明的一点是，岩石力学中的许多公式与弹性力学一致，但岩石力学中的应力规定压应力为正，这与弹性力学的规定恰好相反。

2）应力的单位

应力的单位是帕斯卡，简称帕（Pa），它定义为每平方米所承受的压力（以牛顿为单位）。因为 Pa 单位较小，岩石力学中常用兆帕（MPa）和吉帕（GPa）。过去由于单位不统一，实际使用的单位有许多种，为换算方便，表 3-1 列出了这些单位间的换算关系。

表 3-1 应力常用单位的换算关系

	Pa（帕）	bar（巴）	kgf/cm^2（千克力/厘米²）	atm（标准大气压）	mmH_2O（毫米水柱）	mmHg（毫米汞柱）	psi（磅力/英寸）
Pa	1	1×10^{-5}	1.01972×10^{-5}	9.86923×10^{-6}	1.01972×10^{-1}	7.50062×10^{-3}	1.45054×10^{-4}
bar	1×10^{5}	1	1.01972	9.86923×10^{-1}	1.01972×10^{4}	7.50062×10^{2}	1.45054×10^{1}
kgf/cm^2	9.80665×10^{4}	9.80665×10^{-2}	1	9.67841×10^{-1}	1.0000×10^{4}	7.35559×10^{2}	1.42249×10^{1}
atm	1.01325×10^{5}	1.01325	1.03323	1	1.03323×10^{4}	7.60000×10^{2}	1.46976×10^{1}
mmH_2O	9.80665	9.80665×10^{-5}	1.0000×10^{-4}	9.67841×10^{-5}	1	7.35559×10^{-2}	1.42249×10^{-3}
mmHg	1.33322×10^{2}	1.33322×10^{-3}	1.35951×10^{-3}	1.31579×10^{-3}	1.35951×10^{1}	1	1.93388×10^{-2}
psi	6.894×10^{3}	6.894×10^{-2}	7.02995×10^{-2}	6.80358×10^{-2}	7.02995×10^{2}	5.17093×10^{1}	1

3）主应力的概念

在岩石内部某一点，若某一法线方向为 $\boldsymbol{n}$ 的切面上求得的应力矢量 $\boldsymbol{F}$ 与 $\boldsymbol{n}$ 方向一致，则该应力切面上剪切应力为零，这时称 $\boldsymbol{n}$ 方向为该点的主方向，相应的切面为主平面，主平面上的正应力称为主应力。三个主应力分别记作 σ_1、σ_2 和 σ_3，并且有 $\sigma_1>\sigma_2>\sigma_3$，可以证明，任何一点都存在三个主方向，而且这三个主方向相互垂直。

2. 应变

1）应变的定义

在外力作用下，岩石内部产生应力，并发生变形，该形变称为应变。为描述应变，首先定义位移矢量 $\boldsymbol{u}$，它是岩石中任一点在岩石受力变形后相对于原始位置发生的位移。因为变形时岩石内部各点的位移不尽相同（否则岩石发生整体平移），u 是位置的函数，在三维直角坐标系中可表示为 $u(x_1,x_2,x_3)$。

首先考虑线应变，当物体受到外力作用下，在 x_1 方向发生线应变。点 $P(x_1,x_2,x_3)$ 在 x_1 方向上的位移为 u_1，则点 $P'(x_1+dx_1,x_2,x_3)$ 的位移可近似表示为 $u_1+\frac{\partial u_1}{\partial x_1}dx_1$，$PP'$这一段的长度变化为 P 点和 P'点的位移之差，于是单位长度的变形（应变）为

$$\varepsilon_{11}=\left(u_1+\frac{\partial u_1}{\partial x_1}dx_1-u_1\right)\frac{1}{dx_1}=\frac{\partial u_1}{\partial x_1} \tag{3-3}$$

同理，在 x_2 和 x_3 方向的线应变为

$$\varepsilon_{22}=\frac{\partial u_2}{\partial x_2},\varepsilon_{33}=\frac{\partial u_3}{\partial x_3} \tag{3-4}$$

而 x_1Ox_2 平面的角应变则定义为

$$\varepsilon_{12} = \frac{1}{2}\left(\frac{\partial u_1}{\partial x_2}+\frac{\partial u_2}{\partial x_1}\right) \tag{3-5}$$

ε_{23} 和 ε_{13} 也按类似形式定义。这样，线应变和角应变就可以写成统一的公式，即

$$\varepsilon_{ij} = \frac{1}{2}\left(\frac{\partial u_i}{\partial x_j}+\frac{\partial u_j}{\partial x_i}\right) \tag{3-6}$$

构成应变张量：

$$\begin{bmatrix} \varepsilon_{11} & \varepsilon_{12} & \varepsilon_{13} \\ \varepsilon_{21} & \varepsilon_{22} & \varepsilon_{23} \\ \varepsilon_{31} & \varepsilon_{32} & \varepsilon_{33} \end{bmatrix} \tag{3-7}$$

与应力张量相同，应变张量也可以找到主方向、主应变等，主应变记为 ε_1、ε_2 和 ε_3，且有 $\varepsilon_1>\varepsilon_2>\varepsilon_3$。体应变可用主应变表示为 $Q=\varepsilon_1+\varepsilon_2+\varepsilon_3$。

2）应变率

应变的大小反映的只是变形的结果，反映变形过程的快慢常用应变率——单位时间内应变的变化，即

$$\varepsilon^* = \frac{d\varepsilon}{dt} \tag{3-8}$$

式中，ε^* 即应变率，它是岩石应变的时间变化率。

地学问题中涉及的应变数值变化很大，造成应变的时间变化也可以很大，这是由于漫长的地质时间常用百万年甚至亿年作单位。例如，地幔对流就是长期应力作用下，岩石晶格蠕变形成的。另一些情形中，例如地震等自然现象或人工引起的一些岩石变形，变形可在很短的时间内发生。与油气勘探和开发相关的储集岩石变形既有可作弹性问题处理的小应变，又有非线性变形，如破裂。

岩石在外力作用下变形不能在瞬间完成，而且应变率 $d\varepsilon/dt$ 是应力的函数，也可以说，随着应变率 $d\varepsilon/dt$ 增大，应力 σ 也上升，而当外力撤去后不能恢复其原有形状及体积，这种变形性质称为黏性。理想的黏性变形应力与应变率呈线性关系，即有 $\sigma=\eta d\varepsilon/dt$，$\eta$ 为黏性系数。这种应变率随应力变化而变化的变形也称为流变变形或流动变形。

自然界中岩石一般并不只表现为弹性、塑性、脆性或黏性中单一的一种变形性质，实际情况往往是集两种或两种以上变形性质于一体，例如弹塑性、黏弹性、黏塑性及弹—黏塑性等变形性质。

二、岩石的应力—应变曲线

描述岩石或岩体的应变或应变率依赖于应力 σ、温度 T、时间 t 和其他因素等变化的关系式，称为本构关系，即

$$\varepsilon(\text{或 }\varepsilon^*) = f(\sigma, T, t, \cdots) \tag{3-9}$$

本构关系是岩石最重要的力学规律之一。这是因为：一方面，利用这些关系式，可以知道在给定状态和环境下岩石变形的实际行为，提供应力与应变间的联系；对于非常简单的情况，即指当应力与应变有关时，本构关系就变成了弹性理论中所说的应力应变关系。另一方

面，因为通常观测的是地下介质的应变或应变率，本构关系对于了解地下储层应力状态和环境条件是极为有用的。

1. 常温常压下岩石在单轴应力下的变形特征

影响岩石力学性质的物理因素很多，例如岩石组构类型、围压、温度、孔隙度、孔隙液压以及应变率等。要解决这些复杂因素对岩石力学性质的影响，首先必须研究单一因素对岩石力学性质的影响，然后再逐渐弄清在地质环境下，受综合因素影响的岩石力学性质。通常首先研究常温常压及单轴压力下的岩石力学性质。

将切割成立方柱或圆柱状（高度与宽度或直径之比为 2~3）的岩石试件，在常规（或刚性）压力机加载（视频 4），通过粘贴在试件上的电阻应变片，由应变仪测定岩石试件的轴向应变，当压力递增时可测得压应力 $\sigma = p/d$（p 为压力机载荷，d 为试件横截面面积）、与其对应的轴向应变 $\varepsilon = \Delta Z/Z$。在连续加载过程中，可以得出以应力为纵轴、轴向应变为横轴的直角坐标系中的曲线，称为应力—应变曲线。图 3-2 为典型岩石应力—应变全过程曲线。

视频 4 单轴应力实验

根据曲线特征可分为四个特性阶段：

第一阶段——曲线的 OA 部分，其斜率略微加大，这是由于岩石试件内部存在微裂隙，随着载荷增加，微裂隙逐渐被压密所致。曲线弯曲程度取决于岩石中微裂隙的发育程度及其被压密的程度，对致密岩石或高围压下形成的岩石来讲，曲线弯曲程度往往不太明显，可合并到 AB 段一起考虑。

第二阶段——曲线的 AB 部分，该段呈直线状态，其应力与应变成正比关系。B 点应力定义为比例极限。比例极限与弹性极限两点十分接近，一般可视为同一点。大多数岩石并不完全遵循胡克定律，即使产生很小应变时，当载荷卸去后，或多或少会保留部分永久应变，当过了 B 点后再卸载，将产生较大的永久应变，故 B 点的应力也称屈服极限，该点约为抗压强度的 1/3~2/3。

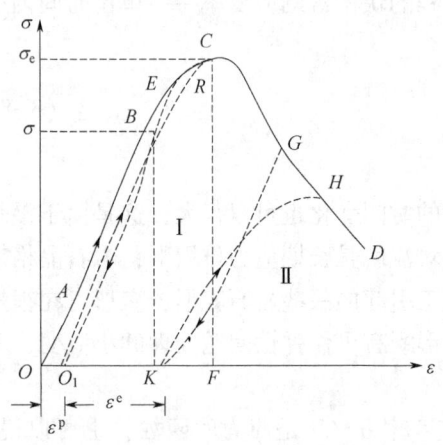

图 3-2 岩石力学—应变全过程曲线

第三阶段——曲线的 BC 部分，其斜率逐渐减小。当载荷继续增加达到 C 点时，其对应的应力为全过程中最大值，称为抗压强度。在这阶段中任一点（例如 E 点）开始卸载，则应力应变将沿着 EO_1 曲线下降，直到 O_1 点。这表示岩石试件内应力完全消失后，而应变却不能完全恢复，保留一部分应变 OO_1，称为永久应变（或残余应变）。卸载后恢复的那部分应变 O_1F 段，称为弹性应变。在这一阶段内任一点，其应变均由两部分组成，即永久应变和弹性应变。若重新加载，则沿曲线 O_1R 上升，直到与 EC 曲线连接 R 点以后又会产生新的永久应变。这似乎相当于弹性极限从 B 点提高到 R 点，这种现象称为应变强化或工作硬化。从 B 点开始，试件内将出现微破裂的扩展及产生结晶颗粒内或粒间的相对滑移，从而使试件体积有所增加，这种现象称为扩容。当到达 C 点，岩石开始有明显的宏观破裂面，在常规压力机下，岩石会迅速产生破坏。若在伺服刚性压力机下，则会出现第四阶段应变。

第四阶段——曲线的 CD 部分，它表示岩石已产生显著塑性变形，但试件尚未完全破裂成几块，仍能承受一定载荷。若在该阶段中及时进行卸载（例如 G 点），则沿曲线 GK 下降达到 K 点，这时岩石保留较大的永久应变 OK，若再加载，则沿曲线 KH 上升达到 H 点，显然 H 点应力低于卸载开始 G 点的应力（这与 BC 阶段曲线中卸载后再加载情况不同）。这说明 CD 阶段中岩石强度逐渐下降。若继续发展，则在 CD 曲线中某一点由于破裂面上黏结力完全丧失，试件即破裂为几块，从而发生脆性变形。

由此可见，岩石的变形与破裂实质上是相互依存的两个不同发展过程，在变形达到一定阶段却包含着破裂因素，而破坏阶段的到来也是变形不断发展的结果。所以，从产生破裂到完全破坏实际上是从量变到质变的一个完整过程。

当实验机给岩样施加张应力，岩石的单轴拉伸应力—应变曲线与压应力的情形有很大的不同：最初是弹性变形，σ—ε 关系为直线，随着拉应力增大，开始反映出非线性，即曲线斜率越来越小，直到变形达到破坏强度点发生破裂，之后在应变不变的情况下应力急速下降。对于脆性岩石，可以发生完全断裂；塑性岩石则不是断开，而是在发生延性破坏变形时仍保持一定的强度，曲线上表现为随应变增加，应力逐渐降低。

2. 三轴应力下岩石变形特征

上面的单轴应力研究简单明了，但实际的岩石一般处于三维应力场中，仅局限于单轴应力条件研究岩石的变形特征是不够的，必须基于三轴实验分析岩石在三轴应力作用下的变形和强度。根据应力空间组合方式，岩石三轴应力实验分为两种类型：一种是常规或普通三轴应力实验，三轴应力满足 $\sigma_1 > \sigma_2 = \sigma_3$，主要研究围压（$\sigma_2 = \sigma_3$）对岩石变形、强度及破坏的影响；另一种是三轴不等应力实验，三轴应力关系为 $\sigma_1 > \sigma_2 > \sigma_3$，主要研究中间应力 σ_2 对岩石变形和强度的影响。

1）围压对岩石力学性质的影响

利用常规三轴应力实验可以研究围压（σ_3）对岩石的弹性和强度的影响。围压对岩石弹性和强度的影响因岩性不同而各异。对于高强度坚硬而致密的岩石，其弹性模量受围压影响不明显；而较软的岩石，其弹性模量随着围压增大而显著提高；岩石的抗压强度随着围压增大，均有明显提升。

在地层条件下，储层岩石处于三维应力场中，要了解岩石变形情况，必须基于三轴应力实验分析岩石在三轴应力作用下的变形和强度。围压对岩石强度的影响因岩性不同而各异。对于坚硬而致密的岩石，其弹性模量并不因围压不同而有明显变化，例如图 3-3(a) 中 ε_1 与 σ_1-σ_3 关系曲线切线的斜率受 σ_3 影响小，三种围压下弹性模量基本一致；围压对岩石破坏方式的影响很显著，围压小时岩石的破坏表现为脆性，随围压增大，岩石的破坏向延性或延性流动转变，总体表现为塑性增强。而当岩石较软时，如图 3-3(b) 所示，其弹性模量随着围压增大而提高，ε_1 与 σ_1-σ_3 关系曲线的切线斜率随围压增大而增加，其原因是，岩石中部分孔隙和裂隙在围压 σ_3 作用下闭合，使岩石刚度逐渐提高；在破坏方式上，由于围压的作用，软岩石的塑性变形进一步加强。

2）中间主应力对岩石力学性质的影响

随着中间主应力（σ_2）由 σ_3 向 σ_1 发展，应力状态由三轴不等压向类似于二维应力转

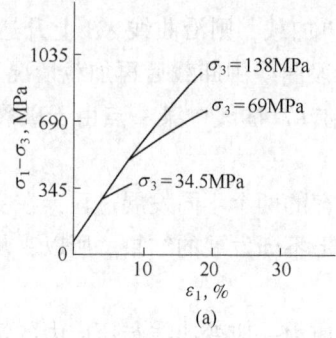 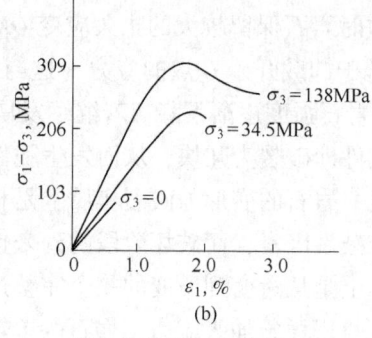

图 3-3　不同围压 σ_3 条件下岩石变形 ε_1 与 σ_1-σ_3 的关系曲线（据凌贤长等，2002）

σ_1-σ_3 为压力差；σ_3 是围压；ε_1 为轴向应变

变，只是岩石脆性增强。总的来说，σ_2 对于岩石变形及强度具有一定的影响，但较 σ_3 的影响小得多。对于各向异性岩石，中间主应力 σ_2 对变形及强度具有显著影响，当中间主应力 σ_2 与岩石的层面、节理面垂直时，σ_2 对岩石极限强度影响最大，极限强度随 σ_2 增加而快速增大。

第二节　岩石的弹性

岩石弹性指岩石的一种变形特性。这一特性常与受力状态和所处的环境有关。岩石受载后，应变相应地增长，可获得岩石的应力—应变曲线。如果对岩石加载到一定值时卸载，卸载曲线不沿加载曲线返回原点。实际上，岩石的卸载曲线表示弹性变形和一部分不可恢复的残余变形。

岩石的弹性性质不仅取决于固体骨架（矿物）弹性性质，也受岩石中孔隙情况（孔隙度、孔隙的几何形状等）及孔隙内流体性质的影响。

一、岩石的弹性变形

弹性是物体在外力作用下产生变形，没有任何流动和破坏的象征，当外力除去后，物体能够完全恢复原状的性质。

弹性分理想弹性与非理想弹性。理想弹性体在外力作用的同时，立即产生相应的全部变形；在外力解除的同时，相应的全部弹性变形立即消失；当外力保持常量时，变形也保持常量。因此理想弹性体的变形过程是一个可逆过程，在它的应力和应变之间有一个确定的单值关系，这种关系可认为是线性的，称为胡克定律。各向同性体的主应力方向与主应变方向重合，且有两个独立的弹性常数：弹性模量 E 和泊松比 ν。

非理想弹性体受到外力后并不立即产生全部弹性变形，而是随着时间的延长逐渐增大到应有的弹性变形值。当外力除去后，它也并不立即恢复原状，而是随时间的延长逐渐恢复原状。这种现象也称弹性后效。

弹性后效与弹性变形不同。弹性变形在物体中传递速度很快，而弹性后效在加载和卸载后发展均很缓慢，并且变形量比例比较小，例如岩石弹性后效部分只占弹性变形的百分之几，很少超过 10%。从力学的结果上看，它是可以恢复的，这与发展迅速的弹性变形相似。但从热力学上看，弹性被延迟的原因，是由于内部的阻力伴随着变形能转化为热能，这是不可逆的，与塑性变形类似。

弹性的力学表象有：

（1）岩石的室内实验。如图 3-4 所示，OAB 段是具有弹性的，即是说，加载到此段中的任一点，变形的绝大部分能够恢复。

（2）冲击地压。在地下作业中，岩石突然被抛出，或者两者一起突然被抛出。这种现象的产生或是由上覆岩层的重力或是由水平地应力的作用而产生弹性变形能，以位能的形式储存于坚硬的岩石或硬煤中，地下作业使平衡状态破坏，于是弹性能突然激发释放出来，形成了冲击地压。显然，只有岩层具有高度弹性时，才能积蓄弹性变形能到如此程度。此现象说明岩石具有弹性。

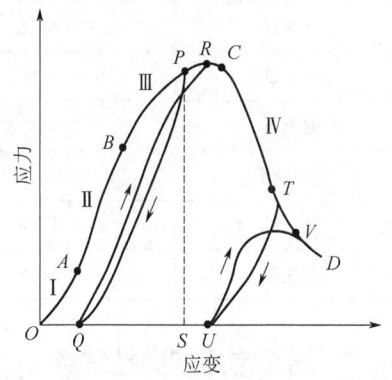

图 3-4　一般岩石在室温和大气条件下的单向压缩实验曲线

（3）在巷道里用应力解除法求围岩的应力，就是以应力在解除过程中由于弹性恢复而产生变形来测量围岩应力的，只有岩石具有弹性时，才能用这种方法。

（4）地震时所发出的冲击波，通过地壳岩层向四周传播，称为地震弹性波。其中横波特别是高频率横波的传播还不仅限于地壳的表层，有时竟深达 3000km 以外。只有弹性物质才能传播地震横波。

二、岩石的弹性常数

1. 定义及常见矿物的弹性常数

表征物体弹性的常用参数有五个：剪切模量 μ、体积模量 K、杨氏模量 E、泊松比 ν 和拉梅系数 λ。有时还会使用压缩系数 β，它是体积模量的倒数。对于特定的材料或岩石，这些参数是常量，故又称弹性常数。上述五个参数不是相互独立的，只要知道其中两个，就可以求出所有其他的量。所以说，上述五个参数中，只有两个是独立的。

剪切模量是剪切应力与应变的比值，又称切变模量或刚性模量。

体积模量是弹性模量的一种，用来反映材料的宏观特性，是表征物体的体应变与平均应力（某一点三个主应力的平均值）之间的关系的一个物理量。

杨氏模量是岩石在弹性限度内的应力与应变比值，是描述岩石抵抗形变能力的物理量。杨氏模量的大小标志了岩石的刚性，杨氏模量越大，越不容易发生形变。

泊松比是指岩石在单向受拉或受压时，横向正应变与轴向正应变的绝对值的比值，也叫横向变形系数，它是反映岩石横向变形的弹性常数。

拉梅系数也称拉梅常数。在正交曲线坐标系中，坐标变量不一定都是长度，即不一定都是直角坐标系下的基坐标，可能是角度量。比如球面坐标和柱坐标体系中，很多坐标就是角度，其线元必然有一个修正系数，这些修正系数称为拉梅系数。

常见矿物的弹性常数见表3-2。

表3-2 常见矿物的弹性常数

矿物	杨氏模量 E, GPa	体积模量 K, GPa	泊松比 ν
石英	93	37	0.08
方解石	68.8	74.4	0.31
白云石	124	76.4	0.23
钠长石	69	57	0.28
重晶石	62.8	52.9	0.32
黑云母	33.8	50.5	0.27
黄铁矿	86.8	143.9	0.16

2. 岩石常用的弹性常数

1) 泊松比 ν

流体饱和度和孔隙度对 ν 的影响是在适度的一定围压下（图3-5），随饱和度 S_w 和孔隙度 ϕ 的增加而增大，变化范围较大，包括负值；饱和水的岩石 $\nu=0.11\sim0.33$；对饱和气的岩石 $\nu=-0.12\sim0.19$。而在高饱和度、高孔隙度和低围压的综合条件下，产生最大的负值达 -0.3（图3-5）。

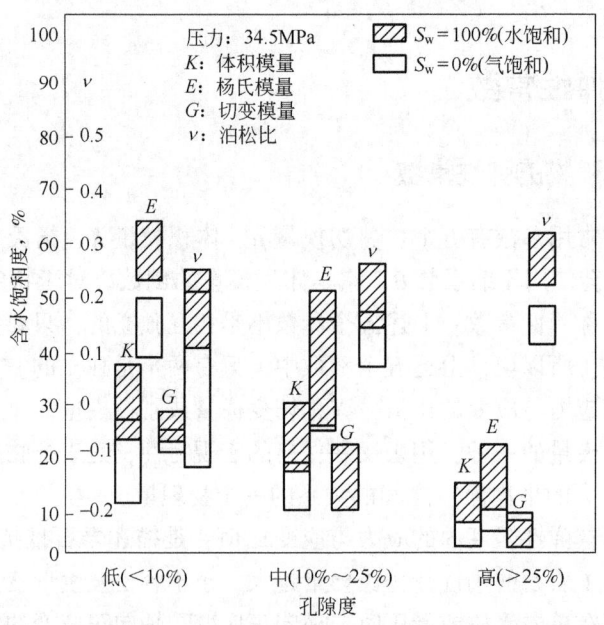

图3-5 适度围压下，孔隙度及流体饱和度对沉积岩模量的影响

2) 体积模量 K

随孔隙度、围压和流体饱和度而变化。一般当水饱和度 S_w 增加，孔隙度 ϕ 减小时，数

值 K 增大（图 3-5）。K 的最低值是在含有大量天然气的高孔隙度岩石上记录到的。实验的这一套岩石的 K 值范围，是由低围压、气饱和、高孔隙度白垩的 1.0GPa，到高围压、水饱和、低孔隙度砂岩的 37.9GPa（图 3-5）。

3）杨氏模量 E

流体饱和度对 E 的影响，与其他模量相似，与孔隙度和围压有关。总体上说，E 是随孔隙度增加而减小（图 3-5）。饱和气与饱和水的岩石 E 值虽然有一些重叠，但饱和气岩石的值是一贯而又显著地低。而且，对低孔隙度的岩石，加少量水，E 值就增大。相反，对高孔隙度的白垩加过量水，则 E 值迅速降低。高孔隙度、饱和气的岩石，在低应力作用下，量值趋近于零；而饱和水、低孔隙度的岩石，在高应力作用下，E 值高达 70GPa 以上。华尔士（Walsh，1965）认为，结晶岩在低应力作用下的非线性弹性特征，就是由岩石中的裂隙造成的。增加压缩应力，裂隙闭合，随之各项模量增大。这种解释也适用于沉积岩胶结物质中的微裂隙，虽然岩石骨架中孔隙流体和矿物成分相互间化学作用使晶粒间的弹性特征复杂化。

4）切变模量 G

孔隙度和围压对 G 影响强烈。对饱和水岩石的数值界限为：从低围压、高孔隙度白垩的 3GPa，到在高围压、低孔隙度砂岩的 31GPa。在恒围压条件下，流体饱和、低—中等孔隙度岩石的各项模量，相对地说，适度的影响因素首先是密度的变化。虽然白垩对少量粒间水分很敏感，因而 ν_s 和 G 均偏小，且变化不大。但是，大多数切变模量 G 变化的原因是岩石中气饱和度从 90% 增至 100%，这种意外的变化，就不能由单一密度的变化来说明，而只能解释为由于压力增大，排除了粒间水分，使 ν_s 值增大而引起（$G=\rho\nu_s^2$）。以上研究表明，作为一种规律，各项模量都是随孔隙度增加而减小，但泊松比是个例外。再有，含气岩石与含液岩石的弹性特征是不同的。动态各项模量能够很好地描述这些差异，这不仅在地震勘探油气田中，而且在分析钻探（井）碎岩机理上也具有判断和实用价值。

三、岩石的弹性模型

1. 粒状岩石的球体堆积模型

1）等粒球体立方堆积模型

对于等粒的球状颗粒立方堆积，平行于球体排列选取三个坐标轴。假设颗粒球的半径为 a，沿三个坐标轴方向预先施加有大小为 $\bar{p}$ 的应力，地层条件下，岩石都会处于类似的应力状态下。在应力作用下，球体在相互接触部位附近发生形变，相邻的两球心相互接近并增加接触面积，形成圆形接触区域，称接触圆。Hertz（1881）解决了该问题，得出接触圆半径 b、两层相邻球体相互靠近的距离 s 以及接触圆上的应力分布等，如图 3-6 所示。

$$b = \left[\frac{3(1-\nu_s^2)aF}{4E_s}\right]^{\frac{1}{3}} \quad (3-10)$$

$$s = \left[\frac{9(1-\nu_s^2)^2 F^2}{2E_s^2 a}\right]^{\frac{1}{3}} \quad (3-11)$$

其中
$$F = 4a^2 \bar{p}$$

式中，E_s 是固体颗粒的杨氏模量；ν_s 为泊松比；F 是一串球体所支撑的力；a 是球体半径。

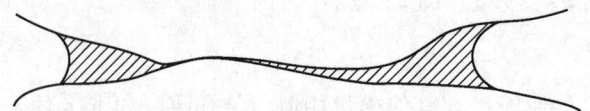

(a) 非固结砂中两个颗粒的一般接触，水存在于阴影区域中

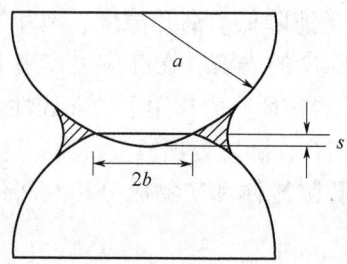

(b) 立方堆集的两个球在预应力作用下发生变形 s，接触半径为 b，球的半径为 a

图 3-6 接触模型

整个堆积体进一步变形的弹性性质取决于初始负载的大小。初始负载越大，则接触区域越大，结构也就越坚固，发生同样形变所对应的应力也就越大，即弹性模量越大。如果使球体受力增加 $\Delta F = 4a^2 \overline{\Delta p}$，则引起两球心间距离进一步变化 Δs。下面导出弹性常数，计算弹性波速度。

任何一种颗粒状物质的弹性常数可归结为平均弹性应力与平均弹性应变之比，首先从式（3-11）得出

$$\frac{\Delta F}{\Delta s} = \left[\frac{3E_s^2 aF}{4(1-\nu_s^2)^2} \right]^{1/3} \tag{3-12}$$

因为平均应变 $\varepsilon = \Delta s / (2a)$，所以弹性波模量（$M = \lambda + 2\mu$）为

$$\overline{M} = \frac{\overline{p_{yy}}}{\varepsilon_{yy}} = \overline{c_{11}} = \left[\frac{3E_s^2 F}{32(1-\nu_s^2)^2 a^2} \right]^{1/3} = \left[\frac{3E_s^2 \bar{p}}{8(1-\nu_s^2)^2} \right]^{1/3} \tag{3-13}$$

由此可知，弹性波模量与压强的三次方根成正比。

下面来考虑弹性波的速度。堆积体的平均密度 $\bar{\rho}$ 等于一个球体的质量除以其所占据的立方体的有效体积：

$$\bar{\rho} = \frac{\pi \rho_s}{6} \tag{3-14}$$

于是，以压强 $\bar{p}$ 为预负载时，沿着似球体组成的简单立方体阵列的一个坐标轴方向的纵波传播速度为

$$v_P = \sqrt{\frac{\lambda + 2\mu}{\bar{\rho}}} = \left[\frac{3E_s^2 \bar{p}}{8(1-\nu_s^2)^2} \right]^{1/6} \tag{3-15}$$

可见，立方堆积模型的纵波速度与压强的六次方根成正比，在岩石密度随深度变化不大时，弹性纵波速度与深度的六次方根成正比。

对于沿立方体轴向传播的横波的考虑方式也是同样的，预负载是相同的，但是附加的应力 $\overline{p_{xy}}$ 由 x 面和 y 面上的切向牵引力组成。可以得到剪切变形的弹性模量：

$$\frac{\overline{p_{xy}}}{\varepsilon_{xy}} = c_{44} = \frac{[3(1-\nu_s^2)E_s^2\overline{p}]^{1/6}}{2(2-\nu_s)(1+\nu_s)} \tag{3-16}$$

结合平均密度，可以得到横波速度公式：

$$v_S = [3(1-\nu_s^2)E_s^2\overline{p}]^{1/6} \left[\frac{3}{(2-\nu_s)(1+\nu_s)\pi\rho_s}\right]^{1/2} \tag{3-17}$$

可见，横波速度也是与压强的六次方根成正比。

2）球体其他堆积模型

立方堆积模型虽能说明一些问题，但是很难想象实际的固结岩石会采用立方堆积方式，紧密堆积模型则更接近实际情况。Gassmann（1951）计算了等粒球组成的六角形紧密堆积模型中剪切波和压缩波的波速。Duffy 和 Mindlin（1957）研究了面心立方晶阵（包括法向和切向力）。Schon（1969，1983）采用随机分布的球粒堆积模型计算，取得与实际岩石速度接近的结果。虽然具体形式上有些差别，但弹性模量和波速都与压力的六次方根成正比，即与深度的六次方根成正比。在这一点上，它们与立方堆积的情况是一样的。

一堆球的堆积方式有很多种（Walton，1987）：四方堆积、六方堆积、六方紧密堆积、随机紧密堆积等。堆积的几何形状决定了颗粒状岩石的孔隙度和弹性性质，表 3-3 给出了上述几种堆积情况的孔隙度、比面积和接触点等几何参数。比面积 S 定义为岩石孔隙总面积（或所有颗粒表面积的和）与岩石总体积之比。

表 3-3　不同堆积方式的颗粒状岩石几何参数

堆积方式	孔隙度 ϕ	固体部分（球）比例	比面积 S	每个球和其他球接触点数 C
立方堆积	$1-\dfrac{\pi}{6}=0.48$	$\dfrac{\pi}{6}=0.52$	$\dfrac{\pi}{2a}$	6.00
简单六方堆积	0.40	$\dfrac{4\pi\cos\dfrac{\pi}{6}}{18} \approx 0.60$	$\dfrac{2\pi\cos\dfrac{\pi}{6}}{3a}$	8.00
紧密六方堆积	0.26	0.74	$2.2/a$	12.00
紧密随机堆积	约 0.36	约 0.64	约 $1.92/a$	约 9.00

规则堆积适用于晶体性质的研究，而随机堆积更适于岩石的情况。据研究（Walton，1987），随机堆成的一个球平均和其周围的 9 个球接触，显然，接触的球越多，岩石的孔隙度就越小。

当球状颗粒受到的预应力（岩石围压或压强）为 p 时，每两个相邻球之间的作用力为

$$F = \frac{4\pi a^2 p}{C(1-\phi)} \tag{3-18}$$

式中，a 为球体半径；ϕ 为岩石孔隙度；C 是每个球的平均接触点数。

这样，两球接触面的半径为

$$b = a\sqrt[3]{\frac{3\pi(1-\nu_s^2)}{2C(1-\phi)}p} \tag{3-19}$$

求出岩石的正向压缩刚度：

$$S_n = \frac{\partial F}{\partial \delta} = \frac{4Gb}{1-\nu_s} \tag{3-20}$$

于是，干燥的随机堆积模型的有效体积模量为

$$K_{\text{eff}} = \frac{C(1-\phi)}{12\pi a} S_n = \sqrt[3]{\frac{C^2(1-\phi)^2\mu^2}{18\pi^2(1-\nu^2)^2}p} \tag{3-21}$$

Mindlin 还讨论了颗粒接触后岩石受剪应力的情况，得到岩石的剪切模量为

$$\mu_{\text{eff}} = \frac{5-4\nu}{5(2-\nu)} \sqrt[3]{\frac{3C^2(1-\phi)^2\mu^2}{2\pi^2(1-\nu^2)^2}p} \tag{3-22}$$

这个公式的基本假定是在互相接触的地方没有滑动发生。

2. 有裂纹和孔洞的岩石模型

一些碳酸盐类岩石的孔隙主要是相互隔离的孔洞，在这些孔洞内充满水或其他液体，在地幔中也存在着部分熔融的岩浆在晶洞构造中，火山岩有时会形成气孔构造，较坚硬的岩石受力会发生破裂，产生裂纹。所以，有空腔和裂缝的岩石模型是很重要的。

静力学的推导方法，通过计算在有洞穴和无洞穴两种情况下由介质表面的应力传递和单位体积上的弹性能量来推导平均弹性常数。Eshelby（1957）建立了由任意形状的孔洞引起能量变化的表达式。对于充液的孔洞，有

$$K = K_s / (1+A\phi) \approx K_s(1-A\phi) \tag{3-23}$$

$$\mu = \mu_s / (1+B\phi) \approx \mu_s(1-B\phi) \tag{3-24}$$

其中

$$A = \frac{K_s - K_f}{K_s} \frac{4\mu_s + 3K_s}{4\mu_s + 3K_f} \tag{3-25}$$

$$B = \frac{15(1-\nu_s)}{7-5\nu_s} \tag{3-26}$$

公式推导过程中，假设 ϕ 很小，因为孔洞之间距离很大才能忽略相互之间的影响。对于洞中无液体的情况，$K_f = 0$，并注意到 $\phi = 4\pi a^3/(3L^3)$，其中 a 为球形孔洞的半径，L 为只含一个孔洞的单位正方体边长。于是体积弹性模量表达式为

$$\overline{K} = K_s \left(1 + 2\pi \frac{1-\nu_s}{1-2\nu_s} \frac{a^3}{L^3}\right) \tag{3-27}$$

Walsh（1965）通过另一条推理途径，导出低孔洞密度的中空球形孔洞表达式，结果与 Eshelby 的结果一致。假定每一个 L^3 的体积内平均只有一个空隙，Walsh 给出了对于"硬币形"中空孔隙的表达式：

$$\overline{K} = K_s \left/ \left[1 + \frac{16(1-\nu_s^2)}{9(1-2\nu_s)} \frac{a^3}{L^3}\right]\right. \tag{3-28}$$

孔隙方向不影响体积弹性模量。

3. 有效弹性模量

实际的岩石不是完全均匀的，它可以由多种矿物颗粒和孔隙组成。当这些颗粒和孔隙的尺度 d 远远小于弹性波波长 λ ($d \gg \lambda$) 时，可以用"有效弹性参数方法"来研究岩石的弹性性质。

有效弹性参数方法把包含许多孔隙的岩石看成是一个理想弹性体，但其弹性参数由这种二相体岩石的有效弹性参数给出。在实验上，可以取一块包括足够多孔隙的岩石（具有代表性），对其施加一个已知力系，虽然岩石内部各点的应力和应变空间分布是不均匀的，但从其平均应力和平均应变的关系求出的就是岩石的有效弹性参数。另一方面，从理论上假定了岩石内部孔隙的大小和形状后，可以求出在边界上施加一定应力后岩石整体的变形，进一步可以计算出孔隙性岩石的有效弹性参数，然后将实验求出的有效力学参数与计算出的进行比较，便可以系统地了解影响弹性波速度的各种因素。

如果想从理论上推测出颗粒和孔隙混合体的有效弹性模量，需要确定：（1）固相和流体相的体积百分比；（2）各相弹性模量；（3）各相尺寸、形状等几何因素。如果只能知道各相的相对体积和弹性模量，那么最多只能确定混合体弹性模量的上界和下界。也就是说，实际岩石的弹性模量因颗粒和孔隙的几何因素而有所不同，但不超出上述界限所限定的范围。

1) Hashing-Strikeman 估计

Hashing-Strikeman 界限是目前最好的，因为它给出的上界和下界之间的允许范围最小。Hashin 和 Strikeman 给出的体变模量和切变模量为

$$\begin{cases} K = K_1 + \dfrac{f_2}{(K_2 - K_1)^{-1} + f_1 \left(K_1 + \dfrac{4}{3}\mu_1\right)^{-1}} \\ \mu = \mu_1 + \dfrac{f_2}{(\mu_2 - \mu_1)^{-1} + \dfrac{2f_1(K_1 + 2\mu_1)}{5\mu_1\left(K_1 + \dfrac{4}{3}\mu_1\right)}} \end{cases} \tag{3-29}$$

式中，K_1、K_2 为各相的体变模量；μ_1、μ_2 为各相的切变模量；f_1、f_2 为各相的体积百分比。

上、下界的计算是通过交换 1 和 2 的值来实现的，一般将较硬的物质以 1 代入式(3-29)，则得到上界，否则得到下界。

Hashing-Strikeman 弹性模量界限的物理解释是，介质 2 以球形分布于空间中，其外面包围着介质 1 形成的球壳。球壳间的空隙由半径较小的球和球壳充填。这样，两种介质以 f_1 和 f_2 为体积百分比充满整个空间。

2) Voigt 和 Reuss 界限

为了描述变形体的变形特征，需要知道两个弹性参数。原则上知道任何两个弹性参数，其他的参数就可以用这两个参数表示出来。在讨论与孔隙有关的岩石弹性性质时，使用压缩系数 β 更为方便，其定义为

$$\beta = \frac{d\varepsilon_V}{dp} = \frac{1}{V}\frac{dV}{dp} \tag{3-30}$$

式中，ε_V 是岩石体积应变 $\Delta V/V$。

按岩石力学规定，若压缩使岩石体积减小则体积应变为正。β 是体积模量 K 的倒数：

$$\beta = \frac{1}{K} = \frac{3(1-2\nu)}{E} \tag{3-31}$$

压缩系数的单位用 MPa^{-1}。岩石的有效压缩系数可用空间平均模型来计算，如果知道了组成岩石的矿物和孔隙流体的压缩系数 $\beta_i (i=1,2,\cdots,N)$，岩石的有效压缩系数分别可用 Voigt 公式和 Reuss 公式求出来：

$$\begin{cases} \text{Reuss 公式}: \beta_R = V_1\beta_1 + V_2\beta_2 + \cdots + V_N\beta_N = \sum_{i=1}^{N} V_i\beta_i \\ \text{Voigt 公式}: \frac{1}{\beta_V} = \frac{V_1}{\beta_1} + \frac{V_2}{\beta_2} + \cdots + \frac{V_N}{\beta_N} = \sum_{i=1}^{N} \frac{V_i}{\beta_i} \end{cases} \tag{3-32}$$

不难证明，通过 Voigt 模型计算的结果是等效弹性参数估计的上限，而通过 Reuss 模型得到的则是参数估计的下限。实际岩石测量得到的参数必定落在这两个估计值之间。也有人取上述两个估计值的算术平均值或几何平均值作为压缩系数的估计值。

长久以来，人们一直试图寻找岩石孔隙度与弹性波传播速度的简单关系。然而事实表明，这样的简单关系是不存在的，因为岩石的有效弹性参数是由孔隙度随应力变化的情况决定的，而不是由孔隙度本身确定的。同时孔隙度随压力的变化与孔隙形状有关：球形孔洞很难变形，狭长的裂纹却很容易变形，因此，需要对孔隙的形状进行描述。而描述孔隙形状的最常用参数是纵横比 α，球形孔隙 $\alpha \approx 1$，狭长裂缝 $\alpha \ll 1$。

3) 确定弹性参数的动力学方法——Kuster 和 Toksöz 模型

除了上述静力学方法研究含有孤立非均匀介质的方法外，还有利用平面波经过障碍物时的散射来研究岩石的弹性性质的方法。Kuster 和 Toksöz（1974）参考了早期对球体式任意形状物体所作的关于散射的工作，利用长波长以及近似理论计算了介质内球状杂质的散射。其研究方法是，考虑平面波经过一个小球形区域 V_0，该区域内随机分布着一些球状异物（例如孔洞），因而构成复合介质。该复合介质球形域被看作一个散射物，其散射位移取决于该复合介质的平均弹性常数 (K,μ,ρ)。同样，散射位移也可以通过求单个球状物散射位移的总和而得到。这些位移决定于指定复合介质的特性：基质的常数 (K_s,μ_s,ρ_s)、所含液体的常数 (K_f,μ_f,ρ_f)、散射物的体积密集度、球状物的形状和方位。球状物之间的多重散射则忽略不计。散射位移为单个球状物散射位移之和（没有相移）的假设与球形区域 V_0 本身是个小散射体的假设是一致的。Kuster 和 Toksöz 公式可表示为（J. E. White，1983）：

$$\begin{cases} \dfrac{K-K_s}{3K+4\mu_s} = \dfrac{K_f-K_s}{3K+4\mu_s}\phi \\ \rho-\rho_s = (\rho_f-\rho_s)\phi \\ \dfrac{\mu-\mu_s}{6\mu(K_s+2\mu_s)+\mu_s(9K_s+8\mu_s)} = \dfrac{\phi}{9K_s+8\mu_s} \end{cases} \tag{3-33}$$

在充满球形孔洞密集度较小情况下，上述弹性参数可表示为

$$\begin{cases} K = K_s(1-A\phi) \\ \rho = \phi\rho_f + (1-\phi)\rho_s \\ \mu = \mu_s(1-B\phi) \\ A = \dfrac{K_s-K}{K_s}\dfrac{4\mu_s+3K_s}{4\mu_s+3K_f} \\ B = \dfrac{15(1-\nu_s)}{7-5\nu_s} \end{cases} \quad (3-34)$$

三个静力学方程与动力学方法推导出的参数，对于基质中含低密集度充液球体的情况本质上是一样的；在含高密集度散射体的情况下，结果则不一样。一般认为，Kuster 和 ToKsöz 关系在孔隙度小于 6% 的条件下是很准确的。

4. 岩石的波速比与泊松比和模量比的关系

在泊松比的定义中已表述，它是一个被检测的量，而且被包含在动态各项模量之间的关系式中。所以，岩石的泊松比可以直接地反映岩石的破碎机理。

利用纵波和横波速度的定义公式，可以得到

$$\frac{v_P}{v_S} = \sqrt{\frac{2(1-\nu)}{1-2\nu}} \quad (3-35)$$

式 (3-35) 说明波速比只与泊松比 ν 有关。

对于大多数岩石来说，其泊松比都在 0.25 上下，即一般地说，$\nu \approx 0.25$。

在生产实际中，常采用泊松比来评价岩石（体）的状况。如泊松比在 0.35~0.40 之间变化时，岩石质量变坏；在 0.48~0.49 之间，岩石破碎并充水。

5. 饱和岩石的 Gassmann 方程

储层岩石具有孔隙或裂隙，这些孔隙中可以饱含液体，也可以由气—液混合物所饱和。当岩石受力时，这个由岩石骨架和孔隙流体组成的整体结构的变形与骨架和孔隙的多个参数有关。Gassmann 首先研究了饱含液体（水）岩石受力变形的问题，并得出了简洁的定量关系。

考虑一块岩石，其外部受到流体静压力（围压）的作用，其内部孔隙压力为 p，现在来讨论不排水情况下它的力学性质。在外部围压变化时，孔隙体积必然被压缩，而且因为是不排水情况，孔隙液体又不能向外流出，所以孔隙压力必然要随围压的变化而变化。这种不排水情况下岩石的压缩系数记为 $\bar{\beta}$，下面研究 $\bar{\beta}$ 与岩石基质、孔隙流体的关系。

$$\frac{1}{\bar{\beta}-\beta_S} = \frac{1}{\beta_D-\beta_S} + \frac{1}{(\beta_P-\beta_S)\phi} \quad (3-36)$$

这就是著名的 Gassmann 方程，它把饱含水岩石的压缩系数 $\bar{\beta}$、岩石矿物颗粒的压缩系数 β_S、孔隙液体的压缩系数 β_P、干燥岩石（孔隙中水全部排出）的压缩系数 β_D 和岩石孔隙度 ϕ 间的关系。

6. 饱和岩石的 Biot 模型

在 Gassmann 模型中，孔隙流体与岩石骨架间没有相对运动，这适合描述波长很长的低频波的情况，而当频率较高的弹性波在岩石中传播时，岩石中压力梯度不可忽略，孔隙流体会在此压力梯度下流动，于是产生相对于岩石骨架的运动，导致能量的损耗，这时 Gassmann 模型不再适用。M. A Biot 在 20 世纪 50 年代研究了这个问题，并提出了著名的 Biot 模型。Biot 理论假定：由弹性各向同性固体构成骨架、连接骨架孔隙体积空间充满流体，这类流体具有可压缩性，可相对于固体流动，固体与流体的接触面可形成摩擦。除需要 Gassmann 理论所需参数外，还需要知道液体的黏度 η 和岩石的渗透率 K。

Biot 指出，这两个微分方程既能描述胀缩波，也能描述剪切波，并指出两种胀缩波的存在，一种是通常的地震波；另一种是频率很低的第二类波，认为是一种高度衰减的散射波，因其速度低，也称慢波。由于液体的黏滞性导致衰减，该理论将低频限制在 $f < 0.1\eta\phi/(2\pi K\rho_f)$，在低频范围内，Biot 理论与 Gassmann 处理的结果一致。

干燥岩石的弹性模量可表示为

$$K_干 = K_0(1-\beta) \tag{3-37}$$

其中

$$\beta = \frac{\Delta V_P}{\Delta V}\bigg|_干 = \frac{\phi K_干}{K_\phi} = 1 - \frac{K_干}{K_0} \tag{3-38}$$

式中，$K_干$ 和 K_0 分别为干燥岩石和矿物的弹性模量；β 称为比奥系数，定义为岩石孔隙体积变化量与岩石总体积变化量之比。

Gassmann 方程可表示为

$$K_饱 = K_干 + \beta^2 M \tag{3-39}$$

$$\frac{1}{M} = \frac{\beta - \phi}{K_0} + \frac{\phi}{K_f} \tag{3-40}$$

Biot 模型中，多孔体是由骨架或矿物集合体组成的，它在统计意义上是各向同性的。骨架是弹性体，其内部孔隙充满液体。定义作用于体积元的平均应力等于作用于固体和液体部分上的力的和除以体积元的面积。应变定义由骨架和流体的位移来确定。需要指出的是，体积元内部的能量可由应变分量的二次函数来表示，从而导出多孔体的应力—应变关系。与此类似，动能可由固体和流体中质点运动速度的二次函数来表示。固体和流体部分的速度乘积（标量积）给出了直观上不明显的质量耦合项。体积元上相等的力导致一对位移耦合微分方程。然后将它分成一对只含有膨胀、另一对只含有旋转的方程。对于非黏滞流体，也已证明有两种类型的膨胀波和一种旋转波在多孔介质中传播，而且无频散和衰减。对于黏滞性流体，其黏滞性通过耗散函数来引入，并假设它与固体和流体相对速度的平方成正比。比例系数与黏度及渗透率有关。耗散函数是每个波动方程中的一项，它引起频散和衰减。

第三节 岩石的塑性

在两向或三向受力情况下，岩石在破坏之前的变形较大，没有明显的破坏载荷，表现出显著的塑性变形、流动或挤出，这种破坏即为塑性破坏，也称延性破坏或韧性破坏。塑性变形是岩石内结晶晶格错位的结果，在一些软弱岩石中这种破坏较为明显。

一、岩石的塑性变形

物体在外力施加的同时立即产生全部变形,但在外力解除后,物体的变形一点也不恢复,并且永远不会恢复的这种性能,叫塑性。如图3-7(a)所示,当$\sigma<\sigma_y$时,应变$\varepsilon=0$,而当$\sigma \geq \sigma_y$时,则产生全部变形,此种物体称刚塑性体。另外,如图3-7(b)所示,当$\sigma<\sigma_y$时,物体是弹性的;当$\sigma>\sigma_y$时,产生全部塑性变形,此种物体称理想的弹塑性体。

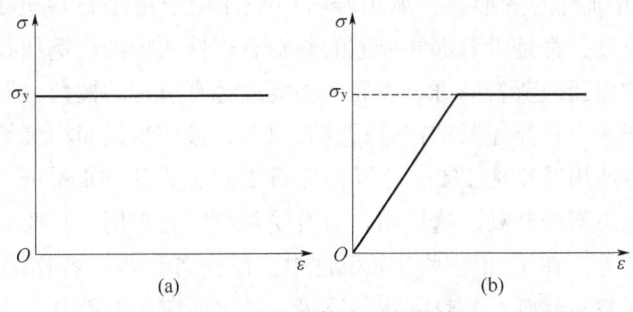

图3-7 塑性物体中的两种情况

根据现场和实验室实验,岩石是一种同时具有弹性和塑性的物体,即是物体在外力施加的同时立即产生全部变形,而在外力解除的同时,只有一部分变形立即消失,其余部分变形在外力解除后却永远不会消失。具有这种性能的物体称弹塑性体。

用晶体的微观结构解释,在图3-8中若外力的大小达到和超过r_m处的最大阻力(屈服值),则粒子间距将加大而超过r_m,若外力不变,质点间距将无限制地继续加大,这就是材料的塑性。

以上只是两个质点的情形。实际情况比这要复杂得多。变形是规则的结晶晶格的特征,因为只有在这样的晶格内,原子团才可能从一个平衡位置转移到另一平衡位置。

岩石常常是由结晶矿物组成,根据显微镜观察,晶体内的塑性变形是由于滑移而引起。滑移的三个主要观点为:滑移面内的材料在滑移当中仍然是结晶的;滑移是逐步的,而不是同时在滑移面上传播;滑移从晶体中结构不规则的点开始。因此,滑移问题可看成是在一种结构中产生塑性变形而这结构却总是保持着它的结晶性质。

晶格[图3-8(a)]的滑移主要有两种,即平动滑移[图3-8(b)]和双晶滑移[图3-8(c)]。平动滑移是滑移面的一侧部分作为一个整体相对于另一侧发生一个沿滑移面方向的平行移动,位移的大小等于晶格内质点间距的整数倍。双晶滑移是在滑移后滑移面一侧的部分与另一部分成镜像关系,其位移不是质点间距的整倍数。

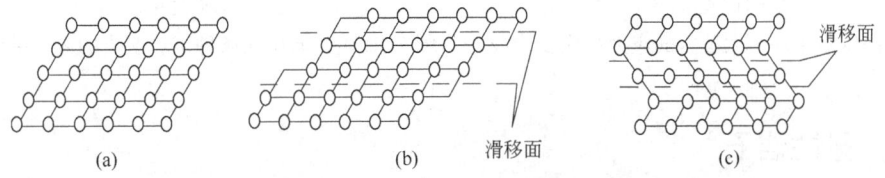

图3-8 晶粒内塑性变形的微观机制

塑性体在塑性变形条件下能恢复弹性,并在变形达到一定程度后发生脆性破坏。但这种脆性破坏是由于发生塑性后而产生的,所以和脆性体不同。

当岩石内某一晶面上剪应力达到或超过屈服值时，则产生塑性变形，但是当剪应力小于屈服值时，在经过较长的一段时间内，若出现塑性变形，这种变形称为蠕变。蠕变特点是应力较小而时间很长，塑性变形则是应力较大而时间很短。

塑性的力学表象有：

（1）实验室内实验。如图3-4中的B点以后线段所代表岩石的状态，出现了永久变形，又如对湿黏土施加外力即出现了较大的永久变形，均为塑性的表象。

（2）第四纪冰川砾石的变形。在冰川砾石中往往出现由小石顶进去的槽、坑和窟窿，这些顶进和插入的痕迹，都是带着那些痕迹的砾石有塑性的特征。例如我国蓝田附近山谷冰碛物中发现的磨圆的白云质灰岩的砾石表面上小坑边缘有清楚的棱角，但绝不是碳酸水溶蚀的结果，另外有些嵌入小石粒还紧粘在砾石的表面上，进一步说明小坑是由坚硬的石粒嵌入砾石形成的，按山谷冰川厚度为200m计算，砾石受到压力为20kgf/cm²，砾石抗压强度绝不止此，冰川温度也决不会升高。这证明，岩石受很小应力作用，只要时间很长，也可产生明显的塑性变形。另外，在第四纪冰川沉积物中，往往看到各式各样的弯曲砾石、形状离奇、如马鞍状砾石、熨斗状砾石、灯盏状砾石等，其之所以弯曲就是因为冰川压力长期的作用，岩石产生塑性变形的结果。

（3）自然界岩石的塑性变形。在受过挤压和扭曲的地层和岩体中，塑性变形是常见的现象，在我国西南地区高山峡谷中经常看到。

（4）地震塑性波。地震除从震源发出弹性波外，还有塑性波。这种波的频率较低，传播速度较慢，振幅较大，破坏性较强。这种导波性说明岩石在瞬时负荷下，不仅有弹性，也有塑性。

图3-9、图3-10为从1kgf/cm²到10000kgf/cm²的三向压缩情况下大理岩和石灰岩的应力—应变曲线。压力在4000kgf/cm²以下时，它是典型的脆性体。石灰岩在6000kgf/cm²时发生较为明显的塑性变形，而大理岩在8000kgf/cm²才产生一些塑性变形。在10000kgf/cm²的三向压缩下，石灰岩的最大应变（轴向）达到32%，而大理岩为22%。

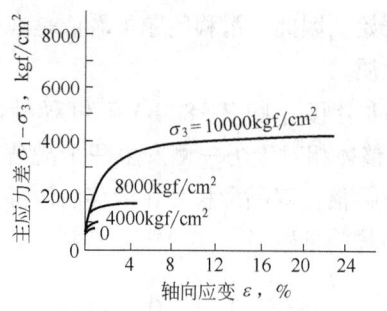
图3-9　三向压缩条件下大理岩的应力—应变曲线

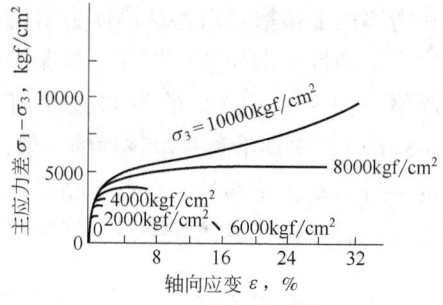
图3-10　三向压缩条件下石灰岩的应力—应变曲线

二、塑性岩石

以上讨论的岩石的塑性均为岩石在三轴高压或三轴高压、高温的情况下的岩石的塑性，在此介绍常温、单轴加压下的塑性岩石。

一般的塑性岩石有黏土、松软岩石及某些被风化的岩石等。因此在研究塑性岩石的物理力学性质时，主要探讨黏土类岩石。

塑性岩石的应力—应变曲线如图3-11中OAB曲线，它的斜率开始很陡，以后逐渐地平缓。它可简化为OCB折线，工程上把转折点（C点）称为屈服极限，其应力称屈服应力，以σ_y表示。把C点以前陡的斜直线段的状态看成是弹性状态，把C点以后平缓的直线段看成是塑性状态，但是在岩石的结构中仍在不断地强化。如C点以后线段与横坐标轴平行，则为理想的塑性状态，此时保持屈服应力，则应变不断地延长下去。

对于软弱岩石的三轴实验，采用了古近—新近纪沉积岩的多孔质凝灰岩试件，进行了非排水剪切和排水剪切实验。非排水剪切实验是采用5kgf/cm²、20kgf/cm²、28kgf/cm²、47kgf/cm²的侧限压在各向同性压缩之后，保持侧限压为恒定，在非排水条件下增加轴压力，控制应变速度每分钟为0.04%。

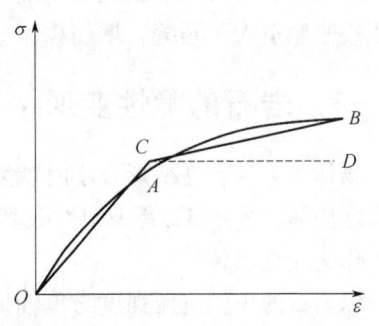

图3-11 塑性岩石的应力—应变曲线

图3-12为应力差$\sigma_1-\sigma_3$及轴向应变之间的关系，这种关系受到侧限压力的影响，曲线在初期略呈线性，后应变强化而到最大值，其后随着应变的增大，应力逐渐下降，最后应力成为定值。

排水实验采用2kgf/cm²、5kgf/cm²、15kgf/cm²，25kgf/cm²的侧限压进行各向同性压缩之后，保持侧限压的恒定，在排水条件下增加轴压力，应变速度控制在每分钟约相当于0.00035%，而在破裂附近应变速度增大。

图3-13所示为排水实验的应力差$\sigma_1-\sigma_3$及应变差$\varepsilon_1-\varepsilon_3$之间关系。这种关系仍然受到侧限压的影响，但应力—应变关系非排水的情况不同，而成弹—理想塑性的关系。

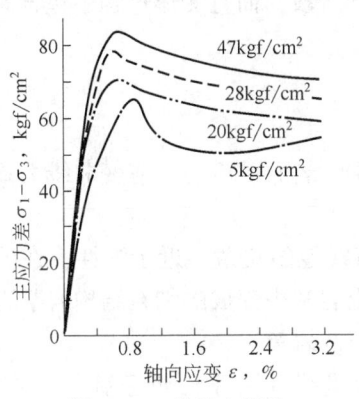

图3-12 非排水实验

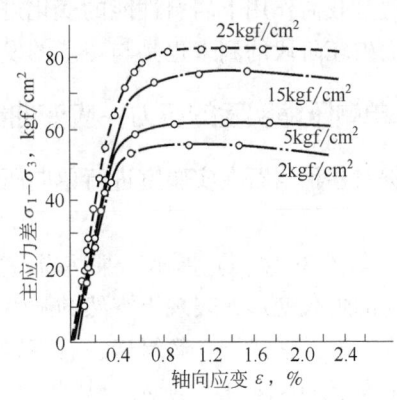

图3-13 排水实验

黏土的弹性模量随其湿度的减小而增大。黏土的抗压强度随其湿度的减小而增大，同时基本上也是随着孔隙度的减小而增大。

松软岩石具有松和软的特点。松是指岩石结构疏松、容重小，孔隙度大；软是指强度低，容易产生塑性变形。松软岩石同时具备这两者的性质。

第四节　岩石的脆性

大多数坚硬岩石在一定的条件下都表现出脆性破坏的性质。也就是说，这些岩石在载荷作用下没有显著的变形就突然破坏。产生这种破坏的原因可能是岩石中裂隙的发生和发展的结果。储层岩石的脆性破裂对于油藏的开发具有重要意义，对于一些低渗透储层，常需要通过压裂来制造人工裂缝，增加渗流通道，进而提高油气产量。

一、岩石的脆性变形

物体受力后，在变形很小时就发生破裂的性质，叫脆性。永久变形或全变形小于3%者为脆性破坏，大于5%者为塑性破坏，3%~5%为过渡状态。在常温常压之下，坚硬的岩石也可作为脆性物体。

以岩石的单轴抗压强度与单轴抗拉强度之比作为脆性，用公式表示为

$$B_r = \frac{\sigma_c}{\sigma_t} \tag{3-41}$$

二、岩石在单向力作用下的脆性变形特性

岩石在加载过程中因其内应力（单位面积上之力）增加而发生相应的应变（单位长度的变形）。随后，当作用的载荷不断增大到破坏值，或载荷虽未达到此数值，但载荷保持恒定，随着时间的推移，这两种情况均会因变形不断增加而导致岩石的破坏。因此，变形和破坏只不过是载荷作用下岩石性能的变化过程的两个不同阶段，而且变形过程中包含有破坏的因素，而破坏阶段的到来也是与变形的发展分不开。

1. 单向压缩实验的应力—应变曲线

根据对各种岩石在实验室进行单向压缩实验的结果，岩石的应力—应变曲线大致有如下三种：

（1）如图3-14(a)所示，某些岩石变形特征具有线性的关系，近于弹性，在破坏之前没有明显的永久变形，表现出突然的脆性破坏，如喷出岩和中深成的细粒结构岩浆岩、一些细粒的变质岩、玄武岩、辉绿岩、石英岩、最坚硬的石灰岩等。

（2）如图3-14(b)所示，某些岩石开始时大致呈线性关系，近于弹性，在到达一定数值后，曲线斜率随应力的增加而趋于减少，出现永久变形，呈塑性特征，总起来看具有弹塑性性质，如粗粒的岩浆岩和细颗粒致密的沉积岩、花岗岩、砂岩和某些辉绿岩等。

（3）如图3-14(c)所示，某些岩石在开始时应变很大，具有似塑性的特征（有的岩石可全部恢复变形，有的则不能），随后应力与应变成比例地变化，为线性关系，具有弹性特性，而后又转为随应力增加而曲线的斜率减低，呈塑性特征。总的来看，这类岩石有弹塑性性质。孔隙度大的沉积岩，如页岩等，具有明显的弹塑性。

以上是根据应力—应变曲线大致的分类。严格说来，每种岩石都具备下列阶段：

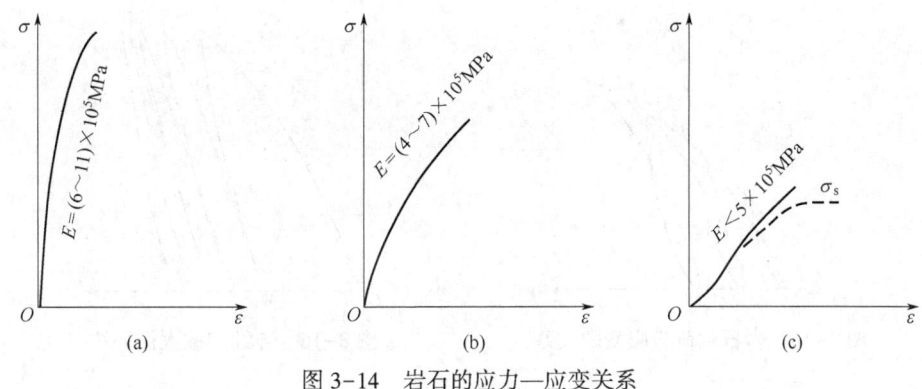

图 3-14　岩石的应力—应变关系

如图 3-4 所示，第一阶段为 OA 段，它的特点是曲线的斜率逐渐增大，因此曲线是上弯的，这可理解为岩石中原有的裂隙受压后逐渐闭合所引起。在这一阶段中，虽然岩石的裂隙末端有某些破裂，但由于相应的载荷不大，因而不占重要地位。

第二阶段在 AB 段内，它的特点是曲线近似为直线，即曲线的斜率为常数。

第三阶段在 BC 段内，它的特点是曲线逐渐下弯，即曲线的斜率逐渐减小。此阶段内局部破损逐渐增大而导致岩石达到极限值 C。如为普通实验机，则到达 C 值后，由于加载系统储存弹性能量的释放而很快使岩块破坏；如为刚性实验机，由于加载系统储存的弹性能的大大减少和实验机及时地减小载荷，则可以观察到第四阶段。

第四阶段为 CD 段，为应力下降阶段。在这个阶段内，岩石仍保持一整体继续抵抗载荷，岩石破裂在此阶段内仍继续地发展。直到 D 点，岩石才在某些面上完全丧失黏聚力，分裂成几块最终达到破坏。

在曲线的 BC 段内的任一点 P 卸载直到应力为零，则曲线将沿 PQ 段曲线变化；若再加载，则曲线沿 QR 曲线变化，曲线 PQR 称为塑性滞环。卸载曲线的方向一般和单调加载的弹性段大致平行，或者和单调加载曲线在原点处的切线大致平行。如果在 CD 段内 T 点卸载，应力和应变将沿着 TUV 的途径变化。

在 P 点，岩石内既有塑性变形又有弹性变形。OQ 为塑性部分，即永久变形；QS 为弹性部分，即弹性变形。

B 点为产生与不产生塑性的分界点，称为弹性极限，又称屈服应力，以 σ_s 表示。C 点所对应的应力称为抗压强度，是岩石在这种条件下所能承受的最大压缩应力，以 σ_c 表示。一般 σ_s 为 $(1/2 \sim 2/3)\sigma_c$。

如果加载和卸载反复多次，则所得典型变形曲线如图 3-15 所示，每一循环的卸载和加载曲线都不会重合，塑性滞环的面积在反复加载卸载之后则逐渐变大。图 3-15 是大理岩三个载荷循环的情况，其塑性滞环的面积之比为 1∶3.76∶4.74，并且卸载曲线的斜率也逐次有所增加。每次卸载以后，如果再次加载到原来应力的大小，继续加载时，则曲线仍沿着单调曲线上升，好似不曾受到卸载过程的影响。同样地，经过多次加载、卸载和加载，曲线也照样沿着单调加载曲线上升，不受反复过程的影响。

如果在一定应力条件下卸载，然后再加载到这个应力大小，这种操作重复多次，如图 3-16 所示，则第一循环卸载加载曲线之间有最大的塑性滞环，以后每循环卸载、加载曲线的滞环逐次缩小，最后卸载加载曲线可以几乎互相重合。

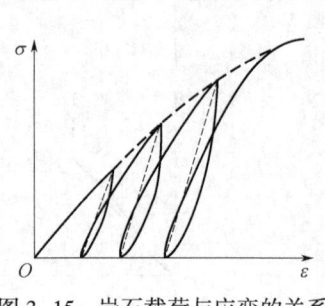 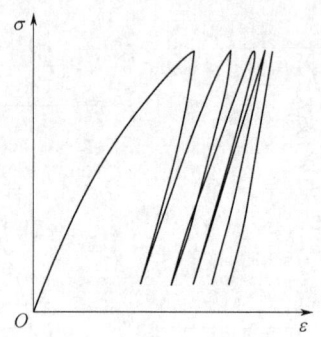

图 3-15　岩石载荷与应变的关系　　　图 3-16　连续加载大循环法

2. 单向拉伸实验应力—应变曲线

在实验室内进行单向拉伸实验其应力—应变曲线可分为下列两类。

1）非全程曲线

此为在普通材料实验机上采用直接拉伸法实验而得出的曲线，应变和应力的灵敏度各为 10^{-6} 及 $0.35 kgf/cm^2$。试件直径为 2.54cm，长为 6.35cm，用砂岩和石灰岩实验，拉伸应力—轴向应变曲线如图 3-17、图 3-18 所示，试件分干燥和潮湿两种。应力—应变曲线的斜率由零应力处的最高值连续地减少到破坏的瞬间几乎为零值。干燥试件的抗拉强度大于潮湿试件的抗拉强度；弹性模量也是如此。

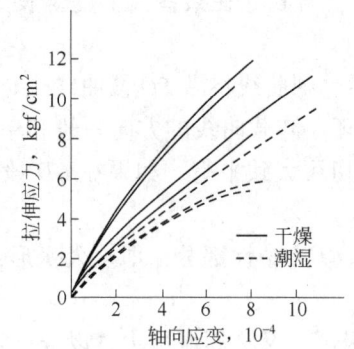 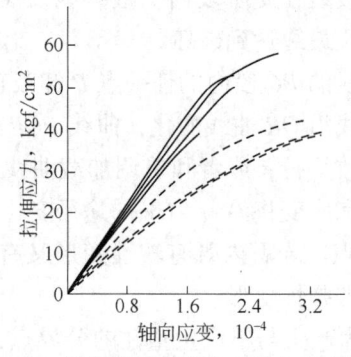

图 3-17　砂岩拉伸应力—轴向应变曲线　　　图 3-18　石灰岩拉伸应力—轴向应变曲线

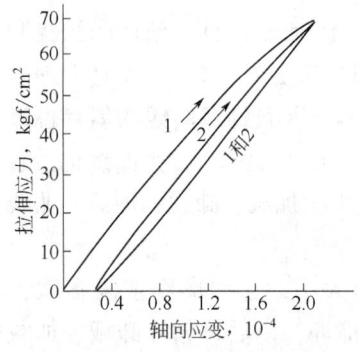

图 3-19　拉伸加卸载实验

用由零到小于破坏载荷的某值进行了几次拉伸载荷的循环实验。图 3-19 是花岗岩的典型结果。它的性质与压缩相似。当载荷卸去后，应力—应变曲线沿着一条较陡的途径回到零应力，并且有永久应变，但其中的一些经过时间能够恢复，另一些留存在试件里。假如重新加载，应力—应变曲线沿着另一途径但仍回到原曲线的出发点上，即具有相同值。

2）全程曲线

全程曲线是在刚性实验机或伺服控制实验机上采用直

接拉伸法而得出的曲线。试件直径 2.5cm，长 6.1cm。图 3-20 为七种岩石所得的全程曲线，其中属第一类稳定断裂传播的有杏仁岩、砂岩，属第二类不稳定断裂传播有玄武岩、花岗闪长岩、石英岩、花岗岩和石灰岩。

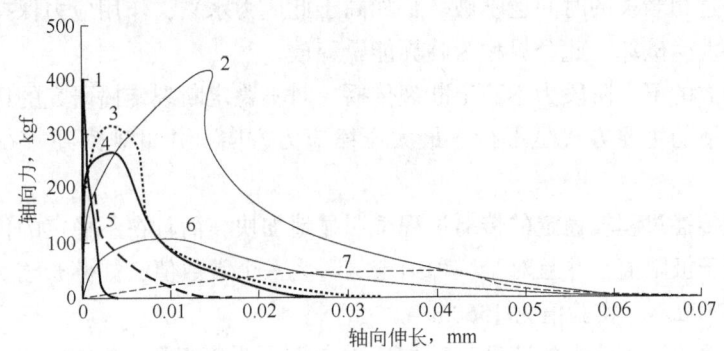

图 3-20 七种岩石全程曲线
1—玄武岩；2—花岗闪长岩；3—石英岩；4—花岗岩；5—石灰岩；6—杏仁岩；7—砂岩

三、岩石受力后的断裂机理

假如在岩石内存在着原生裂隙，随机地分布于不同的方向，由于岩石内存在原生裂隙，因此岩石的弹性模量低于连续体。当岩石受到外力作用后，裂隙发生了闭合，如图 3-4 内的 OA 段，这时岩石的弹性模量逐步增加，在硬岩内 OA 段是很小的。

外力继续增加，裂隙闭合后即出现应力—应变关系为线性的 AB 段，弹性模量为常数，此阶段的特点是闭合的裂隙面之间将产生某些滑动。为研究该现象，采用 15cm×15cm×0.32cm 的退火玻璃板，刻出一通过板厚度的单个闭合裂隙，板受到双向压缩载荷，如图 3-21 所示，由于裂隙面之间的相对运动中的摩擦效应，在沿裂隙长度内产生了短的张拉裂纹，这些裂纹以规则的间隔出现，随着载荷的增加而增多，直到接近原生裂隙端部的裂隙开始出现，短的垂直裂纹才停止产生，此时标志着下阶段（即断裂开始）开始出现。

断裂开始发生于裂隙面运动时，引起了如图 3-21 所示在原生裂隙端部附近的裂隙的稳定扩展。此时的外力仍然在继续增加。

玻璃板裂隙扩展实验研究说明，断裂开始发生于靠近裂隙的顶端（但也有一段距离）。这表示裂隙顶端在断裂过程中起很小的作用。造成裂隙开始的主要原因是裂隙面的相对移动。裂隙表面的不规则性造成了沿裂隙长度上的不均匀的应力分布，并且张拉断裂开始在拉应力区域内，该区域出现在裂隙面运动比较自由的那些点处。在单向压缩下的断裂开始时，不受试件形状、载荷板或实验机的影响。

一旦岩石中断裂开始出现，稳定断裂的传播随即发生，由图 3-21 中的玻璃板单个闭合裂隙研究得到裂纹破裂的传播方向，是沿着一条曲线的途径最后向着平行于外加最大主应力轴。但当裂纹的轨迹已变为平行于外加的最大主应力方向时，断裂传播停止。从这些研究中可以看出，一个单闭合的裂隙在压缩应力场内不可能形成试件的断裂，除

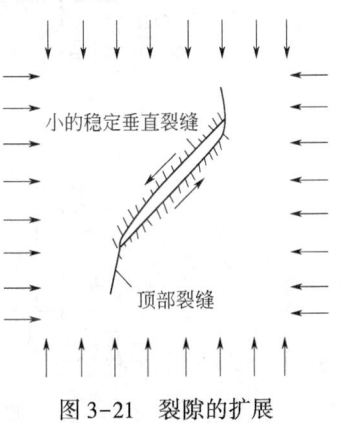

图 3-21 裂隙的扩展

非外加主应力之比等于或小于零，即在单轴压缩或另一主应力为拉力。

在岩石板内研究稳定断裂传播时发现，在所有相同岩石材料的板中，当外加应力约为最大应力的80%时，出现了裂纹的稳定断裂传播与不稳定断裂传播的分界，即外加应力低于此应力水平，经过相当长的时间也不破坏，如高于此应力水平，作用应力保持不变，则经过一段时期，试件发生破坏，此分界称为临界能量释放。

临界能量释放的下个阶段为不稳定断裂传播。对不稳定断裂传播研究的压缩性实验显示出不稳定断裂传播的主要方式是平行于最大压缩应力方向，并可观察到岩石结构中晶粒的破坏。

不稳定断裂传播过程较稳定的传播过程很明显地加快，而且在不稳定的传播过程中，断裂速度增大渐近于极限值，并且对于一种给定材料为一个常数值，如苏长岩为1875m/s；玻璃的理论值为1710m/s，实验值为1560m/s。

一旦破裂传播达到了终点的速度，外加应力达到了强度极限，如图3-4中的C点，即达到最大的应力，则产生了强度破裂。过此点之后，应力——应变曲线的坡度将改变符号。此时若在普通实验机加载的条件下，对坚硬岩石来说，强度破裂通常是与崩裂是一致的，此时试件中不能观察到分叉现象。

如实验采用刚性实验机，就能得到全程应力——应变曲线，这时岩石里发生了裂隙的分叉现象。在此过程中，由于实验机不同的刚度而得到应力——应变曲线不同的负坡度，随着变形的增加而应力减小，虽然在试件中发生了广泛的损坏，但它仍然保持一定的强度直至崩裂发生。因此，分叉的汇合过程取决于岩石结构的稳定性而不是在于岩石材料的性质。

岩石的崩裂是破裂过程的最后阶段，此时材料出现了完全解体的结构破坏。崩裂使得结构失效，如同强度破裂使得材料失效一样。

总结上述，岩石在压缩下的脆性破裂机理，可分为如图3-22所示的四个阶段，即Ⅰ——裂隙闭合、Ⅱ——断裂开始、Ⅲ——临界能量释放、Ⅳ——强度破裂（最大应力）。

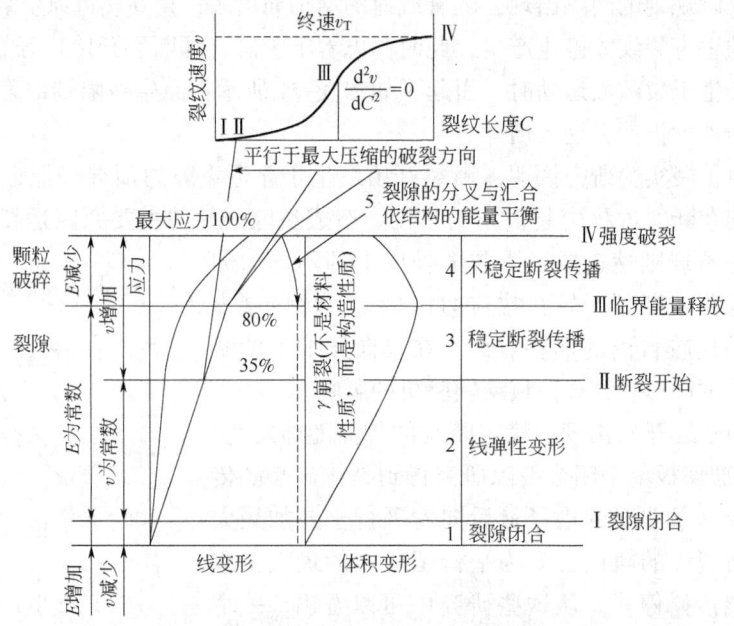

图3-22 多向压缩下岩石脆性破裂机理

上述的岩石脆性破裂阶段一般也用于张拉，但是在张拉状态中，裂隙的闭合将是不存在的，并且稳定的和不稳定的破裂过程将是很短的持续时间。

四、岩石在三向力作用下脆性变形特性

由于天然的岩体绝大多数处于三向或双向应力状态中，所以明确其变形特征对实际工程意义重大。

图 3-23、图 3-24 表示干砂岩和湿砂岩在常温和不同侧限压的三向应力状态下的变形曲线。图中的纵坐标表示最大主应力 σ_1（一般为垂直应力）与最小主应力 σ_3（一般为侧限应力）之差，横坐标表示应变（纵向应变，有时也可用体积应变表示）。由图可知：

(1) 在岩块应力—应变开始阶段，都有一段近似直线的关系（在峰值前不远），说明当 $\sigma_1-\sigma_3$ 的数值在峰值前不远处的范围内，岩石的变形特征是弹性变形。

(2) 随着侧限压 σ_3 的增加，$\sigma_1-\sigma_3$ 差值在强度极限（峰值）和破坏（终值）强度均相应地增大。

(3) 曲线形状的总规律是曲线在开始时以很陡的直线上升，到将近峰值时曲线稍缓；到峰值之后曲线下降到一定程度再破坏，有的经过一段水平的线后破坏。其中两种干砂岩试件表现尤其明显，湿砂岩试件在峰后下降不十分剧烈，而且近似于直线。

(4) 从砂岩来看，干的、湿的试件峰值的轴向应变大致相同。

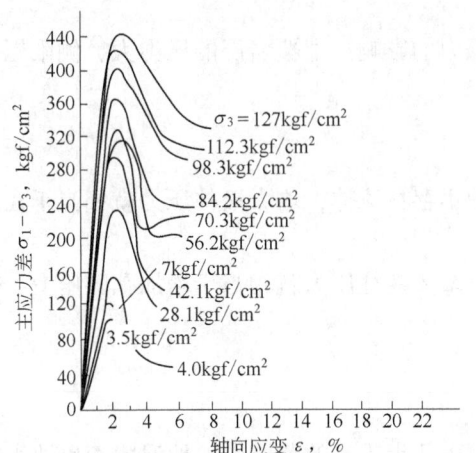

图 3-23　干砂岩在不同侧限压的三向应力
　　　　　状态下的变形曲线

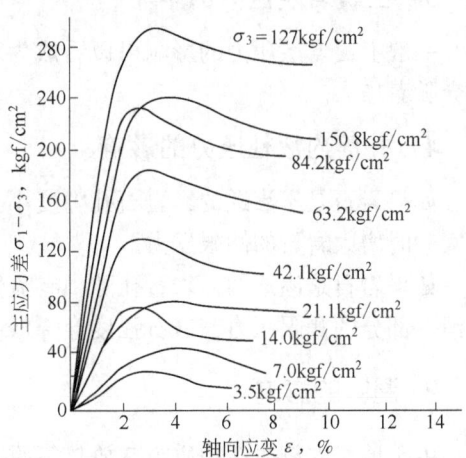

图 3-24　湿砂岩在不同侧限压的三向应力
　　　　　状态下的变形曲线

五、岩石脆性变形的影响因素

岩石在常温、单向压缩及一般实验机的应变率实验时，大多数表现为脆性。但是岩石在受到压力、温度、应变率和水等影响时，在一定的条件下可以转化为塑性，现在讨论这些因素。

1. 压力的影响

1) 侧限压的影响

地壳中由于覆盖岩层重力作用而引起的垂直压应力为 γH，其中 γ 为岩石的容重，H 为

离地表的深度。由于岩石在地壳中受四周岩石的限制，因而在受到垂直压应力发生变形时不能扩张，从而引起水平方向的压应力。同时，由于构造应力场的作用，水平方向的压应力更大。

室内模拟侧限压实验表明，随着侧限压的增大，岩石的弹性极限随着提高，塑性增加。一般说来，碳酸盐类岩石与硅酸盐类岩石在常温、常压下同属脆性物质。随着侧限压的加大，硅酸盐类岩石的弹性极限有较大幅度的提高，而延性增长较少。较硬的硅酸盐类岩石在室温下直到侧限压超过 $10\times10^3 kgf/cm^2$ 时仍为脆性，大致在 $12\times10^3 kgf/cm^2$ 以上才能转化为塑性。而石英晶体甚至在 800℃、$20\times10^3 kgf/cm^2$ 侧限压下仍为脆性。较软的硅酸盐类岩石例如砂岩在常温下侧限压在几百千克力/厘米^2 即转化为塑性。一般碳酸盐类岩石的弹性极限也随侧限压而提高，但幅度较小，表现出有明显的屈服点，塑性有较大的增长。

2) 孔隙压力的影响

对于多孔裂隙的岩石，地下液体或气体渗入岩石的孔裂隙中，致使岩石的强度降低。若孔隙压力为 p_i，各主应力与 p_i 之差称有效主应力。孔隙压力抵消了侧限压的影响，所以孔隙压力提高致使岩石变脆。例如，孔隙压力与最小主应力 σ_3 相等时，岩石处于单向压缩（$\sigma_2=\sigma_3=\sigma_p$）或双向压缩（$\sigma_1\geq\sigma_2>\sigma_3=\sigma_p$）状态中，故孔隙压力的存在使得岩石强度降低和减少了侧限压的影响，对围岩的维护起着不利的作用。

3) 上覆岩层压力的影响

一般上覆岩层压力的影响可以看成为对侧限压力的影响。上覆岩层的压力大，侧限压力也会随着增大。

4) 井筒内液柱压力的影响

如果岩石是不渗透的，岩石孔隙度小且孔隙中不存在流体，增大液柱压力就相当于在三轴实验时增大岩石的侧限压力。

如果岩石是渗透的，岩石孔隙中有流体，这时增大液柱压力就相当于增加孔隙压力，会抵消一部分的侧限压力，岩石强度会降低。

2. 温度的影响

由于地壳内放射性物质蜕变放热等原因，在地表几十千米的范围内，地温随着离地表的深度的增加而增加。在全世界范围内，一般的深度在 15km 以内，地壳的平均增温率约为 30℃/km；15~25km 之间，平均约为 20℃/km；深于 25km 时，平均约为 10℃/km。在区域变质作用地区，增温率可达 40~80℃/km。亚洲大陆增温率平均为 25℃/km，我国大庆为 50℃/km，北京房山为 20℃/km。

图 3-25 和图 3-26 是大理岩和辉岩在 $5\times10^3 kgf/cm^2$ 侧限压和不同温度条件下进行压缩实验的应力差—应变曲线。实验说明，随着温度的升高，碳酸盐类及硅酸盐类岩石都是弹性极限和强度极限降低，弹性模量减小，屈服点越来越明显，塑性增加，即岩石从脆性向塑性转化。

3. 应变率的影响

岩石的应变率（即 $d\varepsilon/dt$）记为 ε'，大致可分为三个范围。

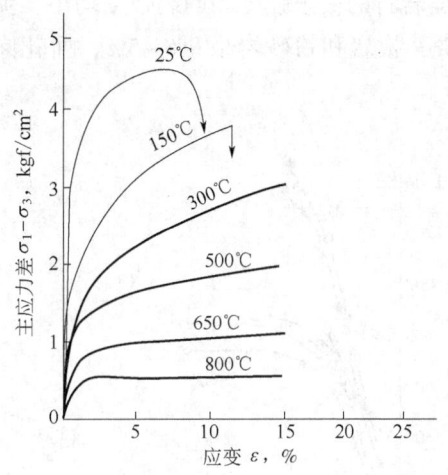

图 3-25 大理岩受温度影响的应力—应变曲线

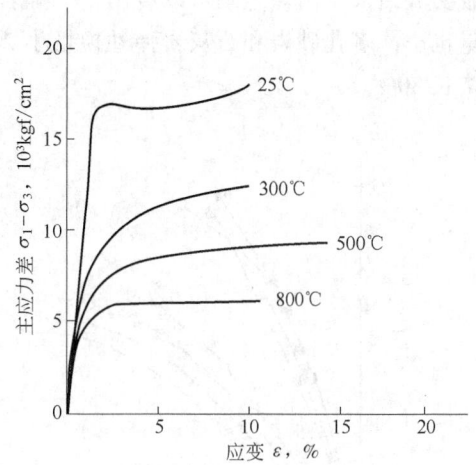

图 3-26 辉岩受温度影响的应力—应变曲线

1) 低应变率

当 $\varepsilon'<10^{-4}/s$ 时，称为静态。

在此范围内，应用实验机进行岩石性质的力学实验，例如在实验室内，若 3h 内使试件达到 10% 的轴向应变，其应变率为 $0.10/(3\times3600)\approx10^{-5}/s$。地壳运动的应变率一般估计为 $10^{-14}\sim10^{-15}/s$ 数量级。在实验室内进行慢速实验，其应变率也多为 $10^{-8}/s$ 数量级；有少数实验进行了几年，个别进行了十几年的实验应变率也仍在 $10^{-12}/s$ 数量级，仍大于地壳运动的应变率。

2) 中应变率

当 $10^{-4}/s<\varepsilon'<10^2/s$，尤其是当 $10^{-2}/s<\varepsilon'<10^2/s$ 时，称为准动态。应力波在岩石中传播规律及其影响，仍需进一步研究。

3) 高应变率

当 $\varepsilon'>10^2/s$ 时，称为动态。

图 3-27、图 3-28 是在常温、变化高温及不变侧限压的情况下在分别对砂岩、大理岩进行低应变速率实验的结果所作出的应力—应变曲线。从图中可以看出：总的趋势是应变率降低，抗压强度和弹性极限均有降低，快速加载时的弹性模量比慢速加载时大；另外，降低应变率，则使岩石由脆性向塑性转化，几种岩石在常温、高温等状况下表现得都很明显，大理岩还表现了明显的屈服点。

图 3-29、图 3-30 是常温和单轴压缩下花岗岩和煌斑岩的应力—应变曲线，从图上可以看出，除煌斑岩Ⅲ的情况稍有变化外，基本上呈线性关系。弹性模量快速加载时比慢速大，而抗压强度则略有提高。

4. 湿度（水）的影响

湿度对岩石的应力—应变曲线是有影响的。图 3-31 为砂质页岩单向抗压实验的结果；图 3-32 为黏土质砂岩三向抗压实验结果，图 3-33 为室内试件在饱水前和饱水后的加载、卸载实验结果。由该组图可以看出，潮湿岩石比干燥岩石的极限强度和崩裂强度均小，弹性模量也小；多孔砂岩和石灰岩弹性模量小 20%~40%，板岩和粉砂岩小 0%~5%，而花岗岩则增长 30%。

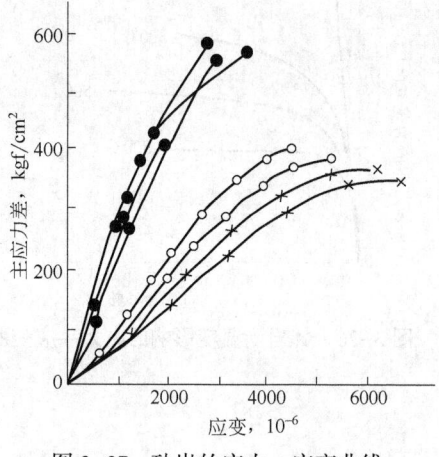

图 3-27　砂岩的应力—应变曲线

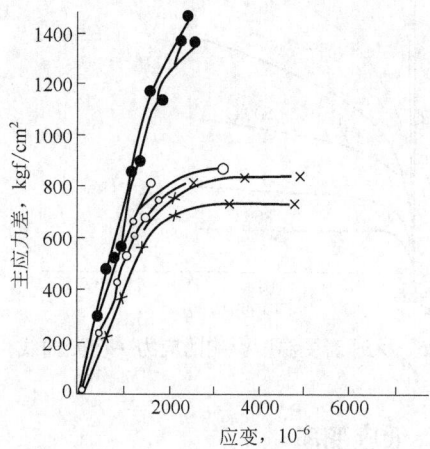

图 3-28　大理岩的应力—应变曲线

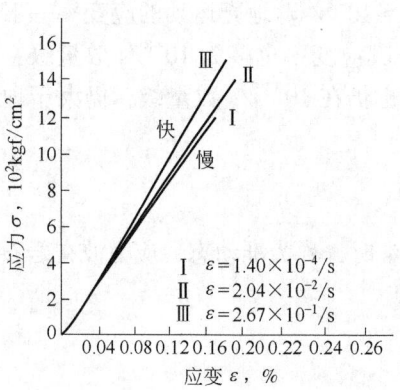

图 3-29　花岗岩的应力—应变曲线

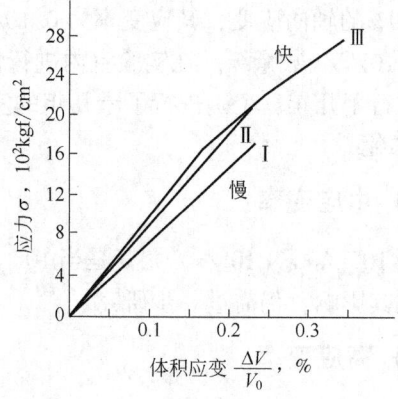

图 3-30　煌斑岩的应力—应变曲线

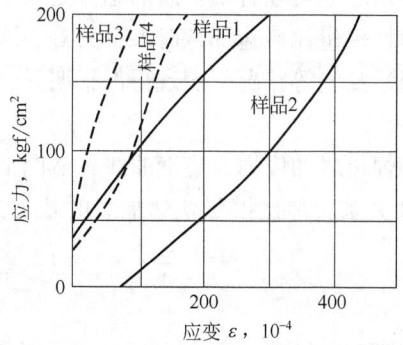

图 3-31　不同砂质页岩单向抗压实验结果

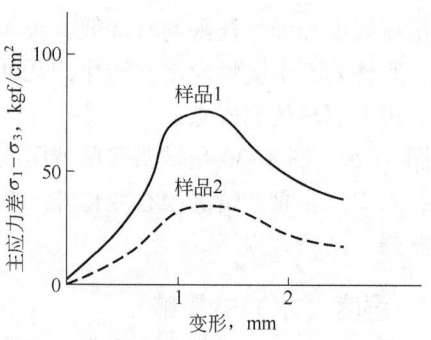

图 3-32　不同黏土质砂岩三向抗压实验结果

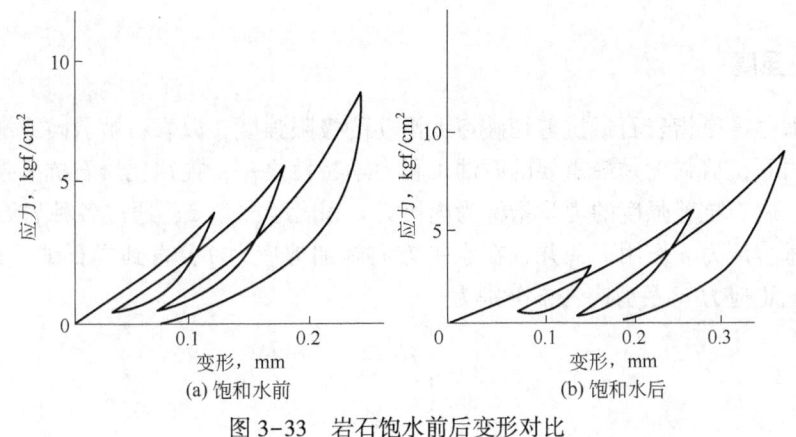

图 3-33 岩石饱水前后变形对比

第五节 岩石的强度及破裂准则

岩石在载荷的作用下变形达到一定程度时就要破坏。当然在变形阶段也有破裂的发生，但由于破裂的发展及汇合，形成了破裂面（滑动面），产生了破坏（崩裂）。处于破坏阶段岩石所能承受的最大载荷（峰值）叫极限载荷；若用单位面积表示，则为极限强度。本节介绍岩石的强度特性，即极限强度的特性。由于受力的情况不同，有不同的极限强度，如抗压强度、抗拉强度、抗剪强度等。在此基础上，介绍岩石的破裂准则。

一、岩石的强度

岩石的强度是岩石抵御外力破坏的能力。依据抵抗造成岩石破坏的应力性质，岩石的强度可分为抗压强度、抗拉（张）强度和抗剪强度。抗拉强度在储层岩石中极少用到，故这里主要介绍另外两种。

1. 抗压强度

岩石的抗压强度就是岩石试件在单轴压力下达到破坏的极限值，它在数值上等于破坏时的最大压应力。岩石的抗压强度一般是在实验室内用压力机进行加压实验测定的，试件通常采用圆柱形（钻探岩心）或立方柱状（用岩块加工入试件的断面尺寸，圆柱形试件采用直径 $D=5cm$，也有采用 $D=7cm$ 的；立方柱状试件，采用 5cm×5cm 或 7cm×7cm）。试件的高度 h 应当满足下列条件：

圆柱形试件 $\qquad h=(2\sim2.5)D$

立方柱形试件 $\qquad h=(2\sim2.5)\sqrt{A}$

式中，D 为试件的横断面直径；A 为试件的横断面积。

实验结果按下式计算抗压强度：

$$R_c = \frac{p_c}{S} \tag{3-42}$$

式中，R_c 为岩石单轴抗压强度；p_c 为岩石试件破坏时所加的轴向压力；S 为岩石试件横断面面积。

2. 抗剪强度

岩石抗剪强度是指岩石抵抗剪切破坏或滑动的极限强度,以岩石被剪破或滑动时的极限应力表示。岩石抗剪强度是最重要的石油工程力学特性之一,往往比岩石抗压强度及抗拉强度更有意义。岩石抗剪强度的力学指标为内聚力 c 和内摩擦角 φ,通过各种岩石剪切实验进行测定。在垂直压力 p 作用下,并且在水平方向施加剪应力 T,直到岩石试件被剪破为止,此时剪切面上正应力 σ 及剪应力 τ 分别为

$$\begin{cases} \sigma = \dfrac{p}{S} \\ \tau = \dfrac{T}{S} \end{cases} \tag{3-43}$$

式中,p、T 分别为试件开始沿着先存剪切面发生滑动时所施加的最大垂直压力、最大水平剪切力;S 为剪切面面积。

为紧密结合工程实际,可将岩石抗剪强度进一步划分为三种类型,即抗剪断强度、抗剪强度及抗切强度等。

抗剪断强度是在垂直压力 p 作用下,在水平方向施加剪应力 T,直到试件被剪断为止。此时根据莫尔强度理论,岩石抗剪断强度 τ_f 为

$$\tau_f = \sigma \tan\varphi + c \tag{3-44}$$

抗剪强度是岩石试件具有先存剪切面(节理面或裂缝面)时,在垂直压力 p 作用下,在水平方向施加剪切力 T 直到试件发生剪切滑动为止。此时,岩石抗剪强度 τ'_f 为

$$\tau'_f = \sigma \tan\varphi \tag{3-45}$$

岩石抗剪强度实验及计算公式也可以用于确定岩体中软弱结构面的抗剪强度。

抗切强度是没有垂直压力作用的条件下,而在水平方向施加切力 T 直到岩石试件能剪断为止。此时,剪切面上无正应力,仅有剪应力 T,则剪切应力为

$$\tau = \dfrac{T}{S} \tag{3-46}$$

式中,T 为岩石试件剪断时所施加的最大水平剪切力;S 为先存剪切面面积。

按莫尔强度理论,抗切强度定义为

$$\tau = c \tag{3-47}$$

二、岩石的破裂准则

岩石的破裂准则就是岩石发生破裂的条件,假定岩石处于 $(\sigma_1, \sigma_2, \sigma_3)$ 应力状态时发生了破裂。σ_1、σ_2、σ_3 之间的关系 $\sigma_1 = f(\sigma_2, \sigma_3)$ 称为破裂准则。下面详细讨论几种常见破坏形式和破裂准则。储集岩石处于地下,主应力一般都是压性的,主要发生剪切破裂,故一般讨论剪切破裂问题较多。但在水力压裂条件下,岩石中的孔隙压力足够大,张性压裂一样有可能发生。

1. 莫尔—库仑破裂准则

这是岩石力学中应用最广泛的强度理论,它认为,当某一面上剪切应力超过其所能承受

的极限剪应力 τ 值时，岩石便破坏。法国物理学家库仑在 1781 年运用物体滑动时摩擦力和法向压力的正比关系求解平衡问题，得到库仑摩擦定律。岩石破裂的实验结果，可以用与摩擦公式相似的简单关系表示，称为库仑破裂准则。

某岩石内部某平面上的正应力 σ 和剪切力 τ 满足条件 $\tau = c + \mu\sigma$，则该面将发生破裂。c 称作岩石的内聚力或聚合强度，μ 称为内摩擦系数，工程上常令 $\mu = \tan\varphi$，φ 称内摩擦角。图 3-34 为库仑破裂准则的图解，剪切力 τ 增大到一定程度时，岩石破裂；如果正应力 σ 较大，内摩擦力增大，需要更大的剪切力 τ 使岩石破裂。

莫尔在 1882 年引入莫尔圆来显示材料内部的应力状态（Timoshenko, 1970），能够直观地表现破裂准则。图 3-35 是极限平衡状态下的莫尔圆。

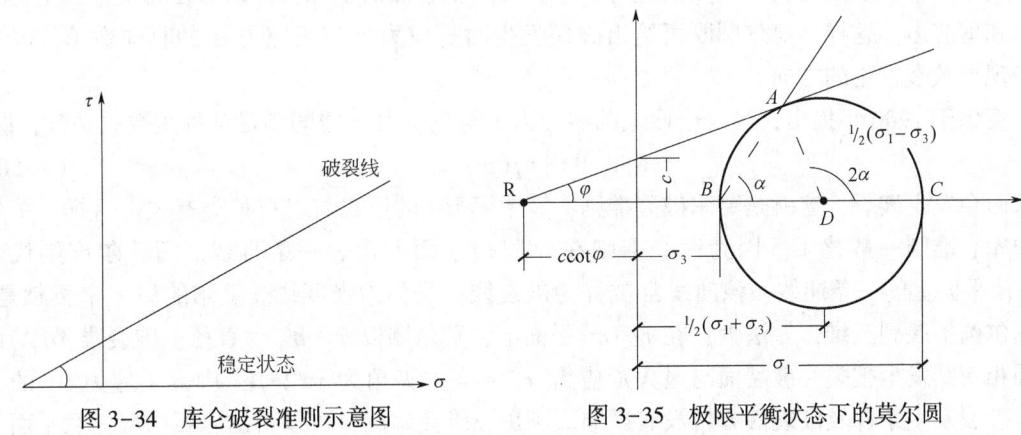

图 3-34　库仑破裂准则示意图　　　　图 3-35　极限平衡状态下的莫尔圆

首先考虑平面问题。如图 3-36(a) 所示，在岩体中任取一单元体，设作用在该微小单元体上的两个主应力为 σ_1 和 σ_3（$\sigma_1 > \sigma_3$），在微单元体内与最大主应力 σ_1 作用面成任意角度 α 的 mn 平面上有正应力 σ 和剪应力 τ。为建立 σ、τ 和 σ_1、σ_3 之间的关系，取微棱柱体 abc 为隔离体，如图 3-36(b) 所示。

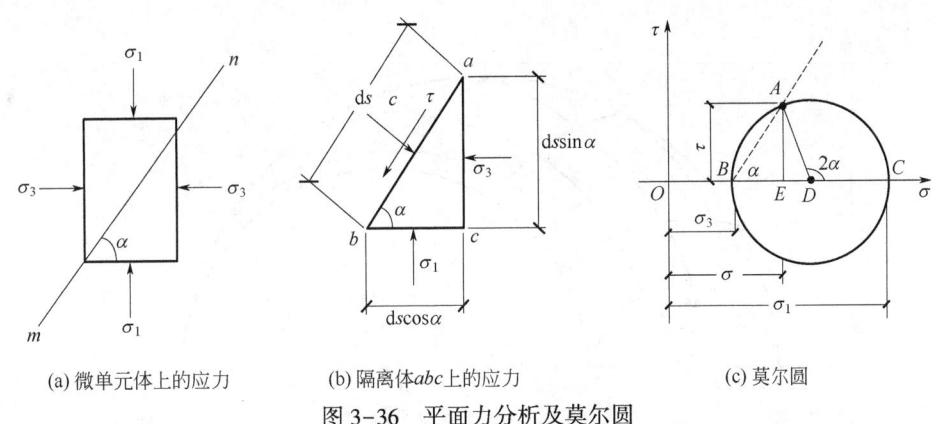

(a) 微单元体上的应力　　(b) 隔离体 abc 上的应力　　(c) 莫尔圆

图 3-36　平面力分析及莫尔圆

将各个力分别在水平和垂直方向投影，根据静力平衡条件可得

$$\begin{cases} \sigma_3 ds\sin\alpha - \sigma ds\sin\alpha + \tau ds\cos\alpha = 0 \\ \sigma_1 ds\cos\alpha - \sigma ds\cos\alpha - \tau ds\sin\alpha = 0 \end{cases} \quad (3-48)$$

以上两方程联立，求得 mn 平面上的应力为

$$\begin{cases} \sigma = \dfrac{1}{2}(\sigma_1+\sigma_3)+\dfrac{1}{2}(\sigma_1-\sigma_3)\cos 2\alpha \\ \tau = \dfrac{1}{2}(\sigma_1-\sigma_3)\sin 2\alpha \end{cases} \quad (3-49)$$

以上 σ、τ 和 σ_1、σ_3 之间的关系可以用莫尔圆表示，如图 3-36(c) 所示。在 σ—τ 直角坐标系中，按一定的比例，沿 σ 轴截取 OB 和 OC 分别表示 σ_3 和 σ_1，以 D 为圆心，$\sigma_1-\sigma_3$ 为直径作圆，从 DC 开始逆时针旋转 2α 角，得到 DA 线，它与圆周交于 A 点。从式(3-49) 可知，图中 A 点的横坐标就是 mn 平面上的正应力 σ，纵坐标就是剪应力 τ。因此，莫尔圆可以表示岩石中一点的应力状态，圆周上各点的坐标就是该点在相应平面上的正应力和剪应力。这样，莫尔圆既可给出破裂发生时剪应力 τ 与正应力 σ 的具体数值，又可以表现出破裂发生的方向。

莫尔于 1900 年提出，当一个面上的剪应力 τ 与正应力 σ 之间满足某种函数关系数，即

$$|\tau|=f(\sigma) \quad (3-50)$$

沿该面会发生破裂，这就是莫尔破裂准则，其中函数 f 的形式与岩石种类有关。这样，莫尔就把库仑准则一般化了。因为库仑准则在 $\sigma-|\tau|$ 平面上代表一条直线，而莫尔准则代表 $\sigma-|\tau|$ 平面上的一条曲线。该曲线常被称为破裂线，又称为强度线。莫尔的另一个贡献是，将莫尔圆扩展到三维，做法为：在 $\tau-|\sigma|$ 平面上，莫尔圆以 $\sigma_1-\sigma_3$ 为直径，破裂线 AB 与该大圆相切则发生破裂，破裂面与最大走应力 σ_1 方向的夹角为 $\pi/2-\beta$，中等主应力 σ_2 的大小对破裂发生条件及破裂面方位没有影响。利用三维莫尔圆，可以得出岩石内部任意平面上的法向应力与切向应力，做法是，根据研究平面与最大应力方向的夹角 φ 及其与最小主应力方向的夹角 θ，在 σ_1 和 σ_2 构成的小圆内作出一条与 σ 轴成 2φ 角的半径（在图 3-37 中 $\varphi=30°$，$2\varphi=60°$），在 σ_3 和 σ_2 构成的小圆内作一条与 σ 轴成 2θ 角的半径（在图 3-37 中 $2\theta=75°$）。根据这两条半径分别与其圆周相交点的刻度，确定交点 P。P 点的纵、横坐标就是该平面上的切应力 τ 和正应力 σ，如图 3-37 所示。

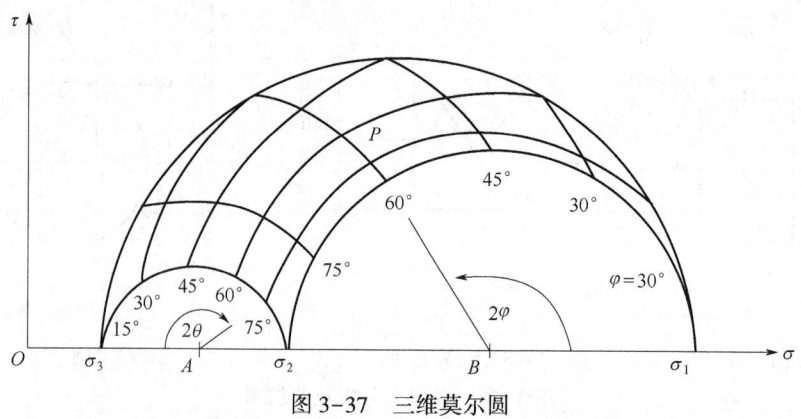

图 3-37 三维莫尔圆

当 $|\tau|=f(\sigma)$ 为直线时，与库仑准则是一致的，被称为莫尔—库仑强度准则，或莫尔—库仑强度线。实验表明，当岩石较软弱时，其强度曲线近似于抛物线形，此时莫尔—库仑破裂准则表示为 $\tau^2=\sigma_t(\sigma+\sigma_t)$，其中 σ_t 为岩石单轴抗拉强度，当 $\tau^2 \geq \sigma_t(\sigma+\sigma_t)$ 时，岩

石破裂；当岩石较坚硬时，强度曲线近似于双曲线型，可表示为 $\tau^2=(\sigma+\sigma_t)^2\tan\eta+(\sigma+\sigma_t)\sigma_t$，其破坏判据为 $\tau^2 \geqslant (\sigma+\sigma_t)^2\tan\eta+(\sigma+\sigma_t)\sigma_t$，其中 $\tan\eta=\frac{1}{2}\sqrt{\sigma_c/\sigma_t-3}$，$\sigma_c$ 为单轴抗压强度。

2. 格利菲斯强度理论

莫尔强度理论将材料看作完整而连续的均匀介质，可实际上任何材料内部都会存在许多细微裂纹或裂隙。在应力作用下，这些裂隙周围（尤其在裂隙端部）将产生较大的应力集中，有时由于集中在局部产生的应力可以达到所加应力的 100 倍，故材料破坏主要取决于内部裂隙周围应力状态，材料的破坏往往从裂隙端部开始，并通过裂隙扩展而导致完全破坏。1920 年，格里菲斯（Griffith）的经典论文使断裂力学研究取得了突破。格里菲斯考虑固体中受应力作用的一条孤立裂缝，根据经典力学和热力学的基本能量理论，提出了裂纹扩散理论。

在外力作用下，由材料内部应力集中而聚集起来的弹性势能大于使之沿裂隙扩展所做的功时，材料便沿裂隙开裂。如图 3-38 所示，材料内部原有一条长度为 L 的裂隙，在弹性势能 U 作用下产生长度为 ΔL 的裂隙扩展，释放的弹性势能为 ΔU，则能量释放率（能量梯度，也称裂隙扩展）G 为

$$G=\frac{\Delta U}{\Delta L} \quad \text{或} \quad G=\frac{\mathrm{d}U}{\mathrm{d}L} \tag{3-51}$$

裂隙扩展长度为 ΔL 时，所增加的表面能 ΔS 为

$$\Delta S = 2\gamma\Delta L \tag{3-52}$$

式中，γ 为单位面积（单位线长度）表面能。

假定 R 为表面能增加率或裂隙扩展阻力，则有

$$R=\frac{\mathrm{d}S}{\mathrm{d}L}=\frac{\Delta S}{\Delta L}=2\gamma \tag{3-53}$$

可见，只有当 $G \geqslant R$ 时，裂隙方得以扩展。所以 $G \geqslant R$ 即为裂隙扩展的能量准则。

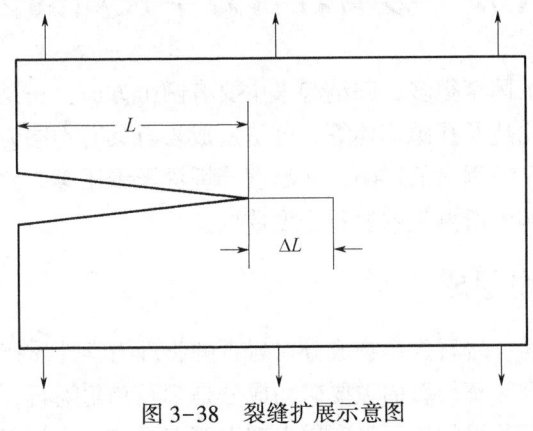

图 3-38 裂缝扩展示意图

下面来研究裂隙扩展的应力准则。

选取裂隙扩展方向为 x 轴，则 y 轴垂直于裂隙表面，裂隙端点处的应力为 σ_x、σ_y 和

τ_{xy}。而裂隙椭圆周边的切向应力 σ_b 可以采用弹性力学中的英格里斯（Inglis）公式表示，可得到裂隙端点最大切应力为

$$\sigma_b = \frac{1}{m}(\sigma_y \pm \sqrt{\sigma_y^2 + \tau_{xy}^2}) \tag{3-54}$$

式中，$m = b/a$ 是裂隙椭圆长半轴与短半轴的比值。

必须说明一点，因为裂隙是一个拉长椭圆，裂隙端点的切应力是沿 y 轴方向的。这样，在 $\sigma_y > 0$ 条件下，式(3-54) 采用负号方能取得负的 σ_b 值，即呈拉应力，当该应力大于 σ_t（岩石单轴抗拉强度），裂隙端点就会出现新的破裂，引起裂隙的扩展。用主应力 σ_1、σ_2 和 σ_3 表示 σ_x、σ_y 和 τ_{xy}，可得到破裂角 β（裂缝面与 σ_1 夹角）的表达式

$$\cos 2\beta = \frac{\sigma_1 - \sigma_3}{2(\sigma_1 + \sigma_3)} \tag{3-55}$$

这就要求 $(\sigma_1 - \sigma_3)/2(\sigma_1 + \sigma_3) \leq 1$，即 $\sigma_1 + 3\sigma_3 \geq 0$。如果满足 $\sigma_1 + 3\sigma_3 \geq 0$ 条件，可用 σ_y 和 τ_{xy} 表示该强度准则 $2\sigma_t \leq \sigma_y + \sqrt{\sigma_y^2 + \tau_{xy}^2}$，或者 $\tau_{xy}^2 \geq 4\sigma_t(\sigma_t - \sigma_y)$。采用 σ_1 和 σ_3 表示，则为 $(\sigma_1 - \sigma_3)^2/(\sigma_1 + \sigma_3) \geq -8\sigma_t$，这里出现负号，是因为岩石力学中张应力为负，张应力使岩石裂开。为满足上述破裂条件，要求 σ_1 与 σ_3 差别较大。当 $\sigma_3 = 0$ 时，即单轴应力条件下，$\cos 2\beta = 1/2$，于是有 $2\beta = 60°$，故破裂角 $\beta = 30°$；当 $\sigma_3 < 0$ 时，强度准则更容易满足，此时 $(\sigma_1 - \sigma_3)/2(\sigma_1 + \sigma_3) > 1/2$，故 $\beta < 30°$。因受到应力准则 $\sigma_1 + 3\sigma_3 \geq 0$ 的限制，其极限情况就是 $\sigma_1 + 3\sigma_3 = 0$，此时 $\cos 2\beta = 1$，$\beta = 0°$。最常见的情况是 $\sigma_3 > 0$，这时 $(\sigma_1 - \sigma_3)/2(\sigma_1 + \sigma_3) < 1/2$，$\beta > 30°$。如果 σ_1 和 σ_3 都很大，且岩石强度较小时，$\cos 2\beta \to 0$，即 $\beta \to 45°$。

如果条件 $\sigma_1 + 3\sigma_3 \geq 0$ 得不到满足，则意味着岩石处于张应力环境，当 $\sigma_3 \leq -\sigma_t$ 时，岩石沿垂直于 σ_3 的平面裂开。

如果以一定压力将液体泵入一个完整岩石的钻井中，一旦井内液体压力大于当地应力场的作用力，井壁岩石就将承受张应力，这个张应力等于或大于岩石的抗张强度，就会发生张性破裂，这种张性破裂面一定通过最大主应力轴，且垂直于最小主应力轴。

第六节　影响岩石力学性质的因素

影响岩石力学性质的因素很多，归纳起来主要有两个方面：一是岩石的地质特征，如岩石的矿物组成、结构、构造及孔隙流体等，这是造成岩石具有不同力学性质的本质原因；二是岩石形变后所受外部环境因素的影响，如温度、埋深及围压等。此外，实验岩样的制备过程及实验过程也直接影响到所测量的岩石强度数据。

一、岩石的矿物组成

岩石是由矿物组成的，岩石的矿物成分对岩石的物理力学性质产生直接的影响。如辉长石的密度比花岗岩大，因为辉长石的主要矿物成分是辉石和角闪石，其密度比构成花岗石的石英和正长石大。又如石英岩的抗压强度比大理岩要高得多，这是因为石英的强度比方解石高。可见，尽管岩类相同，结构和构造也相同，但如果矿物成分不同，岩石的物理力学性质也会呈现明显的差别。但也不能简单地认为，含有高强度矿物的岩石强度就一定高。岩石受

力后，如果其中强度较高的矿物在岩石中互不接触，则应力传递将会受到中间低强度矿物的影响，岩石就不会定能显示出高的强度；只有当矿物分布均匀、高强度矿物在岩石的结构中形成牢固的骨架时，才能起到提高岩石强度的作用。

岩石粒度是影响岩石力学参数的重要因素，粒度越小，泊松比越小，而粒度较小的岩石具有较大的泊松比；岩石颗粒越紧密，胶结越好，岩石强度越大；而颗粒不紧凑、间隙较大的岩石容易被剪切破裂，粒度较粗的岩石内聚力较细粒岩石大，内摩擦角和内摩擦系数较小。另外，泥质含量影响岩石力学参数，泥质含量增加，岩石强度及弹性模量降低（图3-39）。

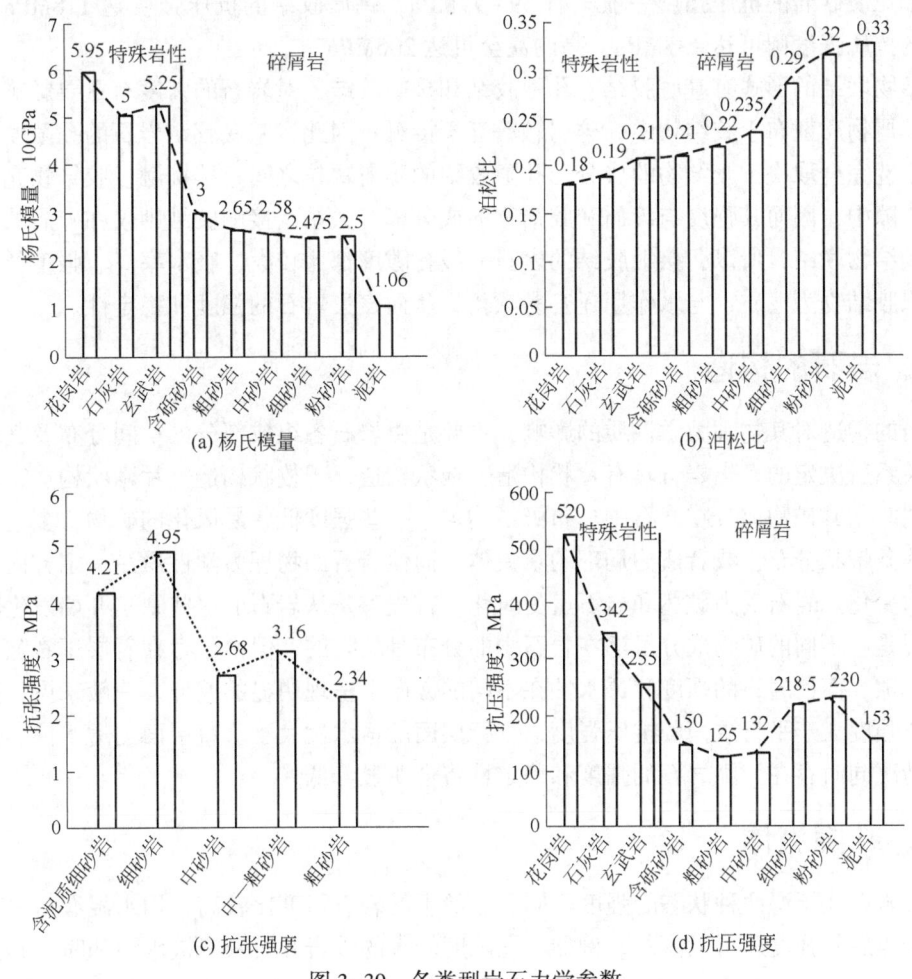

图3-39 各类型岩石力学参数

二、岩石的结构

岩石的结构特征是影响岩石物理力学性质的重要因素。根据岩石的结构特征，可将岩石分为两类：一类为结晶岩类，如大部分的岩浆岩、变质岩和一部分沉积岩；另一类为胶结物联结的岩石，如沉积岩中的碎屑岩等。

结晶联结是由岩浆或溶液中结晶，以及重结晶形成。矿物晶体靠直接接触产生的力牢固地联结在一起，结合力强。结晶联结岩石的孔隙度小、结构致密、吸水率变化小，比胶结联结的岩石具有更高的强度和稳定性。但就结晶联结来讲，结晶晶粒的大小对岩石的强度有明显影响。如粗粒花岗岩的抗压强度一般在 118～137MPa 之间,而细粒花岗岩有的则可达 196～245MPa;又如大理岩的抗压强度一般在 79～181MPa 之间,而最坚固的石灰岩则可达 196MPa 左右,甚至可达 255MPa。这说明矿物成分和结构类型相同的岩石,矿物结晶晶粒的大小对其强度的影响是十分明显的。

胶结物联结是矿物碎屑由胶结物联结在一起,是沉积岩的特有结构。其强度和稳定性主要取决于胶结物的成分和胶结形式,同时受碎屑成分的影响,变化很大。就胶结物的成分而言,硅质胶结的强度和稳定性高,泥质胶结的强度和稳定性低,钙质和铁质胶结则介于二者之间。如泥质砂岩的抗压强度一般只有 59～79MPa,钙质胶结的抗压强度达 118MPa,而硅质胶结的抗压强度则可达 137MPa,高的甚至可达 206MPa。

胶结物联结的形式有基底胶结、孔隙胶结和接触胶结,对岩石的强度有重要影响。基底胶结的碎屑物质散布于胶结物中,碎屑颗粒互不接触,因此,基底胶结岩石的孔隙度小,强度和稳定性完全取决于胶结物的成分。孔隙胶结的碎屑颗粒之间直接接触,胶结物充填于碎屑间的孔隙中,因而其强度与碎屑和胶结物的成分都有关系。接触胶结则仅在碎屑的相互接触处有胶结物联结,所以,接触胶结的岩石一般孔隙度都比较大、吸水率高、强度低、易透水。如果胶结物为泥质,与水作用还容易软化,从而丧失岩石的强度和稳定性。

三、岩石的构造

岩石的构造对其物理力学性质的影响,主要是由岩石各组成部分的空间分布及其相互间的排列关系所决定的。当岩石具有片状构造、板状构造、千枚状构造、片麻状构造,以及流纹状构造时,其矿物成分在岩石中分布极不均匀。一些强度低、易风化的矿物,多沿一定方向富集成条带状分布,或者成为局部的聚集体,而使岩石的物理力学性质沿一定方向或局部发生很大变化。岩石受力破坏和岩石遭受风化,首先都是从岩石的这些缺陷开始发生的。另一种情况是,不同的矿物成分虽然在岩石中的分布是均匀的,但由于存在着层理裂隙和各种成因的孔隙,而使岩石的强度和透水性在不同的方向上呈现明显的差异。一般来说,垂直层面的抗压强度大于平行层面的抗压强度,平行层面的透水性大于垂直层面的透水性。假如上述两种情况同时存在,则岩石的强度和稳定性将会明显降低。

四、孔隙流体

同种岩石在干湿两种状态的强度不同。一般干的岩石强度比较高,用水浸润后,其强度降低,干燥后其强度还可以恢复。例如,孔隙度较大的砂岩和石灰岩被水饱和时,其强度可减小 25%～45%;孔隙度不大的岩浆岩被水饱和时,就不是经常可以观察到其强度降低的情况,因为在这种情况下,强度降低不大,而且又常为岩石成分的不均一性所掩盖,造成强度上的差异,使人不易观察到,但孔隙度较大的岩浆岩受水浸润后,其强度也会降低 15%～20%。矿物也具有这样的性质,如石膏($CaSO_4 \cdot 2H_2O$),一旦脱水之后,其强度极限提高一倍。

图 3-40 是石英在围压 150Pa 的条件下,温度在 400～1000℃,干、湿两种情况下实测的应力—应变曲线。图 3-40 中 A、B、C、D 四条曲线表示出在干燥条件下,随着温度的升高,石英的弹性极限相应降低,塑性相应增高,弹性模量却有所降低。从曲线 C(800℃,干)、曲线 D(1000℃,干)和曲线 E(950℃,湿)三条曲线来看,若都在干燥条件下,

只考虑温度因素，则（950℃，干）曲线应在曲线 C、D 之间，但由于湿润，曲线却下降为曲线 E，其强度和弹性模量都比 900℃ 和 1000℃ 干燥时的值要小得多。随着孔隙度压力的增大，抗压强度逐渐降低 [图 3-40(b)]。

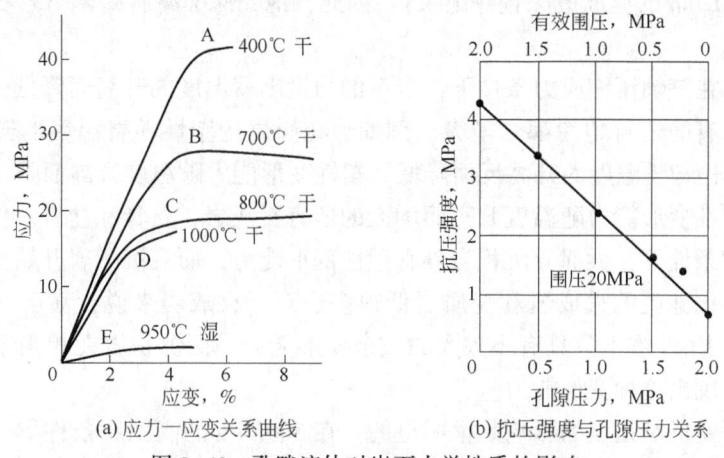

图 3-40　孔隙流体对岩石力学性质的影响

图 3-41 显示了弹性模量与泊松比在流体作用下的变化规律。对于弹性模量，油对其的影响比水造成的影响更大，导致弹性模量降低得更多。另外，无论是油还是水，其含量为 40% 时，出现最低值，此时弹性模量大约降低了 27%。泊松比的变化较为规律，随着含水饱和度的增高，泊松比逐渐降低；而随着含油饱和度的增加，泊松比逐渐增高。

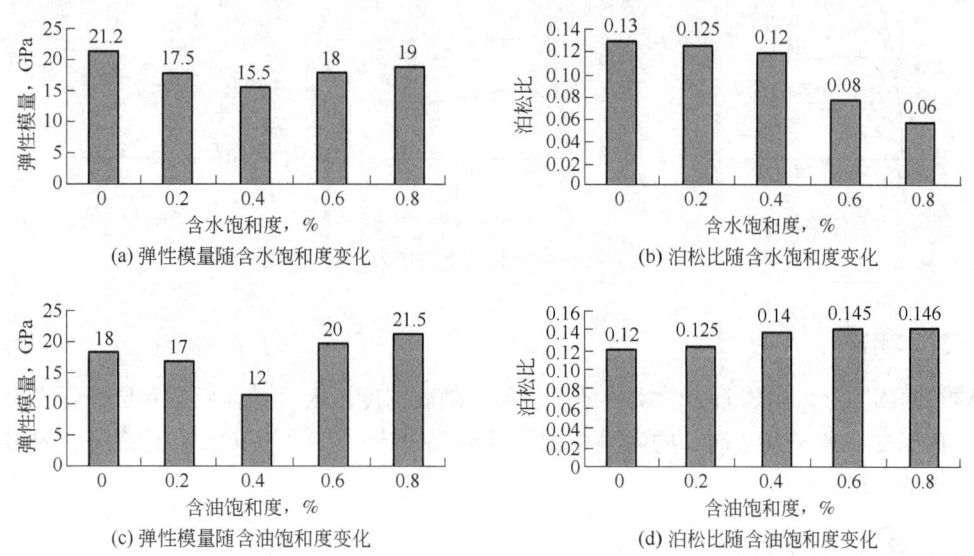

图 3-41　弹性模量与泊松比在不同饱和度情况下的变化特征

不同含水率条件下的岩石力学实验表明，流体对岩石力学性质的影响是显著的，能够降低岩石的力学强度。这是因为孔隙流体具有润滑作用，能够降低裂纹面上的正压力，减少摩阻力；其次，孔隙流体还具有劈裂作用，能够推动裂纹的扩展；另外，流体的物理、化学损伤也是引起岩石强度降低的原因。

五、温度

由于石油钻井的深度不断增大（世界上超过7000m的深井不断增加，我国四川盆地的蓬探6井创下9026m的亚洲最深直井纪录），因此，地壳深部高温高压对岩石的力学性质的影响不容忽视。

研究表明，在三轴压缩应力条件下，岩石的强度随着温度的升高而降低，但是随着温度的升高，不是所有的岩石塑性都会增大。例如，花岗岩的塑性随着温度的升高而增大，但Muddy页岩的塑性却随温度的升高反而降低。塑性变形能力随温度升高而降低的还有白云岩和粉砂岩，而塑性变形能力随温度升高而增大的还有石灰岩、石膏和盐岩。但总的来说，在高温的各向压缩条件下，大部分沉积岩具有塑性变形能力，而且沉积岩开始呈现塑性变形的压力和温度值要比硅质的火成岩和变质岩低得多。对于火成岩来说，甚至在500~800℃及500MPa压力作用下基本上只具有不太大的残余变形能力，而沉积岩在相当于埋深几千米的条件下就能够呈现出这种变形能力。

温度对岩石变形及强度的影响是很明显的。在500MPa的高围压条件下，取不同的环境温度，分别对玄武岩、花岗岩及白云岩所做的变形实验结果如图3-42所示。由图3-42可以看出，对于各种岩石，在围压一定时，随着温度上升，岩石强度下降、延性增长，从而出现屈服现象。

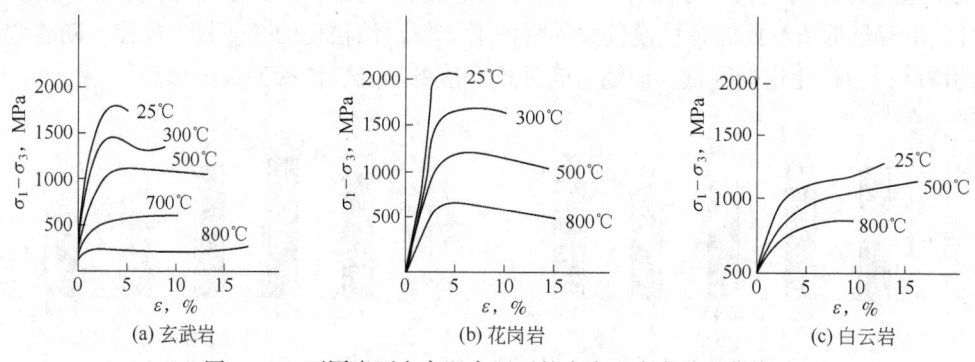

图3-42　不同岩石在高温高压下的应力—应变关系曲线

六、埋深

冀东油田100余组岩石力学实验结果表明，随着深度增大，弹性模量和抗压强度也随之增大，在深度达到3750m时，两者呈指数形式升高，岩石力学的抗张强度随深度的增加而增强（图3-43）。

七、风化作用

风化作用对岩石的影响主要体现在以下3个方面：
（1）促使岩石中原有的裂隙进一步扩大，并产生新的风化裂隙。
（2）使矿物颗粒间的联结松散，以及矿物颗粒沿解理面崩解。
（3）促使岩石的结构、构造和整体性遭到破坏。孔隙度增大，吸水性和透水性显著增高，强度和稳定性大为降低。随着化学风化过程的加强，则会引起岩石中的某些矿物发生次生变化，从根本上改变岩石原有的力学性质。

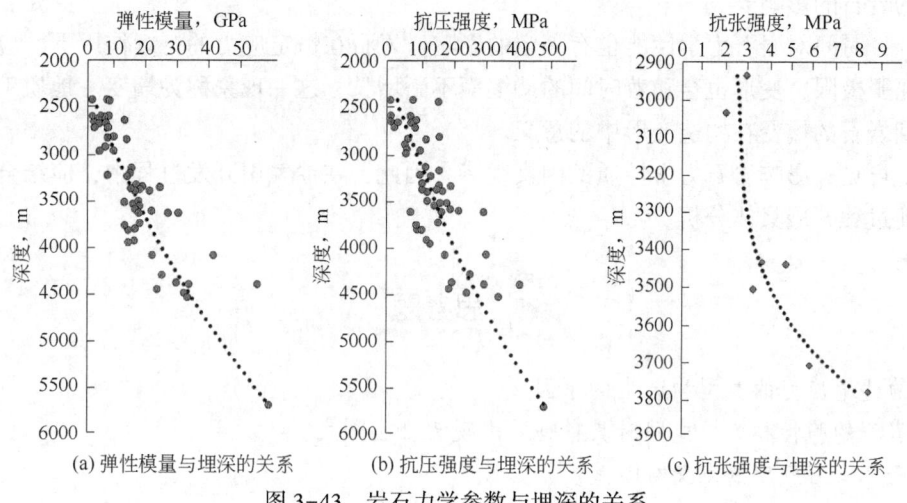

(a) 弹性模量与埋深的关系　　(b) 抗压强度与埋深的关系　　(c) 抗张强度与埋深的关系

图 3-43　岩石力学参数与埋深的关系

八、围压

围压对岩石力学性能也具有较大的影响。图 3-44 清楚地展示不同围压下岩石的压缩变形过程的应力—应变曲线。围压为 0MPa 表示在无外加围压，即实际上是在一个大气压环境内的应力—应变曲线，此种情况较简单，属第四种类型，强度较低，最后破裂，残余应变约为 0.4%，属脆性破裂。当围压为 23.5MPa 时，强度极限提高很多，约为 210MPa，过了强度极限以后，载荷下降至 1200MPa 时破裂。围压分别为 50MPa、68.5MPa、84.5MPa 时，屈服极限相应提高，并表现为有相当长的屈服阶段。当围压继续加大时，不仅屈服极限相应提高，同时还表现出强化的性能。可以看出，随围压增加，屈服应力、强度和韧性都相应提高。

九、动载（冲击加载速度）的影响

动载的主要特点是作用速度快，在几秒钟内施加载荷。岩石对动载的抗力要比静载大得多。岩石的动载抗拉强度都比静载抗拉强度大好多倍（10 倍）。岩石的抗压强度也是随着试件加载速度的增大而增大的。

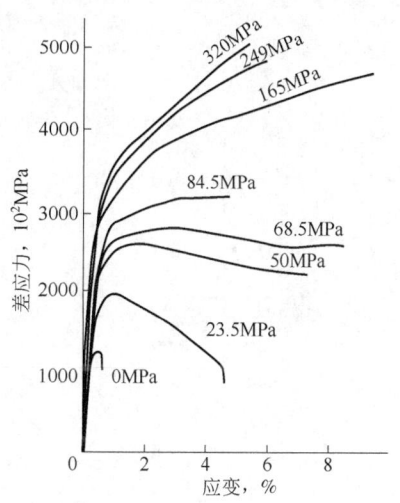

图 3-44　不同围压下大理石的压缩曲线（据 Karman，1911）

变形速率的增大引起了抗压强度的相应增大。在所实验的变形速率范围内，岩石的抗压强度最多可提高两倍左右。在三轴实验条件下，同样也观察到了岩石的强度随加载速度的增加而增大的现象。动载条件下岩石强度增大的原因是，应力作用的短暂性使岩石变形和破坏（不论其特性如何，都在一定程度上依赖于时间），在应力波的作用时间内不能达到完全的程度。

在动载条件下岩石的抗压入破碎实验中，随着冲击速度的增加，塑性系数降低，而硬度和屈服极限却增大。变形速度对低强度高塑性及多孔岩石的性质的影响要比对高强度、低塑性性质的岩石的影响大。

此外，时间对岩石力学性能也有一定的影响。岩石在恒定应力的持续作用下，应力即使低于其屈服极限，变形也会随着时间的持续而不断增长，这一现象称为蠕变。地质工作者逐渐注意到岩石的蠕变在构造变形中的意义。

综上可见，影响岩石力学性质的因素很多，因此，在油气田开发过程中，应结合具体的工程作业过程开展具体分析。

1. 简述地应力的类型和产生的原因。
2. 岩石的脆性和塑性能同时具备吗，表现为什么形式？
3. 研究岩石强度的意义有哪些？
4. 影响岩石强度的因素有哪些？

第四章
储层岩石的电学性质

储层岩石的电学性质包括：导电性、介电性和极化（包括自然极化和激发极化）性质。因与储层的储集性、含油气性质直接相关，在各种地球物理方法中，电法占据着不可替代的重要地位。

第一节 岩石的导电性质

在电场的作用下，电荷的定向移动形成电流。通过一段导体的电流和导体两端的电压成正比：$V=RI$，比例系数 R 由导体本身性质决定，称为电阻。电阻的单位称为欧（Ω）；电阻的倒数称为电导，单位西门子（S）。导体电阻的大小与导体的材料和几何形状有关。实验表明，对于由一定材料制成的均匀导体，它的电阻 R 与长度 l 成正比，与横截面积 S 成反比：

$$R=\rho \frac{l}{S} \tag{4-1}$$

式中，比例系数 ρ 由导体的材料决定，称为材料的电阻率。

从式(4-1)的量纲可以推出，电阻率的单位是欧姆·米（Ω·m）。电阻率的倒数称为电导率，记为 $\sigma=1/\rho$，单位是西门子/米（S/m）。

常见岩石、矿物的电阻率见表4-1。由表中数据可以看出，不同矿物、不同岩石的电阻率差别很大。一般金属矿物的电阻率极低，而大部分造岩矿物（如石英、长石、方解石、云母等）的电阻率很高。岩石的电阻率取决于构成岩石的矿物、岩石孔大小和形状及孔隙中流体性质。

按导电性差异，物质可分为导体、半导体和绝缘体。而导体又可从载流子特性分为电子导电和离子导电。通常，金属和碳属于电子导电，而含水岩石中的导电作用则属于离子导电。成岩矿物的电阻率高，岩石的导电能力主要由岩石孔隙中的盐水提供。

一、岩石组成对岩石电阻率的影响

岩石由矿物组成，造岩矿物一般电阻率很高（大于$10^9 \Omega \cdot m$），属于绝缘体。天然矿物，一般只有金属和硫化物具有导电性，它们在地壳中所占比例是很少的。按导电性可把矿物分成三大类：(1) 导电单质矿物，如自然金属和石墨；(2) 导电化合物，如一些硫化物和氧化物；(3) 绝缘矿物，如石英、方解石和白云石等。

表 4-1 常见岩石、矿物电阻率

矿物名称	电阻率,Ω·m	岩石名称	电阻率,Ω·m
石英	$10^{12} \sim 10^{14}$	黏土	$1 \sim 2 \times 10^2$
方解石	$5 \times 10^8 \sim 5 \times 10^{12}$	页岩	$10 \sim 10^2$
长石	4×10^{11}	松散砂岩	$2 \sim 50$
白云母	4×10^{11}	致密砂岩	$20 \sim 10^3$
无水石膏	10^9	含油气砂岩	$2 \sim 10^3$
石墨	$10^{-5} \sim 10^{-4}$	石灰岩	$6 \times 10^2 \sim 6 \times 10^3$
磁铁矿	$10^{-4} \sim 6 \times 10^{-3}$	泥灰岩	$5 \sim 5 \times 10^2$
黄铁矿	10^{-4}	贝壳石灰岩	$2 \times 10^{-2} \sim 20$
黄铜矿	10^{-4}	无烟煤	$10^{-4} \sim 10$
水(NaCl 浓度 0.01g/L)	536	烟煤	10×10^{-4}
水(NaCl 浓度 0.1g/L)	54.6	花岗岩	$6 \times 10^2 \sim 6 \times 10^3$
水(理论纯水)	1851.9	玄武岩	$6 \times 10^2 \sim 6 \times 10^5$
石油	$10^9 \sim 10^{16}$		

除少量含有大量良导矿物的矿石之外,造岩矿物晶体的电阻率很高,因此绝大多数岩石的导电性皆取决于胶结物。这些固体胶结物电阻率也都较高,岩石的电阻率与这些物质的电阻率在同一个数量级,一般在 $10^6 \Omega \cdot m$ 以上。岩石中都在不同程度上含有一些导电性较好且彼此连通的水溶液,因此实际岩石电阻率远低于此值。

储集岩由矿物和孔隙流体组成,因为造岩矿物和油气的电阻率大于 $10^9 \Omega \cdot m$,属于绝缘体。这里主要讨论常见金属矿物和地层水的导电特性和矿物与水混合后构成岩石的电阻率。

1. 良导矿物对岩石电阻率的影响

储集岩石中的良导矿物含量一般很小,所以呈分散状散布在岩石中,这时整个岩石的电阻率可以用在电阻率为 ρ_1 的介质中均匀分散电阻率为 ρ_2 球形介质的模型来研究:

$$\rho_{\text{混合}} = \frac{3\rho_2 - V_1(\rho_2 - \rho_1)}{3\rho_1 + 2V_1(\rho_2 - \rho_1)} \rho_1 \tag{4-2}$$

式中,V_1 为第一种介质(电阻率 ρ_1)在岩石中的相对体积。

因为 ρ_2 比 ρ_1 小得多,可以忽略 ρ_2,得

$$\rho_{\text{混合}} = \frac{V_1}{3 - 2V_1} \rho_1 \tag{4-3}$$

当岩石中的良导矿物含量很小,V_2 远小于 V_1,所以 V_1 虽小于 1,但接近于 1。式(4-3)右端分母略大于 1,而分子略小于 1,混合后的电阻率略小于 ρ_1。若良导矿物大量聚集,相互联结起来,岩石的电阻率不能用式(4-3)表示。研究表明,当良导矿物以其他非球形的形状分散在岩石中时,混合电阻率仍可用式(4-3)表示。

2. 岩石孔隙中水对导电性的影响

对于绝大多数岩石，骨架矿物不导电，岩石的导电作用靠孔隙中所含的水来完成。孔隙水的离子传导是多孔或裂隙岩石的主要的传导机制，电阻率主要受控于：

（1）盐水或者电解液的化学成分、浓度及温度；

（2）岩石中电解液的体积分数（孔隙度、饱和度）和分布。

气体和油基本都是绝缘体，其电阻率一般超过 $10^9 \Omega \cdot m$。Dortman（1976）给出了油的电阻率：$10^9 \sim 10^{16} \Omega \cdot m$。雨水的电阻率值最高；电阻率最低的为饱和盐水，如盐沼相沉积。表 4-2 列出了一些天然水电阻率范围及平均值。

表 4-2 天然水电阻率、电导率范围及平均值

天然水类型	$R_w, \Omega \cdot m$ （ ）表示平均值	$C_w, S/m$
雨水	300~2000	0.0005~0.003
地下水（淡水）	5~300	0.003~0.2
海水	0.18~0.22	4.5~5.5
矿泉水	0.5~1.0	1.0~2.0
古近—新近纪沉积水（欧洲）	0.7~3.5(1.4)	0.3~1.4(0.7)
中生代沉积水（欧洲）	0.31~47(2.5)	0.02~3.2(0.4)
古生代沉积水（欧洲）	0.29~7.1(0.93)	0.14~3.4(1.1)
氯水（油田水，20℃）	0.049~0.95(0.16)	1~20(6.3)
硫酸盐水（油田水，20℃）	0.43~5.0(1.20)	0.2~2.3(0.83)
重碳酸水（油田水，20℃）	0.24~10(0.98)	0.1~4(1.0)

图 4-1 以图解的形式展示了 NaCl 的电阻率、浓度、温度之间的关系。NaCl 溶液的温度关系可用经验关系式来描述（Arps，1953）：

$$R_{w(T_2)} = R_{w(T_1)} \frac{T_1 + 21.5}{T_2 + 21.5} \tag{4-4}$$

$$R_{w(T_2)} = R_{w(T_1)} \frac{T_1 + 6.77}{T_2 + 6.77} \tag{4-5}$$

式（4-4）中，T_1 和 T_2 单位为摄氏温度，式（4-5）中单位为华氏温度。比奇洛（1992）给出了下述经验公式以描述水的电阻率 $R_w(\Omega \cdot m)$、NaCl 浓度 $C_{NaCl}(10^{-6})$ 和温度 T（℉）之间的函数关系：

$$R_w = \left(0.0123 + \frac{3647.5}{C_{NaCl}^{0.955}}\right) \frac{81.77}{T + 6.77} \tag{4-6}$$

溶液包含除 Na^+ 和 Cl^- 之外的其他离子（例如，K^+），可以计算为等效 NaCl 溶液的浓度及电导率（Baker Atlas，1985；斯伦贝谢，1989，2000）。对于 NaCl 和 KCl 溶液电阻率之间的对比，如表 4-3 所示。图 4-1 也表明，随着浓度的增加，电阻率会相应降低。

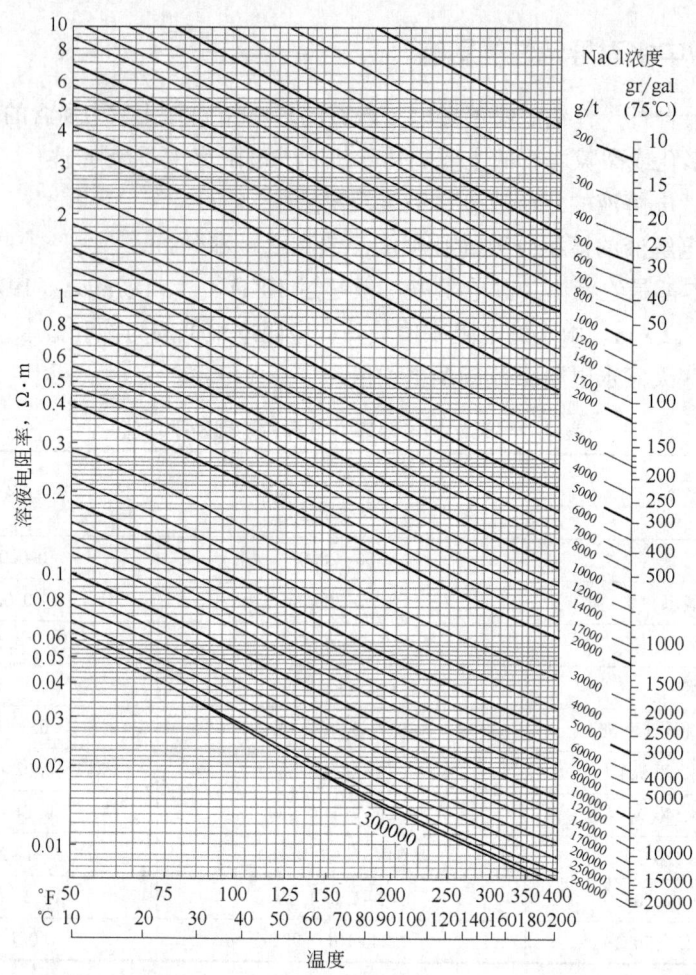

图 4-1 NaCl 溶液电阻率、浓度和温度关系图（据 Schlumberger，2000）

表 4-3 在 20℃下，NaCl 和 KCl 溶液中浓度与电阻率的关系（据 Berktold，1982）

NaCl		KCl	
浓度,mg/L	R_w,Ω·m	浓度,mg/L	R_w,Ω·m
5.85	882	7.456	741
54.5	89.4	74.56	75.1
585	9.34	745.6	7.81
5850	10.3	7456	0.85
58440	0.13	74560	0.10

3. 岩石中黏土对导电性的影响

岩石中的黏土矿物因吸附较多的水分而具有较强的导电性，其对岩石导电性的影响除与黏土本身导电性有关外，还与黏土在岩石中的分布形式和含量有关。实际上，黏土矿物的导电作用主要是靠阳离子交换。常见的黏土矿物有高岭石、伊利石、蒙脱石和绿泥石。黏土矿物在矿物学分类中属于硅酸盐矿物，微观上由硅氧四面体（图 4-2）和铝氧八面体两个基本构造单位以不同比例堆叠而形成片状构造。

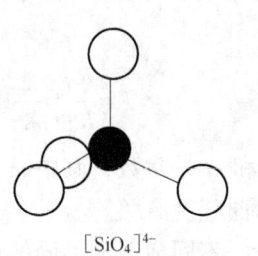 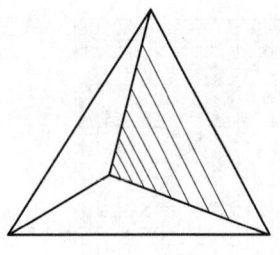

图 4-2 硅酸盐矿物晶体的基本单位——硅氧四面体

黏土矿物属于层状硅酸盐矿物，是硅氧四面体中的三个氧原子与其他四面体中的氧形成共价键，并位于同一平面内，以六方结构为基本单元组成四面体层。四面体层由于以下三个原因，黏土矿物吸附可以交换的阳离子：（1）晶格中的硅或铝离子被低价的离子所取代，造成黏土颗粒带负电；（2）黏土矿物中裸露在外面的氢氧根中的氢被离解，使黏土矿物带负电；（3）破键作用，层状排列的晶片边缘往往形成未平衡电荷，带负电。

受黏土矿物中这些负电荷吸引，水中一些阳离子靠拢过来并被吸附在黏土颗粒的表面，从而实现了电平衡，整体呈电中性。这些被吸附的阳离子也被称为平衡离子。这些平衡离子与黏土颗粒的结合并不牢固，在电场作用下容易分离。当有平衡离子离开时，电平衡被打破，对外显现出负电性，新的阳离子受吸引补充过来，重新建立起电平衡，这个过程称为阳离子交换。就这样，黏土矿物通过阳离子的交换，实现了电荷的移动，在外电场作用下，就形成了电流。被吸附的阳离子越多，发生阳离子交换的概率越大。所以，含黏土矿物岩石的导电性取决于被吸附的阳离子的多少，而阳离子吸附在黏土矿物的裂面，故表面积的大小起决定性作用。颗粒的表面积之和与体积的比称比表面积，或比面。不同的黏土矿物因比面的不同，吸附阳离子能力差别很大。伊利石和蒙脱石的比面很大，而高岭石的比面则相对较小。

二、孔隙对岩石电阻率的影响

孔隙性是储集岩石的一个基本特征，岩石中固体颗粒一般不具有导电性，孔隙中流体的导电作用就决定了岩石的导电性。因此，岩石中流体本身电阻率的大小、孔隙的形状、孔隙的连通性，以及孔隙空间在整个岩石体积中所占的比例等因素共同影响着岩石的导电性。孔隙中流体电阻率又由地层水电阻率和水在孔隙中的比例——饱和度来决定；孔隙形状和连通性不仅影响岩石电阻率的大小，还会导致电阻率的各向异性；孔隙度是一个基本的控制因素，但必须同连通性、饱和性等因素一起来决定岩石的电阻率。

1. 纯砂岩孔隙度与电阻率的关系——阿尔奇公式

很多储集性较好的碎屑岩含杂质较少，岩石由不导电的固体颗粒和孔隙流体组成。岩石孔隙指的是岩石中固体颗粒以外的空间。这类岩石已经建立了很好的电阻率与孔隙度定量关系，一般称为纯砂岩导电模型。通过对岩石物理实验资料的分析，Archie 在 1942 年建立起岩石电阻率与孔隙度及含水饱和度的关系，提出了定量描述孔隙度与电阻率关系，即阿尔奇公式。

岩石电阻率可表示为：$R_t = IFR_w$，这里 R_w 是地层水电阻率，I 称为电阻率增大率，F 是地层电阻率因子。地层 100% 被水所饱和时，$R_0 = FR_w$。其中，R_0 是 100% 含水岩层的电阻

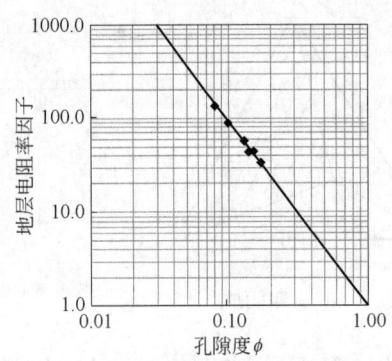

图 4-3 砂岩地层电阻率因子—孔隙度交会图
图中直线为 $F=1/\phi^{1.96}$

率。研究表明,地层因素与孔隙度(ϕ)的关系为

$$F=\frac{R_0}{R_w}=\frac{a}{\phi^m} \quad (4-7)$$

式中,a 和 m 是常数,其中 m 称胶结指数,它和岩石的弯曲程度有关。

一般,不同地区和不同的地层的 a 和 m 值是不同的。研究发现,对于等粒球状或近似球状碎屑,未压实条件下 m 值为 1.5 左右;随着岩石的压实和成岩作用,m 值升高,达到 2 左右;如果岩石致密,孔隙通道弯曲严重,m 值进一步上升,可达到 4。图 4-3 举例说明了地层电阻率因子与孔隙度的关系。表 4-4 总结了不同类型岩石的一些数据。

表 4-4 阿尔奇参数均值(据 Doveton,1986)

岩石类型	m	岩石类型	m
未固结的砂岩	1.3	高度胶结的砂岩	2.0~2.2
胶结程度很低的砂岩	1.4~1.5	石灰岩(白垩)	1.7~1.8
略微胶结的砂岩	1.5~1.7	结晶碳酸盐岩及颗粒碳酸盐岩	1.8~2.0
中等胶结的砂岩	1.8~1.9	碳酸盐晶簇	2.1~2.6

纯砂岩条件下,如果孔隙中含油气,地层电阻率可写成:$R_t=IR_0$ 或 $R_t/R_0=I$,式中的 I 表示由于岩石含油而使电阻率增大的倍数。当含油越多时,I 值越大。实验表明,电阻率增大率和含油饱和度 S_o 有以下关系:

$$I=\frac{1}{(1-S_o)^n} \quad (4-8)$$

或者与含水饱和度有下列关系:

$$I=\frac{1}{S_w^n} \quad (4-9)$$

式中,n 称为饱和度指数,通过地区应用实验方法确定,当无实验资料时,一般选 $n=2$。

有时为了更好地符合实验室资料,一般采用更为一般的形式:

$$I=\frac{R_t}{R_0}=\frac{b}{S_w^n} \quad (4-10)$$

式中,b 为常数。实际上,b 值一般还是在 1 附近。

当 $m=n$ 时,两类绝缘体(矿物、烃类)在岩石电阻率方面是可以互换的。饱和度指数 n 受控于孔隙中导电盐水的分布,因此受岩石结构、润湿性及毛细管力效应引起的"饱和过程"控制。在亲水岩石中,水附着在颗粒表面,构建了一个基本连续的相。在亲油岩石中,不导电的石油成为连续的液相,水多以孤立的液滴存在。该情况下,电阻率变得更高,饱和度指数 $n>2$。

在双对数坐标系中，电阻率指数与含水饱和度曲线的关系是非线性的。这种现象似乎与孔喉大小的双峰（或多峰）分布及微观孔隙或粗糙颗粒表面覆盖层的发育相关（De Waal 等，1989；Worthington 等，1989）。Worthington 和 Pallatt（1990）研究了孔隙几何形状对于饱和度指数/含水饱和度曲线及 n 值的影响。

2. 双重介质模型

致密的储层在应力作用下容易发生破裂，从而发育裂缝。岩石中除原有的基质孔隙外，又加入了裂缝孔隙。这两种类型的孔隙在导电方面具有不同的特点，因而称为双孔隙介质或双重介质。一般来说，裂缝所占的体积空间并不大，但它能使岩石的渗流和导电能力增强很多。很多学者在双重孔隙介质特性方面做了大量研究，Stefansson（1982）提出的立方体模型最为经典。模型中具有一定粒间孔隙度的岩石基质呈相同尺寸的立方体，这些立方体规则排列起来，如图 4-4 所示。

相邻立方体之间的缝隙就是裂缝，裂缝中水的电阻率为 ρ_w，基质电阻率为 ρ_b，基质孔隙度为 ϕ_b，每个立方体的边长为 x，裂缝宽度为 $1-x$，岩石的总电阻为 R，则有

$$\frac{1}{R} = \frac{1}{R_1+R_2} + \frac{1}{R_3} \tag{4-11}$$

其中

$$R_1 = \frac{x}{x^2}\rho_b \tag{4-12}$$

$$R_2 = \frac{1-x}{x^2}\rho_w \tag{4-13}$$

$$R_3 = \frac{1}{1-x^2}\rho_w \tag{4-14}$$

因为基质立方体与裂缝合在一起是边长为 1 的立方体，设该立方体的电阻率为 ρ，则其电阻为 R。电阻率的倒数为

$$\frac{1}{\rho} = \frac{1-x^2}{\rho_w} + \frac{x^2}{(1-x)\rho_w+x\rho_b} \tag{4-15}$$

引入裂缝孔隙度：

$$\phi_f = 1-x^3 \tag{4-16}$$

得到

$$x = (1-\phi_f)^{\frac{1}{3}} \tag{4-17}$$

考虑地层因素：

$$\frac{1}{F} = \frac{\rho_w}{\rho} = 1-x^2 + \frac{x^2}{1-x+x\dfrac{\rho_b}{\rho_w}}$$

$$= 1-(1-\phi_f)^{\frac{2}{3}} + \frac{(1-\phi_f)^{\frac{2}{3}}}{1-(1-\phi_f)^{\frac{1}{3}}+(1-\phi_f)^{\frac{1}{3}}\rho_b/\rho_w} \tag{4-18}$$

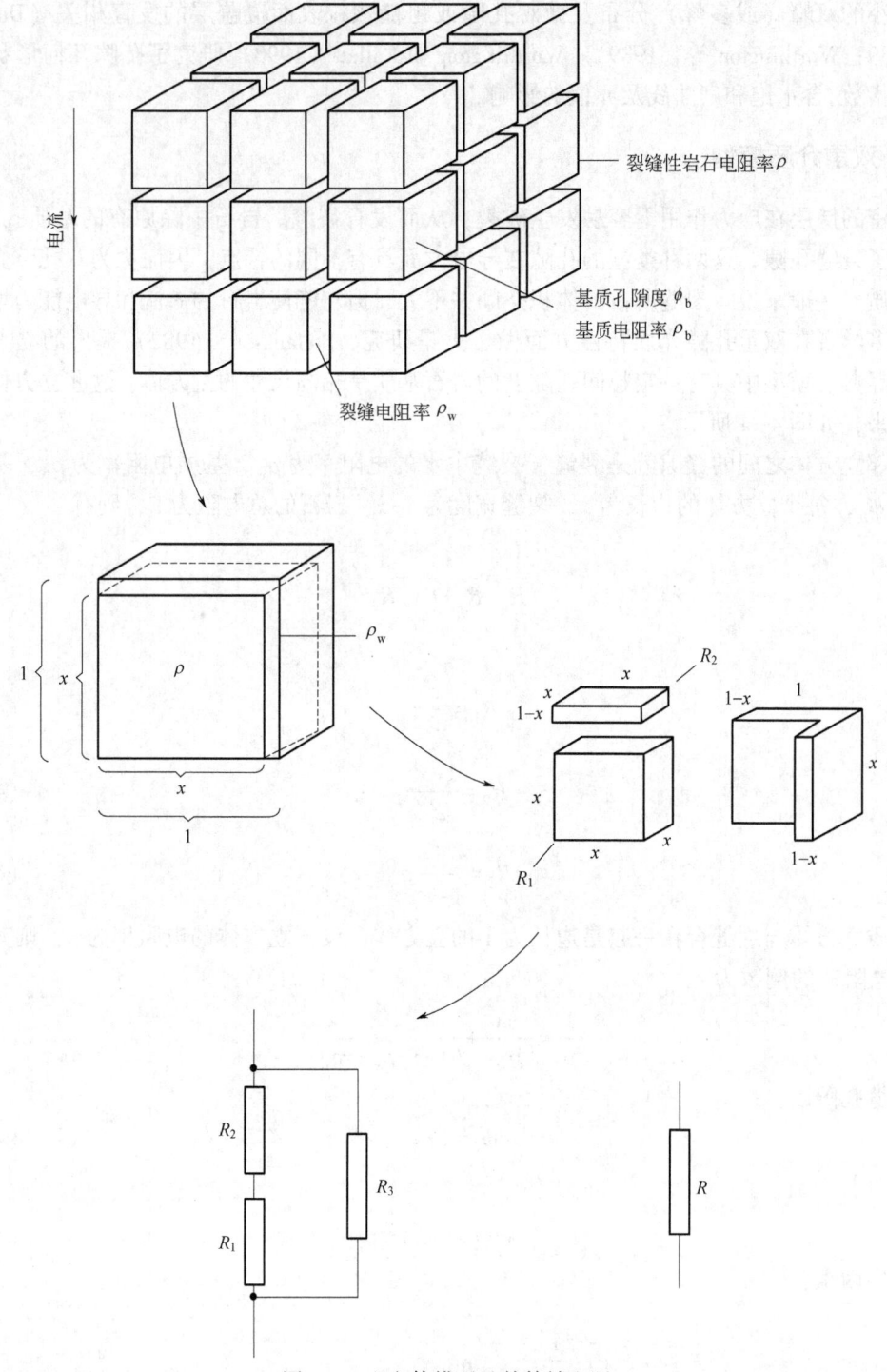

图 4-4 立方体模型及其等效电阻

当只有垂直裂缝发育时：

$$F=\frac{1}{\phi_\mathrm{f}+(1-\phi_\mathrm{f})\rho_\mathrm{w}/\rho_\mathrm{b}} \qquad (4-19)$$

而只有水平缝发育时：

$$F=\phi_f+(1-\phi_f)\rho_b/\rho_w \tag{4-20}$$

本模型中电流方向是竖直的，垂直裂缝是指裂缝面平行于电流方向；而对于水平裂缝，其裂缝面垂直于电流方向。

三、泥质砂岩导电模型

储层中泥岩的发育，降低了储层的品质（孔隙度、渗透率），形成了额外的导电性组构。常规应用阿尔奇公式会高估含水饱和度。

除了连通孔隙中地层水的电解液导电性外，电解液围绕的黏土矿物的导电性可作为另一导电组成。页岩/黏土的导电贡献取决于：泥质类型（黏土矿物）、泥质含量（体积分数）、地层中泥质的分布（层状泥质、分散泥质、结构性泥质）。

实验表明（Patnode 和 Wyllie，1950），含有相同矿化度地层水（如果矿化度不是非常高）的泥质砂岩地层的电导率，比具有相同有效孔隙度的纯砂岩地层的电导率高，并且高矿化度部分和低矿化度部分的 C_0 随 C_w 变化规律不同。于是，提出了附加导电性的概念和最初的导电模型，含水泥质砂岩的电导率则表示成

$$C_0=\frac{1}{F}C_w+C_{ex} \tag{4-21}$$

式中，C_{ex} 是泥质引起的附加电导率。

纯砂岩和泥质砂岩电导率随地层水电导率变化的关系如图 4-5 所示。图上曲线 1 表示纯砂岩电导率与地层水电导率的关系；曲线 2 表示泥质砂岩与地层水电导率的关系，在 C_w 很低时，C_{ex} 随 C_w 增大而增加，当 C_w 达到某一数值后，C_{ex} 不随 C_w 变化。

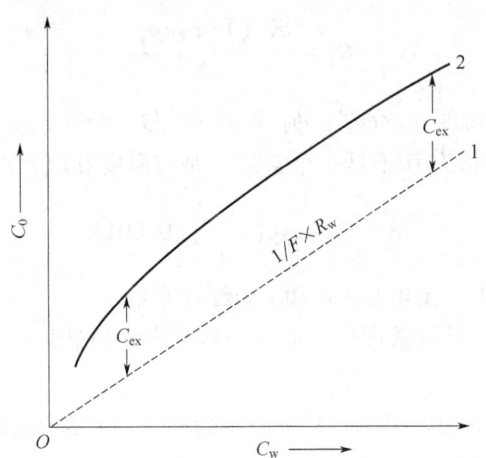

图 4-5　含水泥质砂岩电导率与地层水电导率之间关系的示意图

实际上，泥质对导电性的影响还与许多其他因素有关，目前仍是一个没有完全解决的难题。围绕泥质附加导电性问题，先后提出了多种导电模型，大体上可以分为两类，一类把附加导电性看作是由泥质体积含量和分布形式决定的，另一类则把附加导电性视为黏土表面偶电层所造成的。

早在 20 世纪 50 年代初，Winsauerh 和 McCardell（1953）提出了关于泥质砂岩附加导电

性是由偶电层造成的概念。1956 年 Hill 和 Milbum 进行了大量关于泥质砂岩电导率和化学特性的实验研究，给出电导率的经验公式：

$$C_0 = \left(\frac{100}{C_w}\right)^{-b\lg\left(\frac{100}{C_w}\right)} \frac{1}{F} C_w \tag{4-22}$$

其中

$$b = -0.135\left(\frac{CEC}{V_p}\right) - 0.0055$$

式中，$\left(\frac{CEC}{V_p}\right)$ 为每立方厘米孔隙体积中阳离子交换量，mmol。这也是最早把黏土阳离子交换能力与岩石导电性联系起来的研究。

1. Waxman—Smits 模型

在分散泥质情况下，"泥质电导率"会增加孔隙流体的电导率。基于这一观点，Waxman 和 Smits（1968）根据前人和他们自己得到的实验结果，给出一个基于黏土矿物表面偶电层导电的泥质砂岩导电模型：

$$C_0 = \frac{1}{F^*} C_w + \frac{1}{F^*} BQ_v \tag{4-23}$$

式中，F^* 为泥质砂岩的地层因素，是想象固体黏土颗粒由几何上一样的骨架颗粒代替，是束缚水和孔隙水融为一体情况下的地层因素；B 是交换阳离子的等价电导；Q_v 为单位孔隙体积的阳离子交换能力，用岩石每单位孔隙体积交换钠离子的摩尔或毫摩尔数表示。

在实验室分析岩样时，常用每单位质量干岩样交换钠离子的摩尔或毫摩尔数表示，符号为 CEC。因此，Q_v 和 CEC 的关系为

$$Q_v = \frac{CEC(1-\phi_T)\rho_g}{\phi_T} \tag{4-24}$$

式中，ρ_g 为岩石平均颗粒密度，g/cm³；ϕ_T 为总孔隙度。

Waxman 和 Smits 模型认为 B 不是一个常量，是与温度和电解液浓度有关的函数：

$$B = \left[1 - a\exp\left(-\frac{C_w}{r}\right)\right] 0.001\lambda \tag{4-25}$$

式中，λ 是交换离子的最大平衡电导；a 和 r 为经验常数。

附加导电性 BQ_v 随 C_w 呈指数增长，能较好地符合泥质砂岩电导率随 C_w 变化（图 4-5）的特点。

在计算地层的含油气饱和度时，对黏土影响的校正，不是根据黏土体积含量，而是根据黏土的阳离子交换能力。含油气地层的电导率可以表示为

$$C_t = \frac{S_{wt}^n}{F^*}\left(C_w + B\frac{Q_v}{S_{wt}}\right) \tag{4-26}$$

式中，S_{wt} 为总含水饱和度。

2. 双水模型

在使用 Waxman—Smits 模型的过程中，遇到了两个主要问题，一个是 Q_v 的测定问题，

根据 C_o—C_w 曲线推算的 Q_v 值比根据 CEC 测量得出的值小得多；另一个是泥岩的导电性问题。按 Waxman—Smis 模型，泥岩和周围砂岩中的水有相同的矿化度因而比邻近砂岩层有更高的导电性。另外，分析数据表明，泥岩水的矿化度几乎与邻层水的矿化度无关。克兰威尔（Cavier）等（1977）研究发现，带负电的黏土颗粒表面对于极性水分子的吸引，以及吸附阳离子对极性水分子的吸引，所造成的水膜是不能忽略的。实验表明，黏土的阳离子交换能力实际上是黏土比面的反映，黏土比面的变化范围很大，从 $800m^2/g$（蒙脱石）到 $20m^2/g$（高岭石），但都比砂岩的平均比面 $0.01m^2/g$ 大得多。由于黏土颗粒表面带负电，黏土将吸引阳离子而排斥阴离子，在黏土表面的水膜中或水合水中不含有阴离子，也可以说不含盐，它的电导率将不同于黏土水化水以外的地层水。克兰威尔等根据这个分析，提出一个双水模型，把黏土表面的水称为"近水"或束缚水，而把水膜以外的孔隙中的水称为"远水"或自由水。

靠近黏土表面水中，Na^+ 和 Cl^- 不相等构成"扩散层"。扩散层中 Na 平衡离子与黏土表面之间，被吸附的水分子层和钠离子的水化水分子壳分开。与黏土表面最近的钠离子层构成外 Helmholtz 面。忽略分子体积，则黏土表面区域 Na^+ 和 Cl^- 分布如图 4-6 所示。图中虚线与实线分别代表 Na^+ 和 Cl^- 浓度随表面距离 x 的变化。"扩散层"厚度用 x_d 表示，它与水中盐浓度 n 有关（Clavier et al.，1977）：

$$x_d = 3.06\sqrt{\frac{1}{an}} \tag{4-27}$$

式中，x_d 以 10^{-10}m 为单位；n 以 mol/L 为单位；a 为 NaCl 的活性系数。

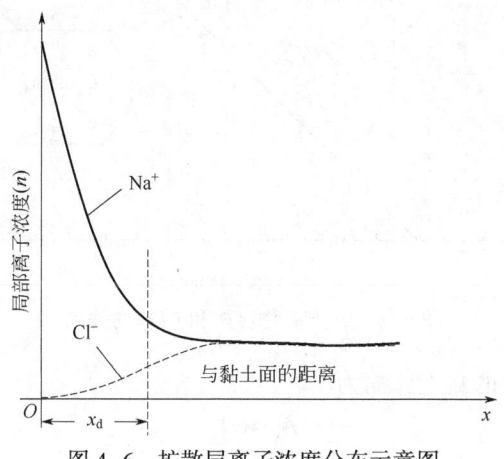

图 4-6　扩散层离子浓度分布示意图

x_d 随浓度 n 增大而减小，当 n 达到某一数值 n_1 后，$x_d = x_H$，为极限情况。外 Helmholtz 面到黏土表面的距离 x_H 为

$$x_H = \sqrt{3}r_w + r_{Na} = 6.18 \times 10^{-10}m \tag{4-28}$$

式中，r_w 为水分子半径，等于 1.4×10^{-10}m；r_{Na} 为钠离子半径，在室温下等于 0.96×10^{-10}m。

当 $x_d = x_H$ 时，水的矿化度可以根据式（4-27）计算出 $n_1 = 0.35$mol/L。在双水模型中，黏土颗粒本身和其他骨架部分是不导电的。图 4-7 是传统的泥质砂岩模型和双水模型组分对比。

双水模型		岩石组分	传统的泥质砂岩模型	
固体颗粒		砂	骨架	
		粉砂		
		黏土颗粒		泥质
ϕ_T	ϕ_b	束缚水	黏土	
	ϕ_f	自由水		
	ϕ_e ϕ_h	油气	ϕ_e	

图 4-7 泥质砂岩模型

ϕ_b—束缚水孔隙度；ϕ_f—自由水孔隙度；
ϕ_e—有效孔隙度；ϕ_h—油气孔隙度；ϕ_T—总孔隙度

Patchet（1975）给出了三类黏土矿物比面和阳离子交换能力 CEC 的关系（图4-8）。大体上，比面 A_{sp} 和 CEC 呈线性关系：

$$A_{sp} = v(CEC)_{sp} \tag{4-29}$$

式中，$(CEC)_{sp}$ 是相对阳离子交换能力。

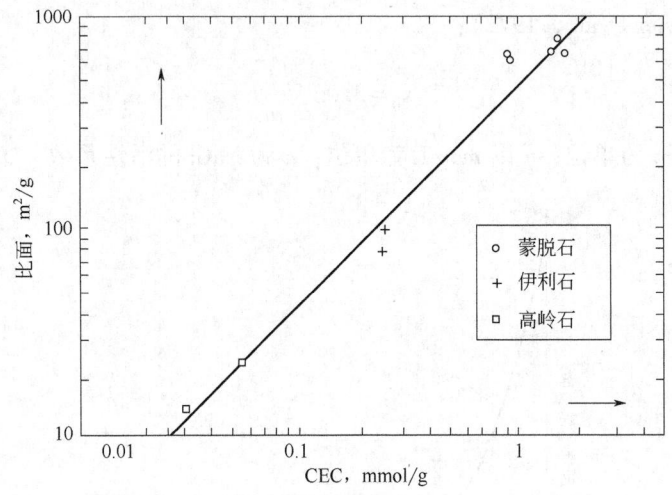

图 4-8 黏土矿物比面和 CEC 的关系

因此，单位孔隙体积的黏土比面为

$$A_v = vQ_v \tag{4-30}$$

于是，单位孔隙中黏土水体积可以表示为

$$(f_\phi)_{ew} = \alpha x_H A_v = \alpha x_H v Q_v = \alpha V_q Q_v \tag{4-31}$$

其中

$$V_q = v x_H = A_v x_H / Q_v$$

当 $n \leqslant n_1$ 时，$\alpha = \sqrt{n_1/n}$，但当 $n > n_1$ 时，$\alpha = 1$。

黏土水不含盐，但包括浓度为 Q、等效电导为序的全部补偿阳离子。它的电导率为

$$C_{wb} = \frac{\beta Q_v}{(f_\phi)_{ew}} = \frac{\beta}{\alpha V_q} \tag{4-32}$$

自由水在孔隙体积中所占的比例 $(f_\phi)_{ew}$ 可以表示为

$$(f_\phi)_{fw} = 1 - (f_\phi)_{ew} = 1 - \alpha V_q Q_v \tag{4-33}$$

它的电导率与地层水电导率相同，即 $C_{fw}=C_w$。如果认为孔隙中自由流体和黏土水具有相同的导电路径，则地层的导电特性如同含有有效电导率 C_{we} 的纯地层一样，即

$$C_0 = \frac{1}{F_0}C_{we} \tag{4-34}$$

其中

$$C_{we} = (f_\phi)_{fw}C_w + (f_\phi)_{ew}C_{wb} \tag{4-35}$$

把式(4-35)、式(4-32)和式(4-33)代入式(4-34)，则得到双水模型含水泥质砂岩导电方程：

$$C_0 = \frac{1}{F_0}[(1-\alpha V_q Q_v)C_w + \beta Q_v] \tag{4-36}$$

对于含油气地层，可以写成（Clavier et al.，1977）

$$C_t = \frac{S_{wt}^n}{F_0}\left[C_w + \frac{\alpha V_q Q_v}{S_{wt}}(C_{wb}-C_w)\right] \tag{4-37}$$

式中，S_{wt} 为总含水饱和度。

已知 $\alpha_q Q_v$ 是单位孔隙体积中黏土水体积，即黏土水饱和度，通常用 S_{wb} 表示，于是式(4-37)可以写成

$$C_t = \frac{S_{wt}^n}{F_0}\left[C_w + \frac{S_{wb}}{S_{wt}}(C_{wb}-C_w)\right] \tag{4-38}$$

储层的有效孔隙度和饱和度，可通过减去黏土束缚水体积得到，于是

$$\phi_e = \phi_T(1-S_{wb}) \tag{4-39}$$

$$S_w = \frac{S_{wt}-S_{wb}}{1-S_{wb}} \tag{4-40}$$

在双水模型中，为了计算含水饱和度，需要先确定四个参数：C_w、C_{wb}、ϕ_T 和 S_{wb}。因为使用较方便，双水模型得到比较广泛的应用。

3. Simandoux 方程

基于对人工合成材料的广泛研究（砂岩和黏土）得出 Simandoux（1963）方程，其代表了结构和分散泥质分布的情况。Bardon 和 Pied（1969）改进后得到

$$C_t = \frac{\phi^m}{aR_w}S_w^n + V_{sh}C_{sh}S_w \tag{4-41}$$

当 $n=2$，含水饱和度为

$$S_w = \frac{1}{2}\frac{R_w}{\phi^m}\left(\sqrt{4\frac{\phi^m}{R_w R_t} + \frac{V_{sh}}{R_{sh}}} - \frac{V_{sh}}{R_{sh}}\right) \tag{4-42}$$

4. Indonesia 方程

该方程是由 Poupon 和 Levaux 于 1971 年发表。该方程适用于主要含淡水的泥质地层：

$$C_t = \frac{C_w}{F}S_w^2 + 2\sqrt{\frac{C_w C_{sh}}{F}V_{sh}^{2-V_{sh}}}S_w^2 + V_{sh}^{2-V_{sh}}C_{sh}S_w^2 \tag{4-43}$$

或 $V_{sh} \leq 0.5$ 的简化式：

$$C_t = \frac{C_w}{F}S_w^2 + 2\sqrt{\frac{C_w C_{sh}}{F}} V_{sh} S_w^2 + C_{sh} S_w^2 \tag{4-44}$$

5. 三孔隙水模型

针对双水模型的不足，在充分吸收已有各种模型中合理因素的基础上，李舟波等（2000）首先在我国塔里木盆地针对三叠系的低电阻油层开展了三孔隙水模型的实际应用研究，提出如下形式的泥质砂岩导电模型：

$$C_t = C_w \phi_f^{m_f} S_{wf}^n + C_w \phi_i^{m_i} + C_{wb} \phi_b^{m_b} \tag{4-45}$$

写成饱和度形式，为

$$S_{wf} = [(C_t - C_w \phi_i^{m_i} - C_{wb})/C_w \phi_f^{m_f}]^{\frac{1}{n}} \tag{4-46}$$

式中，ϕ_f、ϕ_i 和 ϕ_b 分别是自由流体孔隙、微孔隙和黏土水孔隙；C_w 和 C_{wb} 分别为地层水电导率和黏土水电导率。

S_{wi} 是自由流体孔隙中的含水饱和度，它与总含水饱和度 S_{wt} 及有效含水饱和度 S_{we} 有下列转换关系：

$$S_{wi} = \frac{\phi_f S_{wf} + \phi_i + \phi_h}{\phi_t} \tag{4-47}$$

$$S_{we} = \frac{\phi_f S_{wf} + \phi_i}{\phi_e} \tag{4-48}$$

其中

$$\phi_e = \phi_i + \phi_b$$

式中，ϕ_t 是总孔隙度。

为求得含水饱和度，需要知道 C_t、C_w、C_{wb}、ϕ_t、ϕ_i、ϕ_b 和 m_f、m_i、m_b、n。其 C_t、C_w 和 ϕ 可以用常规测井方法求出。根据双水模型，黏土水电导率 C_{wb} 在地层水矿化度比较高的情况下只与温度 t 有关，可以由下式给出：

$$C_{wb} = 6.8[1 + 0.545(t-25) - 1.127 \times 10^{-4}(t-25)^2] \tag{4-49}$$

四、电阻率的频率特性

岩石电阻率的测量，可分为直流电法和交流电法两种。通常直流电法的测量过程，为克服电极极化的影响，也是采用交流电。因为频率很低，介电效应的影响极小，可以忽略，相当于直接采用直流电。当岩石被通以交流电时，其导电性会随交流电频率的升高而发生变化。这是由于岩石的激发极化效应和介电效应的作用，其中激发极化效应发生在低频条件下，作为金属矿产勘探的一个常用方法，激发极化法工作频率为 0.01~100Hz。

研究表明，孔隙性泥质砂岩和砂岩在 1MHz 左右可观测到明显的激电效应或界面极化，而介电效应则要在几十兆赫以上的情况下起作用。岩石电阻率受频率的影响可通过复电阻率来表示：

$$\sigma(\omega) = \sigma' + i\sigma'' \tag{4-50}$$

若平行板电容器极板面积为 S，两极板间距离为 d，则电容为

$$C_0 = \varepsilon_0 S/d \tag{4-51}$$

式中，ε_0 为真空中介电常数。

如果电压为 $V=V_0 e^{i\omega t}$ 加在两极板间，则流过该电容器的电流为

$$I = \frac{d}{dt}Q = \frac{d}{dt}(C_0 V) = i\omega C_0 V \tag{4-52}$$

式中，Q 为电容器所充的电量，i 为虚数单位。

i 的出现表明电流与外加电压的相位差 90°。若电容器两极板间充满完全绝缘的电解质，其相对介电常数为 ε_r，则电容器的电容增大为 $C=\varepsilon_r C_0$，电流与电压的相位仍差 90°。如果极板间所充电的电解质不是完全绝缘的，而是具有一定导电性。设电导率为 σ，介电常数为 ε，这时电容器不再是理想的，电流与电压的相位差也不再是 90°，这是因为存在电导分量 GV（G 为介质电导），它源于自由电荷的定向移动、即传导电流。这时的全电流可表示为

$$I = i\omega\varepsilon C_0 V + GV \tag{4-53}$$

因为纯电导 $G=\sigma S/d$，有

$$I = (i\omega\varepsilon + \sigma)VS/d \tag{4-54}$$

也就是

$$\frac{I}{S} = (i\omega\varepsilon + \sigma)\frac{V}{d} \tag{4-55}$$

即

$$j = (i\omega\varepsilon + \sigma)E \tag{4-56}$$

式中，j 为电流密度；E 为电场强度。

这里的电流为复数，电流与电压的相位差不再是 90°。定义 $\sigma'' = \sigma + i\omega\varepsilon$ 为复电导率。损耗角正切定义为

$$\tan\delta = \frac{损耗项}{电容项} = \frac{\sigma}{\omega\varepsilon} \tag{4-57}$$

式中，δ 称损耗角，它是电流偏离 90° 线的角度。

电导不完全由传导电流产生，而且还包括位移电流的贡献，则电导率就是一个依赖于频率的复数。

第二节　岩石的介电性质

电介质是典型的绝缘体，是不导电的。在电容器两极板间插入电介质，可使该电器的电容增大。电场可使电介质发生极化，原因在其电荷，但这些电荷被束缚在电介质内部，而不能像导体中的电荷那样在电场表面出现极化场作用下做定向运动，形成传导电流。而在交流电场中，这些束缚电荷的极化可以形成位移电流，它在全电流中所起作用的大小取决于电场的频率。

一、电极化的微观机制

电介质的极化过程在微观上有不同的机制，而且各种机制所起作用的条件也不同。任何物质的分子和原子（以下统称分子）都是由带负电的电子和带正电的原子核构成，整个分子电荷的代数和为零，因此整个分子对外不显电性。正、负电荷都不是集中在一点，但在离开分子的距离比分子的线度大得多的地方，分子中全部负电荷的影响将和一个单独的负电荷

等效。这个等效负电荷的位置称为这个分子负电荷的"重心"；同样，每个分子的正电荷也有一个正电荷"重心"。按重心的分布可将分子分为两类：一类分子正负电荷的重心是重合的，称为无极分子；而另一类的正负电荷中心不重合，称为极性分子。每个极性分子构成一个电偶极子，形成一定的电偶极矩，称为分子的固有电矩。图 4-9 显示了与频率相关的介电性的不同的极化机制。

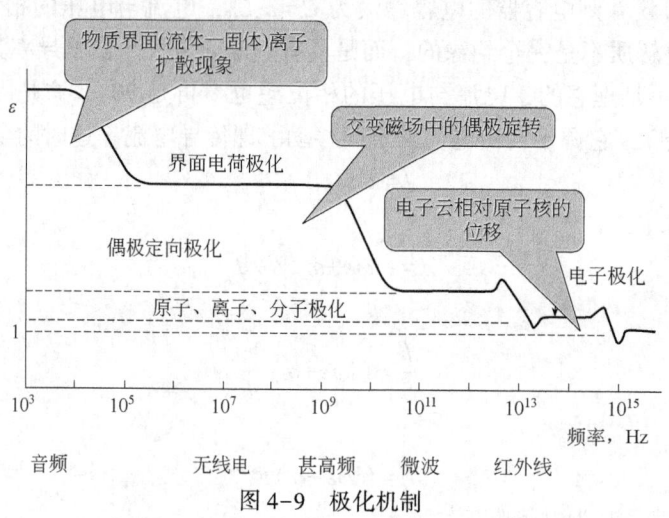

图 4-9 极化机制

偶极分子和无极分子都在电场作用下发生极化。从微观机制，可将极化细分为以下三种。

1. 电子位移极化

如图 4-10 所示，每个原子核的周围都笼罩着一团电子云，该电子云的中心就是这个原子负电荷中心。在外电场 E_0 作用下，电子云的形状发生畸变。负电荷中心（重心）发生偏移，偏离正电荷中心（重心），发生极化。因为电子质量比原子核小得多，所以在外场作用下的位移主要是电子位移，故称为电子位移极化。

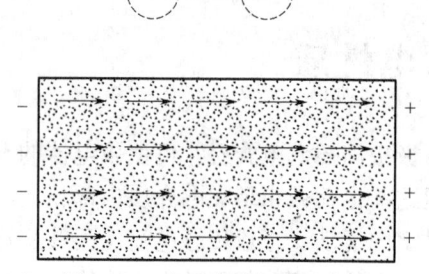

图 4-10 电子位移极化示意图

2. 离子位移极化

一些构成矿物的晶体属于离子晶体。在离子晶体（氯化钠晶体）中，由于正、负离子空间排列的对称性，晶胞的固有电偶极矩等于零。当出现电场 E_0 时，所有正离子受电场作用，沿 E_0 方向作相同的位移，而负离子却朝反方向位移，从而产生电矩。

3. 偶极子（极性分子）取向极化

如图 4-11 所示，在没有外加电场情况下，对每一个特定的极性分子来说，由于整体的旋转运动以及与其他分子碰撞的结果，它的电矩 p 在空间取向无规则地变化着，于是电矩矢量按时间的平均值为零，另一方面，大量分子热运动的结果，使得在某一瞬时在一定空间范围内各分子的电矩取向杂乱无章，彼此互相抵消，结果大量分子平均瞬时电矩矢量等于零。外加电场出现后，偶极分子沿电场 E_0 取向，产生极化。

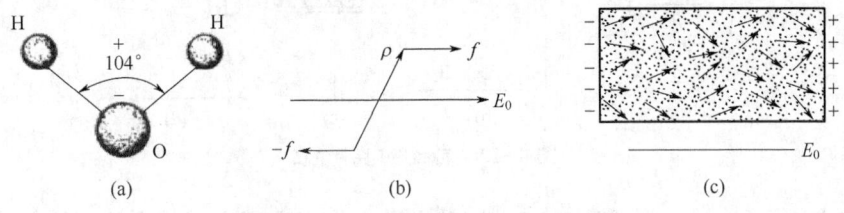

图 4-11 极性分子取向极化示意图

虽然分子宏观上出现了沿电场取向，但微观上并不是所有偶极分子都沿电场取向。实际上，分子电矩沿电场取向具有较低的能量，但热运动扰乱了这种趋势，使得在平均意义上电矩朝电场取向占有优势，从而显现出宏观的极化。外电场加强时，会有更多的电矩（或者电矩有更多的机会）朝向电场取向，使宏观极化增强，而环境温度增加导致热运动加剧，会使极化减弱。从固体物理知识可以得到偶极取向极化率 α_d 的表达式：

$$\alpha_d = \frac{\rho_0^2}{3kT} \tag{4-58}$$

式中，ρ_0 为分子固有电矩；k 称波耳兹曼常数，为 1.380662×10^{-23} J/K；T 为热力学温度。

在地球物理观测中，偶极取向极化起着十分重要的作用，一般电磁场频率在 10^9 Hz 以下，偶极极化才有贡献，频率再增高，偶极分子的转向速度跟不上，无法产生偶极极化。

原子或分子受外加电场 E 极化而产生的电矩 ρ 存在如下经验关系：

$$\rho = \alpha E \tag{4-59}$$

式中，α 为微观极化率 (polarizability)。

一个粒子对极化的贡献可以来自不同的原因。电子云畸变引起的负电荷中心位移贡献的部分记为 α_e，离子位移贡献的部分记为 α_i，固有偶极矩取向作用贡献的部分记为 α_d，总的微观极化率为各种贡献的总和，即

$$\alpha = \alpha_e + \alpha_i + \alpha_d \tag{4-60}$$

二、复介电常数

在具有介电作用的同时，岩石也具有导电作用。结果就像电容器漏电一样，除了位移电流，还存在传导电流，造成损耗。电流与电压的相位差不再是 90°，而要小一些。

首先考虑一个极板间为真空的电容器 [图 4-12(a)]，电容量为 C_0，当两极板间加上交变频率为 ω 的正弦波交变电压时，流过电容器的电流为

$$I = i\omega C_0 V \tag{4-61}$$

其中，I 与 V 有 90° 的相位差，如图 4-12(b) 所示。在电容器两极板间填充以相对介电常数为 ε_r 的电介质 [图 4-12(c)]，则电容量将增大到 $C = \varepsilon_r C_0$，而通过填充有电解质的电容器的电流则变成

$$I = i\omega \varepsilon_r C_0 V \tag{4-62}$$

因为实际的电介质都有损耗，这时观察到的电流 I 与电压 V 的相位差总是略小于 90°，

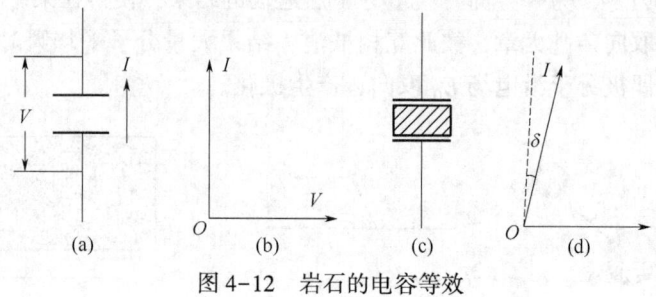

图 4-12 岩石的电容等效

如图 4-12(d) 所示。此处，取电压 V 沿实轴方向，将实验观察到的电流 I 的实轴分量写为 $\omega\varepsilon_r'' C_0 V$，而把 I 的虚轴分量写为 $i\omega\varepsilon_r' C_0 V$，其中 ε_r' 和 ε_r'' 均为实数。于是

$$I = \omega\varepsilon_r'' C_0 V + i\omega\varepsilon_r' C_0 V = i\omega(\varepsilon_r' - i\varepsilon_r'') C_0 V \tag{4-63}$$

与式(4-62) 比较，可以得到

$$\varepsilon_r = \varepsilon_r' - i\varepsilon_r'' \tag{4-64}$$

也就是说，只要将相对介电常数定义为复数，就能描述在实验中观察到的现象。称 ε_r' 为复相对介电常数的实部，ε_r'' 为虚部。注意式(4-64) 与一般复数表达式的区别，这里虚部采用负号而不是正号，这样做是为了使实际观察到的 ε_r'' 一般均为正值。

在电路技术中，一个实际的充满电解质的电容器在电路中的表现可以用等效电路来描述。最简单的等效电路就是一个电阻与一个电容的串联或并联，只要它们的阻抗与实际的电容器是一致的（电阻和容抗）。

在一块电介质两端施加交变电压 $U(\omega)$，则会产生电流 $I(\omega)$，它们的比值 $z(\omega) = U(\omega)/I(\omega)$ 称阻抗，而其倒数 $y(\omega) = I(\omega)/U(\omega)$ 称导纳。它们与频率的关系取决于 $I(\omega)$。为此，这里用理想的电路元件，即其值不随频率变化的电容 C、电导 G、电阻 R 和电感 L 组成各种等效电路，使得等效电路在交变电场作用下的频率响应与实际电介质在交变电场作用下的效果一致，从而通过等效电路来描述电介质内部的物理过程。这里也可以像第四章第一节第四部分中那样按照串联、并联以及混联等效电路研究复介电常数与阻抗和电容的关系，其做法是类似的。这里只给出并联等效电路的结果：

$$C_p = \varepsilon_r' C_0 \tag{4-65}$$

$$R_p = \frac{1}{\omega\varepsilon_r'' C} \tag{4-66}$$

式中，C_p 为并联等效电路的电容；R_p 为该等效电路的电阻。

阻容串联等效电路与并联电路参数之间存在如下的关系：

$$(\omega C_s R_s)^{-1} = \omega C_p R_p \tag{4-67}$$

$$\omega C_s R_s + \omega C_p R_p = \omega C_s R_p \tag{4-68}$$

式中，C_s 为串联等效电路的电容；R_s 为该等效电路的电阻。

损耗引起的相移角正切为

$$\tan\delta = \frac{\varepsilon_r''}{\varepsilon_r'} = (\omega C_p R_p)^{-1} = \omega C_s R_s \tag{4-69}$$

式中，δ 为损耗角，当损耗不大时，δ 就等于 ε_r'' 和 ε_r' 的比。

三、介电弛豫

弛豫这个概念是从宏观的热力学唯象理论抽象出来的。其定义是：一个宏观系统由于周围环境的变化或它经受了一个外界的作用而变成非热平衡状态，这个系统经过一定时间由非平衡态过渡到新的平衡状态的整个过程就称为弛豫（relaxation）。弛豫过程实质上就是系统中微观粒子由于相互作用而交换能量，最后达到稳定分布的过程。所以，弛豫过程的宏观规律决定于系统中微观粒子相互作用的性质，研究弛豫现象是获得这些相互作用的信息的有效途径。偶极子极化过程可用弛豫模型来描述。

1. 介电弛豫过程

在 $t<0$ 时，介质受外电场极化产生极化强度 p_0，在 $t=0$ 时刻突然除去电场，随着 t 的增加，极化强度逐渐下降而趋于热平衡状态的零值。在此过程中，极化强度 p 在单位时间的减少量与 p 成正比，即

$$\mathrm{d}p = -Ap\mathrm{d}t \tag{4-70}$$

式中，A 为比例系数，可以写成 $A=1/\tau$。

于是常微分方程（4-70）的解可写成

$$p = p_0 \mathrm{e}^{-t/\tau} \tag{4-71}$$

式中，τ 称为弛豫时间，它是 p 减小至原来的 $1/\mathrm{e}$ 所需的时间。

若 $t<0$ 时，$p=0$，此时突然加上一个恒定电场，电解质建立热平衡极化强度 p_0 的弛豫过程规律为

$$\mathrm{d}(p_0-p) = -A(p_0-p)\mathrm{d}t \tag{4-72}$$

解为

$$p = p_0(1-\mathrm{e}^{-t/\tau}) \tag{4-73}$$

2. 德拜弛豫方程

总的介电响应宏观效果可用相对介电常数 ε_r 来描述。在频率为 ω 的正弦交变电场作用下，电介质的极化弛豫现象一般可用如下的 ε_r 和 α 普遍关系的形式来描述：

$$\varepsilon(\omega) = \varepsilon_\infty + \int_0^\infty \alpha(t)\mathrm{e}^{\mathrm{i}\omega t}\mathrm{d}t \tag{4-74}$$

式中，$\alpha(t)$ 称为衰减因子。

式（4-74）就是著名的 Krammer—Kroenig 关系。由于介质中电矩的运动需要时间，极化响应显得落后于迅速变化的外电场而似乎具有一点惯性；同时，弛豫过程中微观粒子间的能量交换在宏观上将表现为一种损耗。从本节第二部分内容知道，可以用复介电常数的虚部 ε'' 来从宏观上描述介电损耗。因此，$\varepsilon_r(\omega)$ 可以分解为 ε_r' 和 ε_r''。当 $\omega\to\infty$ 时，$\varepsilon_r(\omega)=\varepsilon_\infty$；$\omega=0$ 则代表静电场，所以，静态相对介电常数 $\varepsilon_0=\varepsilon_r(0)$。假设极化场按指数规律衰减，则有

代入式(4-74)，积分得到

$$\alpha(t) = \alpha_0 e^{-t/\tau} \tag{4-75}$$

$$\varepsilon_r(\omega) = \varepsilon_\infty + \frac{\alpha_0}{\frac{1}{\tau} - j\omega} \tag{4-76}$$

取 $\omega=0$，则有

$$\varepsilon_s = \varepsilon_\infty + \tau\alpha_0 \tag{4-77}$$

可以得出

$$\alpha_0 = \frac{\varepsilon_s - \varepsilon_\infty}{\tau} \tag{4-78}$$

代入式(4-75) 得

$$\alpha(t) = \frac{\varepsilon_s - \varepsilon_\infty}{\tau} e^{-t/\tau} \tag{4-79}$$

而

$$\varepsilon_r(\omega) = \varepsilon_r' - j\varepsilon_r'' = \varepsilon_\infty + \frac{\varepsilon_s - \varepsilon_\infty}{1 - j\omega\tau} \tag{4-80}$$

从式(4-80) 可以得出 ε'、ε'' 和损耗角正切：

$$\varepsilon_r' = \varepsilon_\infty + \frac{\varepsilon_s - \varepsilon_\infty}{1+\omega^2\tau^2}, \quad \varepsilon'' = \frac{(\varepsilon_s - \varepsilon_\infty)\omega\tau}{1+\omega^2\tau^2} \tag{4-81}$$

$$\tan\delta = \frac{\varepsilon_r''}{\varepsilon_r'} = \frac{(\varepsilon_s - \varepsilon_\infty)\omega\tau}{\varepsilon_s + \varepsilon_\infty \omega^2\tau^2} \tag{4-82}$$

式(4-81) 就是著名的德拜方程。在德拜方程 (4-81) 中消去 $\omega\tau$，得到

$$\left[\varepsilon_r' - \frac{1}{2}(\varepsilon_s - \varepsilon_\infty)\right]^2 + (\varepsilon_r'')^2 = \frac{1}{4}(\varepsilon_s - \varepsilon_\infty)^2 \tag{4-83}$$

四、岩石组成的介电能力

多数造岩矿物的相对介电常数 $\varepsilon_r = 3 \sim 10$；硫化物和部分氧化物的值更高。水的相对介电常数为80且具有温度依赖性，会导致岩石的相对介电常数和水含量之间存在强烈的相关性。表4-5 给出了一些造岩物质的相对介电常数。表4-6 给出了更多流体的相对介电常数资料。

表4-5 造岩物质的相对介电常数

物质	ε_r	物质	ε_r
石英	4.5~4.7	气	1
方解石	6.4~4.5	油	2.2
白云石	6.1~7.3	水	80
硬石膏	5.7~6.5	页岩(干燥)	13~16
岩盐	5.7~6.2		

数据来源：Parchomenko (1965)，Keller (1989)，Gueguen 和 Palciauskas (1994)，Olhoeft (1981, 1985, 1987)，Martinez 和 Byrnes (2001)，Cerniak (1964)。

表 4-6　常见孔隙流体的相对介电常数

流体	ε_r	流体	ε_r
空气	1.00	柴油	2.0~2.4
水	80~81	三氯乙烷	7.5
油	2.0~2.4	苯、甲苯	2.3~2.4

数据来源：Schlumberger（1989），Baker Atlas（2002），Olhoeft（1992）。

图 4-13 就是根据这些数据绘制的。

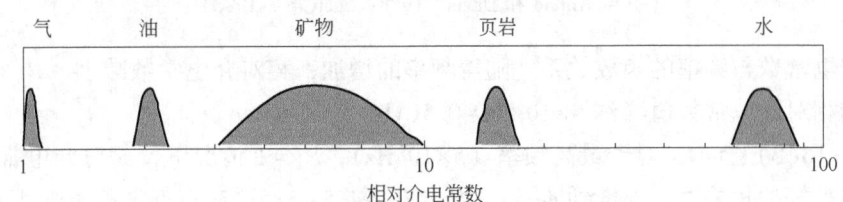

图 4-13　岩石组分的相对介电常数

具有偶极特性的水在孔隙流体中占据重要的位置。与对电导率的影响相比，浓度对于水的相对介电常数影响较小。Olhoeft（1981）（参见 Hearst 和 Nelson，1985）给出了盐浓度 C_{mol} 影响的经验公式：

$$\varepsilon_{r,w} = \varepsilon_{r,pure\ water} - 13.00 C_{mol} + 1.065 C_{mol}^2 - 0.03006 C_{mol}^3 \qquad (4-84)$$

式中，C_{mol} 为摩尔浓度，$\varepsilon_{r,pure\ water} \approx 80$。

随着温度的升高，相对介电常数会减小（图4-14），而压力仅会引起相对介电常数值的略微变化（Hearst 和 Nelson，1985）。Olhoeft（1981）对水的相对介电常数进行了详细描述，包括对温度及浓度的依赖性。

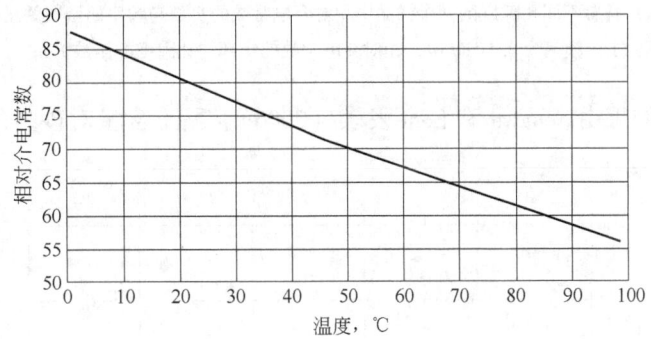

图 4-14　水的介电常数—温度关系图（据 Eisenberg 和 Kauzmann，1969；引用 Gueguen 和 Palciauskas，1994）

如果水变成固态（冰），极化机制就会发生显著变化；Olhoeft（1979）给出了冰的介电常数均质 $\varepsilon_r = 3.4$。这反映在图 4-15 中黏土相对介电常数对温度的依赖性。

一般情况下，介电常数随下列参数的增加而增加：
（1）含水量的增加；
（2）饱含盐水岩石孔隙度的增加（图 4-16）；
（3）黏土含量的增加，或 CEC 的增加（图 4-17）。

图 4-16 证实了对砂岩相对介电常数的一些重要影响。图 4-16(a) 显示了两个选定样

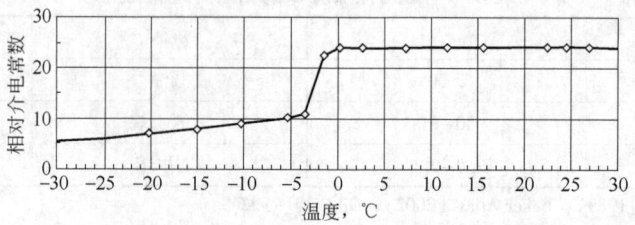

图 4-15　黏土（Rideau 黏土，含水率 40%）的相对介电常数—温度关系图
（引自 Annan 和 Davis，1978；Scott 等，1990）

本的相对介电常数与频率的函数关系。随着频率的增加，相对介电常数减小，并逐渐趋近于高频率下的相对介电常数值（约 $5×10^8 Hz = 0.5GHz$）。

如图 4-16(b) 所示，对于最高频率（$5×10^8 Hz$），$S_w = 1$ 情况下，相对介电常数和孔隙度之间存在极好的相关性。外推到 $\phi \to 0$，得出 $\varepsilon_r \approx 4.5 \sim 5$；这在石英中最为典型。

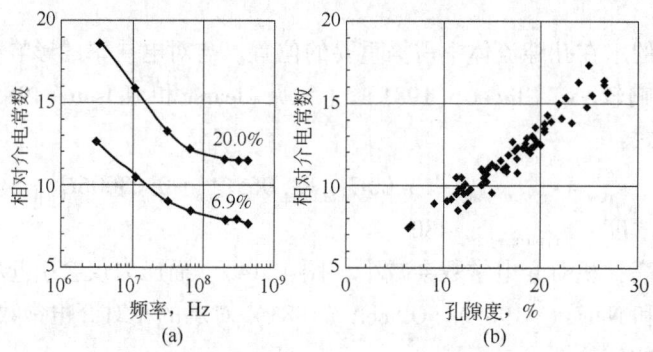

图 4-16　砂岩（淡水饱和）的相对介电常数与频率和孔隙度的关系（引自 Pooley 等，1978）
（a）具有不同孔隙度的两个样品中相对介电常数的实部与频率的函数关系；
（b）频率为 0.5GHz 时，相对介电常数的实部与孔隙度的函数关系

石灰石的相应结果由 Sengwa 和 Soni 发表（2006）。黏土含量对砂岩的相对介电常数的影响如图 4-17 所示。

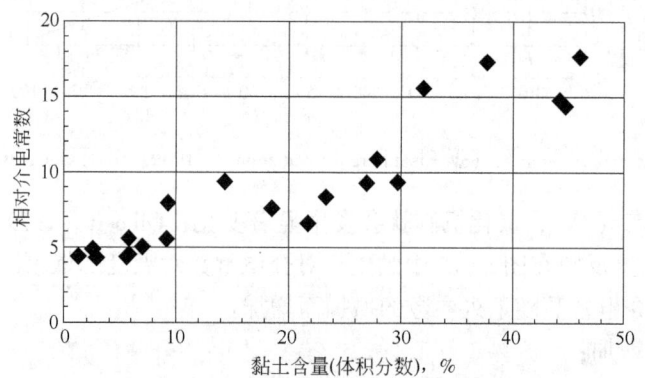

图 4-17　中生代饱含气砂岩（西西伯利亚）相对介电常数—黏土含量交会图
（频率为 106Hz）（据 Kobranova，1989）

Garrouch 和 Sharma（1994）研究了黏土含量、孔隙度和频率对于频率范围为 10Hz 到 10MHz 的砂质泥岩的介电性能综合影响，样品为 Berea 砂岩和 Ottawa 砂岩。实验发现，相对介电常数随下列参数的增加而增加：

（1）饱含盐水岩石孔隙度的增加；

（2）含水量和含水饱和度 S_w 的增加；

（3）用于描述黏土影响和固液界面的离子双层极化现象的 CEC 增加。

回归分析表明，它们存在一定的相关性：

$$\varepsilon_r \propto \exp(0.15\text{CEC}) + 0.23\phi + 11.1 \tag{4-85}$$

式中，ϕ 为孔隙度；CEC 的单位为 meq/100g。

第三节　岩石的自然极化性质

一般情况下，物质是电中性的，即正电荷和负电荷保持平衡。但在一定条件下，物质或某个系统的正、负电荷可能会彼此分离、偏离平衡，通常称这种现象为"极化"。如果岩石极化是地壳本身自然形成的，就称为自然极化。这种自然极化产生的电场称为自然电场，而由此造成的地下或地面电位的变化，可以通过测量观测点与参考点之间的电位差得到，该电位差称自然电位。

一、电子导体的自然极化

首先来看电子导体与水溶液界面上的双电层。一般来说，电子导体内的离子和自由电子都不能脱离导体，但由于热运动，个别阳离子或自由电子可能具有足够大的动能，穿越界面离开电子导体，也会有溶液中的阳离子进入导体。当这些离子进入溶液或导体后，破坏了导体的电中性，而使导体带负电（或正电），于是导体吸引溶液中过剩的阳离子（或阴离子），使之分布于界面附近，形成一个双电层，产生一定的电位差。这个电位差的产生将使穿越方向相反的阳离子穿越速度差别越来越小，最后达至相等。这样就形成了一个动态平衡，此时，双电层的电位差称为在所论条件下该导体在溶液中的电极电位。

电子导体与其周围溶液界面上的双电层电位差（即电极电位），与电子导体和溶液的性质有关。若电子导体和溶液都是均匀的，则其界面上的双电层也是均匀的，这时正负电荷相互平衡，没有极化现象发生；同时，这种均匀、封闭的双电层不产生外电场。如果电子导体或溶液是不均匀的，则界面上的双电层将形成不均匀分布，产生极化，这种不均匀的双电层，将在电子导体内外产生外电场，并引起电流。这种极化引起电流的趋势，是减少造成极化的电子导体或溶液的不均匀性。所以，如果没有别的外界作用来继续保持原有的电子导体或溶液的不均匀性，那么这种不均匀性以及与之有关的极化现象，便会随时间而逐渐减小，以致最后消失。因此，产生电子导体稳定极化的必要条件是：电子导体或其周围溶液不均匀，并有某种外界作用来保持这种不均匀性不因极化放电而减弱。

假如地下有一个电子导电的黄铁矿体，其一部分在潜水面之上，而另一部分在潜水面以下，则黄铁矿体潜水面之上的部分接触氧气而被氧化，而水下部分则被还原，矿体内部电流则从上表面流向潜水面以下的界面，矿体外部电流方向与之相反。因为潜水面之上的氧气可以不断补充，使氧化作用得以持续进行；潜水面之下也因水体中的离子迁移作用不断补充而使还原作用可以持续。这样，就形成了稳定的电场，矿体上部电位比周围介质低，而下部较高。因为这种自然极化是由氧化—还原反应造成的，故又称氧化—还原电位。

二、离子导体的自然极化

岩石的导电作用主要是由孔隙中的水（盐溶液）和黏土矿物表面的阳离子交换实现的，故属于离子导电体。离子导体中，在不同浓度溶液的接触而也会产生极化；另外，岩石中水的流动也会造成流动电位，产生极化。

1. 扩散电动势

实验室中，用一块砂岩或半透膜隔开的不同浓度的氯化钠溶液间可测到电位差（图4-18）。扩散电动势产生的机理是，由于浓度差，Cl^-和Na^+要经过砂岩或半透膜从浓度高的溶液向浓度低的溶液扩散，由于氯离子的迁移速度大于钠离子，跨越半透膜进入低浓度溶液的氯离子要多于钠离子，于是位于砂岩或半透膜浓度低的一侧聚集较多的负电荷，而浓度高的一侧则聚集较多正电荷，这样就形成了电位差。这个电位差的作用是阻止氯离子的扩散，而加快钠离子的扩散，最终达成一个动态平衡，这时半透膜溶液两侧的电位差就称为扩散电动势。实际上，在离子经半透膜从浓度高的一侧向浓度低的一侧迁移的同时，也有离子向相反的方向迁移，但因浓度的原因，反向移动的离子数目相对较小，总的结果是离子从浓度高的部分向浓度低的部分扩散。

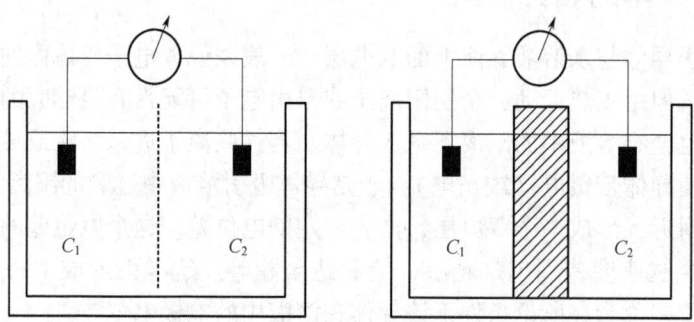

图4-18 扩散电动式实验装置示意图

扩散电动势可表示为

$$E_d = K_d \lg \frac{C_1}{C_2} \tag{4-86}$$

式中，K_d为扩散电动势系数；C_1、C_2为两种溶液的浓度。

K_d与离子种类和溶液温度有关。在18℃时，对于NaCl溶液，$K_d = 11.6$ mV。当溶液的浓度较低时，溶液的电阻率与浓度成线性反比关系，式(4-86) 可写成

$$E_d = K_d \lg \frac{R_2}{R_1} \tag{4-87}$$

式中，R_1和R_2分别为两种溶液的电阻率。

2. 薄膜电动势

如果利用泥岩将浓度不同的氯化钠溶液隔开，泥岩两侧的溶液可测到电位差，而且电位差的符号与半透膜的方向相反。造成这一电动势的微观机制，是泥岩中的黏土矿物对阳离子的吸附造成其表面形成一层阳离子富集的水膜，只有阳离子可以通过，泥岩两端有浓度差时形成不同离子富集，故称为薄膜电动势。泥岩中黏土矿物是硅酸盐矿物，这些矿物因晶格中的硅或铝离子被低价的离子取代等原因，黏土矿物带负电。这时，矿物表面吸附大量溶液中的阳离子，从而维持电平衡。这些被吸附的离子也称为平衡离子。黏土中有吸附水时，在电场作用下，平衡离子可通过与水中阳离子交换位置形成阳离子的宏观定向移动，实现导电作用。当泥岩将浓度不同的两种溶液隔开时，一些位于泥岩表面的平衡离子将会离开泥岩进入溶液，同时也有溶液中的阳离子被泥岩吸附成为平衡离子。这两种相反的运动在泥岩与两种浓度溶液的接触面都有发生，但浓度较阵的溶液中阳离子浓度高，因而进入泥岩而被吸附的阳离子要多于离开泥岩进入溶液的阳离子，而在泥岩与较低浓度溶液的接触面，情形恰好相反。在泥岩体内部，通过平衡阳离子交换位置，完成把阳离子从靠高浓度溶液的泥岩表面到靠低浓度溶液泥岩表面的运输，结果造成泥岩两侧溶液中不同电荷的聚集，使高浓度一侧带负电，而低浓度一侧带正电，从而形成一个电场，而且该电场阻止泥岩内部阳离子从高浓度溶液一侧向低浓度溶液的运移，最后达到平衡状态，宏观上没有更多的离子发生运移，两侧的电位差稳定下来。这个电位差就是薄膜电动势，可定量表示成

$$E_m = K_m \lg \frac{C_1}{C_2} \tag{4-88}$$

式中，K_m 为薄膜电动势系数；C_1、C_2 为两种溶液的浓度。

K_m 与离子种类和溶液温度有关。在 18℃ 时，对于 NaCl 溶液，$K_m = 58\text{mV}$。当溶液的浓度较低时，溶液的电阻率与浓度成线性反比关系，式 (4-88) 可写成

$$E_m = K_m \lg \frac{R_2}{R_1} \tag{4-89}$$

式中，R_1 和 R_2 分别为两种溶液的电阻率。

3. 过滤电动势

作为造岩矿物的大多数硅酸盐，都会因带负电而吸附水中的阳离子，从而实现电平衡。这些平衡离子与矿物的结合不是很紧密，很容易脱离，但平衡离子离开后，矿物又会显出负电性，于是又有新的阳离子占据矿物表面的位置，维持电平衡。当岩石内部存在压力梯度时，孔隙中的水会从压力高的位置向压力低的位置渗流，一些被吸附的阳离子会被流过的水"冲走"，随后又有随水流到的阳离子被吸附，于是替代原平衡离子。其结果是，一部分阳离子随水流到下游，聚集起来，使下游带正电，而上游带负电。这个电位差是由水流的运动造成的，所以称动电电势，也称流动电位。动电电势产生的过程就像一部分负离子被岩石过滤掉一样，所以又称为过滤电动势，定量表示为

$$E_t = A_f \frac{R_w}{\mu} \Delta p \tag{4-90}$$

式中，μ 是水溶液的黏度，$\text{mPa} \cdot \text{s}$；$R_w$ 是孔隙水电阻率，$\Omega \cdot \text{m}$；Δp 为两个测量电极间的压

力差，atm（1atm=1.013kPa）；A_f 是过滤电动势系数，mV，渗透性岩石的平均值为 0.77mV。

4. 综合效应

在自然界中，上述各种极化机制可能是只有一种起作用，也可能是两种或两种以上的极化机制起作用。例如，在自然电位测井中，测得的自然电位异常是扩散和薄膜两种极化机制共同作用，通常把它们合在一起定义为电化学电动势。实际上，自然电位异常中过滤电动势的作用相对贡献较小，一般忽略。

第四节　岩石激发极化性质

在研究岩（矿）石中的稳定电场时，人们常常发现，在向岩（矿）石供入稳定电流的情况下，可观测到测量电极间的电位差随时间而变化（一般是变大），并且相当时间后（一般是几分钟）趋于某一稳定的饱和值；在断开供电电流后，测量电极间的电位差在最初一瞬间突降至某一数值之后，随时间推移而缓慢下降，并在相当长时间（一般是几分钟）后，衰减接近于零。测得的这些变化的电场是由供电形成的一次场激发出来的二次场，故称激发强化（induced polarization）。

岩石的激发极化现象首先由康拉德·斯伦贝谢于 1913 年在法国的采矿区发现。在约 1929 年，他将该项技术引入烃类测井中（Seigel 等，2007）。Marshall 和 Madden（1959）、Pelton 等（1978）、Vinegar 和 Waxman（1984）、Olhoeft（1985）、Ward（1990）、Borner（1991）、Borner 等（1993）、Borner 和 Schön（1995）、Vanhala（1997）、Tito 等（2002，2004）、Scott 等（2006）对该现象也进行了描述。

激发极化（IP）为一电流激发的电学现象，多以对捕获行为（Ward，1990）引起的地球物质中的延迟的电压响应的观察得出。该延迟效应可在时间域和频率域中进行描述或测量。这两种域的关系由 Fourier 转换给出。现今的技术已经发展为光谱电性测量（SIP）。

激发极化效应的岩石物理成因与电子—离子相互作用，颗粒—流体接触带的界面特征，阳离子交换现象，孔隙压缩及其他控制岩石的组成、分布和相互作用的效应密切相关。在早期，激发极化多用于矿石矿物勘探，后来则更关注于孔隙空间属性及其相关效应。现如今，依赖于频率的复电阻率检测一般用于解决对孔隙空间表征和水岩作用描述的相关问题。这种检测对于颗粒表面的物理、化学水岩反应十分"敏感"。与传统的地电学相比，复电阻率检测除了能够提供电导率信息，还能够提供低于"kHz"频率的电容和弛豫过程的信息（Borner，2006）。复电导率是一个由实部和虚部组成的具有频率依赖性的属性。目前无通用的理论和方程来描述依赖频率的复电导率。Dias（2000）对已有理论进行了概述。

Cole—Cole 模型（Pelton 等，1978）是较为普遍应用的模型。频率函数的复电导率为

$$C(\omega)=C_0\left[1+m\frac{(i\omega\tau)^c}{1+(i\omega\tau)^c(1-m)}\right] \quad (4-91)$$

其中

$$m=1-\frac{C_0}{C_\infty} \quad (4-92)$$

式中，C_0 为直流电导率（$\omega\rightarrow 0$）；τ 为弛豫时间；c 为指数，范围为 0.1~0.6（Binley 等，

2005），用于描述 τ 的分布；m 为参数；C_∞ 为高频电导率（$\omega \to \infty$）。

Cole—Cole 模型的频谱代表了在一定频率的最大相位角：

$$\omega_{max} = \frac{1}{\tau(1-m)^{c/2}} \tag{4-93}$$

在低频范围（$10^{-3} \sim 10^3$ Hz），多孔岩石中一个主要的特点就是近乎不变的相位角伴随具有一定频率的电阻率度大小的稳定降低（Borner，1991，1995，2006；Borner 等，1993；Dissado 和 Hill，1984；Jonscher，1981）：

$$C^*(\omega_n) = C_n(i\omega_n)^{1-p} \tag{4-94}$$

式中，C_n 为 $\omega = 1$ Hz 时电导率；ω_n 为归一化角频率，$\omega_n = \omega/(\omega=1)$；$1-p$ 为频率指数（约为 0~0.5 阶）。

频率指数（$1-p$）与依赖频率的相位角之间的关系为：

$$\tan\varphi = \frac{C''(\omega)}{C'(\omega)} = \tan\left[\frac{\pi}{2}(1-p)\right], \varphi = \frac{\pi}{2}(1-p) \tag{4-95}$$

各种模型都进行了改进，以解释观察到的电学效应与岩石或孔隙属性之间的联系。下述部分仅对其进行概述。激发极化的微观机制如图 4-19 所示。

一、电极极化

电极极化存在于含矿岩石中，发生在电子导体（矿石）和离子导体（电解质）的界面处。金属溶于液体，在界面处形成含阳离子的稀溶液，进而导致电极极化。当电流穿过金属—溶液界面时，界面附近的极化离子由此产生电场，阻碍电流的流动（Snyder 等，1977）。如图 4-19(a) 所示，电极极化发生在电子导体表面，也称金属极化。

二、薄膜极化

不同离子的移动和溶解形成的电解界面极化会引起非金属矿化岩石中电荷积聚现象，主要的类型为孔隙空间中黏土颗粒表面的薄膜极化，也称界面层极化 [图 4-19(b)]，是指孔隙通道中的黏土矿物吸附阳离子，在孔道内的溶液中形成"离子云"堵塞孔道，使负离子无法通过。当孔隙内离子在外加电场作用下做定向移动时，由于吸附阳离子的阻塞作用，孔道内形成极化。该极化场方向与外加场相反，能够在局部减弱总电场，阻碍离子在外加电场方向的运动，从而使电流变弱，表现出弛豫现象。Ward（1990）对薄膜极化的原理描述如下：极化作用主要发生于黏土颗粒部分堵塞离子运移通道的多孔岩石中。黏土表面附近阳离子的扩散云是黏土—电解液体系的主要特征。在电势的作用下，正电荷极易通过阳离子云，而负电荷则会聚集；因而就形成了离子选择膜。去掉电势，所有的电荷回归平衡位置。因此，薄膜区的一侧形成阳离子（或阴离子）富余，而另一侧则缺乏阳离子（或阴离子）。

三、孔径限制极化

岩石中孔隙通道一般不是直筒状的，它不仅是弯曲的，而且孔径也是变化的。宽孔隙和窄孔喉交替变化的孔隙空间引起孔隙阻塞极化。孔隙空间构成了活性（选择性离子）区及

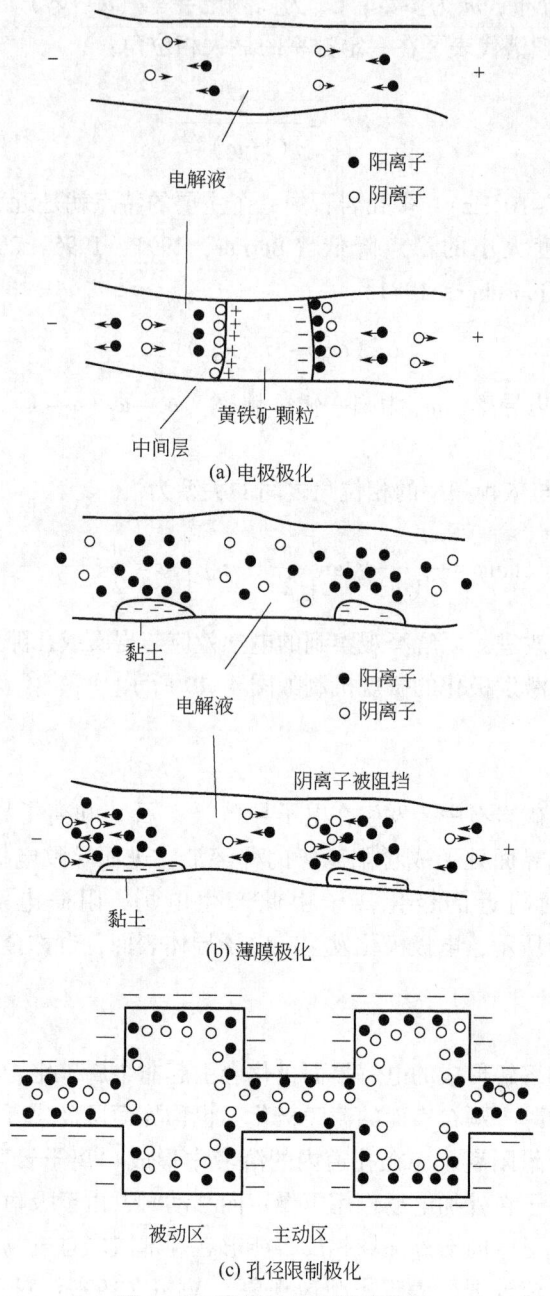

图 4-19 激发极化的微观机制

惰性（非选择性离子）区的连接通道。各区具有不同阳离子和阴离子迁移数，其在外加电场的作用下会形成局部浓度梯度。因此，在薄、厚的分界处，电流会形成阴离子亏损和阳离子富余。

如图 4-19(c) 所示的孔道模型中，在孔径较小的部分，离子通过要难一些，或者说，在这里粒子的移动会受限。当外界施加一个电场时，离子做定向移动，因为在整个回路中离子移动的难易程度不同（活度差异），在孔道狭窄位置两侧会出现不同离子聚集，影响电流通过，总体表现出弛豫。该极化机制与自然电位中的扩散电动势对应。

当含黏土矿物的砂岩中分散一些电子导电颗粒（如金属硫化物）时，各种机制同时起作用。

第五节 岩石的压电效应和电致伸缩

一、压电效应

有些固体电介质，由于晶体点阵的特殊结构，会产生一种特殊的现象，称为压电（piezoelectricity）现象。这现象是，正常情况下，晶体内正、负电荷中心重合，而当晶体受力发生机械变形时，例如压缩、伸长，正、负电荷中心分开，于是产生极化，而在相对的两面上产生异号的极化电荷。可产生这种现象的物质有石英、电气石、酒石酸钾钠、钛酸钡等。压电效应还有逆效应，当晶体上加电场时，晶体会发生机械形变。1880年，居里兄弟（J. Curie 和 P. Curie）在研究热电现象和晶体对称性的时候，在 α-石英晶体上最先发现了压电现象。描述压电效应的物性张量为三阶，按点群分类的32类晶体中，有20类晶体的三阶张量独立分量数不等于零，这些晶体可以产生压电效应。压电效应的必要条件是电荷分布没有对称中心。有对称中心的晶体变形时，正、负电荷中心仍重合，因而不具有压电性。

二、电致伸缩

在外场 E 作用下，电介质中每一微观结构单元将出现电偶极矩 p。这个微观电矩受到微观电场 E' 的作用力为

$$F = p\nabla \cdot E \tag{4-96}$$

将式（4-96）对单位体积电介质求和，得到宏观的体积力密度为

$$F = \sum F = \sum p\nabla \cdot E' = Np\nabla \cdot E' \tag{4-97}$$

这里，对微观场梯度的求和并取平均，就等于宏观量 $\nabla \cdot E$，而 Np 等于宏观极化强度 p。于是有

$$f = p\nabla \cdot E = (\varepsilon-1)\varepsilon_0 E\nabla \cdot E = \frac{1}{2}(\varepsilon-1)\varepsilon_0 \nabla E^2 \tag{4-98}$$

式（4-98）推导中用到了矢量恒等式及静电场的旋度为零的条件。进一步，可以将体积力密度化为应力。上面讨论表明，任何电介质在外电场的作用下都会产生应力，这种应力的大小与外电场 E 的二次项成正比。这里必须说明的是，电致伸缩是在外加电场作用下，电介质中的电偶极矩受外电场作用而产生的应力，它是二次效应；而压电效应是一次效应，一般来说二次效应要弱于一次效应，但有时可具有相同的数量级；电致伸缩在任何电解质中都存在，而压电效应只出现在没有中心对称的电介质中。对于压电体，在外电场作用下一次的压电效应和二次的电致伸缩同时出现。一种电介质电致伸缩效应的强弱用电致伸缩系数来表征，电致伸缩系数是四阶张量。

第六节　电学参数的实验室测定

一、电阻率的测量

1. 基本测量方法

在恒定电流供电的情况下，通过测量岩心两端的电位差，根据岩心的几何尺寸，就可以得到岩心的电阻率值。计算公式为

$$R = \frac{\pi d^2}{4l} \times \frac{V}{I} \tag{4-99}$$

式中，d 为岩心直径；l 为岩心长度；I 为通过岩心的电流；V 为岩心两端的电位差。

实验室中测量岩心的电阻率，可以采用两极法，也可以采用四极法，如图 4-20 所示。两极法的电极 A 和 B 既是供电电极，又是测量电极。这样做的缺点是测量精度受岩心与电极之间接触电阻的影响。为减少接触条件的影响，测量电极应采用导电性好、容易贴紧岩心的质地较软的金属材料，如铜或银，还要用鹿皮、滤纸等吸水材料作岩心和电极的耦合材料。四极法在很大程度上消除了接触电阻的影响，但该方法仅适用于岩心完全饱和水的情况，否则 M 与 N 间含水饱和度不易计算。

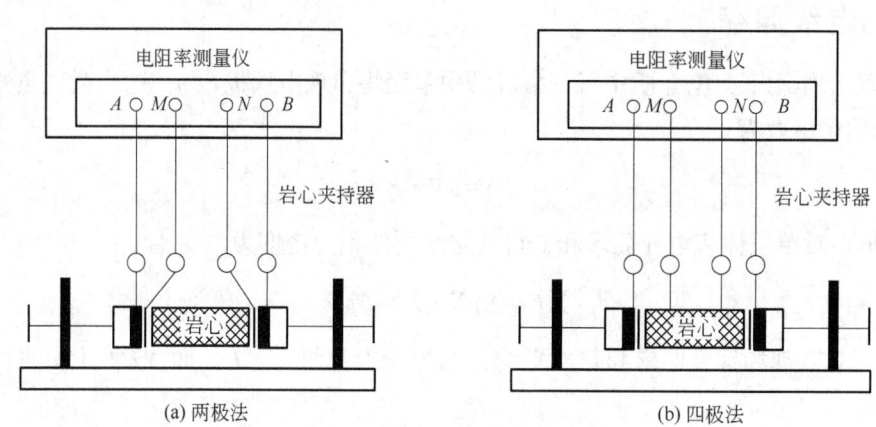

图 4-20　电阻率测量装置示意图

2. 改变岩心含水饱和度的电阻率测量方法

一方面，实验室得到的岩心内部所含流体与原状地层常常会有差异，从而造成测得的电阻率与实际地层情况不同；另一方面，地层评价计算中要求知道储集岩石在不同含水饱和度条件下的电阻率。于是，改变岩心含水饱和度进行电阻率测量成为岩石典型分析的主要手段。

1）增饱和度法

该方法的操作步骤是：首先将岩心洗净、烘干，然后将岩心放入盐水中；依靠岩心孔隙的毛细管力作用，盐水被吸入岩心孔隙中，岩心含水饱和度增加；在不同的含水饱和度下进

行电阻率测量。其中岩心的含水饱和度测量则采用重量法。该方法实际上是以水驱替岩石孔隙中的气体，属于气、水两相驱替法。

2) 减饱和度法

减饱和度是增饱和度的逆过程，也属于气、水两相驱替法。常见的降低含水饱和度的方法有气驱法、离心法和半渗透隔板法。

（1）气驱法：工作流程是，先将处理好的岩心完全用盐水饱和，然后采用自然或人工脱水的办法来降低岩石中的水分。自然脱水方法耗时过长，且容易造成脱水不均匀，一般不采用；人工脱水一般采用吹气法或烘干法，但要控制好岩心温度。气驱法的优点是岩心中盐水均匀减少，缺点是岩心水分减少了，但盐分并未减少，使盐水浓度增大，影响测量结果。与增饱和度方法一样，该方法也不能模拟地层条件，只能在常温常压下测量。

（2）离心法：利用离心力使岩心脱水。具体做法是，将饱水岩心放入特制的离心管（图4-21）中，离心管的末端留有带刻度线的集水管，靠离心机高速旋转产生的离心力将盐水驱替出并收集在集水管中，依据体积法计算岩心的含水饱和度：

$$S_w = \frac{V_w}{V_\phi} \times 100\% \qquad (4-100)$$

式中，V_w是集水管中盐水体积。

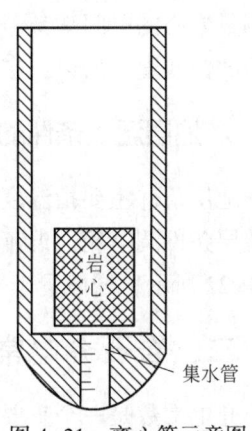

图4-21 离心管示意图

该方法的优点是，离心力能在一定程度上模拟地层压力，而且可以通过调整离心机的转速来改变驱替压力；缺点是离心处理后岩心中盐水分布不均匀。

（3）半渗透隔板法。半渗透隔板是一种多孔板，因孔隙尺寸较小，具有较大的毛细管压力。半渗透隔板的孔隙表面经过化学处理，在一定压力下只允许润湿相流体（水）通过，而非润湿相（油气）不能渗透，因此消除了常规驱替时非润湿相活塞式推进所产生的"末端效应"。由于采用的半渗透隔板、驱替相和润湿相的相互作用主要取决于岩心的毛细管压力，因此这种驱替过程能更好地模拟油气藏的压力系统。在一定压力下，如果计量管中的盐水体积不再增多，就可以认为两相流体的分布达到了平衡，此时卸掉压力，取出岩心并称重，确定其含水饱和度，测量电阻率值；然后将岩心放入压力容器内，增加压力，进行下一个饱和度点的测量。不同含水饱和度下，两相流体分布达到平衡时的压力就是该状态下的毛细管压力，因此该方法也可以用来研究不同毛细管力条件下的岩电关系。为了提高测量效率，很多仪器可以同时处理多块岩性相近、孔渗差别不大的岩心。

（4）油、水两相驱替法。油、水两相驱替法是将岩心装在一个橡皮筒中，如图4-22所示，橡皮筒的两端套在外径与橡皮筒内径相同的柱状电极上，外面用金属套箍住使其密封，对橡胶筒外施以液压，能够模拟地层的上覆压力，还能够使橡皮套紧贴岩心，避免驱替时橡胶筒与岩心间形成盐水层导电，影响测量结果。金属电极中间留有注液孔，通过它可以对岩心注入流体形成驱替压力。金属电极与岩心接触面留有网状沟槽，以便驱替流体沿岩心均匀推进。

流体饱和度计量采用体积法。驱替出的流体被收集到计量管中，根据计量管中的流体体

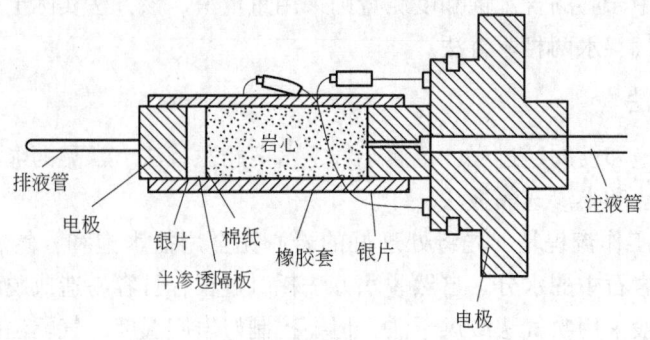

图 4-22 油、水两相驱替法岩心夹持器

积和岩心的孔隙体积可计算出岩心中某一种流体的饱和度。油、水两相驱替法一般采用两极法测量岩心的电阻率,若用四极法测量,因岩心中两相分布不均匀,无法准确知道两测量电极间的饱和度。所以,在这种装置中,四极法仅适用于100%含水岩心的测量。

3. 地层温压条件的模拟

地层条件主要指温度和压力。为模拟地下温度,将岩心夹持器置入可调温的恒温箱中,按地层条件调节箱内温度。模拟地层压力则通过液压系统给岩心夹持器加压来实现的,如图 4-22 所示,岩心置于橡胶套内,液压系统在胶套外施加压力,使岩心处于选定压力下。

二、岩石介电常数测量

介电常数是一个重要的岩石物理参数,人们尝试过很多方法来测量它,目前常用测量方法可根据频率不同分为:20kHz~250MHz 频段,采用电容法;1~1100MHz 频段,采用同轴线测量法;100MHz~2GHz 频段则采用反射法、传输法和谐振腔法等。

1. 电容法

如图 4-23 所示,电容法的测量装置是一个平行板电容器,岩心作为介质置入两极板之间,将电容器接入阻抗电桥或 Q 表,即可实现测量。容器极板一般采用导电性较好、较柔软的黄铜箔,外壳则采用有机玻璃等材质。为防止外界电磁场的干扰,整个装置外壳用铜制作,构成屏蔽室。屏蔽室本身也会对测量结果造成影响,但因外壳的材质和形状都是固定的,可通过测量已知的标准刻度件对测量装置进行标定,从而消除测量装置本身的影响。

电容法对岩心加工精度要求不高,测试方法相对简单,目前使用较普遍。如果测量频率过高,与标定的条件不同,测量误差偏大,故要求频率低于 250MHz;而当频率过低时,又会产生电极极化,于是要求测量频率高于 20kHz。

2. 同轴线测量法

为采用同轴线测量法,首先必须把岩心加工成空心圆柱形,然后置入同轴线夹持器中进行测量。测量过程中,沿同轴线传播的电磁波遇到岩心时,一部分波的能量被反射回去,一部分被岩心吸收,还有一部分经过岩心继续向前传播。记录反射波和传输波的相位和幅度(散射参数,也称 S 参数),即可求出岩心的介电常数和电导率。

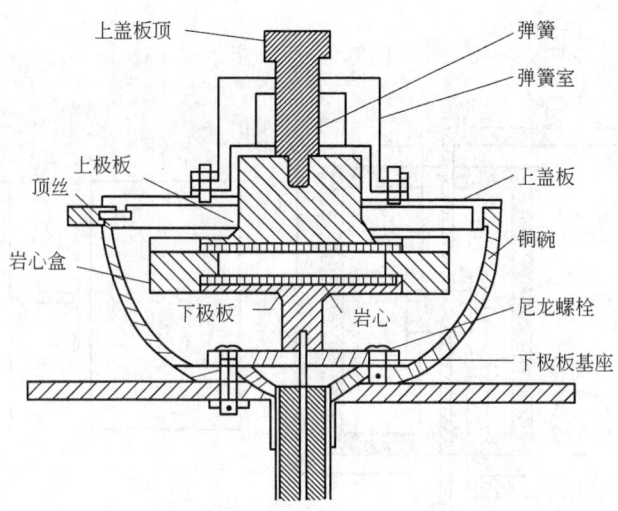

图 4-23 平行板电容法岩心夹持器

同轴线夹持器（图 4-24）的内、外导体均为铜质，为了和岩心接触良好，并且本身具有良好的导电性，同轴线内、外导体表面镀有一层银膜。

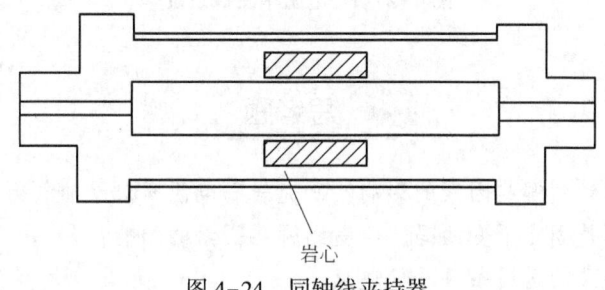

图 4-24 同轴线夹持器

同轴线测量法适用频率范围是 1~1100MHz，主要误差来源于岩心和同轴线金属壁之间的间隙，电磁波在此间隙中传播时会产生衰减而影响测量结果，故该法对岩心加工精度要求是很高的。研究表明，间隙小于 0.02mm 时，其对测量结果的影响可忽略。

三、岩石复电阻率测量

岩石复电阻率测量方法与常规电阻率测量相似，不同之处是同时测得岩心阻抗的实部和虚部，而且测量频带较宽，对岩心扫频供电，测量按照一定规律选取频率。如图 4-25 所示，测量采用两极法，测量仪器的核心是夹持器和阻抗分析仪。图中所示的装置是可加围压的夹持器，适用于柱状岩心，能够模拟地层压力，在驱替条件下测量。

岩心复电阻率测量对岩心扫描供电，通常在某一频段按照对数平均选取测试频率，频段则取决于实验的要求。现代测试系统利用计算机控制测量过程，包括对围压和驱替的控制。

由于岩石成分和孔隙结构的复杂性，对岩石电阻率频散数据的解释较为困难，目前已成为泥质砂岩研究的一个新热点，并已开始复电阻率测井实验研究，有望为地球物理测井等探测技术提供新的测量方法。

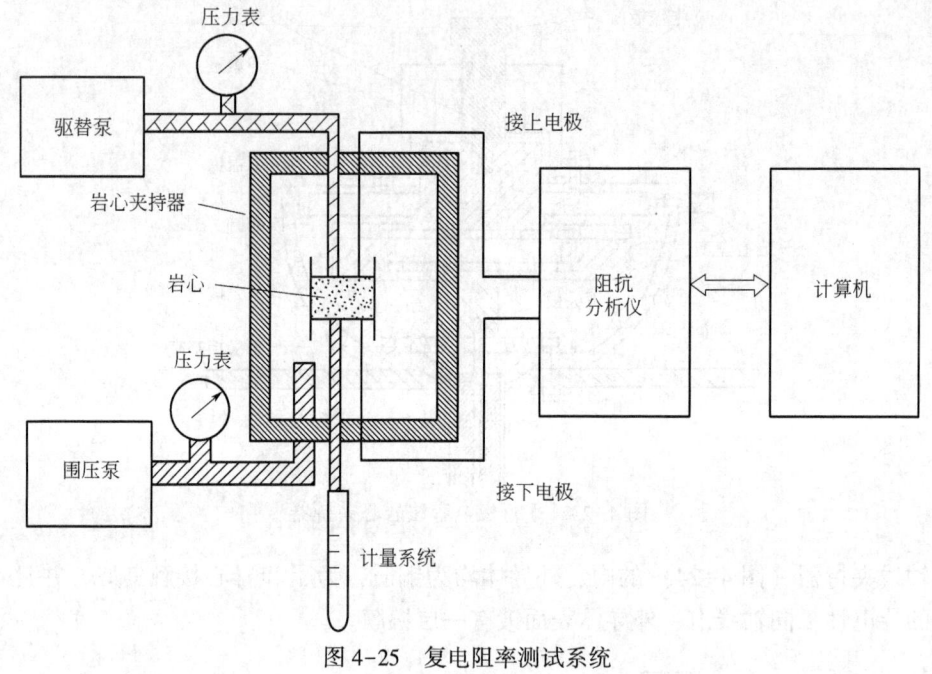

图 4-25 复电阻率测试系统

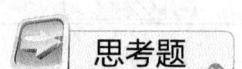

1. 岩石电阻率会受到哪些因素的影响？研究岩石电阻率对于油气行业有什么作用？
2. 地层水电阻率是固定不变的吗，会受到哪些因素的影响？
3. 简述阿尔奇公式的适用条件及优缺点。
4. 简述泥质砂岩的导电机理。常用的泥质砂岩导电方程有哪些，各自有哪些局限性？
5. 储层岩石的介电常数是什么，主要受哪些因素影响？

第五章
储层岩石的核物理特征

第一节 岩石的天然放射性特征

一、核衰变及天然放射线类型

原子是由原子核及核外电子层组成的一种很微小的粒子。电子占领了整个核外空间，并分布在不同的轨道上（K、L、M等）。原子核由中子和质子组成。质子就是氢的原子核，带有一个单位正电荷，中子是不带电粒子，其质量几乎与质子相同。由于原子是中性的，所以原子核中的质子数等于核外电子层的电子数，这个数值叫元素的原子序数，通常用 Z 表示。原子核中，质子与中子的总数叫元素的质量数，用 A 表示。因此原子核里的中子数为 $A-Z$。表 5-1 给出了这些构成的基本属性。

表 5-1 原子参数

种类	质量	电荷
质子 p^+	1.67×10^{-27} kg	$+1.602\times10^{-19}$ C
中子 n	1.67×10^{-27} kg	电中性，±0
电子 e^-	9.11×10^{-31} kg	-1.602×10^{-19} C

核素指的是原子核中具有一定数量的质子和中子并在同一能态上的同类原子，同一核素的原子核中质子数和中子数都相等。每种核素有一个特定的能级或能量状态。稳定核素结构和能量不会发生变化，而不稳定核素将会自发地改变其结构，衰变成其他核素并放射出射线来达到稳定状态。放射性核素的衰变规律为

$$N(t)=N_0\exp(-C_d t)=N_0\exp\left(-0.639\frac{t}{t_{1/2}}\right) \tag{5-1}$$

式中，N_0 为开始计数时母核数；$N(t)$ 为开始计数后 t 时刻母核数；C_d 为元素的衰变常数；$t_{1/2}$ 为元素的半衰期。

半衰期和衰变常数一样，不受任何外界作用的影响，而且是与时间无关的常量。不同放射性核素的衰变常数值不同，各种放射性核素的半衰期相差很大，有的长达几十亿年，有的短到若干分之一秒。

天然放射线有三种类型：

(1) α射线（氦原子核流）；
(2) β射线（高速运动的电子流）；
(3) γ射线（频率很高的电磁波或光子流）。

α和β射线的穿透深度非常小。γ射线能穿透几十厘米的地层、套管及仪器外壳，因此实际应用中（测井），通常使用γ射线。

二、岩石自然伽马射线及应用

1. 岩石自然伽马射线的产生

自然界的岩石和矿石均不同程度地具有一定的放射性，岩石的自然放射性决定于岩石所含的放射性核素的种类和数量。如果这些同位素都是不稳定的，那么它们就会衰变到更加稳定的形式并放出辐射。只有三种放射性衰变过程，可以生成一定数量的可测量的伽马射线，且发生在天然岩石中：

(1) 铀（半衰期为 4.4×10^9 年）；
(2) 钍（半衰期为 1.4×10^9 年）；
(3) 钾 ^{40}K（半衰期为 1.3×10^9 年）。

铀（$^{238}_{92}U$）和钍（$^{232}_{90}Th$）经过一系列的衰变最终分别形成稳态的 $^{206}_{82}Pb$ 和 $^{208}_{82}Pb$。这一系列衰变会形成一幅能谱，表明转换（衰变）为各能级的概率。两个能谱都有特征峰值：铀是 1.76MeV，钍是 2.62MeV。

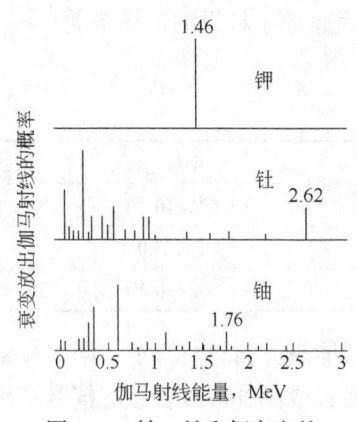

图 5-1　铀、钍和钾衰变的特征伽马射线能级

元素钾包含 0.0119% 的放射性同位素 $^{40}_{19}K$，衰变会放射出能量为 1.46MeV 的单伽马射线。最终稳定为氩（$^{40}_{18}Ar$）（图 5-1）。

不同地区、不同时代、不同岩性和不同成分的岩石，其平均放射性核素含量往往有很大差别。但一般规律是，岩浆岩中放射性核素含量比沉积岩高，钍铀比大。不同岩石所含的放射性元素的种类和含量是不同的，它与岩性及岩石形成过程中的物理、化学条件有关。

1）岩浆岩

一般来说，常见的岩浆岩中这三种元素的酸性浓度明显高于超基性岩。例外的是，碱性似长石（一种岩类）。更高放射性的岩浆岩主要与新生铀和含钍矿物质有关（Kobranova，1989）。从镁铁质岩石（基性）到长石石英质岩石（酸性），岩浆岩放射性增加。

2）变质岩

变质岩中铀、钍和钾的含量视岩石（岩浆岩或沉积岩）原始含量而定，而且也有可能在变质过程中改变，有些被吸收了或由于变质程度不同被重新分布（Rybach 和 Cermak，1982）。

通常放射性元素的含量随变质作用的增加而减少。Rybach 和 Cermak（1982）发现"由递进变质作用引起的 U 和 Th 的衰变，是麻粒岩相的最显著证据。由于脱水反应或是由于部分熔融在地壳附近（混合岩），地壳中的 U 和 Th 有向上运移趋势。K 几乎不受这些过程的影响"。变质岩中 Th/U 的平均比率可以根据典型的侵入岩数据推导而出。"这是由于变质过程中 K、Th 和 U 变化不守恒，U 迁移活动可能是主要原因"（Haack，1982）。

3) 沉积岩

沉积岩中，相对平均含量比在岩浆岩中难以预测。通常，钾的有效浓度比铀和钍更低，而钍和铀有同等贡献能力。在沉积岩中，碳酸盐岩的天然放射性是最低的。一般来说，泥岩比其他沉积岩具有更高的天然放射性；因此，伽马射线探测可以用来区别泥岩和其他沉积岩（Hearst 和 Nelson，1985）。

2. 伽马射线的测量

在地球物理野外实际勘探中，需应用两种测量技术：伽马能谱测量和总自然伽马测量。在大多数应用中，能谱测量实现了数据还原技术。整个光谱被分割为三个窗口：

(1) 有显著 K 能量（1.46MeV）的第一个窗口 1.3~1.6MeV；
(2) 有显著 U 能量（1.76MeV）的第二个窗口 1.6~2.4MeV；
(3) 有显著 Th 能量（2.61MeV）的第三个窗口 2.4~2.8MeV。

这个过程，即所谓的剥谱（Ellis，1987；Hearst 和 Nelson，1985）。它解决了三种元素（K、U 和 Th）浓度的矩阵算法。

图 5-2 展示了一个泥岩区中伽马能谱测量的例子。

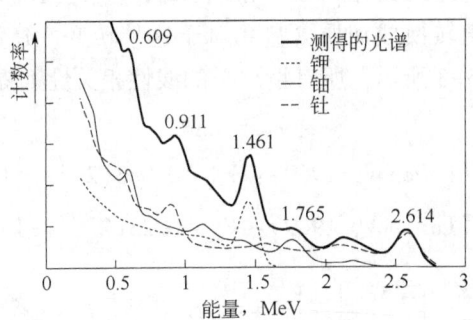

图 5-2　泥岩中 Th、K 和 U 组分的天然伽马射线能谱（据 Pemper 等，2009）

在许多情况下都应用"累计测量技术"：在固定能量值以上的所有输入计数都要测量。因此结合这三方面贡献的积分公式为

$$I_{API} = k(aK + U + bTh) \tag{5-2}$$

式中，U、Th 单位为 10^{-6}；K 是百分比；k 是给定常数；a 是与 K 有同样 1% 比率的 U 浓度；b 是与 Th 有同样 1% 比率的 U 的浓度（Hearst 和 Nelson，1985）。

伽马测井的测量单位就是 API。这个参考标准允许在不同伽马射线计数设备间进行一致的比较。

API 标准是在休斯敦大学校准实验井中测量的。该设施用含有镭（提供铀衰变）、作为钍放射源的独居石和作为钾放射源的云母的混合物的混凝土来构建。该设施含 4.07% 的钾、24.2×10^{-6} 的 Th 以及 13.1×10^{-6} 的 U（Ellis，1987）。API 标准定义为 200API，相当于泥岩中均值的两倍。

3. 自然伽马射线地质应用

1）岩性剖面

在岩浆岩中，一般的放射性强度增长趋势是从超基性岩到酸性岩石。云母和碱性长石中铀、钍和钾的高含量正是归因于此。岩性变化可以改变放射性。

沉积岩中，纯碳酸盐岩和砂岩中通常具有最小的放射性。放射性随泥质含量增加而增强；因此，伽马测井是最能指示泥岩的方法。黑色海相泥岩放射性最大。

伽马测井可以进行（定量的）岩性分析，可以很好地区分纯岩石（砂岩、碳酸盐岩）和泥岩，也可通过以典型曲线形状来研究沉积特征，进行井间相关性对比。

2）泥质含量计算

泥质含量计算可以从基于泥质含量与放射性同位素含量（源于天然放射性活动）的相关性的伽马测量中推导。前提是假定泥岩和黏土都有放射性，且没有其他"放射性矿物存在"。

对于这项应用，许多情况下使用的是总自然伽马。首先计算自然伽马相对值：

$$I_{GR} = \frac{GR - GR_{min}}{GR_{max} - GR_{min}} \quad (5-3)$$

式中，GR、GR_{min}、GR_{max} 分别表示目的层的、纯砂岩层的和纯泥岩层的自然伽马读数值。

测井曲线归一化后，纯净区域 $I_{GR} = 0$，泥岩区域 $I_{GR} = 1$（100%泥岩）。

随后，自然伽马相对值转换成泥质含量。对于这种转变，建议使用各种形式的经验公式。如下面的公式以及图5-3所示，所有情况下的线性相关性都提供了最大泥质含量。

线性关系（上限）： $\qquad V_{sh} = I_{GR} \qquad (5-4)$

古近—新近系碎屑岩（Larionov，1969）：$V_{sh} = 0.083(2^{3.7I_{GR}} - 1) \qquad (5-5)$

中生界及更老的岩石（Larionov，1969）：$V_{sh} = 0.33(2^{2.0I_{GR}} - 1) \qquad (5-6)$

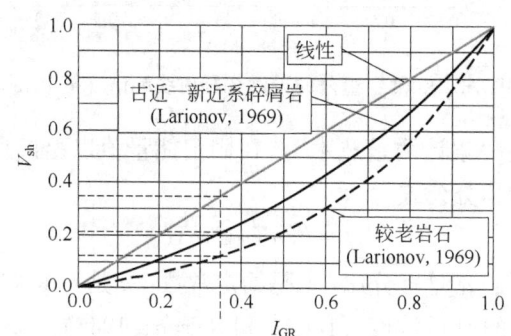

图 5-3 伽马射线指数 I_{GR} 和泥质含量 V_{sh} 之间的关系

3）识别黏土矿物类型

钍和钾都是放射性明显的矿物组分；黏土矿物（云母和长石）可以由不同比率的这两种元素或在 Th/K 图表[图5-4（a）（b）]上的不同位置来表征。该方法可以用来评估地层中主要黏土矿物，也用于检测云母或长石。

图 5-4(c) 展示一个例子（巴伦支海古生代碳酸盐岩、混合碳酸盐岩以及硅质碎屑岩）。区域 1 表示混合层黏土或伊利石；区域 2 表示高岭石或含有云母或伊利石的长石砂岩。

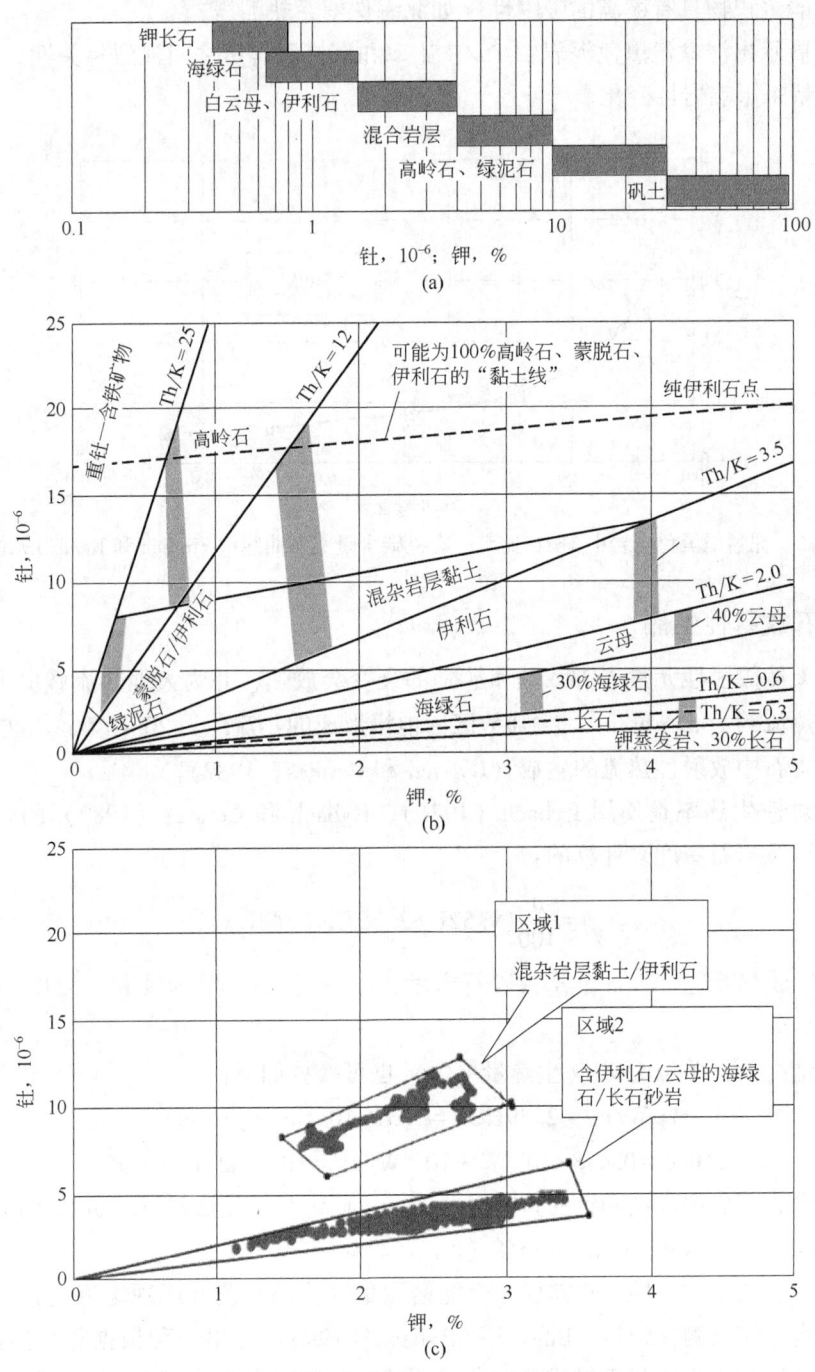

图 5-4 伽马能谱测井黏土矿物含量计算

4) 烃源岩研究

大量研究表明，岩石中的有机物对铀富集起着重要作用，因此应用自然伽马能谱，可纵向和横向上追踪生油层，评价生油层生油能力。自然界中的有机质，一来自水生有机物，二来自陆生植物。它们与铀之间都有亲和力存在。虽然这种亲和力机理还在研究中，但这种亲和力使有机质与铀含量有明显相关关系。在滞留、缺氧的低沉积速率水域（以产出黑色泥岩为代表）的沉积物具有极高的吸附性（如北海侏罗系热泥岩）。

图 5-5 展示出泥盆纪黑色泥岩中 Th/U 比率和有机碳含量之间强烈相关性。这个比率主要通过钍含量来影响岩性变化。

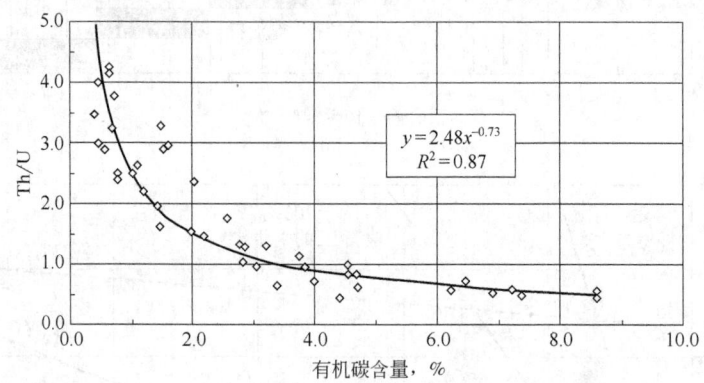

图 5-5　泥盆纪黑色泥岩中 Th/U 比率—有机碳含量关系曲线（Virginia 和 Kentucky 地区）

5）岩石放射性生热

地壳中天然放射性元素（钾、铀和钍）的衰变会放热，并为大地热流做出了重要贡献。地表的平均热流约为 $65mW/m^2$，大陆地区由地幔形成的热流约为 $20mW/m^2$。这一差别的原因就是地壳岩石中放射性热流的生成（Rybach 和 Cermak，1982）。

通常放射性生热率是使用 Rybach（1976）、Rybach 和 Cermak（1982）的公式，用钾、铀和钍含量以及岩石密度来计算的：

$$A = \frac{\rho}{100}(9.52U + 2.56Th + 3.48K) \tag{5-7}$$

式中，A 为生成热量，$\mu W/m^3$；ρ 为岩石密度，g/cm^3；U、Th 为铀和钍浓度，10^{-6}；K 为钾的浓度，%。

在一些情况下，单位 HGU（生热量单位）也可换算如下：

$$1\mu W/m^3 = 2.39 HGU = 2.39 \times 10^{-13} cal/(s \cdot cm^3) \tag{5-8}$$

$$1HGU = 0.418 \times 10^{-6} W \cdot 10^{-6} W/m^3 = 10^{-13} cal/(s \cdot cm^3) \tag{5-9}$$

在大部分岩浆岩中，铀和钍的贡献量差不多，而钾对总生成热量的贡献量相对较小，各比率约为 40%（U）、45%（Th）、15%（K）。

一般来说，测定放射性生热需要一个能谱测量（实验、测井或现场测量），但许多情况下只有总的自然伽马测井资料。Bücker 和 Rybach（1996）提出一种根据总自然伽马测井计算生热量的方法。该方法基于（积分）伽马射线 GR 和生热量 A 间的线性关系：

$$A = 0.0158(GR - 0.8) \tag{5-10}$$

式中，A 为生热量，$\mu W/m^3$；GR 为自然伽马强度，API。

注意：该公式广泛适用于各种岩性，从花岗岩到片麻岩、角闪岩、碳酸盐岩、玄武岩，范围分别是在 0~350API，0.03~7μW/m³，误差<10%。

三、伽马射线与岩石的相互作用及应用

基于伽马射线和岩石相互作用的方法使用伽马源和伽马检测器。根据伽马射线能量和目标矿物（岩石）的核物理性质，使用两种方法会产生两种模式下的测量结果：

(1) 应用光电效应的光电截面（P_e）测量；

(2) 应用康普顿效应的密度测量。

伽马源发出的伽马光子与目标矿物进行相互作用并释放部分或全部能量。用最简单的公式，这一过程可以描述平行光束：

$$\Psi = \Psi_0 \exp(-\alpha \cdot x) \tag{5-11}$$

式中，Ψ 为经过目标后的测量通量；Ψ_0 为经过目标前的测量通量；x 为目标厚度；α 为吸附系数。

1. 伽马射线与岩石的相互作用类型

由放射性元素核衰变放出的伽马射线，能量一般在 0.5~5.3MeV 之间，在这一能量范围内，伽马射线穿过物质时，根据其能量不同，主要产生光电效应、康普顿效应以及电子对效应而使能量逐渐被物质所吸收。

1) 光电效应

一个随机的低能伽马光子（<0.2MeV）与一个原子碰撞。如果伽马光子的能量等于或超过了轨道电子上离散的"结合能"，那么伽马光子把它的能量传递给轨道电子；电子脱离轨道并产生动能。

光电效应发生的概率受伽马放射性和吸附材料的原子序数 Z 控制。实际应用中使用以下两个参数。

光电截面指数 P_e，单位为 b/e（靶/电子）：

$$P_e = \left(\frac{Z}{10}\right)^{3.6} \tag{5-12}$$

体积光电截面 U，单位为 b/cm³：

$$U = P_e \rho_e \tag{5-13}$$

式中，ρ_e 是电子密度。

U 实际上与孔隙度无关；对于 U 的混合物质可以由组分的加权（体积分数）平均来计算。

2) 康普顿效应

一个随机的中能伽马光子（伽马射线）与一个原子碰撞。它逸出一个轨道电子并只传播部分能量。逸出能量和射出电子的动能（康普顿电子或反冲电子）可以从保存能量和动量来计算。散射角度是随机分布的，并取决于能量大小。

3) 电子对产生

当一个随机的高能伽马光子（伽马射线能量>1.022MeV）接近一个原子核时，它可以

转变成一个电子—正电子对。

在地球科学中应用了光电效应和康普顿效应。这两种效应都会导致伽马辐射的衰减，如式(5-9)中所述。吸附系数指的就是上述效应。

相互作用的概率不只依赖于伽马源的能量，也依赖于目标矿物的原子序数。图 5-6 展示了原子序数 Z 对能量的三种效应的相对重要性。灰色区域表示常见岩石元素。

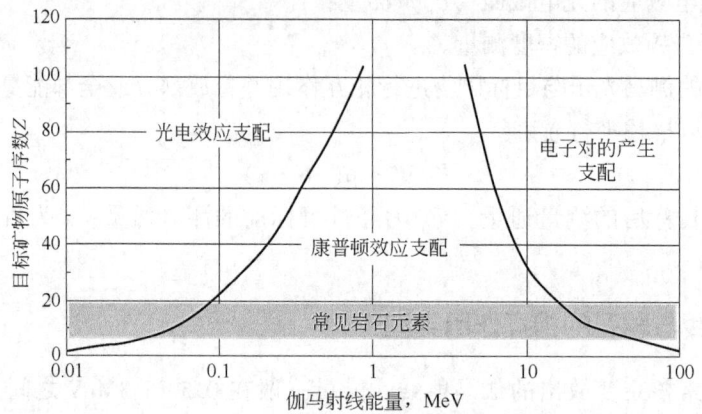

图 5-6　原子序数 Z-能量关系中三种伽马效应的相对重要性
（据 Baker Atlas，1985；Hearst 和 Nelson，1985）

2. 应用

1）矿物鉴别

光电俘获截面（P_e）是现代密度测井方法的辅助手段。它测量了每个电子单元内的物质对低能伽马射线的吸收。低能范围的（<100keV）伽马—伽马测量提供了对原子序数 Z（平均的）有较强依赖性的参数 P_e（平均光电截面/电子），因此它是一个敏感的矿物学指标。如果密度 ρ_e 也被测量，参数 U（平均光电截面/cm³）就可以被计算出来。

表 5-2 展示了部分造岩矿物的几种重要属性。各种矿物的平均荷质比 Z/A、光电俘获截面 P_e 和 U 都是完全不同的。

表 5-2　部分矿物的伽马—伽马作用特性（据 Baker Atlas，1985；Schlumberger，1989）

物质	密度 ρ_b, g/cm³	测井密度 ρ_e, g/cm³	Z/A	P_e, b/e	U, b/cm³
矿物					
石英	2.65	2.64	0.499	1.81	4.8
方解石	2.71	2.71	0.500	5.08	13.8
白云石	2.87	2.87	0.499	3.14	9.0
菱铁矿	3.94	3.89	0.483	14.69	57
岩盐	2.16	2.03	0.479	4.65	9.5
石膏	2.31	2.33	0.511	3.99	9.4
硬石膏	2.96	2.98	0.499	5.06	15

续表

物质	密度 ρ_b, g/cm³	测井密度 ρ_e, g/cm³	Z/A	P_e, b/e	U, b/cm³
重晶石	4.48	4.09	0.466	266.8	1066
正长石	2.56	2.53	0.496	2.86	7.2
钠长石	2.62	2.59	0.496	1.68	4.4
白云母	2.83	2.82	0.497	2.40	6.7
黑云母	3.01	2.99	0.493	6.27	19
蒙脱石	2.06	2.02	0.502	2.04	4.0
高岭石	2.59	2.61	0.504	1.49	4.4
伊利石	2.64	2.63	0.499	3.45	8.7
绿泥石	2.88	2.88	0.497	6.30	17
液体					
淡水	1.00	1.11	0.555	0.36	0.40
油	0.80	0.79	0.57	0.125	0.11

人们特别感兴趣的是形成储层的主要矿物石英（$P_e=1.81$b/e，$U=4.8$b/cm³）、方解石（$P_e=5.08$b/e，$U=13.8$b/cm³）和白云石（$P_e=3.14$b/e，$U=9.0$b/cm³）之间的区别。这些差别使矿物成分评估成为可能，并可以使用交会图技术来实现。

当钻井液中包含重晶石时，重晶石的极高值（$P_e=266.8$b/e，$U=1066$b/cm³）会影响测量结果。

2) 密度测量与孔隙度计算

康普顿能量区域内（0.5~5MeV），利用伽马—伽马测井仪测量的矿物响应受单位体积内轨道电子数量的控制。常用的核放射源是铯（0.66MeV）以及钴（1.17MeV 和 1.33MeV）。

单位体积原子数是

$$n_a = N_A(\rho_b/A) \tag{5-14}$$

式中，N_A 是阿伏伽德罗系数；A 是原子质量数；ρ_b 是体积密度。

单位体积电子数是

$$n_e = Zn_a = N_A(Z/A)\rho_b \tag{5-15}$$

控制康普顿效应的电子密度 ρ_e 定义为

$$\rho_e = 2\rho_b \frac{Z}{A} \tag{5-16}$$

体积密度可由下式计算：

$$\rho_b = \frac{\rho_e}{2Z/A} \tag{5-17}$$

因此，ρ_b 是与目标矿物（岩石）的电子密度 ρ_e（测量值）和平均比值 Z/A 相关的。对于大部分造岩矿物，比值 Z/A 接近常数 0.5（参见表 5-2），即

$$Z/A \approx 0.5 \tag{5-18}$$

在此条件下，$\rho_b \approx \rho_e$，测量仪器可以直接校准为体积密度单位。

从体积密度可以推导出孔隙度（总孔隙度）计算公式为

$$\phi = \frac{\rho_{\text{solid}} - \rho_b}{\rho_{\text{solid}} - \rho_{\text{fluid}}} \tag{5-19}$$

因此，对于基于密度测量的孔隙度计算，固体骨架物质密度 ρ_{solid}（也叫"骨架密度" ρ_{ma}）和流体密度 ρ_{fluid} 的相关知识都是必要的。骨架矿物信息可以利用地质输入、交会图技术以及 P_e 测量中获得。

四、中子与地层的相互作用及应用

中子质量为 1.67×10^{-27}kg 且不带电荷，因此有很高的穿透能力（Bassiouni，1994）。不同能量的中子与原子核以不同方式相互作用。

根据能量大小中子被分类为：

（1）快中子，能量>500keV；

（2）中能中子，能量 1~500keV；

（3）慢中子，能量<1keV，又被细分为能量范围在 0.1~1keV 的超热中子、能量<0.1keV 的热中子。

对于中子测井，使用放射源—探测器系统。中子源包括：

（1）^{252}Cf 的自发裂变：能量在 250keV~2MeV 之间的大部分中子是相对低能的。这个中子源不是测井中常用的（Hearst 和 Nelson，1985）。

（2）化学的或 α—n 源（如 Am—Be）：α 粒子发射器和铍反应并生成能量在 1~12MeV 之间的中子；平均能量约为 4.2MeV（Ellis 等，2003）。该中子源实际应用广泛。

（3）加速器中子源：由加速器驱动的氘—氚反应生成能量为 14.1MeV 的中子。与其他放射源相比，加速器中子源有以下优势：可以随时关闭、开启，并能产生很高且精确定量的能量，而且可以用于脉冲工作模式下。

1. 中子与地层的相互作用类型

中子与原子核相互作用，在此过程中它们会传递并失去自身能量。有两种基本相互作用类型：

（1）平缓的相互作用或慢相互作用（非弹性散射、弹性散射）；

（2）如果它们达到一定热能（俘获、活化作用），则发生吸附性相互作用。

1）非弹性散射

快中子与原子序数为 Z、质量数为 A 的原子核相互作用。该过程形成了一个原子序数为 Z、质量数为 $A+1$ 的复合原子核，且处于活跃状态。随后它衰变到基态（与初始目标核相同），并逸散：

（1）低能中子；

（2）特征能量的伽马射线。该能量是目标原子的特征，可以用来识别元素。

表 5-3 展示了一些特征能量。这个效应被用于碳氧比测井。图 5-7 展示了与能量相关的中子现象。

表 5-3　部分元素的非弹性散射与俘获伽马射线的特征能量（据 Hearst 和 Nelson，1985）

元素	非弹性散射伽马射线能量,MeV	俘获伽马射线能量,MeV
H		2.2
O	6.1,7.0	
C	4.43	
Si	1.78	3.5,4.9
S	2.2	3.2,4.9,5.4
Ca	3.7	2.0,4.4,6.4
Al	2.2	7.7
Mg		3.9
Fe		6.0,7.3,7.6

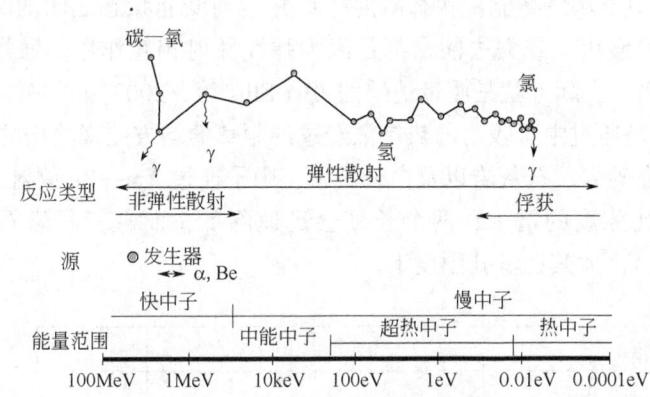

图 5-7　与能量相关的中子现象（据 Hearst 和 Nelson，1985，略有修改）

2）弹性散射

一个中子与一个原子核碰撞后失去动能。中子的所有能量都转为目标原子核和碰撞后的中子的结合动能。因此，散射过程是一个减慢反应，它可以描述为"撞球"相互作用。所以，弹性散射不释放伽马射线。

最终能量 E_f 和初始能量 E_0 的比率（Hearst 和 Nelson，1985）是

$$\frac{E_f}{E_0}=\frac{A^2+2A\cos\theta+1}{(A+1)^2} \qquad (5-20)$$

式中，A 是目标的原子质量；θ 是散射角度。

当 $A=1$（氢）时中子碰撞后能量损失最大。氢与中子有同样的质量。至此，可以推断作为最常见的相互作用的弹性散射是由氢元素（H）控制的。氢含量控制着弹性散射的强度；这是与水含量或"中子孔隙度"相关的大背景。但是其他的元素也与中子辐射进行相互作用；这导致中子孔隙度测定中会产生"基质效应"。

3）俘获

对于热中子，最可能的相互作用就是俘获。中子被原子核俘获，形成处于活跃状态的复合核。它衰变到基态并散射带有一定能量的伽马射线，这种特征能量可以指示主体元素。中

子辐射俘获的特征属性包括：

(1) 中子俘获截面，单位为 b（$1b = 10^{-28}m$）；

(2) 俘获伽马能量，单位为 MeV。

两种岩石中常见的元素具有很高的俘获截面：硼元素（759b）和氯元素（33b）。相比较下，硅元素有一个 0.16b 的截面，铝是 0.23b，氧是 0.0002b（Hearst 和 Nelson，1985）。这两种元素都是在地层水中，但是氯元素出现得更为频繁。

特别是，氯元素会导致一个产生可利用脉冲中子俘获测井检测到的随时间衰减的射线的俘获过程。该效应被应用在生产测井中。这个方法能检测出流体中氯盐的变化并给出一些水饱和度变化的信息。然而，对于测井应用，任何不受水中盐度影响的中子测量只有在中子热化前（中子超热技术）才可靠。

复杂中子作用过程可以通过特征长度来描述。它们是对中子运动起始点和结束点之间的之字形路线的校正距离的测量。

慢化长度 L_s 与中子从最高能量状态散射能量并达到低能状态之间的时间所行走的直线距离成比例。中子"慢化"或失去能量都是因为弹性散射相互作用。通常用来计算地层孔隙度的探测器计数率，实际上就是测量地层的 L_s（Ellis 等，2003）。

热扩散长度 L_d 是通过中子吸附前热扩散经过的距离的均方差来给出的。

图 5-8 展示了在砂岩、石灰岩以及白云石中，中子通过 Am—Be 放射源的慢化和扩散长度。该图证明随着孔隙度的增大，两个长度会迅速降低，而且三种岩石类型有不同响应（矿物学或骨架效应），尤其在低孔隙度下。

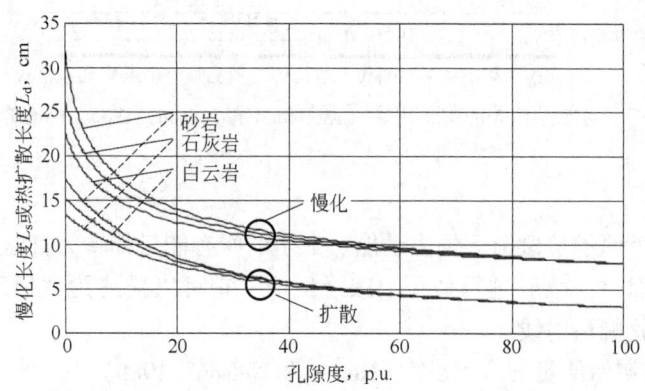

图 5-8　在砂岩、石灰岩以及白云石中中子通过 Am—Be 放射源的慢化和扩散长度（据 Gilchrist，2009）

慢化长度和扩散长度都与对应的截面积成反比。

迁移长度 L_m 是测量慢化状态过程中移动路径和俘获前热阶段所行进的总迁移距离：

$$L_m = \sqrt{L_s^2 + L_d^2} \tag{5-21}$$

2. 应用

1）中子测量获得孔隙度

传统的工业测量中子仪器包括中子源（或中子生成器）和两个检测相互作用后的放射性探测器；地层孔隙度是由两个检测器中获得的计数比率决定的（Gilchrist，2009）。

因为在储集岩中，主导的弹性散射主要是由氢元素控制，这样一个系统可以给出关于"氢浓度"的信息，它受地层中的水或烃类控制。这就产生了"中子孔隙度"这个术语。在多数的实际应用中，中子测井仪都通过石灰岩—淡水校正设备进行校准。

如果中子响应表述为"中子孔隙度"ϕ_N，那么纯石灰岩（方解石）的$\phi_N \equiv 0$，淡水的$\phi_N \equiv 1$。表5-4给出了更多的流体和固体岩石成分的数据。

表5-4 部分岩石成分的中子孔隙度

成分	ϕ_N	成分	ϕ_N
水（25℃）	1	方解石	0
水（200000×10^{-6}NaCl）（25℃）	0.9	白云岩	0.01~0.02
油（平均）（25℃）	0.96~1.02	石英	-0.02
气（平均）（15℃，0.1MPa）	0.0017	石膏	0.49
气（平均）（93℃，48MPa）	0.54	页岩（平均）	0.2~0.4

数据来源：Serra（2004），Baker Atlas（2002），Schlumberger（2000），Fricke和Schön（1999）。

对任意由不同矿物成分、泥质和流体组成的多孔岩石，利用石灰岩—淡水校验推导的孔隙度为

$$\phi_N = \phi \phi_{N,fluid} + (1-\phi)\left[(1-V_{shale})\phi_{N,matrix} + V_{shale}\phi_{N,shale}\right] \quad (5-22)$$

式中，ϕ为岩石孔隙度；ϕ_N为中子孔隙度测量值；$\phi_{N,fluid}$为流体的中子响应；$\phi_{N,matrix}$为岩石骨架中子响应；$\phi_{N,shale}$为泥质中子响应；V_{shale}为泥质含量。

要想利用由中子测量结果得出准确的孔隙度，需要理解和掌握关于流体中子响应、骨架中子响应、泥质中子响应和泥质含量的知识。

2）脉冲中子俘获测量获得流体饱和度

脉冲中子俘获（PNC）测量用于测定套管生产井中水的饱和度。由于中子衰变率受氯元素强烈控制，因此，盐水（NaCl）中的衰变与含水饱和度S_w相关，并且也使得区分井中的烃和水成为可能。

表征俘获过程的主要测量参数是与氯元素（及其他物质）俘获的一定数量的慢中子产生的衰变有关的时间常数τ，单位为ms。衰变时间常数τ与俘获单元的"宏观截面"Σ有关：

$$\Sigma = \frac{4550}{\tau} \quad (5-23)$$

观察（测量）的"宏观截面"Σ_{log}是岩石成分骨架、泥质和地层流体的贡献率的总和：

$$\Sigma_{log} = (1-\phi-V_{sh})\Sigma_{ma} + V_{sh}\Sigma_{sh} + \phi\left[S_w\Sigma_w + (1-S_w)\Sigma_{hc}\right] \quad (5-24)$$

含水饱和度可由下式导出：

$$S_w = \frac{\Sigma_{log} - \Sigma_{ma} - V_{sh}(\Sigma_{sh} - \Sigma_{ma}) - \phi(\Sigma_{hc} - \Sigma_{ma})}{\phi(\Sigma_w - \Sigma_{hc})} \quad (5-25)$$

式中，S_w为含水饱和度；ϕ为孔隙度；Σ_{log}为测量的地层俘获截面；Σ_{ma}为岩石骨架的俘获截面；Σ_{sh}为泥质的俘获截面；Σ_w为地层水的俘获截面；Σ_{hc}为烃类的俘获截面。

实际应用中对于含水饱和度测定，通常假定ϕ、Σ_{ma}、Σ_{sh}、Σ_{hc}、Σ_w是恒定不变的。这样，测量的Σ_{log}的变化就直接反映了S_w的变化。如果这些属性是已知的，那么就可以定

量测量 S_w。

五、核测量在矿物分析中的应用

在储层表征中对岩石中矿物成分的测定是最重要的。矿物成分控制"骨架属性",并直接控制了推导的孔隙度的准确性。但矿物含量和成分也给出了关于成岩过程的信息,并直接影响了岩石特性。在碳酸盐岩中,矿物成分与孔隙特征和孔隙类型有关。

传统的核测量(自然伽马测井、伽马—伽马测井、中子测井)为利用限定的特征值或趋势进行初始分类提供了可能性。

为了更详细、更可靠地识别矿物成分,已经开发出了基于光谱核测量的元素分析方法。核测量的物理过程与特定元素及其伴生物间的相互作用直接相关。因此,核测量一般能够提供"元素控制信息"。

在碳酸盐矿物中,某些情况下,方解石和白云岩可以由 P_e 来区分。但是如果钻井液中存在重晶石或地层中含有硬石膏,P_e 测量就存在问题。低估硬石膏的含量会导致低估骨架密度,也会导致对整体孔隙度计算偏低。

中子俘获光谱可用于检测 Ca、Mg 和 S,则可将方解石 $CaCO_3$ 与白云岩 $CaMg(CO_3)_2$ 区别开来,并提供对硬石膏($CaSO_4$)体积的精确计算。

使用脉冲中子发射器的中子伽马能谱方法可以给出在弹性散射或在中子俘获中产生的伽马射线里的各种元素的浓度信息。不同岩石成分中的元素见表 5-5。

表 5-5 在岩石与流体中可以利用伽马能谱检测的元素

测量元素	提取源
H	水、碳氢化合物、黏土
Ca	方解石 $CaCO_3$、白云石 $CaMg(CO_3)_2$、硬石膏 $CaSO_4$
Si	石英 SiO_2、黏土
Cl	盐 NaCl
S	硬石膏 $CaSO_4$
Fe	黄铁矿 FeS_2、黏土
C	碳氢化合物、方解石 $CaCO_3$、白云石 $CaMg(CO_3)_2$

1. 原理

像"元素俘获能谱探头 ECS"、Schlumberger 的"Eco Scope"和与 Baker Atlas 的"Rock View"解释系统结合的"地层岩性探测(FLeX)"设备这样的现代方法和工具,可以测定当前的元素浓度并利用模型假设计算矿物成分。Hertzog 等(1987)、Gilchrist 等(1999,2000)、Barson 等(2005)、Pemper 等和 Han 等(2009)发表了一些相关的基础性论文。核光谱学方法可以给出特定元素的重量分数,但是它们不能进行全岩分析,因此,需要使用根据可检测元素建立的一个具有典型矿物组成的模型。实际中用到的典型组合有:

(1)纯黏土、纯碳酸盐岩以及石英、长石和岩屑(QFM)的岩性组合。
(2)砂岩、泥岩、煤、碳酸盐岩和蒸发岩的岩性组合。
(3)给定浓度的特定元素:

① 沉积岩中最典型和最富集的一些元素，特别是 Si、Ca、Fe、S；

② 具有代表性但不是非常富集的元素，如钛（Ti）和钆（Gd）；

③（定性的）H 和 Cl。

在许多情况下，元素识别到矿物识别的转变需要精确的黏土含量测量，并将剩余矿物进行分类，识别出更详细的组分。该算法需使用矿物标准样本。

2. 用于阿特拉斯 RockView 分析的算法描述

描述解释包括以下步骤（Pemper 等，2006）：

元素→一般岩性→特殊岩性→矿物学

1）元素浓度测量

核测井系统使用脉冲中子放射源，并测量非弹性散射能谱和俘获伽马射线能谱。为了把总响应分离为单独的元素成分，一般用矩阵反演能谱匹配算法分析这些能谱。

与地下岩层相关的典型的可检测的元素包括钙、硅、镁、碳、硫、铝和铁。钾、钍和铀是用自然伽马能谱仪器进行单独测量的。

因此，该工具及数据处理可以测量（检测并量化）：

（1）来自自然伽马射线的能量谱：K、U、Th；

（2）来自俘获能谱：Ca、Si、S、Fe、Ti、Gd、Mn；

（3）来自非弹性散射能谱：Si、Mg、Al、C。

附加两点注意事项：

（1）一种非常重要的元素——Si 的最终含量是利用俘获能谱和非弹性散射能谱获得；

（2）一些其他元素在俘获能谱和非弹性散射能谱中都有信号，但是有时只是其中一个给出可用的信号。例如，铝存在于俘获能谱中，但其较低的俘获截面使得很难对其量化。相似的问题也出现在俘获镁中。这两类元素都可以用非弹性散射能谱来表征（Pemper 等，2006）。

2）一般岩性的推导

岩性分类包括砂岩、泥岩、煤、碳酸盐岩和蒸发岩。该工具响应的特点是把每个元素放置到已知的化学成分地层中。图 5-9 展示了一般岩性的俘获能谱和非弹性散射能谱。

一般性观察如下：

（1）鉴于 Ca 和 C 的能量峰值在石灰岩地层中普遍存在，在砂岩中 Si 具有代表性；

（2）在白云石中可以观测到 Ca、Mg 和 C，硬石膏中的 Ca 和 S 可以区分开；

（3）由于黏土和长石的存在，Al 能量峰值出现在泥岩地层中。

总的来说，这些能谱直观地显示其物理特征，并可在伽马射线光谱的数学分析进行运用。因此，基于地层的化学成分，每个深度区间都可以被归类为五种类型之一：砂岩、泥岩、煤、碳酸盐岩和蒸发岩。

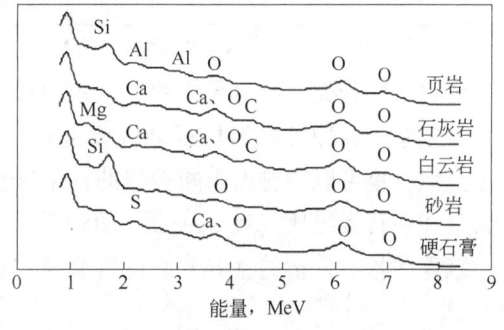

图 5-9 常见岩石的俘获和非弹性能谱

3) 特定岩性和矿物成分的推导

一般类别（砂岩、泥岩、煤、碳酸盐岩和蒸发岩）是精细评价特定岩性的基础。如根据碳酸盐岩中钙和镁的数量推断其是方解石还是白云石。中间步骤是为了提供机会去识别和约束随后的岩石矿物评价。

如果地层的岩性可以基于它的化学组成来确定，那么岩石骨架的可能矿物组成就更容易测定。对于特定岩性，可以绘制氧化元素的三元图解。

解释过程中的最后一步是从特定岩性中推导矿物。表 5-6 列出一些用于地层评价的常见沉积岩矿物。潜在的可识别矿物有石英、钾长石、钠长石、方解石、白云石、菱铁矿、硬石膏、伊利石/蒙脱石、高岭石、海绿石、绿泥石、黄铁矿等。

表 5-6 可检测元素与常见沉积岩矿物

测量结果		矿物	化学式
元素浓度		硅酸盐	
K		石英	SiO_2
Th		钾长石（正长石）	$KAlSi_3O_8$
U		钠长石（斜长石）	$NaAlSi_3O_8$
Ca		碳酸盐	
Fe		方解石	$CaCO_3$
Gd	↔	白云石	$CaMg(CO_3)$
Mg		菱铁矿	$FeCO_3$
S		蒸发岩	
Si		硬石膏	$CaSO_4$
Ti		岩盐	$NaCl$
Al		黏土矿物	
C		伊利石/蒙脱石	$K_{1\sim1.5}Al_4(Si_{7\sim6.5},Al_{1\sim1.5})O_{20}(OH)_4$
定性指示		绿泥石	$(Mg,Fe,Al)_6(Si,Al)_4O_{10}(OH)_8$
Cl		高岭石	$Al_4Si_4O_{10}(OH)_8$
H		绿泥石	$K_{0.7}(Mg,Fe_2,Al)(Si_4,Al_{10})O_2(OH)$
O		铁矿	
		黄铁矿	FeS_2
		赤铁矿	Fe_2O_3

注：在矿物化学式中，立即能被测定的元素用黑体标注。

特定岩性分类允许对最终的岩石物理解释方案设置约束条件。例如，对于长石砂岩，有人会希望基于各种各样的长石分解模型来预测出伊利石/蒙脱石、海绿石和高岭石的含量。与之类似，也可以预测出碳酸盐岩的特定岩性之一——含钙白云石，它主要由含有微量钙的白云石和硬石膏组成（Pemper 等，2006）。

该算法基于大量的（463 个）岩心样本以及已发表文献中的 334 个化学和矿物岩心学样本。

表 5-7 展示了实际应用中一个特定样本，其中 RockView 岩矿分析数据与使用 X 射线衍

射技术（XRD）的岩心分析获得的岩矿分析数据进行了比较。

表 5-7 RockView 分析结果与岩心数据的对比（据 Pemper 等，2006）

矿物	岩心(XRD),%	RockView,%
硬石膏	7.7	10.2
铁镍铝合金	0.0	0.5
绿泥石	1.4	0.0
白云石	15.0	17.5
伊利石	4.5	5.0
钾长石	9.9	11.6
斜长石	14.1	13.5
黄铁矿	0.4	1.1
石英	46.2	43.2
菱铁矿	0.0	0.0
总和	99.2	102.6

一般来说，这个方法减少了在没有岩心样本下的解释所固有的不确定性，对矿物组成和相关属性可给出详细解释。

特别是，这个方法对黏土类型和碳酸盐岩储层给出更加精确的表征；在页岩气藏中，提供了区分识别产层（产气区）的有机碳（干酪根）与矿物有关的碳的数量和分布信息（Pemper 等，2009）。

中子俘获能谱是 Schlumberger"碳酸盐岩检测"的集成单元（www.slb.com/carbonates）。对于碳酸盐岩来说，镁和硫的测量可以用于区分钙和石膏，估计硬石膏体积（低估硬石膏的含量会导致颗粒密度和对整体孔隙度的低估）。在岩性—孔隙度分析中结合中子俘获能谱测量技术识别硬石膏并改善了孔隙度评价效果，比单独使用三重组合测井推导出的孔隙度高出 2p.u.（孔隙度单位）。

第二节 岩石的核磁共振特征

一、核磁共振简述

核磁共振（NMR）技术在储层评价中的发展与应用，是以全新的视野来研究孔隙空间和孔隙流体分布及其特征。核磁共振主要用于测量弛豫数据。通过技术处理能够将可动孔隙（可动体积 BVM）与束缚孔隙部分（不可动体积 BVI）区分，这样就可以表征孔隙大小，并为估算渗透率提供参数。

大部分原子核具有核磁矩和核自旋角动量，且是共轴的。核磁共振测量的独特之处在于利用氢原子核与磁场间相互吸引这一特性，这就好比条形磁场与陀螺的组合。氢原子存在于水和碳氢化合物流体中。因此，核磁共振在地质中的应用只反映氢元素和它们所处的孔隙空间，与常规的核物理孔隙度测定相比无对应关系。核磁共振物理原理非常复杂，它起源于量子力学。在 Slichter（1980）或 Fukushima 和 Roeder（1981）编著的教材中可以找到核磁共振物理的基本原理。

二、原子核的核磁共振性质

核磁共振现象基于原子核对外部磁场的响应。许多原子核都有一个净磁矩和角动量或自旋。在外部磁场的作用下，原子核与磁场发生相互作用，导致原子核在外部磁场周围形成了旋转运动。当旋转运动共振频率增至最大限度时，产生一种可测量信号。

在理论上，核磁共振测量基础是原子核为奇数质子或中子，或两者都是奇数的情况下自旋产生磁矩，如氢元素（^{1}H）、碳元素（^{13}C）、钠元素（^{23}Na）。对于地壳中大多数元素来说，由外部磁场作用产生的核磁共振信号是很弱的。但是，氢原子只有一个质子没有中子，磁矩较大，能产生相对较强的信号。1mol 流体中有大量的原子核（参考阿伏加德罗数），它们呈自旋状态，其中未参与配对的原子核之间无法相互抵消。在这种情况下，原子核就产生出了可以检测的信号。

原子核旋转运动是由原子核磁矩与外加磁场相互作用产生的。其进动频率为"拉莫尔频率"f_L，由旋磁比 γ（原子核物质属性）和磁场强度 B_0（外部磁场性质）确定：

$$f_L = \frac{\gamma}{2\pi} B_0 \tag{5-26}$$

磁旋比 γ 是反映原子核性质的一个重要参数（表 5-8）。原子核的磁矩与自旋角动量之比称为磁旋比。它是一个常数，用于衡量核磁共振强度。氢原子磁旋比较高。

表 5-8 中除了质子（H）以外，还有 Na 元素，它常存在于盐水中。然而，由于 Na 浓度小于 H 浓度，故即使在高矿化度地层水中，Na 元素的影响也是很小的。

表 5-8 不同原子核的核磁共振特性（据 Ellis 和 Singer，2007；Western Atlas，1996）

原子核	旋转	$\gamma/(2\pi)$,MHz/T	自然丰度,%
^{1}H	1/2	42.58	99.98
^{23}Na	3/2	11.26	100.0
^{13}C	1/2	10.70	1.11
^{17}O	5/2	5.77	0.037

三、核磁共振弛豫机理

岩石孔隙中的流体有三种不同的弛豫机制：
（1）体积弛豫（影响 T_1 和 T_2 的弛豫）：这个过程受控于孔隙中流体的类型及属性；
（2）表面弛豫（影响 T_1 和 T_2 的弛豫）：该过程受控于孔径分布和表面弛豫率；
（3）扩散弛豫（只影响 T_2 的弛豫）：分子扩散过程受控于孔隙中流体的类型和属性。

因为这些过程可以并行处理，最终的弛豫时间通过弛豫率求和来给出。对于横向弛豫，三种机制都有贡献：

$$\frac{1}{T_2} = \frac{1}{T_{2S}} + \frac{1}{T_{2B}} + \frac{1}{T_{2D}} \tag{5-27}$$

式中，T_2 是总的横向弛豫时间；T_{2S} 是横向表面弛豫时间；T_{2B} 是横向体积弛豫时间；T_{2D} 是扩散弛豫时间。

对于纵向弛豫，只有体积弛豫和表面弛豫有贡献。纵向弛豫（视频5）不受梯度磁场中的扩散影响（Kenyon，1997）：

$$\frac{1}{T_1}=\frac{1}{T_{1S}}+\frac{1}{T_{1B}} \tag{5-28}$$

视频5 纵向弛豫

式中，T_1 是总的纵向弛豫时间；T_{1S} 是纵向表面弛豫时间；T_{1B} 是体积弛豫时间。

T_1 和 T_2 都受控于分子过程。对于饱含水的岩石来说，$T_1 \approx T_2$。但如果有油或气体存在，两者还是会变化的（Kenyon，1997），见表5-8。

三种弛豫机制的相对贡献率取决于孔隙中流体的类型（水、油或气）、孔隙大小、表面弛豫时间的强度以及岩石表面的湿润性。

表5-9 储层流体的核磁共振特性

流体	T_1, ms	T_2, ms	典型 T_1/T_2	HI	参考
盐水	1~500	1~500	2	1	C
		0.67~200		1	A
油	3000~4000	300~1000	4	1	C
	5000	460		1	A
气	4000~5000	30~60	80	0.2~0.4	C
	4400	40		0.38	A

A 代表 Akkurt 等（1995，1996），Vinegar 等（1996），Kleinberg 等（1994）；C 代表 Coates 等（1999）。

1. 体积弛豫

体积弛豫是流体的内在弛豫特性，也叫自由弛豫。流体的体积弛豫时间大约是在几十毫秒到秒之间。为了正确测量，流体必须被放置在一个较大的容器中，以消除表面弛豫效应；测量也是用一个均匀磁场。体积弛豫与时间和孔隙几何形状无关，然而它受到流体性质、温度和黏度的影响。

水的体积弛豫取决于黏度和温度：

$$T_{1,\text{bulk}} \approx T_{2,\text{bulk}} = 3 \times \frac{T}{298\eta} = 0.01007 \times \frac{T}{\eta} \tag{5-29}$$

式中，T 为热力学温度，K；η 为黏度，cP。

原油的体积弛豫受黏度的影响。黏度增大会缩短弛豫时间，不同的原子移动会扩大 T_2 的分布（Coates 等，1999）：

$$T_{1,\text{bulk}} \approx T_{2,\text{bulk}} = 0.00713 \times \frac{T}{\eta} \tag{5-30}$$

气体（大部分是甲烷）的体积弛豫时间 $T_{1,\text{bulk}}$ 是成分、温度和压力的函数，同时也取决于气体的压力密度，公式如下：

$$T_{1,\text{bulk}} \approx 2.5 \times 10^4 \times \frac{\rho_g}{T^{1.17}} \tag{5-31}$$

式中，ρ_g 是气体的密度，g/cm³。

气体的弛豫时间 T_2 受控于主导的扩散效应。因此，这两个弛豫时间没有关系（Kleinberg

和 Vinegar, 1996)。

2. 表面弛豫

表面弛豫是岩石孔隙中的流体分子与颗粒表面不断碰撞造成能量衰减的过程。在岩石孔隙尺度下，表面弛豫现象可以表征为孔隙空间中粒子的位移以及在介质界面发生的粒子的反弹（即发生在粒子和润湿性流体之间或者是非混合相之间）。在单一表面弛豫率的情况下，介质中粒子的位移和反弹可以准确地反映表面弛豫现象。

用表面弛豫强度定量表征岩石颗粒表面的弛豫能力。表面弛豫速率取决于岩石的表面弛豫强度以及质子与孔隙表面碰撞的频繁程度。大的孔隙，其表面积 S 和体积 V 的比值 S/V 小，碰撞概率小，弛豫时间相对较长；相反，小的孔隙，S/V 值大，碰撞概率大，弛豫时间短。因此，表面弛豫速率是表面弛豫强度与孔隙表面积和体积比值 S/V 的乘积：

$$\frac{1}{T_{2S}} = \rho \frac{S}{V} \tag{5-32}$$

式中，ρ 为表面弛豫强度；对于简单形状的孔隙而言，S/V 与孔隙尺寸有关，例如，对于球形表面积与体积之比为 $3/r$，r 为球的半径。

表面弛豫强度随着岩性的改变而发生改变，例如碳酸盐岩的表面弛豫强度比砂岩要弱，表面弛豫强度可以在实验室测定。一般来说，碎屑岩表面弛豫强度在 0.003~0.03cm/s 范围内，对于碳酸盐岩来说会更小（Coates 等，1999；Kenyon，1997；Fehr，2007；Western Atlas，1996）。Kleinberg 和 Vinegar（1996）对这一不同做出了如下解释："砂岩 1% 的含铁量也这会使流体分子的弛豫现象相当显著。与砂岩相比，碳酸盐岩倾向于较低的流体弛豫强度。"

因为表面弛豫速率和表面积与体积之比或孔隙内表面（孔隙大小）相关，一般情况下 T_2 较短代表小孔隙，表面积与体积之比较大，渗透率低；T_2 较长代表大孔隙，表面积与体积之比较小，渗透率高（图 5-10）。然而，需要注意的是，所测体积内不同孔径大小的空间分布，可能会产生同样的核磁共振信号和 T_2 分布。

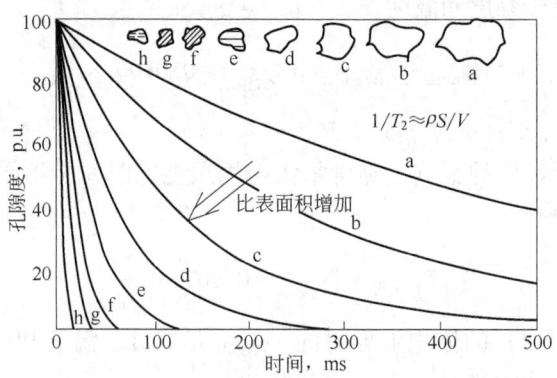

图 5-10　T_2 值与孔隙尺寸之间关系的示意图

3. 扩散弛豫

当静态磁场中存在明显梯度时，分子扩散就会引起额外的相移，从而导致 T_2 弛豫率提高（扩散对 T_1 弛豫无影响）。这种相移是由于分子移动到一个磁场强度不同的区域中，在该区域中，其旋进率是不同的。天然气、凝析气、轻油、水和一些介质黏度油都显示了梯度磁场中的扩散弛豫。扩散弛豫由下式给出：

$$\frac{1}{T_{2D}} = \frac{D}{12}(\gamma G T_E)^2 \tag{5-33}$$

式中，D 为分子扩散系数；γ 为质子旋磁比；G 为梯度磁场强度，G/cm；T_E 为回波间隔。

表 5-10 给出了一些水、油和气体的扩散系数。

表 5-10　油藏流体的扩散系数（据 Western Atlas，1996；Akkurt 等，1996）

压力	温度	扩散系数，$10^{-5}\text{cm}^2/\text{s}$			
		水	油（$\eta=5\text{cP}$）	油（$\eta=39\text{cP}$）	气体
14.7psi	72°F	2.1	0.26	0.03	38000
5000psi	72°F	2.1	0.26	0.03	107
5000psi	212°F	8.7	2.44	0.87	183
10000psi	72°F	2.1	0.26	0.03	82
10000psi	212°F	8.7	2.44	0.87	123
典型墨西哥湾油藏（Akkurt 等，1996）		7.7	7.9		100

扩散系数的规律如下：
（1）油的扩散系数小于水，但气体的扩散系数比水大；
（2）气体、油和水的扩散系数随温度增加而增大；
（3）气体的扩散系数会随压力的增大而降低（气体密度随压力增长）。
油的扩散系数依赖于其分子组成，它会影响黏度。
液相储层流体的扩散系数依赖于温度 $T(\text{K})$ 和黏度（cP）：

$$D = C\frac{T}{298\eta} \tag{5-34}$$

式中，油的经验系数 C 约等于 1.2，水的约等于 3（Chen 等，2000）。

甲烷的扩散系数非常高，它依赖于压力（控制密度）和温度。气体的弛豫时间 T_2 完全受控于扩散机制（Kleinberg 和 Vinegar，1996）。

孔壁和油水界面都会减少分子扩散的距离，这种情况就叫"受限制扩散"。

四、核磁共振测量原理

核磁共振是应用两个磁场中的 CPMG（Carr、Purcell、Meiboom、Gill 的首字母）脉冲序列（Carr 和 Purcell，1954；Meiboom 和 Gill，1958）进行测量的一个系列过程：

$\boldsymbol{B}_0$：外部静磁场，这个磁场使原子核排列并产生磁矩 M。

$\boldsymbol{B}_1$："倾斜"磁场，这是一个一系列高频电磁场（发射频）的叠加，垂直作用于 $\boldsymbol{B}_0$ 的方向上。

CPMG 测量的四个步骤是：

步骤 1：氢原子核排列。

外部静磁场 B_0 按 B_0 磁场方向排列磁性离子。这种极化作用产生磁化（单个磁矩的矢量和）。极化作用不是立即产生，而是随时间常量 T_1 的增长而增长（符合指数定律）。t 时刻的磁化强度为

$$M(t) = M_0 \left[1 - \exp\left(-\frac{t}{T_1}\right) \right] \tag{5-35}$$

式中，M_0 是给定磁场 B_0 中的最终和最大磁化值。

步骤2：翻转横向平面上排列的质子。

垂直于 B_0 方向的振荡磁场 B_1，把沿 B_0 方向平行排列的质子从轴向（B_0 的方向）翻转到横向平面。这个磁场由射频脉冲提供，具有共振频率（拉莫尔频率）和固定持续时间。这段持续时间决定了质子相对于 B_0 场倾斜多远。产生的结果是在与 B_0 正交的平面中随着拉莫尔频率而旋进。由于在 B_0 场中质子沿轴线进动，质子绕自旋轴运动形成锥形。当质子倾斜 90° 角时，能接收到最大的核磁共振信号。

步骤3：进动和相移。

起初，所有的质子都以相同的频率旋进；它们产生一个可用天线来测量的磁场。关闭 B_1 后，质子开始相移，它们的相位产生不一致，净磁化强度降低。弛豫时间 T_2 的这种衰减特征有两个原因：

(1) 由不均匀磁场中的扩散效应引起的移相，即可逆相移效应（也称为 T_2^*）；

(2) 由分子间相互作用引起的相移，即不可逆的相移效应。

注：T_1 恢复是连续发生的，并且造成部分质子重新调整到与 B_0 场对齐的状态。随后使用 π 或 180° 脉冲时，就如步骤 4 中描述，这些质子相对于 B_0 场方向随机排列。这意味着 T_2 弛豫时间小于或等于 T_1 弛豫时间。

步骤4：通过部分可逆相移聚焦。

对旋进运动反向施加一个 π 或 180° 脉冲。个别质子在逆向过程具有相同速度，其非均匀性在一个周期之后得到补偿，这种重相位质子产生一种信号——"自旋回波"。由于逆转不是绝对完美的（分子运动过程中相移的不可逆部分），所以回波信号比初始信号小。因此，迭代后，磁化强度的连贯性降低，测量信号也会变小，即弛豫。π 脉冲在这个过程中被多次应用的程序可以用于几个时间。两个 π 脉冲之间的时间是回波时间 T_E。回波信号振幅的衰减，相移发生在横向 B_0 场的平面，即所谓的横向弛豫时间 T_2。衰减曲线连接了回波振幅，并且它受控于衰减中不可逆的部分。

经过几次重新聚焦后，质子失去了连贯性，CMPG 脉冲序列就完成了，质子返回到它们的平衡位置。在一个 CMPG 脉冲序列结束后，质子完全随机；只有再次被极化，才能继续一个新的序列。

对于实际应用来说，以下采集的参数是非常重要的（图 5-11 和图 5-12）：

T_E——回波时间：π——脉冲之间的时间，即两个相同回波间的时间。

T_W——响应时间：是最后一次 CMPG 的 π 脉冲和开始的 CPMG 脉冲间的时间，该 π/2 脉冲在同一频率下的下一次实验中运用。这就是 T_1 恢复过程的时间。一般来说，选择的 T_W 要等于孔隙空间中最慢的偏振流体所用时间 T_1 的三倍。

T_R 或 T_X——实验重复时间：从一个脉冲序列初始到下一个脉冲序列开始之间的序列时间。

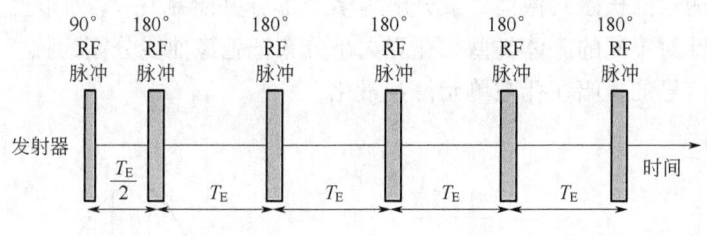

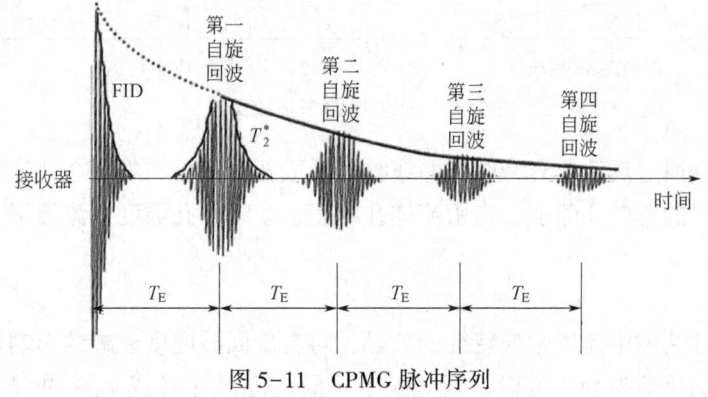

图 5-11 CPMG 脉冲序列

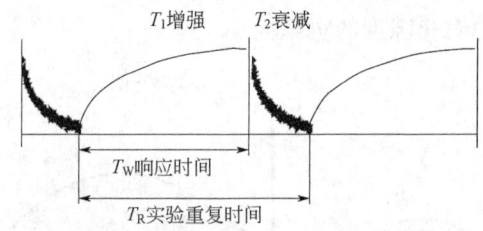

图 5-12 CMPG 序列中 T_1 的增强和 T_2 的衰减界定了两个采集参数：
T_W（响应时间）和 T_R（实验重复时间）

大部分测井仪器中，响应时间 T_W 和回波时间 T_E 都是探测碳氢流体属性的关键参数（Georgi 和 Chen，2007）。

弛豫过程可以描述为带有两个弛豫时间的指数函数：

T_1——纵向时间或恢复时间；

T_2——横向时间或衰减时间。

五、核磁共振岩石物理应用

地层岩石由多种大小不同、形状不同的孔隙组成，而不同大小孔隙中的孔隙流体的核磁共振弛豫时间不同，因此，核磁共振测井观测到的自旋回波串是各种孔隙中孔隙流体的综合响应，符合多指数衰减规：

$$M(t) = \sum_{i=1}^{n} M_i(0) e^{-t/T_{2i}} \qquad (5-36)$$

式中，$M(t)$ 是 t 时刻观测到的回波幅度；$M_i(0)$ 是第 i 种弛豫分量在 0 时刻的回波幅度；T_{2i} 是第 i 分量的横向弛豫时间。

通过反演，测量的核磁共振信号被分解为多个部分并绘制在 T_2 分布上（图 5-13）。该过程的结果就是针对不同的流体类型和孔隙大小分布把弛豫曲线分割为独立的弛豫曲线。接收到的核磁共振信号的振幅在孔隙单元得到量化。

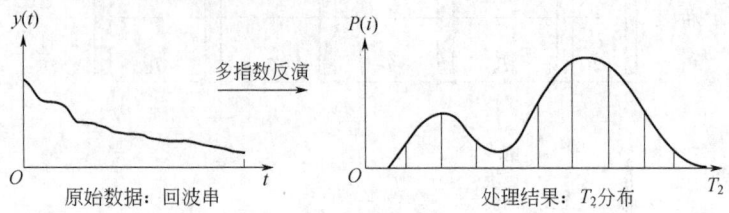

图 5-13 回波串的多指数反演

核磁共振数据通过反演，衰减弛豫曲线被转换成孔隙度分布和单个弛豫时间，能提供丰富的信息，如地层的有效孔隙度、自由流体孔隙度、束缚水孔隙度、渗透率、孔径分布等。

1. 孔隙度

由于不同尺寸孔隙中流体弛豫特征的差异，对自旋回波幅度衰减的影响也将不同。通过对观测的回波数据反演拟合，可以得到对应于不同孔隙尺寸（或 T_{2i}）的 P_i 值（或不同尺寸孔隙在总孔隙中所占的比例）（图 5-14）。P 曲线下的面积代表孔隙度值。P 随 T_2 不同的变化，则反映不同尺寸孔隙对孔隙度的贡献大小。

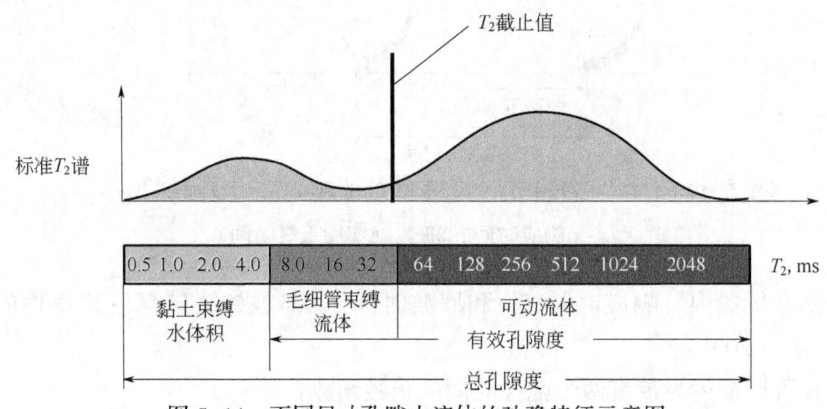

图 5-14 不同尺寸孔隙中流体的弛豫特征示意图

通过与岩心分析数据对比，在 $P(T_2)$ 曲线上，可以确定一个毛细管束缚水的截止值 T_{2c}，从而把自由流体孔隙度与毛细管束缚水孔隙度区分开。$P(T_2)$ 曲线上大于 T_{2c} 部分包围的面积代表自由流体孔隙度，而小于 T_{2c} 部分包围的面积则代表毛细管束缚水孔隙度。

总孔隙度、自由流体孔隙度和束缚水孔隙度可分别由下列积分求得：

$$\phi_{总} = \int_{T_{2min}}^{T_{2max}} P(T_2) dT_2 \tag{5-37}$$

$$\phi_{自由} = \int_{T_{2c}}^{T_{2max}} P(T_2) dT_2 \tag{5-38}$$

$$\phi_{束} = \int_{T_{2min}}^{T_{2c}} P(T_2) dT_2 \tag{5-39}$$

2. 渗透率

T_2 中的表面弛豫项直接受孔隙表面积和体积比值或特定的内表面积影响。内表面积与孔隙大小、渗透率和毛细管压力相关。基于此，可以对这些孔隙属性进行评价。然而，必须指出的是，核磁共振衍生的孔隙几何特征和属性，如渗透率、毛细管压力，都受到这两种不同的测定孔隙大小方法的影响：

（1）核磁共振的衍生属性涉及内表面积，它受控于孔隙本身的大小；

（2）渗透率受孔喉大小和孔隙的连通性制约，毛细管压力测量提供了既定孔隙体积中孔隙喉道大小的数据。

因此，根据孔隙大小与孔喉大小相关性这个基本问题推导出一个简单关系。碎屑岩一般都具有这样的关系，但是需要用岩心来校准；对于具有复杂孔隙的碳酸盐岩，这仍旧是个未解决的问题。

推导核磁共振的渗透率可以用两种渗透率模型。对这两种模型，假定核磁共振测量的体积完全充满水。测井应用中，受钻井液影响，能够被核磁共振测量的体积很小；如果存在其他流体，一定要对氢指数进行校正。

两种模型是：

（1）Coates 模型（Coates 和 Denoo，1988；Coates 等，1991）：

$$K_{\text{Coates}} = \left(\frac{\phi}{C}\right)^m \left(\frac{\text{BVM}}{\text{BVI}}\right)^n \tag{5-40}$$

式中，ϕ 为孔隙度，%；BVM 为可动流体体积；BVI 为束缚流体的体积；参数 m 和 n 都是经验值，分别约等于 4 和 2；C 也是一个经验值参数，一般是在 6~15 之间。

而且，这个参数应该基于孔隙的渗透率进行校正。因此公式如下所示：

$$K_{\text{Coates}} = \left(\frac{\phi}{10}\right)^4 \left(\frac{\text{BVM}}{\text{BVI}}\right)^2 \tag{5-41}$$

（2）Schlumberger—Doll（SDR）模型（Kenyon 等，1986）：

$$K_{\text{SDR}} = b\phi^4 T_{2,\text{gm}}^2 \tag{5-42}$$

式中，$T_{2,\text{gm}}$ 是 T_2 分布的几何均值；b 是一个经验值参数。

在两个公式中，参数的校正主要是针对特殊岩石类型，为了证明孔喉半径（控制渗透率）和孔隙半径（核磁共振测量）之间的关系，Georgi 等（1997）和 Kasap 等（1999）使用 Coates 公式描述了核磁共振渗透率的测量：当岩心（常规或旋转井壁）或电缆地层测试数据可用时，那么参数 C 的最优值可能通过一个最小误差来决定（在岩心渗透率和核磁共振渗透率之间的误差），图 5-15 展示了这一技术。

在碳酸盐岩地层中，可能由于具有微孔与大孔并存的复杂双孔隙结构，很难准确计算出渗透率。

Chang 等（1997）基于实验数据对 SDR 模型进行修订，通过引入一个经验孔洞截止值 T_{2c}，任何 $T_2 \geq 750\text{ms}$ 的孔隙都被当作一个孤立的孔洞，因此在计算渗透率的过程中，将孤立孔洞从孔隙度和几何均值 T_{gm} 计算中排除：

$$K_{\text{SDR}} = b\phi_{<750\text{ms}}^4 T_{\text{gm}<750\text{ms}}^2 \tag{5-43}$$

Chen 等（2006）和 Di Rosa 等（2006，2008）提出了一种解决方法，简化 Coates 公式，

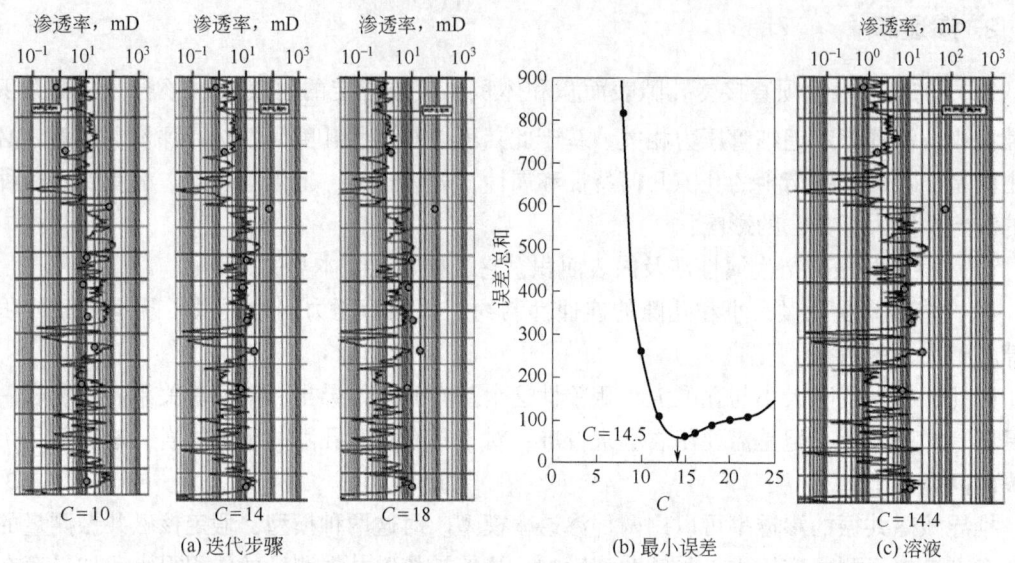

图 5-15 测量方程中参数 C 的优化后的核磁共振渗透率与直接测量的渗透率

通过引入一个相关系数 p 来表示连通性不好的孔洞和连通性好的孔洞，其中 $p=1$ 对应包含所有连通有规律的孔隙和孔洞，$p=0$ 也是有效的，即认为 BVM 是固定不变的：

$$K=\left(\frac{\phi}{C}\right)^m\left[\frac{p\text{BVM}}{\text{BVI}+(1-p)\text{BVM}}\right]^n \tag{5-44}$$

式中，BVI 和 BVM 都是用同样的 T_{2c} 来计算的，意味着没有孔洞；$0<p<1$ 表示有部分连接的孔洞。

3. 孔隙结构

从测量的核磁共振弛豫曲线中，可以推算出孔隙大小，因为曲线主要受控于孔隙本身的大小。在没有磁场梯度，或者 G、T_E 的值很小时，扩散弛豫对观测弛豫时间的贡献可以忽略。同时核磁共振实验测量表明，$T_{2B}>3000\text{ms}$，所以 $1/T_{2B}$ 近似于零，此时式(5-27)可以简化为

$$\frac{1}{T_2}\approx\rho_2\frac{S}{V} \tag{5-45}$$

其中比表面积 S/V 与岩石孔隙半径之间的关系为

$$\frac{S}{V}=\frac{F_s}{r_c} \tag{5-46}$$

压汞毛细管力与喉道半径之间的关系为

$$p_c=\frac{2\sigma\cos\theta}{r_c} \tag{5-47}$$

式中，F_s 为几何形状因子，对于球状孔隙 $F_s=3$，对于柱状管道 $F_s=2$；p_c 为毛细管压力，MPa；σ 为非润湿相的表面张力，N/cm；r_c 为岩石孔喉半径，cm；θ 为非润湿相与岩石表面的接触角，(°)。

压汞法中取 $\sigma=480\text{mN/m}$，$\theta=140°$，不考虑负号，则式(5-47)可以写成

$$p_c = \frac{0.735}{r_c} \qquad (5-48)$$

联立式(5-45)、式(5-46)和式(5-48),可以得到

$$p_c = \frac{C}{T_2} \qquad (5-49)$$

式中,$C = \frac{0.735}{\rho_2 F_s}$ 为 T_2 与 p_c 之间的转换系数。

根据式(5-48)可知,核磁共振 T_2 谱可以转换成毛细管力曲线,此时得到的毛细管压力曲线称为伪毛细管压力曲线。在简化的线性刻度下,核磁共振 T_2 谱与毛细管压力 p_c 之间具有关系 $p_c = C/T_2$,数据 C/T_2—A_m(T_2 幅度累计求和)与 p_c—S_{Hg} 之间具有相似性,当转换系数 C 确定之后,则每一组 C/T_2—S_{Hg} 对应一组确定的数据 T_2—A_m。改变 C 值的大小时,C/T_2—A_m 则会相对于 p_c—S_{Hg} 发生偏移,选择大小合适的两个 C 值 C_{max} 与 C_{min},限定 C 值的变化范围,使得 C/T_2—A_m 分别在 p_c—S_{Hg} 右侧和左侧移动。则存在唯一的 C_x,使 C/T_2—A_m 与 p_c—S_{Hg} 之间的相关系数达到最大值,这个值就是所要求的 T_2 与 p_c 之间的转换系数 C。

图 5-16 为马×井的 77 号岩样利用核磁共振 T_2 谱构建的伪毛细管压力曲线与压汞实验得到的毛细管压力曲线对比图,纵坐标为毛细管压力,横坐标为进汞饱和度。从对比图可以看出,二者在形态和变化趋势上面都具有较好的一致性,且在幅度上面都存在较好的对应性,这也表明利用相似对比法构建的毛细管压力曲线比较可靠。

4. 流体(烃类)类型

通过 T_1 和 T_2 弛豫时间、扩散系数(D_0)和氢指数(HI)之间差异,可以对核磁共振的流体类型进行识别。

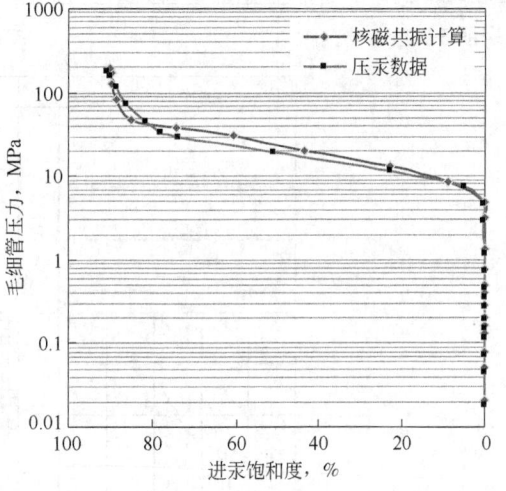

图 5-16 T_2 分布构建的伪毛细管压力曲线与实测压汞毛细管压力曲线对比图

油气类型的两种基本归类方法:(1)双等待时间(dual T_W);(2)双回波间隔(dual T_E)方法。实验响应时间 T_W 和回波间时间 T_E 这两个采集参数,通常受数据采集方法的控制。双 T_W 法是基于水和轻烃间 T_1 对比度,而双 T_E 法利用水、油和气扩散对比间的差异。

双 T_W 法利用非湿润性轻烃和湿润相(水)间 T_1 的对比。实验前进行长时间等待,使油和水信号完全极化。湿润相(水)信号充分极化而油信号只有部分极化,导致响应时间较短。回波信号差是从全部极化的油回波信号减去部分极化的回波信号获得的(图 5-17)。

双 T_E 法对应储层各流体的黏度对比度和扩散系数。它区分了水和中等黏度油扩散系数的差异,也区分了液态和气态扩散系数的差异(图 5-18)。

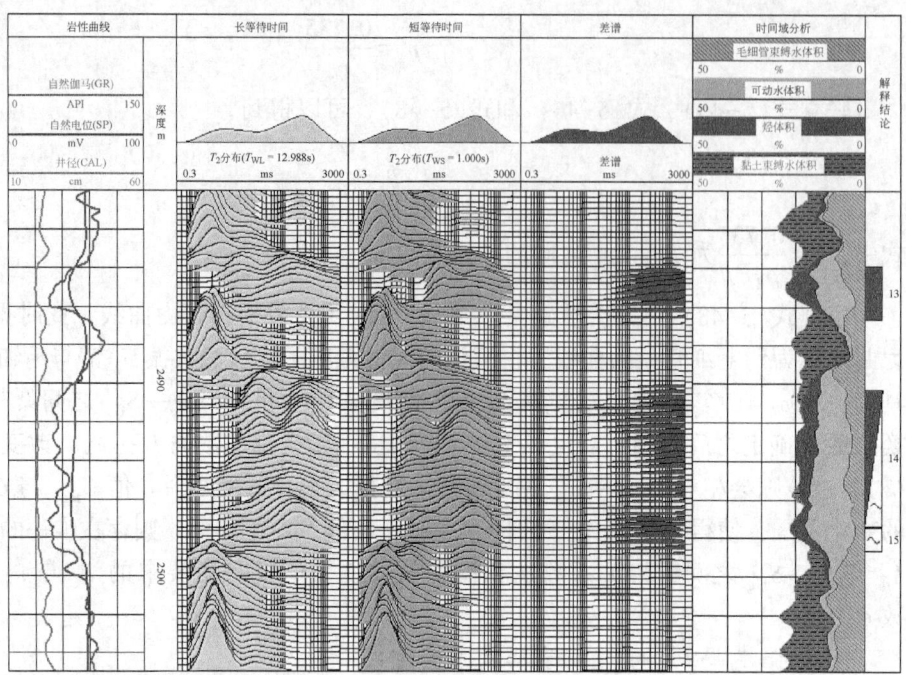

图 5-17 双 T_W 法流体识别

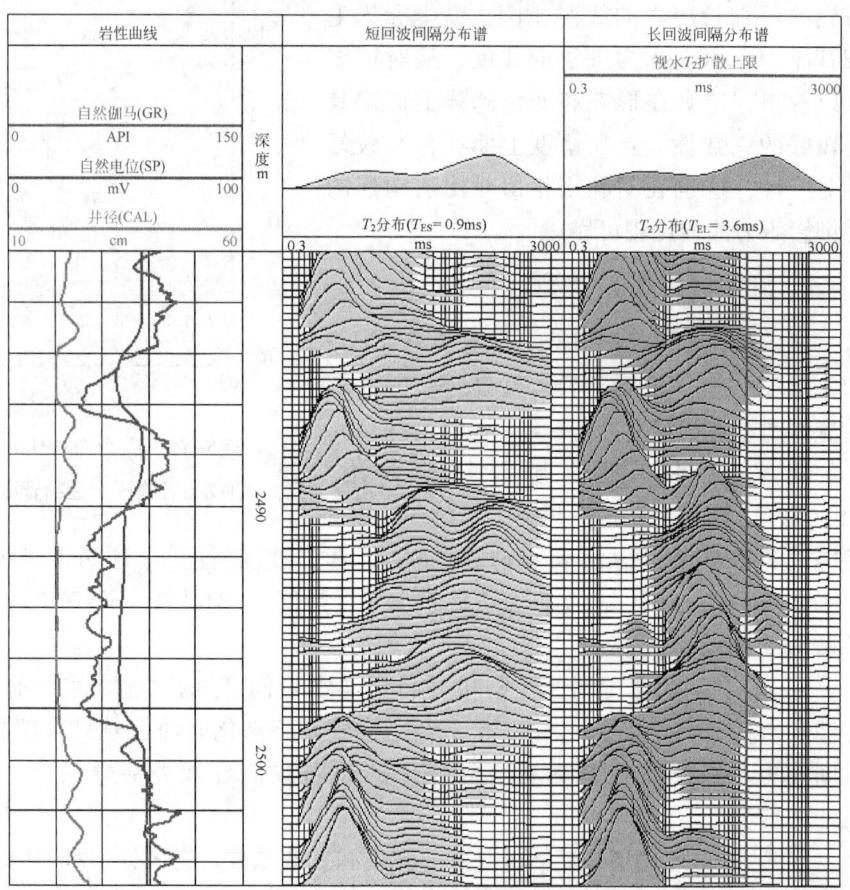

图 5-18 双 T_E 法流体识别

1. 简述天然放射线的类型及其特征。
2. 自然伽马、密度、岩性密度和中子测井曲线，分别测量的是地层中的什么物质？
3. 核磁共振有没有放射性？地层中的核磁共振信号主要测量的是什么？
4. 核磁共振测井可以提供什么样的储层参数，原理是什么？

第六章
地震岩石物理性质

地震岩石物理（seismic rock physics）是研究岩石物理性质（岩石岩性特征、流体特征）与地震响应（岩石弹性参数）之间关系的一门学科，旨在通过研究不同温度、压力条件下岩性、孔隙度、孔隙流体等对岩石弹性性质的影响，分析地震波的传播规律，建立岩石岩性参数、物性参数与地震速度、密度等弹性参数之间的关系。地震岩石物理学能够解释储层流体变化所引起的地震响应变化，是地震储层研究和油气检测的理论基础，在地震数据与油气特征和储集参数之间建立沟通的桥梁。

第一节 岩石中地震波的传播和衰减

在勘探地震学中，地震波旅行时间、反射波振幅及相位的变化提供了地下岩石和流体的信息。通常情况下，地震数据主要用作构造解释，在这些构造中，可能含有油气。随着计算能力的提高，以及地震数据采集、处理与解释技术的进步，目前对地震数据的分析更多是为了预测地下岩性、孔隙度、孔隙流体以及饱和度等信息，因此岩石物理学为地震数据与油藏特性和参数之间架起了桥梁。近年来，有关地震岩石物理学的新技术得到了飞速发展，诸如4D地震油藏监测、叠前地震反演、地震岩性识别、"亮点"技术、AVO和AVA等油气直接检测技术。

一、岩石中的波

声波根据质点振动方向与声波传播方向的不同，可以分为纵波和横波。流体介质中只有纵波传播，而固体介质能够承受切应力，因此既有纵波传播也有横波传播。这样就导致固体岩石中声波的成分较多，但目前在地球物理勘探领域应用比较多的仍是纵波与横波。以下就从微观形式的牛顿第二定律来推导固体介质中声波方程的一般形式。

1. 岩石中的地震波速度

早在20世纪40年代，就有学者尝试利用岩石样品中声波脉冲的传播时间来测量波速，但由于当时电子技术的限制，未能获得成功。利用超声波在岩石中传播的方法最早是在实验室中测得了在有围压情况下岩石样品中的P波（纵波）速度。不久后，S波（横波）速度的测量也获得了成功。实验室中超声波的波长比样品小很多，因此岩石样品可以看作是无界的空间，外界一个扰动就可以在岩石样品中以纵波速度或横波速度传播。把两个超声探头放在岩石样品的两个端面上，当脉冲发生器产生的高压电信号加在其中一个发射探头上时，探头受到激发，产生一个瞬态的振动（至于是 P 波或 S 波则取决于探头设计的振动方式），该振动在介质中以一定速度传播，到达样品另一端时，被接收探头收到，此脉冲在岩石样品中的传播时间可以被现代电子仪器精确地测量出来，用样品长度除以波的传播时间，便可以测出岩石中的波速。

在地球内部的温度压力下，对岩石中弹性波传播速度的测量研究，一直是岩石物理学中一个令人瞩目的领域。人们针对这个问题开展了广泛而系统的研究，并深入开展了前沿性的实验和理论研究。

岩石的性质主要是由组成岩石矿物的性质、岩石所处的热力学环境（温度和压力）以及岩石微构造（孔隙、裂纹等）三类因素所决定的。弹性波速度和衰减的测量，可以获得关于岩石的整体性质。如果能够知道岩石整体性质与岩石组分的关系，那么就能获得关于地下矿物、元素分布的信息。如果能够知道岩石整体性质与孔隙及孔隙流体的关系，就可以利用地层波速反映出来的岩石性质去勘查地下流体的存在等。因此，波速的测量有着较强的应用背景，引起了广泛的研究。

弹性波参数反映的是岩石的整体性质，作为矿物和各种孔隙、裂纹聚合体的岩石，在已知岩石总体性质后要了解其中某一部分、某一组成的情况，属于由一个参数反演多个参数的问题，常用的做法是：

（1）总结大量实验数据，建立岩石波速与其组分和微构造之间的经验关系；
（2）建立岩石波速与温度、压力之间的定量关系；
（3）不仅利用 P 波，而且广泛地利用 S 波作为岩石总体性质的多参数描述；
（4）当岩石受到的外部环境（温度、压力）和内部环境（孔隙流体）变化时，利用影响岩石性质的各因素的不同变化特点，对各种组成进行分离式的研究。

2. 横波速度和纵波速度

岩石声波速度测量是研究岩石声学的一项基础性工作，由于地球物理观测所用的频率在 10^{-1} Hz（天然地震）到 10^6 Hz（实验室测量）之间，所以在考虑频散和孔隙流体对声波速度的影响时，要分别在实验室和野外现场对声波速度进行测量。

1）实验室内测量

在实验室内进行岩石声速测量需要特殊的测量系统和特殊的标本形状，所用频率一般在 10^6 Hz 以上。因此，实验室内测量得到的速度实际上是超声波在岩石中的速度。

实验室内观测的主要方法是行波法。通过特殊的换能器（一般是压电晶体），首先将电磁振荡能量转换为声波能量，然后测量声波通过标本的时间。如果标本的长度是 L，而实际测得的时间是 t'，则速度为 $v_P = L/t'$。

2）野外现场测量

在野外，常用的速度测量方法是常规的地震测井、VSP 和常规及全波列声波测井。

地震测井是利用一条电缆将检波器（或水听器）放置到井中，然后在井口附近放炮，激发地震波。通过记录从炮点到检波器的传播时间，可以根据公式 $v_P = \Delta z/\Delta t$ 计算出地震波的速度。

VSP 是垂直地震剖面的英文缩写，是由常规地震测井发展起来的一种井中地震勘探方法。通过对 VSP 资料的处理和解释，可以计算出纵波速度（v_P）和横波速度（v_S）。

在声波测井中，声脉冲发生器和接收器被同时放置在下井仪器内。通过测试两个或多个接收器之间的时间差，可以实现沿井轴的连续速度测量。

除了上述几种方法外，还可以根据几何地震学中的有关公式直接从反射地震资料中获取速度信息。

地震波在均匀、各向同性、弹性介质中的传播速度表示如下：

$$v_P = \sqrt{\frac{K+(4/3)\mu}{\rho}} = \sqrt{\frac{\lambda+2\mu}{\rho}} \tag{6-1}$$

$$v_S = \sqrt{\frac{\mu}{\rho}} \tag{6-2}$$

$$v_E = \sqrt{\frac{E}{\rho}} \tag{6-3}$$

式中，v_P 是纵波速度；v_S 是横波速度；v_E 是张性波速度；ρ 是密度；K 是体积模量；μ 是剪切模量；λ 是拉梅（Lame）系数；E 是杨氏（Young's）模量。

应用泊松比 ν，上述公式也可表示为

$$\frac{v_P^2}{v_S^2} = \frac{2(1-\nu)}{1-2\nu} \tag{6-4}$$

$$\frac{v_E^2}{v_P^2} = \frac{(1+\nu)(1-2\nu)}{1-\nu} \tag{6-5}$$

$$\frac{v_E^2}{v_P^2} = 2(1+\nu) \tag{6-6}$$

$$\nu = \frac{v_P^2 - 2v_S^2}{2(v_P^2 - v_S^2)} = \frac{v_E^2 - 2v_S^2}{2v_S^2} \tag{6-7}$$

上述各种波的速度之间存在如下关系：

$$\frac{v_P^2}{v_S^2} = \frac{4 - \dfrac{v_E^2}{v_S^2}}{3 - \dfrac{v_E^2}{v_S^2}} \tag{6-8}$$

$$\frac{v_E^2}{v_S^2} = \frac{3\dfrac{v_P^2}{v_S^2} - 4}{\dfrac{v_P^2}{v_S^2} - 1} \tag{6-9}$$

可通过弹性模量测量密度和任意两种波的速度，可以求得剪切模量（μ）、体积模量（K）、杨氏模量（E）和泊松比（ν）：

$$\mu = \rho v_S^2 \tag{6-10}$$

$$K = \rho\left(v_P^2 - \frac{4}{3}v_S^2\right) \tag{6-11}$$

$$E = \rho v_E^2 \tag{6-12}$$

$$\nu = \frac{v_P^2 - 2v_S^2}{2(v_P^2 - v_S^2)} \tag{6-13}$$

在各向同性均匀弹性半空间介质表面，瑞雷（Rayleigh）波相速度 v_R 可由下式求得：

$$\left(2 - \frac{v_R^2}{v_S^2}\right)^2 - 4\left(1 - \frac{v_R^2}{v_P^2}\right)^{1/2}\left(1 - \frac{v_R^2}{v_S^2}\right)^{1/2} = 0 \tag{6-14}$$

3）纵波速度与横波速度

均匀岩石中可能产生两类弹性波，一类是纵波，也称为 P 波，其质点运动方向与波传播方向平行[图 6-1(a)]。

纵波在岩石中传播的速度是 v_P：

$$v_P = \sqrt{\frac{\lambda + 2\mu}{\rho}} \tag{6-15}$$

式中，ρ 是岩石的密度；λ 和 μ 是岩石变形的弹性参数。

在岩石中传播的另一类波是横波，也称为 S 波，它的质点运动方向与波传播方向垂直[图 6-1(b)]。

横波波在岩石中传播的速度是 v_S：

$$v_S = \sqrt{\frac{\mu}{\rho}} \tag{6-16}$$

显然，P 波的传播速度 v_P 比 S 波的速度 v_S 快。对于某些代表性的固体，泊松比 ν 可以取为 0.25，这时有 $\lambda = \mu$，于是：

$$v_P \approx \sqrt{3}\, v_S \tag{6-17}$$

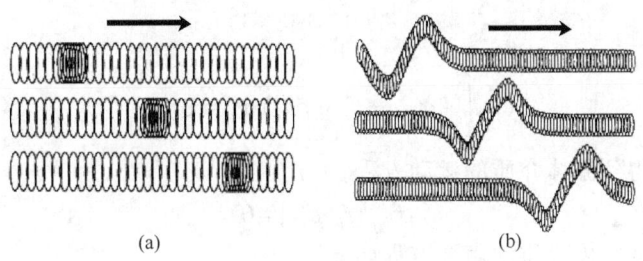

图 6-1 两种弹性波

(a) 纵波（P 波），当纵波传播时，固体内部的物质交替地受到压缩和拉伸，固体内部各质点运动方向与波的传播方向平行；(b) 横波（S 波），当横波传播时，固体内部的小单元发生了形状的改变，但体积保持不变，质点运动方向与波的传播方向垂直

考虑到声波方程推导表达简单，这里引入一个简化微分方程的方法，即爱因斯坦求和约定（Einstein summation convention）。该约定表述如下：对于 $\{O:x,y,z\}$ 坐标下的向量 $\boldsymbol{a} = a_x\boldsymbol{i} + a_y\boldsymbol{j} + a_z\boldsymbol{k}$，可改成在 $\{O:x_1,x_2,x_3\}$ 坐标架构下的：

$$a = a_1 x_1 + a_2 x_2 + a_3 x_3 = \sum_{i=1}^{3} a_i x_i = a_i x_i \tag{6-18}$$

所谓爱因斯坦求和约定就是略去求和符号。在此规则中，两个相同的字母下标就表示求和。进一步规定，把对坐标 x_i 的导数用下标中逗号加上 i 表示，即

$$\frac{\partial}{\partial x_i} = , i \tag{6-19}$$

比如经典弹性力学中的平衡微分方程为

$$\frac{\partial \sigma_{11}}{\partial x_1} + \frac{\partial \sigma_{12}}{\partial x_2} + \frac{\partial \sigma_{13}}{\partial x_3} + f_1 = 0 \tag{6-20}$$

$$\frac{\partial \sigma_{21}}{\partial x_1} + \frac{\partial \sigma_{22}}{\partial x_2} + \frac{\partial \sigma_{23}}{\partial x_3} + f_2 = 0 \tag{6-21}$$

$$\frac{\partial \sigma_{31}}{\partial x_1} + \frac{\partial \sigma_{32}}{\partial x_2} + \frac{\partial \sigma_{33}}{\partial x_3} + f_3 = 0 \tag{6-22}$$

可以简化为如下形式：

$$\frac{\partial \sigma_{ij}}{\partial x_j} + f_i = 0 \Leftrightarrow \sigma_{ij} + f_i = 0 \tag{6-23}$$

同样，大家所熟悉的高斯公式为

$$\iiint_V \left(\frac{\partial P}{\partial x} + \frac{\partial Q}{\partial y} + \frac{\partial R}{\partial z} \right) dV = \oiint_S (P\cos\alpha + Q\cos\beta + R\cos\gamma) dS \tag{6-24}$$

可以写成如下形式：

$$\iiint_V A_{j,j} dV = \iint_S A_j n_j dS \tag{6-25}$$

考虑固体中的一个微小体积元 V，表面积是 S，朝外的法线方向单位矢量是 $\boldsymbol{m}$，表面受应力 M，如果单位体积受力 f_i，体积元的运动方程是

$$\iint_S \sigma_{ji} n_j dS + \iiint_V f_i dV = \iiint_V \rho \ddot{u}_i dV \tag{6-26}$$

代入高斯公式，有

$$\iiint_V (\sigma_{ji,j} + f_i - \rho \ddot{u}_i) dV = 0 \tag{6-27}$$

写成微分形式，就得到固体介质的运动方程：

$$\sigma_{ji,j} + f_i - \rho \ddot{u}_i = 0 \tag{6-28}$$

代入本构方程，得到固体介质的声波方程如下：

$$\rho \ddot{u}_i = f_i + c_{ijkl} \mu_{k,jl} \tag{6-29}$$

所以，稳态无源的声波方程一般形式为

$$c_{ijkl} U_{k,jl} + \rho \omega^2 U_i = 0 \tag{6-30}$$

将拉梅系数代入上式，得到各向同性介质中声波方程的一般形式：

$$(\lambda + \mu) U_{j,ji} + \mu U_{i,jj} + \rho \omega^2 U_i = 0 \tag{6-31}$$

3. 速度与速度比变化特征

纵、横波速度比（v_P/v_S）在 AVO、4D 与多分量地震勘探中广泛运用，对储层岩性与

孔隙流体性质变化具有重要指示意义。常规储层岩石的纵、横波速度具有明显的正相关性，碳酸盐岩的纵、横波速度存在二阶线性关系。由于沉积过程、成岩作用的差异，不同地区、不同层位储层岩石的纵、横波速度关系均具有区域性，应对目标储层中有代表性的岩石样品做速度测量，并对结果做针对性的统计。

岩石弹性波速度受到其矿物成分、孔隙度、压力、温度、岩石结构和构造等许多因素的影响。已知这些因素推算岩石的波速，属于一种正问题。而反问题是指由岩石波速的测量反推这些因素。显然，如果单纯利用纵波（P波）速度是难以实现的。

早期岩石物理学的研究内容主要是测量岩石的纵波速度，其对应的地球物理应用，如在地震勘探和地球物理测井中也均大量地利用纵波资料。最近十几年来，随着技术的进步，横波测量和应用引起了广泛的重视。因此，从单纯使用纵波信息，进而利用纵、横波，特别是波速比 v_P/v_S 的资料，已经成为共识。

通过分析各种因素对砂岩弹性波速度和波速比的影响，反过来也可以从测量的砂岩弹性波速度和波速比的变化，掌握对砂岩有影响的各种因素的情况。

对于孔隙度、饱和度和压力的变化，纵波和横波都表现出不同的变化响应，因此，联合应用波速和波速比，已成为探明地下岩石情况的有力工具，AVO 技术在这方面应用较为广泛。

v_P/v_S 值是地震应用的一个重要参数。为了在只能获取纵波波速值时估计横波大小，一般用经验方程求得，即通常所指的"泥岩线（mudrock line）"：

$$v_S = 0.8621 v_P - 1.1724 \quad (6-32)$$

式中，速度单位为 km/s。

各种因素对砂岩的弹性波速度和波速比的影响见图 6-2。

因素	v_P	v_S	v_P/v_S
孔隙度 ↑	v_P ↓	v_S ↓	v_P/v_S ↑
黏土含量 ↑	v_P ↓	v_S ↓	v_P/v_S ↑
由干变水饱和	v_P ↑	v_S ↓	v_P/v_S ↑
由湿变气饱和	v_P ↓	v_S ↑	v_P/v_S ↓
胶结程度 ↑	v_P ↑	v_S ↑	v_P/v_S ↑
晶粒大小的影响 ↑	v_P ↑	v_S ↑	v_P/v_S ↑

图 6-2 各种因素对砂岩的弹性波速度和波速比的影响

综合不同沉积岩资料的分析结果，总结纵横波的经验公式如表 6-1 所示。

表 6-1 砂岩和页岩（饱含水）中的 v_S 和 v_P 线性回归分析　　　　单位：km/s

回归方程	岩性
$v_S = 0.8042 v_P - 0.8559$	砂岩
$v_S = 0.7700 v_P - 0.8674$	页岩
$v_S = 0.7936 v_P - 0.7868$	页岩质砂岩
$v_S = 0.7535 v_P - 0.6566$	砂岩
	黏土含量>0.25
	黏土含量<0.25

续表

回归方程	岩性
$v_S = 0.853v_P - 1.137$	砂岩
	孔隙度>0.15
	孔隙度<0.15

对于碳酸盐岩，纵横波的关系可以通过下述回归公式给出：

石灰岩（饱含水）：

$$v_S = -0.055v_P^2 + 1.017v_P - 1.031 \tag{6-33}$$

白云岩（饱含水）：

$$v_S = 0.5832v_P - 0.07776 \tag{6-34}$$

所有这些相关性都是经验性的，只适用于特定的地层。上述关系由岩石特性（如岩石组成、孔隙度及泥质含量等）推导得到，并对所有类型的波在某一确定方向上均存在影响。由于均质介质具有两个相对独立的弹性特征及波速度，普遍适用的基准方程是不存在的。图 6-3 直线分别代表式(6-32)、表 6-1 中的方程以及碳酸盐岩的方程 [式(6-33)（石灰岩）和式(6-34)（白云岩）]。

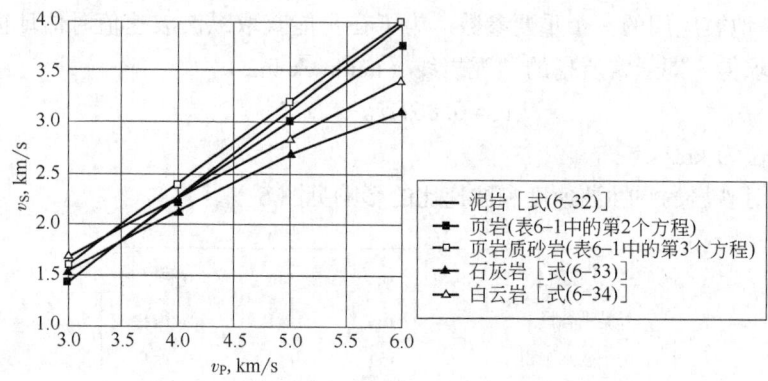

图 6-3 Castagna 散点图中的 v_S 对 v_P 经验回归

4. 各向同性介质中的平面波

令满足式

$$c_{ijkl}U_{k,jl} + \rho\omega^2 U_i = 0 \tag{6-35}$$

的平面波解的形式为

$$U_i = U_{0i}\exp(\mathrm{i}k_j x_j - \mathrm{i}\omega t) \tag{6-36}$$

式中，k_j 是波数矢量的分量。

将式(6-36) 代入式(6-35)，有

$$c_{ijkl}k_j k_l U_{0,k} - \rho\omega^2 U_{0i} = 0 \tag{6-37}$$

令 $E = c_{ijkl}k_j k_l$，式(6-37) 写成矩阵的形式为

$$(E - \rho\omega^2 \boldsymbol{I})\overline{U}_0 = 0 \tag{6-38}$$

式中，$\boldsymbol{I}$ 为 3×3 的单位矩阵。

假定只研究沿 x_l 方向传播的平面波，则 $k_2=k_3=0$，那么将式（6-38）展开，有

$$\begin{pmatrix} (\lambda+2\mu)k_1^2-\rho\omega^2 & 0 & 0 \\ 0 & \mu k_1^2-\rho\omega^2 & 0 \\ 0 & 0 & \mu k_1^2-\rho\omega^2 \end{pmatrix} \begin{pmatrix} U_{01} \\ U_{02} \\ U_{03} \end{pmatrix} = 0 \qquad (6-39)$$

为了得到非零解，式（6-39）的行列式应为零，即

$$[(\lambda+2\mu)k_1^2-\rho\omega^2](\mu k_1^2-\rho\omega^2)^2 = 0 \qquad (6-40)$$

解上述特征方程，得到第一个特征值 $\omega^{(1)} = c_l k_l$，其中 $c_l = \sqrt{\dfrac{\lambda+2\mu}{\rho}}$，对应的位移为

$$U_1 = U_{01}\exp[\mathrm{i}k_1 x_1 - \mathrm{i}\omega^{(1)}t] = U_{01}\exp[\mathrm{i}k_1(x_1 - \mathrm{i}c_1 t)] \qquad (6-41)$$

质点偏振方向与波列传播方向一致，称为纵波，其中 c_1 称为纵波速度（相速度）。

第二、第三个特征值是 $\omega^{(2)} = \omega^{(3)} = c_S k_l$，其中 $c_S = \sqrt{\dfrac{\mu}{\rho}}$，对应的位移为

$$U_2 = U_{02}\exp[\mathrm{i}k_1 x_1 - \mathrm{i}\omega^{(2)}t] \text{ 或 } U_3 = U_{02}\exp[\mathrm{i}k_1 x_1 - \mathrm{i}\omega^{(2)}t] \qquad (6-42)$$

质点偏振方向与波列传播方向垂直，称为横波，其中 c_S 称为横波速度。

各向同性介质在各个方向上的弹性性质是一样的，利用微分算子的符号，声波方程式可以写成如下形式：

$$\nabla[(\lambda+2\mu)\nabla^2\Phi + \rho\omega^2\Phi] + \nabla\times(\mu\nabla^2\Psi + \rho\omega^2\Psi) = 0 \qquad (6-43)$$

根据场论的知识，一个标量场的梯度与一个矢量场的旋度为零，则它们各自均为零，所以就有

$$\nabla^2\Phi + \frac{\omega^2}{c_l^2}\Phi = 0 \qquad (6-44)$$

$$\nabla^2\Phi + \frac{\omega^2}{c_S^2}\Phi = 0 \qquad (6-45)$$

所以，在各向同性介质中的声场可以分成两部分：一部分位移可以表示为一个标量势的梯度，因此无旋，纵波也称为压缩波或 P 波；另一部分位移是矢量的旋度，因此是散的，横波也称为切变波或 S 波。同时，由上面的推导也可以看出，纵波和横波的方程是互相独立的，因此在无限大的介质中两者独立传播，互相不转化，也不影响。但是在声传播的边界或不均匀的地方，纵波和横波会互相转化，发生耦合。

5. 横向各向同性介质中的声波

横向各向同性介质模型如图 6-4 所示，横波偏振方向的差异如图 6-5 所示。在各向异性地层中，横波速度也通常显示出方位的各向异性，即当一束横波信号入射到各向异性地层（如裂缝性地层）时，入射横波可分裂成质点平行和垂直于裂缝走向的振动，在传播方向上横波以不同速度传播，这种现象称为横波分裂现象。根据横波分裂现象可以利用快、慢两种横波对地层各向异性进行评价，并开展地质解释。

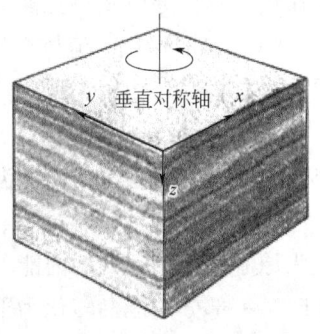

图 6-4 横向各向同性介质模型

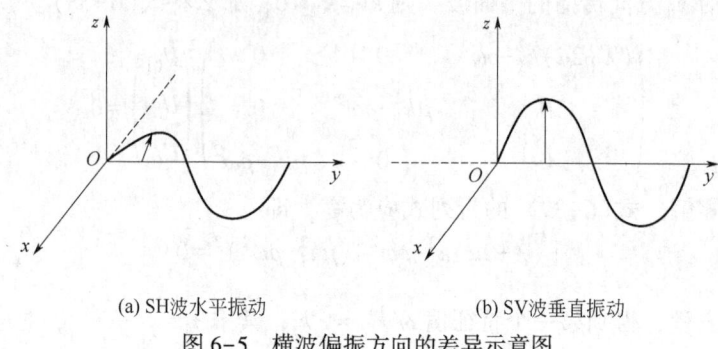

(a) SH波水平振动　　　　　(b) SV波垂直振动

图 6-5　横波偏振方向的差异示意图

二、岩石中波的衰减

　　岩石物理应用的时候，一般以声波的到达时间或者在岩石中传播的平均速度为信息。声波传播特征描述不仅有时间的参数，还有声波的能量信息（或声波幅度），而且在声波检测过程中，有时候会碰到声波到达时间不便记录或者记录精度不够的情形，此时若能够对声波的能量衰减进行检测，就可以从声波能量的角度开辟另外一条检测声信号的途径。

　　研究岩石的性质，除了从波速测量了解其弹性性质外，还必须研究其滞弹性性质即衰减的性质。研究声波的衰减可以了解岩石的微构造及变化，并了解岩石在地下所遇到的环境条件。特别值得注意的是，对于岩石物理状态的变化，测量衰减性质比波速测量要灵敏得多，这一性质使得衰减成为一种有价值的研究课题。衰减这个参数的重要，就在于它主要不取决于岩石宏观的整体性质，而主要是由岩石的微观性质诸如岩石内部裂纹的密度、分布、构造以及孔隙流体的相互作用等所确定。

　　关于岩石中波的衰减，迄今已有众多的学者使用各种技术对各种环境和各种频率的波进行了实验研究。引起声波在传播过程中能量（幅度）减小的原因有三个：（1）声波的扩散——声场的能量密度随传播空间的扩大而减小；（2）声波的散射——遇到不同介质的障碍物，声波改变方向而发生能量减少；（3）声波的吸收——传播过程中，能量通过不同的机制被介质吸收。声波的扩散与散射是由声波传播路径引起的，分析起来较为简单，也方便理解。但声波吸收机理比较复杂，原因很多，本书只是简单予以介绍。岩石不是严格意义上的弹性体，当波在岩石中传播时，会有一部分机械能转变为热能。所以，目前认为内摩擦是导致声波能量被岩石吸收的主要原因。对于流体（液体或气体），内摩擦的机制主要是由黏滞作用、热传导以及热弛豫引起的。

　　（1）黏滞作用。流体介质中相邻的不同质点速度不一样的时候，产生阻碍相对运动的阻力，称为黏滞力，这种现象称为黏滞作用。

　　（2）热传导。声场中（声传播时）压缩区域温度升高，膨胀区域温度降低，流体的导热性使热量从高温区传向低温区，传热导致声能量的损失。

　　（3）热弛豫。声传播时，部分质点受到压缩，分子平移动能增加，而其中一部分会转化为原子间互相运动的内能，所以压缩区域内的压强不是瞬间增加，而是有个过程。介质膨胀时，一部分内能又转化为平移的动能，在一个短时间内压强持续增加，但有滞后，称为热弛豫。固体情况更为复杂，而且内摩擦还会因固体性质的不同有很大的变化。

1. 岩石中波衰减的特征参数

在讨论岩石组成成分、孔隙流体等因素对声衰减影响之前,首先要定义能够定量表征声衰减的物理量,一般有两个:品质因子和衰减系数。

内摩擦中能量的消耗可以通过循环加载—卸载实验进行测量。首先进行加载实验,加到一定程度后进行卸载,直到回到应力、应变的原点。加载曲线与横轴包罗的面积 W 代表总的应变能,也就是试件在应变极大时存储的应变能。卸载曲线与横轴包罗的面积记为 W',$\Delta W = W - W'$ 就表示经过一个应力循环时所消耗的能量。比值 $\Delta W / W$ 称为损耗比,可以用它来确定试件的内摩擦。在进行循环加载实验时,速度越慢效果越明显。

引入品质因子 Q,表示材料内摩擦损失能量的能力,对于完全弹性体,$Q = \infty$;Q 值越小,表示声波在此传播能量耗散得越多。品质因子 Q 无量纲。

引入衰减系数 α,对于完全弹性体,$\alpha = 0$;α 值越大,非弹性性质越明显。衰减系数的量纲是长度的倒数,一般用 m^{-1} 作为单位,也可以用 dB/m、Np/m 表示。

品质因子 Q 与衰减系数 α 都是描述岩石非弹性性质的物理量,它们之间可以互换,即

$$\frac{\Delta W}{W} = \frac{2\pi}{Q} = \frac{4\pi v \alpha}{\omega} \tag{6-46}$$

式中,v 为速度;ω 为角频率。

岩石中品质因子 Q 的测量方法除了应力循环实验,还有自由衰减测量、共振法测量以及频谱法测量。声波的固有衰减测量十分困难,极大地妨碍了岩石非弹性性质的应用。无论在实验室还是在野外自然界,声能量(声幅度)变小的因素是多方面的,因此,要从波的振幅里提取真实的衰减特征信息,必须对其他影响因素进行修正,即去掉它们的影响,就是去掉这些影响使得测准品质因子 Q 变得十分困难。表 6-2 给出了四种不同测量方法的频率范围。

表 6-2 测量品质因子的方法及适用条件(据席道瑛,徐松林,2012)

方法	测量频率范围	适用条件
自由振动法	0.1~100kHz	
强迫振动—共振法	0.01×10⁻³~100kHz	
波传播方法	>100kHz	适合高温高压下测量
应力—应变曲线法	<1kHz	

声波衰减可能受到的影响因素有:几何扩散、固有衰减、界面的反射及折射、声采集仪器的特性及耦合特性等等。频谱振幅比法是一种利用波传播测量品质因子的方法,该方法可以最大限度地避免上述缺点,也能够在高温高压的环境下测量,缺点就是后期数据处理十分烦琐,对仪器测量精度要求很高。下面简单地介绍一下其实现原理及过程。

参考样品 1 和待测样品 2 中的平面波振幅可以写成如下形式:

$$A_1(f) = G_1(x) \mathrm{e}^{-a_1(f)x} \tag{6-47}$$

$$A_2(f) = G_2(x) \mathrm{e}^{-a_2(f)x} \tag{6-48}$$

式中,$A_1(f)$、$A_2(f)$ 为振幅谱强度;f 为波的频率;x 为岩石样品长度;$G_1(x)$、$G_2(x)$ 为包括几何扩散、界面折射及反射等作用的几何因子;$a_1(f)$、$a_2(f)$ 是与频率相关的衰减

系数。

由 $a=\pi f/(Qv)$，令 $Q=\pi/(\gamma v)$，则 $a=\gamma f$。当参考样品与待测样品几何形状、大小完全一样时，G_1、G_2 与频率无关，傅里叶频谱幅比为

$$\frac{A_1}{A_2}=\frac{G_1}{G_2}e^{-(\gamma_1-\gamma_2)fx} \tag{6-49}$$

或

$$\ln\frac{A_1}{A_2}=\ln\frac{G_1}{G_2}+(\gamma_2-\gamma_1)xf \tag{6-50}$$

以上关系式在以 $\ln(A_1/A_2)$ 为纵坐标、以 f 为横坐标的图中表示为一条直线，该直线的斜率为 $(\gamma_2-\gamma_1)x$。于是，如果事先已知参考样品的 γ_1 值，就可以根据斜率计算得到 γ_2，从而由 $Q=\pi/(\gamma v)$ 计算得到待测样品的品质因子 Q。一般在实验室内参考样品用铝制作，其品质因子 $Q=50000$，则可以认为 $\gamma_1\approx 0$，这样进一步简化了实验求取待测样品品质因子的过程。

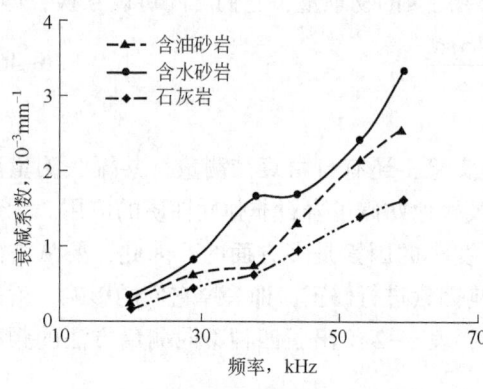

图 6-6 衰减系数与频率的关系图
（据 Militzer 等，1978）

2. 衰减与频率的关系

岩石中的声衰减与岩石的性质及本构组分关系密切。在不同频率下测量得到的岩石衰减系数是不同的。图 6-6 是据国内某刻度井声波测井信息得到的声衰减系数与频率的关系图。从图中可见，大体上有衰减系数随频率升高而增大的规律。虽然不同的岩石，衰减系数与频率的关系存在差别，但总体上仍符合这个规律。

由于衰减系数与品质因子互为倒数，因此，纵波的品质因子几乎与频率无关。有一点应该指出的是，实验室测量衰减的方法很多，但各种方法能够测量的频率范围不同（表6-3）。每种方法只适用于一定的频率范围。将不同方法的测量结果进行比较，必然存在着一定的误差，特别是几十赫兹（Hz）以内的波衰减的测量，目前在技术上还有相当大的困难。

表 6-3 测量波衰减的方法

方法	测量的频率范围
自由振动法	100Hz~100kHz
强迫共振法	100Hz~100kHz
波传播法	>100kHz
应力—应变曲线法	<1Hz

3. 衰减与矿物成分及孔隙度的关系

总的来说，波在岩石中的衰减远比在矿物中的衰减要高。例如，方解石是构成石灰岩的主要矿物之一。在几兆赫兹频率范围和常压状态下，方解石（矿物）和 Solnhofen 石灰岩

（岩石）的 Q 值分别为 1900 和 109，两者相差十倍以上。衰减的原因有两个：第一，相比纯度相同的矿物而言，硬度、密度越大的矿物，本身衰减系数越低，所以，火成岩、变质岩比沉积岩衰减系数小，声衰减小；第二，岩石中除了矿物成分，还包含大量的孔隙、结构面（包括颗粒之间的界面），这些也都对声波衰减起着重要的影响。

不同岩性的品质因子与频率的关系如图 6-7 所示。

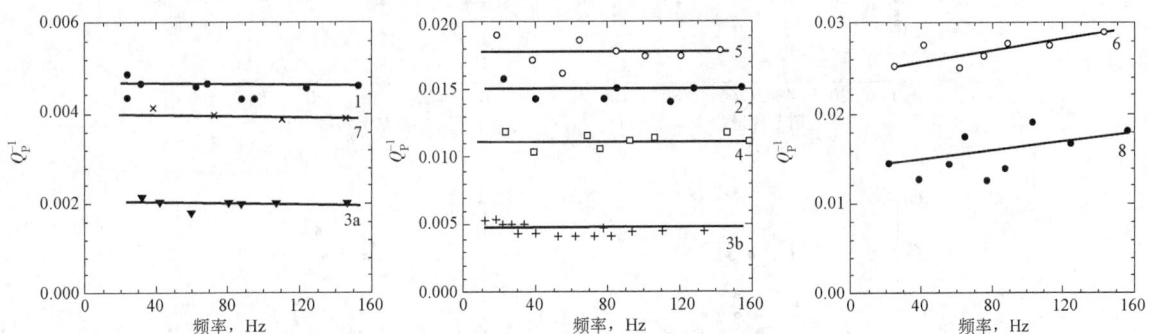

图 6-7　分岩性建立的品质因子与频率的关系（据 Merkulova，1968）
1—辉长岩+辉绿岩；2—辉长岩+玢岩；3a、3b—两种石英砂岩；4—片麻岩；5—花岗岩；
6—砂岩；7—片岩（变质）；8—夹杂黏土和煤的片岩

图 6-8 是大量实验资料的归纳。从图中可以看出，火成岩和变质岩的衰减远远比沉积岩小，而那些含有大量孔隙和结构面特别是未完全固化的沉积岩，波的衰减要比致密的火成岩高 5~7 个数量级。

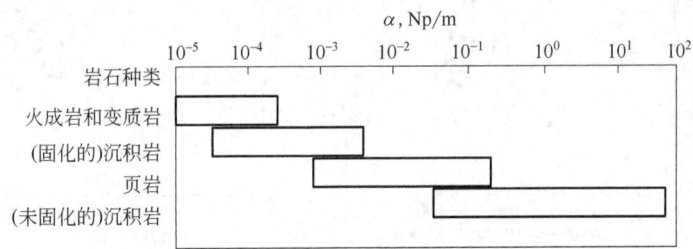

图 6-8　不同类岩石衰减系数范围（据 Merkulova，1996）

根据实际测量的 29 个饱和岩石样品的品质因子实验数据，可以得到图 6-9 所示的纵、横波品质因子与黏土含量、孔隙度、渗透率的关系。虽然有的文献表明，随孔隙度、渗透率升高，岩石样品的品质因子降低，衰减系数增大，但由于能量衰减是孔隙度、渗透率、孔隙分布等多因素的综合反映，所以单一的影响趋势并不明显。对比该图发现，渗透率—品质因子相关性要好于黏土含量和孔隙度。

若引入孔隙结构系数 $\eta=\sqrt{K/\phi}$（K 为渗透率，ϕ 为孔隙度），建立的纵、横波品质因子与孔隙结构系数的相关性（图 6-10）相比于图 6-9 中的（e）和（f）又将变好。所以，对于岩石而言，孔隙结构对声波衰减影响更为显著。

岩石中的孔隙通常充满液体和气体，所以它们的存在对于岩石中波的衰减有重要的影响。假定岩石的孔隙中充满的不是液体和气体，而是低速高衰减的黏土类矿物，换句话说，假定岩石中包含有黏土类矿物，那么，可以预期，黏土类矿物的多少，对于波的衰减也会产生重要的影响。

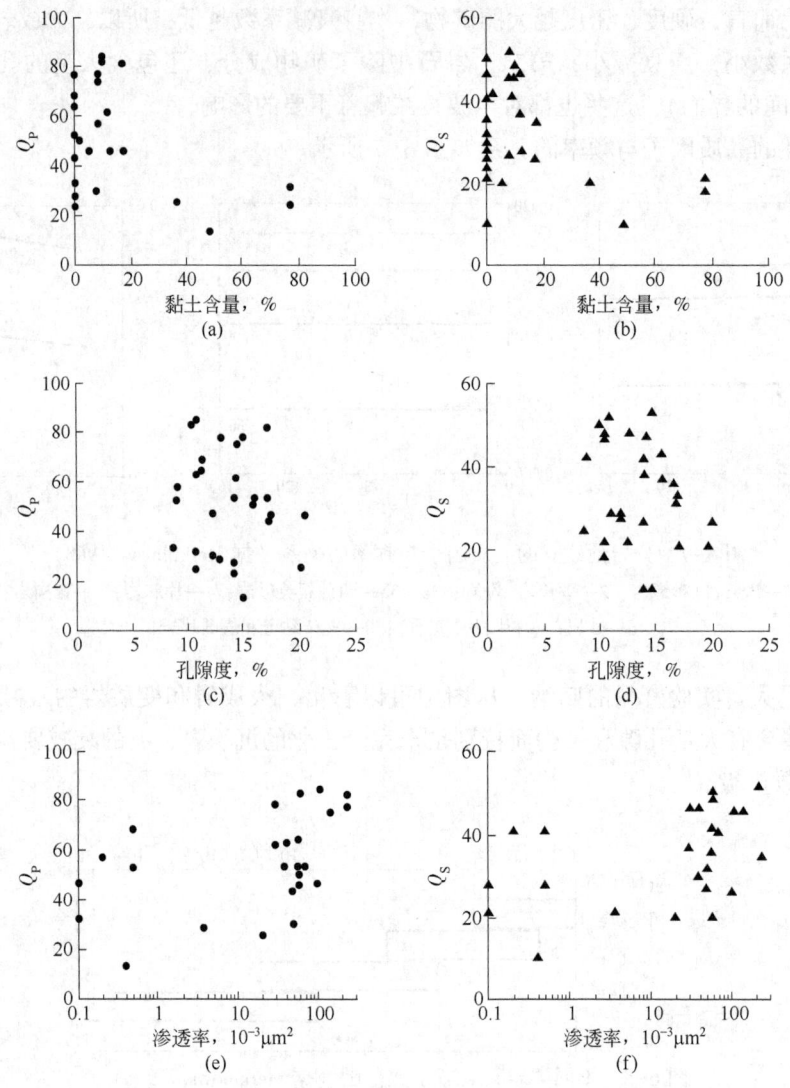

图 6-9 纵、横波品质因子与黏土含量、孔隙度、渗透率的关系（据 Best, 1995）

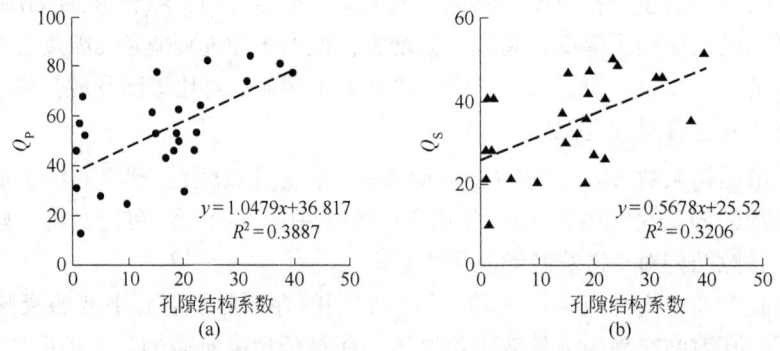

图 6-10 纵波、横波品质因子与孔隙结构系数的关系

从图 6-11 中可以看出，对于岩石中同样孔隙度的情况，黏土类矿物含量越高，衰减越严重。另一方面，同样黏土类矿物含量情况下，孔隙度越高，衰减则也越严重。根据实验结果，将孔隙度 ϕ 和黏土类矿物的含量 C 对波衰减系数 α 的影响归纳为经验关系：

$$\alpha(\mathrm{dB/cm}) = 0.0315\phi + 0.241C - 0.132 \tag{6-51}$$

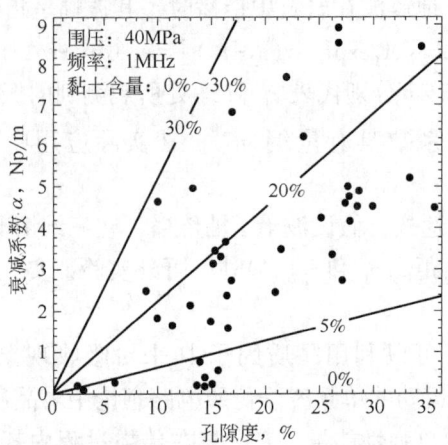

图 6-11　由 32 个砂岩样品得到的衰减系数与孔隙度和岩石中黏土含量的关系（据 Klimentos 等，1990）
图中直线代表不同黏土含量的分界线

4. 衰减与温度、压力的关系

有效应力（围压）增大，岩石内部孔隙的体积会被压缩，岩石密度增大，声波速度会增高。定性地考虑，在围压增加时，岩石声波的衰减会减小，品质因子会增大。图 6-12 是根据辉长石实验数据绘制的品质因子随压力、温度变化的趋势图。从图中可见，随压力升高，纵、横波的品质因子都会增高；压力相同时，温度升高，品质因子减小。

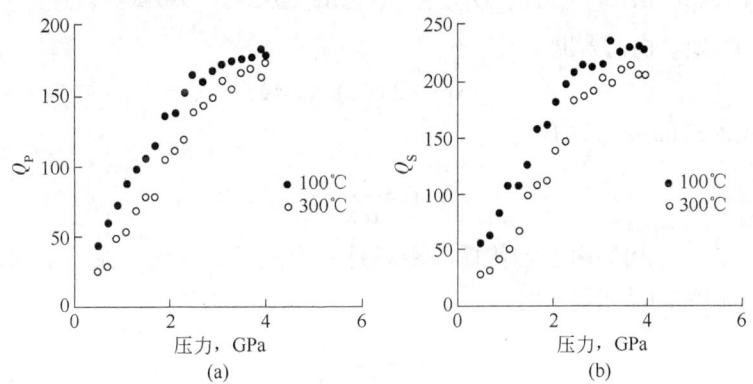

图 6-12　纵波、横波品质因子与温度、压力的关系（据陈志，2008）

温度升高，传播介质中分子平移动能增加，声波传播时遇到的黏滞作用就会增大，从而导致声波品质因子减小。当然，这仅仅是从黏滞作用角度对声波衰减特性受温度影响的一个机理性解释，实际岩石情况要更加复杂。定性上来看，品质因子受温度、压力的变化趋势与声波速度趋势一致，即品质因子随压力升高而变大，但同时随温度升高而降低，至于两者孰快孰慢，需要岩石物理学家们进一步的研究。

三、岩石对地震波能量的吸收

1. 吸收现象的描述

野外和实验观测显示,地震波在岩石中传播时,其振幅呈指数衰减,即

$$A_2 = A_1 \exp[-\alpha(z_2-z_1)] = A_1 \exp(-\alpha \Delta z) \qquad (6-52)$$

式中,α 为衰减系数;A_1 和 A_2 分别代表 z_1 和 z_2 处所观测到的振幅值。

在 SI 单位制中,衰减系数具有量纲 m^{-1}。在实际应用中,衰减系数的常用单位是 dB/m。

公式(6-52)是一维表达式,假设波沿 z 轴传播,在三维情况下,z_1 和 z_2 应被分别置换为两观测点相对于参考点的距离 r_1 和 r_2。另外,野外实验证实,公式(6-52)与吸收的机制无关。

除了衰减系数以外,还可以利用品质因子 Q 来对吸收现象进行定量描述。假设声波(地震波)是随时间做简谐运动的单频波。仿照电路理论中对品质因子 Q 的定义,将岩石的品质因子定义为单位周期内总弹性能量(E)与在传播过程中耗散掉的能量的(ΔE)之间的比值乘以 2π,即

$$Q = 2\pi \frac{E}{\Delta E} \qquad (6-53)$$

由这个公式可知,品质因子是一个无量纲的数。

现在考虑 Q 和 α 之间的关系。由于声波的能量与振幅的平方成正比,所以可以将 Q 写为下列形式:

$$Q = 2\pi \frac{A_1^2}{A_1^2 - A_2^2} \qquad (6-54)$$

根据公式 $A_1/A_2 = \exp(-\alpha \Delta z)$,因此,$Q = 2\pi/[1-\exp(-2\alpha \Delta z)]$。根据级数理论,$\exp(-2\alpha \Delta z) = 1 - 2\alpha \Delta z + (2\alpha \Delta z)^2/2!$。由此得出

$$1 - \exp(-2\alpha \Delta z) \approx 2\alpha \Delta z \qquad (6-55)$$

将式(6-55)代入式(6-54),有

$$Q = \frac{\pi}{\alpha \Delta z} \qquad (6-56)$$

根据波动理论,在一个周期内波场传播的距离是一个波长。因此,在一个周期之内,Δz 为波长。由此得出声波的品质因子为

$$Q = \frac{\pi}{\alpha} = \frac{\pi f}{\alpha v} \qquad (6-57)$$

式中,f 为频率;v 为声波在岩石中的传播速度。

由公式(6-57)可知,衰减系数越大,品质因子值越小。对于常见的岩石值 Q,一般为几百到几千。

2. 黏弹性介质的衰减系数

根据黏弹性介质的 Kelvin—Voigt 模型:

$$\sigma_{ij}=\delta_{ij}\varepsilon_{kk}+2\mu\varepsilon_{ij}+\lambda'\delta_{ij}\frac{\partial\varepsilon_{kk}}{\partial t}+2\mu'\frac{\partial\varepsilon_{ij}}{\partial t} \tag{6-58}$$

这里，λ' 和 μ' 是为描述黏弹性应力—应变关系所引入的常数。利用这个应力—应变关系并通过引入复波数可以证明，在黏弹性介质中，纵波速度 v_P 和衰减系数 α_P 分别为

$$v_P=\bar{v}_P\left\{\frac{2[1+(\omega/\omega_0)^2]}{1+[1+(\omega/\omega_0)^2]^{1/2}}\right\}^{1/2} \tag{6-59}$$

$$\alpha_P=\frac{\omega}{\bar{v}_P}\left\{\frac{[1+(\omega/\omega_0)^2]-1}{2[1+(\omega/\omega_0)^2]^2}\right\}^{1/2} \tag{6-60}$$

其中

$$\omega_0=\frac{\lambda+2\mu}{\lambda'+2\mu'},\ v_P=\left(\frac{\lambda+2\mu}{\rho}\right)^{1/2} \tag{6-61}$$

在物理上，ω_0 具有角频率的量纲，其数值刻画衰减系数与频率的关系。当 $\omega\ll\omega_0$ 时（低频情形），速度 v_P 与频率无关，而衰减系数与频率的平方成正比，即

$$v_P=\bar{v}_P=\left(\frac{\lambda+2\mu}{\rho}\right)^{1/2} \tag{6-62}$$

$$\alpha_P=\frac{\omega^2}{2\omega_0 v_P} \tag{6-63}$$

当频率很高时（$\omega\gg\omega_0$），速度和衰减系数均与频率的平方成正比。

3. 由岩石的非弹性骨架引起的衰减系数

岩石骨架的非弹性主要由下列两个因素所引起：（1）构成骨架颗粒的矿物成分具有非弹性；（2）由骨架颗粒之间、裂隙面之间的相对摩擦所造成的非弹性。

对于具有裂隙的岩石，利用椭球状颗粒模型可以证明：

$$\frac{1}{Q_P}=\frac{E_{\mathrm{eff}}(1-\nu_{\mathrm{eff}})nl^3}{E_F(1-2\nu_{\mathrm{eff}}^2)}F_P(\chi,\nu_{\mathrm{eff}}) \tag{6-64}$$

$$\frac{1}{Q_S}=\frac{E_{\mathrm{eff}}nl^3}{E_F(1+\nu_{\mathrm{eff}})}F_S(\chi,\nu_{\mathrm{eff}}) \tag{6-65}$$

其中

$$E_{\mathrm{eff}}=E_F\left(1+\frac{4\pi l^3}{3\Omega}A_E\right)^{-1} \tag{6-66}$$

$$\nu_{\mathrm{eff}}=1+\frac{4\pi l^3}{3\Omega}A_V \tag{6-67}$$

式中，A 为振幅值；Ω 为所考察的体积元；n 为裂隙的条数；l 为裂隙的半长度；χ 为摩擦系数；$F_P(\chi,\nu_{\mathrm{eff}})$ 和 $F_S(\chi,\nu_{\mathrm{eff}})$ 是依赖于摩擦系数 χ 和有效泊松比 ν_{eff} 的函数；下标 P 为纵波；下标 S 为横波；下标 F 为岩石中的固体颗粒；下标 eff 为有效；E_{eff} 为有效弹性参数。

其中，对于张开裂隙：

$$A_E=A_V=1 \tag{6-68}$$

对于闭合裂隙：

$$A_E=\frac{1}{5}\frac{2+3\chi^2+2\chi^4}{(1+2\chi^2)^{2/3}} \tag{6-69}$$

$$A_V = \frac{(1-2v_F)(1-v_F^2)}{2} A_E \tag{6-70}$$

对于没有裂隙的岩石,有两种不同的情况:(1)颗粒接触面间的光滑滑动(用下标 g 代表);(2)颗粒接触面间的黏滞性摩擦(用下标 h 代表)。对于第一种情况:

$$\frac{1}{Q_S} = \frac{2}{9\pi} \frac{\Delta\sigma_t}{\chi_g \Delta\sigma_n} \tag{6-71}$$

对于第二种情况:

$$\frac{1}{Q_S} = \frac{4}{\pi} \left(\frac{\chi_h - \chi_g}{\chi_g} \right)^2 \tag{6-72}$$

与这两种情况相对应的衰减系数是

$$\alpha_S = \frac{2}{9} \frac{\Delta\sigma_t}{\Delta\sigma_n} \frac{f}{v_S} \text{(第一种情况)} \tag{6-73}$$

$$\alpha_S = 4 \left(\frac{\chi_h - \chi_g}{\chi_g} \right)^2 \frac{f}{v_S} \text{(第二种情况)} \tag{6-74}$$

4. 由黏滞性孔隙流体引起的衰减系数

根据 Biot 关于孔隙介质中声波传播的唯象理论,可以计算出由地震波所引起的孔隙流体在孔隙中的流动所造成的能量吸收。令 η 代表黏度,K 代表渗透率。根据 Biot 的研究工作,在描述孔隙介质中弹性波传播的微分方程中含有一个衰减项:

$$\frac{\eta\zeta^2}{K} F(K) \tag{6-75}$$

式中,ζ 为分数孔隙度;$F(K)$ 为一个与频率有关的复值函数。

假设孔隙具有圆柱形,其半径为 a,则

$$K = \left(2\pi a^2 \rho_f \frac{f}{\eta} \right)^{1/2} \tag{6-76}$$

式中,f 为频率;ρ_f 为孔隙流体的密度。

当频率较低时,Biot 理论给出的衰减系数具有下列形式:

$$\alpha_P = \frac{2\pi^2}{v_P} \frac{\rho_f}{\rho} \frac{K_h}{\eta} \left(1 - \frac{\rho}{\rho_f} \frac{K_m}{M} \frac{1-K/K_m}{1-\phi+\phi K_m/K_f - K/K_m} \right) f^2 \tag{6-77}$$

$$\alpha_S = \frac{2\pi^2}{v_S} \frac{\rho_f}{\rho} \frac{K_h}{\eta} f^2 \tag{6-78}$$

式中,K_h 为动态渗透率;K 为体积模量;下标 m 为固体骨架;下标 f 为孔隙流体。另外,密度 ρ 根据公式 $\rho = 1 - \phi\rho_m + \phi\rho_f$ 进行计算。

方程(6-77)和方程(6-78)说明,在低频段,衰减系数与频率的平方成正比。根据 Biot 理论可以证明,在高频段,衰减系数与频率的平方根成正比。

5. 由 Rayleigh 散射引起的衰减系数

瑞利(Rayleigh)散射是一种高频散射。当波长与岩石不均匀性的线度相当时,会出现由瑞利散射造成的能量损失。假设孔隙性介质由直径为 R 的球体堆积而成,则利用散射理

论可以证明：

$$\alpha_P \sim Rf^4 \quad (6-79)$$

6. 由传热过程引起的衰减系数

假设在声波通过介质时，介质受压缩部分变热，而受拉伸部分将变凉。这时，品质因子与频率的倒数成正比。如果在考虑传热过程的同时引入内摩擦力，则可以证明：

$$\alpha_P = \frac{\omega^2}{2\rho v_P^3}\left[\frac{4}{3\eta}+\xi+\lambda_t T\rho^2 v_P^2\left(\frac{a}{c_p}\right)^2\left(1-\frac{3}{4}\frac{v_S^2}{v_P^2}\right)^2\right] \quad (6-80)$$

式中，λ_t 为热导率；T 为温度；η 和 ξ 为柔性系数；a 为导温率；c_p 为比定压热容。

对于横波，有

$$\alpha_S = \frac{\omega^2 \eta}{2\rho v_P^3} \quad (6-81)$$

即传热和内摩擦过程引起的衰减系数与频率的平方成正比。

第二节 岩石的弹性性质

岩石应力—应变关系曲线中的直线段表示岩石具有弹性的性质。地震岩石物理技术是研究储层物性和地震属性之间的桥梁。通过岩石物理弹性参数测试结合实际岩心孔隙度、渗透率、矿物组成、微观孔隙结构表征办法等，研究不同储层条件下（不同压力和不同饱和度）、不同岩性甚至是不同孔隙结构的岩石地震弹性响应特征，可为储层"甜点"识别提供依据。地球物理声波检测都是基于弹性波传播理论开展的，因此，了解岩石弹性及其影响因素，对于掌握弹性的传播机理很重要。

一、弹性与弹性参数反演

弹性波在介质中传播时会有能量损失，且随着远离波源，振幅会减小。其原因有如下两方面：

（1）波前的几何扩散（发散）；

（2）弹性能吸收或衰减转化为其他形式的能（如热能），以及非均质材料中散射导致的能量损失。

均质各向同性介质中，距离波源 x 处的振幅 $A(x)$ 可描述为

$$A(x) = A(x_0)\left(\frac{x_0}{x}\right)^n \exp[-\alpha(x-x_0)] \quad (6-82)$$

式中，$A(x_0)$ 为参照距离 x_0（或波源处）的振幅。

$(x_0/x)^n$ 项描述了几何发散导致的振幅减小。指数 n 取决于波传播的几何特征。对于平面波 $n=0$（无发散）。

$\exp[-\alpha(x-x_0)]$ 描述的是衰减导致的振幅减小。α 为衰减指数。对于平面波（或去掉分散项之后），有

$$\alpha = \frac{1}{x_2-x_1}\ln\frac{A(x_1)}{A(x_2)} \quad (6-83)$$

α 的单位 m^{-1} 或者 Np/m，常用单位 dB/m（分贝/米），由以下定义得出：

$$\alpha = \frac{1}{x_2-x_1} 20\lg \frac{A(x_1)}{A(x_2)} \tag{6-84}$$

这两种度量之间的转换为

$$\alpha(\text{dB/m}) = 8.686\alpha(\text{Np/m 或 m}^{-1}) \tag{6-85}$$

$$\alpha(\text{Np/m 或 m}^{-1}) = 0.115\alpha(\text{dB/m}) \tag{6-86}$$

在多数情况下，作为衡量弹性能量损失的参数，无量纲因子 Q 及其倒数 Q^{-1}（耗散因子）为：

$$Q^{-1} = \alpha \frac{v}{\pi f} \tag{6-87}$$

式中，v 为速度；f 为频率。

Q^{-1} 为波长归一化得出的衰减（因子）。如果相位速度的微小变化可以忽略或损耗较低，式(6-87)的定义就是正确的。一般来说，对于黏性介质，其关系为

$$Q^{-1} = \alpha \frac{v}{\pi f - \frac{\alpha^2 v^2}{4\pi f}} \tag{6-88}$$

对于低损耗，$(\alpha^2 v^2)/(4\pi f)$ 项是可以忽略的。

如果 α 在一阶近似中为频率的线性函数，则 Q^{-1} 与频率无关。可将其作为一个无量纲参数来描述岩石的衰减特性，而不将特定频率考虑在内。因此，对于衰减，存在两个度量：

（1）α 为单位距离振幅的部分损失；

（2）Q^{-1} 为单位波长或者振荡振幅的部分损失。

岩石中弹性波能量的衰减是一个多种机制的复杂过程。其机制多与发生在固体岩石组构（颗粒—颗粒接触、破裂等）的"裂陷"和非均质介质（孔隙、破裂）中的散射及孔隙和破裂中的流体运移的过程有关。

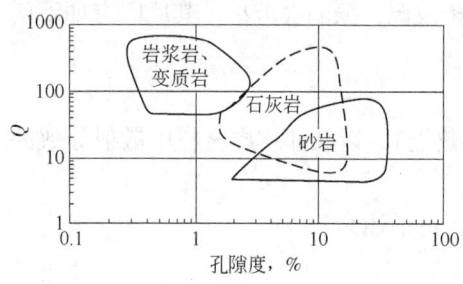

图 6-13 Q、孔隙度及岩石类型之间的函数关系图（据 Johnston 等，1979）

Q、孔隙度和岩性之间的函数关系见图 6-13。

作为这些过程及其相互作用的结果，造岩组分的非弹性特征无法单独解释衰减。主要的造岩矿物特性可以通过下述几点进行简单表征：

（1）固体组分（矿物）具有低衰减特性；在一阶近似中，随着频率变化，衰减呈线性增大。Peselnick 和 Zietz（1959）选定 $Q \approx 1900$ 或 $Q^{-1} \approx 5 \times 10^{-4}$ 对于方解石进行了举例说明。

（2）流体成分中，气体具有高衰减特性。气体和液体所表现出的衰减性能受组成及热动力条件（温度和压力）的影响。黏滞效应导致在一阶近似中衰减会随着频率平方的增大而增大。Johnston（1981）提供了以下数据：空气（干燥）的 $Q \approx 582$ 或 $Q^{-1} \approx 17 \times 10^{-4}$（频率 100kHz）；水（含盐量 36g/t）的 $Q \approx 63000$ 或 $Q^{-1} \approx 0.16 \times 10^{-4}$（频率 150kHz）。

表 6-4 的数据对一些典型岩石的衰减系数幅度进行了概括。该表也包括速度数据。利用孔隙度与 Q 成反比的总趋势，图 6-14 将 Q 及孔隙度数据与岩石类型联系在了一起

（Johnston 等，1979）。

表 6-4 岩石的衰减系数（50Hz）和速度（据 Ellis 和 Singer，2007）

岩石	速度，km/s	衰减系数 α_P，m^{-1}
花岗岩	5.0~5.1	$(0.21~0.38)\times 10^{-3}$
玄武岩	5.5	0.41×10^{-3}
闪长岩	5.8	0.2×10^{-3}
石灰岩	5.9~6.0	$(0.04~0.37)\times 10^{-3}$
砂岩	4.0~4.3	$(0.7~1.8)\times 10^{-3}$
页岩	2.15~3.3	$(0.68~2.32)\times 10^{-3}$

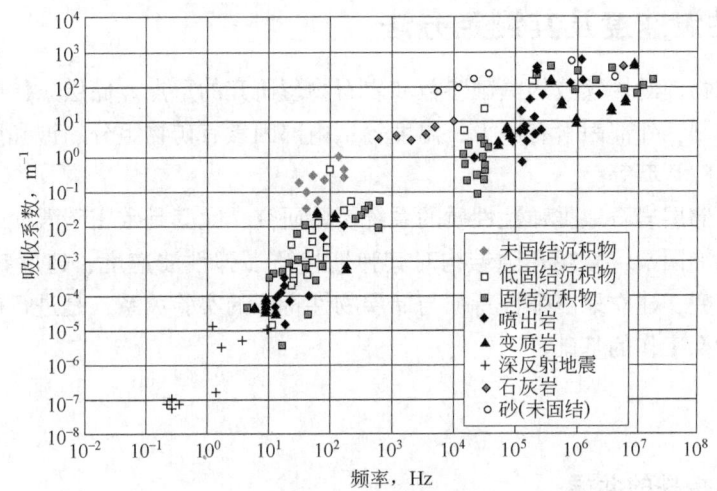

图 6-14 各类岩石的衰减系数—频率交会图
（据 Attewell 和 Ramana，1966；Militzer 等，1986；Schön，1996，有修改）

图 6-14 展示了受各种地震频率及岩石类型决定的衰减系数对于频率的依赖性。尽管值极其分散，但仍可发现下述两个特征：

（1）衰减系数是依赖于频率的参数。随着频率增加，其值也会增加（低通滤波效应）。作为一阶近似，存在 $\alpha \propto f$。Berzon（1977）给出了下述平均值：

① $\alpha \approx (10^{-7}~10^{-6})f$，地幔和地核；
② $\alpha \approx 10^{-5}f$，未风化的岩浆岩；
③ $\alpha \approx 10^{-3}f$，地表干燥的未固结的岩石。

α 与频率线性相关，而 Q^{-1} 与频率无关。

（2）随着岩石胶结物含量及埋深的增加，衰减减小。因此，根据一般经验，考虑到对于多数影响因素（如孔隙度、压力、固结程度）的依赖性，速度和衰减具有相反的变化趋势。

实验（尤其是实验室实验）数据表明，在很宽的频率范围内（$10^{-2}~10^7$Hz），特别对于干燥岩石，α 与频率几乎为线性相关。

不同岩性的 Q_P^{-1}、v_P 与静水压力交会图如图 6-15 所示。

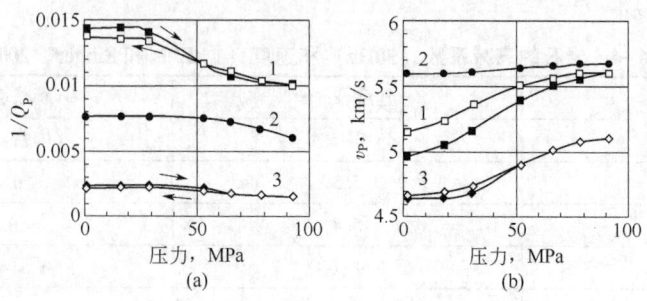

图 6-15 Q_P^{-1} 和 v_P 与静水压力交会图（频率 32kHz）（据 Merkulova 等，1972）
1—石英（受热发育裂纹）；2—石英；3—花岗岩

二、弹性波速度及其测定方法

速度是地球物理勘探领域的关键参数和岩石物理研究的重点。储层条件的岩石地震波速度受众多因素控制，外部因素有压力、温度等；内部因素有矿物组分、饱和度、充填流体类型、孔隙度、孔隙类型等。

针对研究区储层岩石地震弹性性质的系统实验研究，尤其是致密碳酸盐岩地震岩石物理变化规律及其影响因素、微观孔隙结构对其弹性特征（弹性波速度、速度频散与衰减）的影响等方面的研究，建立地震弹性特征与储层物性特征的实验关系，是进行研究区致密碳酸盐岩储层地震勘探工作的基础。

1. 共振法

1) 圆柱或棱柱的共振

共振法是基于驻波原理，即与风琴管中的振动相类似，在样品整个长度上包含了整数个振动的半波长，因此波的相速度 $v=\lambda f=2Lf/n$。对于基型振动，$n=1$，所以有

$$v = 2Lf \tag{6-89}$$

式中，L 为样品的长度；f 为谐振频率。

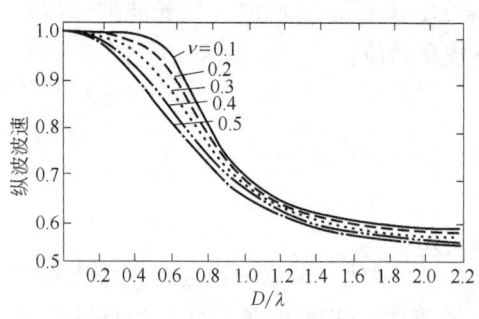

图 6-16 圆柱形岩石中的纵波速度与圆柱直径的关系（据 Bancroft，1941）

通常圆柱或棱柱的振动方式有两种。第一种是柱体的扭转振动，这种振动将在柱体中以速度传播，与无限介质中横波的传播速度相同。第二种是柱体的纵向振动。这种纵波在柱体内传播速度 v 与柱体几何尺度的关系指出，当柱体的横截面直径 D 与振动波长 λ 的比值 $D/\lambda<0.1$ 时，波速为杆中波速 $\sqrt{E/\rho}$；若 $D/\lambda \gg 1$，柱体中的波速接近于介质中 Rayleigh 波的相速度（图 6-16），通常样品直径取作小于 1/10 的波长，这时波以 $\sqrt{E/\rho}$ 速度传播，方法的测量精度约为 5%。

因为在圆柱或棱柱中波传播的速度与样品的几何形状和尺寸有很大的关系，因此这种方法对于样品的大小与形状有较严格的要求。

这种共振方法有两个突出的特点，第一，它可以用于测量高温环境下岩石和矿物的弹性波速度，它不仅仅可以告诉我们在这种条件下岩石的弹性常数，而且还可以提供热力学中的 Grüneisen 常数；第二，通过剪切畸变波和纵波求得的波速，可以直接求出岩石的弹性常数 G 和 E。这是测量岩石弹性常数常用的一种动态实验方法。

2）组合共振法

如果将一块质量为 m_1、谐振频率为的岩石样品粘到一块质量为 m_2、谐振频率为 f_2 的压电晶体（如石英）上，而且二者横截面积完全相同，Rose（1936）证明，这时，由二者组成的系统，若谐振频率为 f，必有以下关系式存在：

$$m_1 f_1 \tan\pi\left(\frac{f}{f_1}\right) + m_2 f_2 \tan\pi\left(\frac{f}{f_2}\right) = 0 \tag{6-90}$$

因此，只要从实验中测得 f_1 与 f_2 后，右侧可以由式（6-90）计算得出，然后可以求出样品中的波速：

$$v = 2f_1 L = \sqrt{\frac{E}{\rho}} \text{（压缩切割石英，纵波）} \tag{6-91}$$

$$v = 2f_1 L = \sqrt{\frac{G}{\rho}} \text{（剪切切割石英，横波）} \tag{6-92}$$

式中，L 是样品的长度。

组合共振法测量岩石波速的示意图见图 6-17。

2. 脉冲法

早在 20 世纪 40 年代，人们就想利用脉冲信号在样品中的传播时间——走时型振动，来测量波速，但由于当时电子技术的限制，未能获得成功。第二次世界大战一方面使这类研究工作中断，另一方面，由于战争的需要，脉冲电子技术得到了极大的发展。在 50 年代，利用超声脉冲方法测量岩

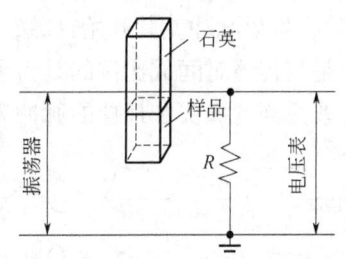

图 6-17 测录波速的组合共振法

石波速的工作大量出现。一般来说，速度的测量是个经典问题。岩石波速的测量方法，许多都是从物理学和雷达、激光测距技术移植过来的。

1）超声脉冲方法

关于这个方法，比较完整的叙述为：当超声波的波长比所研究的物体的线度小许多时，物体可以近似地看成无界的。可以证明，任意扰动产生的初动以 $v_P(\sqrt{\lambda+2G/\rho})$ 或者 $v_S(\sqrt{G/\rho})$——取决于扰动的性质——在介质中传播，因此可以将两个超声波探头放置在样品的两个端面上，当脉冲发生器产生的高电压脉冲信号加在发射探头上时，探头受到激发，产生一个瞬态的振动（是 P 波或者是 S 波取决于探头的振动方式）。该振动经过探头与样品间的耦合层后，在介质中传播，到达样品一端时，被接收探头收到。脉冲发射时间与接收时间之差 T 被高精度的时间测定仪测出，扣除在探头与样品间耦合层中传播的时间 T_0 后，即得到波在介质中传播的时间 T_1：

$$T_1 = T - T_0 \tag{6-93}$$

波速可以由样品长度与 T_1 之商给出：

$$v = \frac{L}{T_1} \tag{6-94}$$

图 6-18 是 1978 年国际岩石力学协会推荐的用脉冲法测量波速的仪器设备方框图。

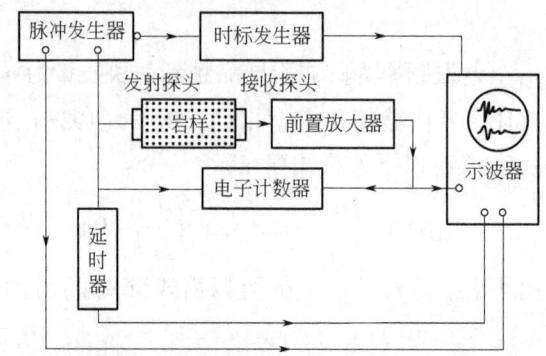

图 6-18　国际岩石力学协会推荐的脉冲法测量波速的方框图

脉冲发生器产生的电压脉冲同时用来触发示波器扫描、岩石样品上的发射探头和触发时标发生器工作。经常采用双线示波器，一条线记录接收探头接收到的信号，另一条线记录通过延时器后的发射信号。调节延时器的延时长度，使示波器上显示的两个记录波形的初动对齐，这时，延时器的"延时"就等于波传播的时间。图中的电子计数器用于"时间间隔测定"，发射脉冲使其开始计数，经过前置放大器的接收信号使其停止计数，实验证明它的计数是与传播时间成比例的。为了得到式(6-93)中的 T，可以将两个探头直接接触。实验中选取适当的探头和最佳的脉冲激发频率是十分重要的。

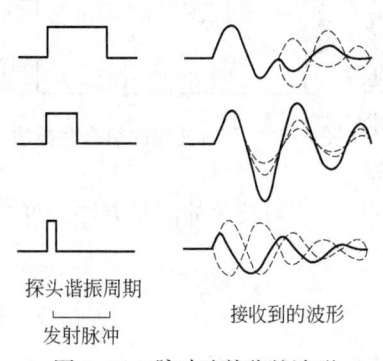

图 6-19　脉冲法接收的波形

为了满足无界空间的条件，所选择的超声波波长应小于岩石样品线度的十分之一。另一方面，如果选择的波长过小，以致可以与岩石中矿物颗粒的尺度相比较，则矿物颗粒的散射将十分突出。因此，一定要将超声波的波长选择为样品尺度与晶粒尺度间的一个适当值。常使用的波长应比颗粒线度大 5 倍以上。表征探头的两个主要参数是它的谐振频率和阻尼。如果一个电压脉冲加在发射探头上，脉冲的前沿产生的振动与脉冲后沿产生的信号会相互干涉，当改变发射脉冲宽度时会得到很复杂的结果。如果脉冲宽度过窄，则前沿产生的振动还未达最大振幅，就被后沿产生的振动抵消了。如果发射脉冲宽度很宽，前沿和后沿的波形会发生严重的干涉。经验证明，当脉冲宽度等于探头谐振周期的 0.6~0.8 倍时，效果较好（图 6-19）。

2）脉冲回声法

脉冲法中利用超声脉冲的干涉是一种精度很高的方法，它特别适用于小样品的波速测量以及研究弹性参数与温度的依赖关系。遗憾的是，这种方法使用的电子设备过于复杂。脉冲回声法是脉冲法改进了的一种方法，这种方法使用的设备方框图如图 6-20 所示。

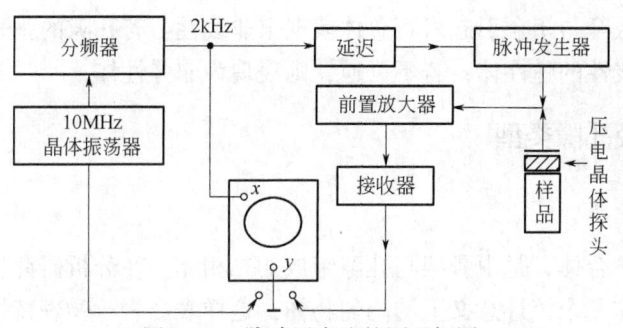

图 6-20 脉冲回声法的原理框图

10MHz 的晶体振荡器产生的正弦信号，经过一个三级分频器（原始振荡频率被分频为 1MHz、50kHz、2kHz）后，将 2kHz 的信号送至示波器 x 轴，使其触发扫描，重复周期为 500μs。这 2kHz 的信号同时经过一个 3~5μs 的延迟电路后，触发脉冲发生器产生一个幅度为 125~150V 的电压脉冲，该电压脉冲由脉冲发生器的一个振荡槽路输出，使 10MHz 的压电晶体产生振动。发射波形和接收到的回声信号都经过前置放大器，再由接收器加以放大。前置放大器上装有锗二极管做成的嵌位电路，对于几百伏的发射信号，该嵌位线路的增益约为 0.01；而对于接收到的反射回声信号，增益却为 0.96。也就是说，该线路只为回声信号提供通路；而使发射信号急剧衰减，以便两种信号的幅度不致差别过大，这样可以同时在示波器上显示出来。

接收器实际上是一个中心频率为 10MHz、带宽为 4MHz 的带通放大器，它可以有效地放大接收信号，并压制其他干扰信号。

用超声干涉法测量波速的优点是：（1）可以测量尺度甚小样品（如 1cm×1cm×0.5cm）中的波速；（2）测量精度几乎完全由年尺度测量精度 f 所限定；（3）在几种测量波速方法中，这种方法精度最高。

这种方法的兴起大约在 20 世纪 60 年代初期，为了精确地测定岩石和矿物的弹性常数，特别是对于尺寸较小的样品，波速测量几乎是唯一的方法。这个方法最早是 1961 年在贝尔电话实验室应用的。后来，人们普遍采用这个方法测量波速，并在此基础上做了改进。干涉法细分为相位比较法和脉冲叠加法两种，本节仅就后者做简单介绍。这种方法的原理可以用图 6-21 的方框图来说明。

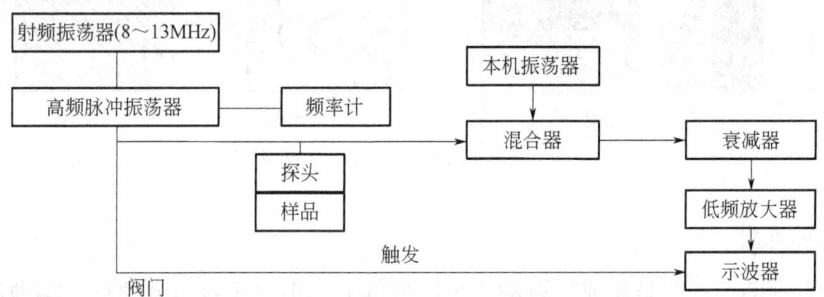

图 6-21 测量弹性波速的脉冲叠加法方框图

三、二相体的弹性

岩石由线弹性的岩石基质与包含在岩石固体基质中的孔隙组成，即岩石是两种相态组成的二相体。孔隙的张开与闭合引起岩石总体表现出非线性；若孔隙的张开和闭合过程是可逆的，岩石表现为非线性的弹性体；若不可逆，则表现为非弹性体。

1. 岩石模型及孔隙类型

1）岩石模型

岩石是矿物的集合体，是由骨架与孔隙组成的二相体。在分析研究岩石的某种物理性质时，可以将岩石看作一个统计意义上的均匀物体，这样表征岩石物理特性的参量可以看成是描述这样一个"等效体"的参量。Wyllie 时间公式就是利用岩石体积平均模型得到的。如图 6-22 所示，将实际岩心进行抽象简化后，可以得到如图 6-22(c) 所示的岩石模型，但这只是一种最简单的方式。开展岩石物理分析模型的研究具有两个方面的研究意义：一是如果已经知道了岩石各种矿物及孔隙的组成成分，就可以推导出岩石整体的物理特性；二是通过测量岩石等效物理特性和利用其他可能的资料了解组成岩石的情况。而这些都必须以岩石物理分析模型为基础具体展开。常用的岩石分析模型大体上可以分为三类（图 6-23）：(1) 空间平均模型，由构成岩石的矿物以及孔隙进行体积平均，推测岩石整个的物理特性；(2) 球形孔隙模型，集中讨论岩石内部球形孔隙对岩石性质的影响；(3) 多孔介质模型，主要用于讨论椭球形裂缝对岩石性质的影响。

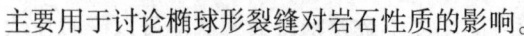

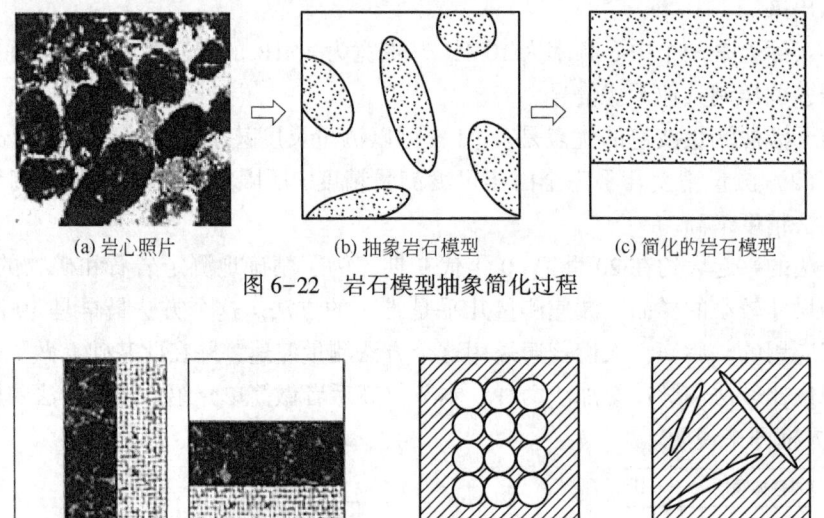

图 6-23 几种常见的岩石模型

2）孔隙类型

虽然岩石骨架、孔隙是构成岩石的两个组成部分，但由于岩石骨架在连续地层中的变化差异一般不大，所以，影响岩石总体的弹性性能主要是由孔隙部分贡献的。孔隙度是表征孔隙大小的物理量，它等于孔隙部分的体积与岩石总体积的百分比。孔隙度对弹性参数的影响后面将要介绍，这里仅对孔隙形态进行一个描述，也是为后面介绍弹性参数的影响因素做铺垫。孔隙类型指孔隙的形态特征。虽然实际地层孔隙的形态千变万化，但在平面上总可以近似地看作两种类型：圆形孔隙和椭圆形裂缝（图6-24）。一般用孔隙内垂直方向与水平方向的长度之比作为量化区分的标准，且规定：若 $\frac{a}{b} \approx 1$，孔隙形态看作圆形孔隙；若 $\frac{a}{b} \ll 1$，孔隙可看作裂缝。

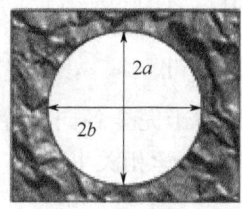
(a) 圆形孔隙

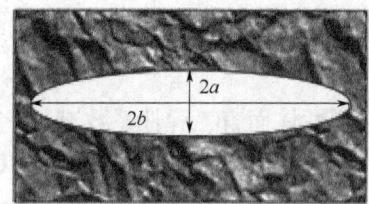
(b) 椭圆形裂缝

图 6-24 两种岩石的孔隙形态

实际地层的孔隙类型复杂多变，在具体评价过程中，以当前地层占主流的孔隙类型直接描述为地层的孔隙类型。除了在室内利用各种仪器直接对岩石孔隙形态进行识别外，利用井中的成像测井被认为是现场最为可信的一种技术手段。图 6-25 就是以圆形孔隙为主和以裂缝形孔隙为主的井中成像图。圆形孔隙一般在成像图上表现为麻点形态，裂缝则表现为一条近似正弦（或余弦）的连续曲线。

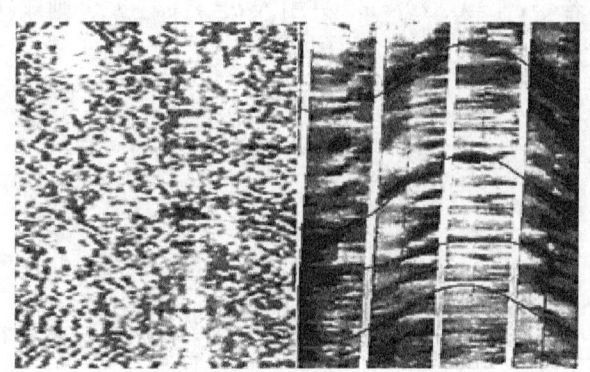

图 6-25 两种孔隙形态的井中成像图

2. 弹性参数

对于满足弹性假设的岩石而言，按照其中的微小变形假定，将空间某一微小六面体的应力在应变 $\varepsilon_{ij}(i,j=1,2,3)$ 附近展开，略去应变分量二次以上的项，得到应力—应变关系为

$$\begin{cases} \sigma_x = c_{11}\varepsilon_x + c_{12}\varepsilon_y + c_{13}\varepsilon_z + c_{14}\gamma_{xy} + c_{15}\gamma_{yz} + c_{16}\gamma_{zx} \\ \sigma_y = c_{21}\varepsilon_x + c_{22}\varepsilon_y + c_{23}\varepsilon_z + c_{24}\gamma_{xy} + c_{25}\gamma_{yz} + c_{26}\gamma_{zx} \\ \sigma_z = c_{31}\varepsilon_x + c_{32}\varepsilon_y + c_{33}\varepsilon_z + c_{34}\gamma_{xy} + c_{35}\gamma_{yz} + c_{36}\gamma_{zx} \\ \tau_{xy} = c_{41}\varepsilon_x + c_{42}\varepsilon_y + c_{43}\varepsilon_z + c_{44}\gamma_{xy} + c_{45}\gamma_{yz} + c_{46}\gamma_{zx} \\ \tau_{yz} = c_{51}\varepsilon_x + c_{52}\varepsilon_y + c_{53}\varepsilon_z + c_{54}\gamma_{xy} + c_{55}\gamma_{yz} + c_{56}\gamma_{zx} \\ \tau_{zx} = c_{61}\varepsilon_x + c_{62}\varepsilon_y + c_{63}\varepsilon_z + c_{64}\gamma_{xy} + c_{65}\gamma_{yz} + c_{66}\gamma_{zx} \end{cases} \quad (6\text{-}95)$$

由 $c_{mn} = c_{nm}$ 得到

$$\begin{Bmatrix} \sigma_x \\ \sigma_y \\ \sigma_z \\ \tau_{xy} \\ \tau_{yz} \\ \tau_{zx} \end{Bmatrix} = \begin{pmatrix} c_{11} & c_{12} & c_{13} & c_{14} & c_{15} & c_{16} \\ & c_{22} & c_{23} & c_{24} & c_{25} & c_{26} \\ & & c_{33} & c_{34} & c_{35} & c_{36} \\ & & & c_{44} & c_{45} & c_{46} \\ & & & & c_{55} & c_{56} \\ & & & & & c_{66} \end{pmatrix} \begin{Bmatrix} \varepsilon_x \\ \varepsilon_y \\ \varepsilon_z \\ \gamma_{xy} \\ \gamma_{yz} \\ \gamma_{zx} \end{Bmatrix} \tag{6-96}$$

对于完全各向异性弹性体而言，弹性系数有 27 个，但是对于完全各向同性弹性体而言，其独立的弹性系数只有两个（关于此处的推导可以参考弹性力学相关书籍），此时应力—应变关系为

$$\begin{Bmatrix} \sigma_x \\ \sigma_y \\ \sigma_z \\ \tau_{xy} \\ \tau_{yz} \\ \tau_{zx} \end{Bmatrix} = \begin{pmatrix} c_{11} & c_{12} & c_{12} & 0 & 0 & 0 \\ c_{12} & c_{11} & c_{12} & 0 & 0 & 0 \\ c_{12} & c_{12} & c_{11} & 0 & 0 & 0 \\ 0 & 0 & 0 & c_{44} & 0 & 0 \\ 0 & 0 & 0 & 0 & c_{44} & 0 \\ 0 & 0 & 0 & 0 & 0 & c_{44} \end{pmatrix} \begin{Bmatrix} \varepsilon_x \\ \varepsilon_y \\ \varepsilon_z \\ \gamma_{xy} \\ \gamma_{yz} \\ \gamma_{zx} \end{Bmatrix} \tag{6-97}$$

其中，$c_{11}-c_{12}=2c_{44}$，若令 $c_{12}=\lambda$，$c_{44}=\mu$，并引入 $\theta=\varepsilon_x+\varepsilon_y+\varepsilon_z$，则式(6-97) 变为

$$\begin{cases} \sigma_x = \lambda\theta + 2\mu\varepsilon_x \\ \sigma_y = \lambda\theta + 2\mu\varepsilon_y \\ \sigma_z = \lambda\theta + 2\varepsilon_z \\ \tau_{xy} = \mu\gamma_{xy} \\ \tau_{yz} = \mu\gamma_{yz} \\ \tau_{zx} = \mu\gamma_{zx} \end{cases} \tag{6-98}$$

引入克罗内克符号 δ_{ij}（当 $i=j$ 时，$\delta_{ij}=1$；否则为零），将原坐标系进行转换，则式(6-98) 可表示为

$$\delta_{ij} = \lambda\theta_{ij} + 2\mu\varepsilon_{ij} \quad (i,j=1,2,3) \tag{6-99}$$

弹性参数是描述岩石或者其他材料的弹性性能的物理参数，除了上面的拉梅系数 λ 和 μ 外，一般还有杨氏模量、泊松比、剪切模量、体积弹性模量（或体积模量）和压缩系数等。

杨氏模量（Young's modulus）表征在弹性限度内物质材料抗拉或抗压的物理量，它是沿纵向的弹性模量。杨氏模量的大小标志了材料的刚性，杨氏模量越大，越不容易发生形变。它于 1807 年由英国医生兼物理学家托马斯杨首次提出而命名，单位为 Pa。

泊松比（Poisson ratio）是指材料在单向受拉或受压时，横向正应变与轴向正应变的绝对值的比值，也叫横向变形系数，它是反映材料横向变形的弹性常数。它于 1829 年由法国科学家泊松首先提出而命名，无量纲。

剪切模量（modulus of rigidity）是材料在切应力作用下，在弹性变形比例极限范围内，切应力与切应变的比值，又称切变模量或刚性模量。它表征材料抵抗切应变的能力。该模量越大，则表示材料的刚性越强，单位为 Pa。

体积模量（bulk modulus）用来反映材料的宏观特性，即物体的体应变与平均应力（某

一点三个主应力的平均值）之间的比值，单位为Pa。

3. 有效弹性模量的概念

弹性参数很多，对均匀各向同性介质，已知两个弹性参数，可换算出其他的弹性参数。在讨论体积形变和含孔隙的二相介质时，常用压缩系数β来描述，其定义为

$$\beta = \frac{d\varepsilon_V}{dp} = \frac{1}{V}\frac{dV}{dp} \tag{6-100}$$

式中，ε_V是岩石体积应变$\Delta V/V$，按岩石力学的规定，体积减小时，体应变为正。

dV是原始体积为V的岩石受到流体静压力变化（dp）时所产生的体积变化。β是体积模量K的倒数：

$$\beta = \frac{1}{K} = \frac{3(1-2\gamma)}{E} \tag{6-101}$$

β的单位通常为MPa^{-1}，空气的β为无穷大，水的β值均为$100MPa^{-1}$，压缩性小，岩石的β一般为$1MPa^{-1}$。运用等效体概念，有效压缩系数也可按Ruess和Voigt公式求出：

Ruess公式：

$$\beta_R = \sum_{i=1}^{N} V_i \beta_i \tag{6-102}$$

Voigt公式：

$$\frac{1}{\beta_V} = \sum_{i=1}^{N} V_i \frac{1}{\beta_i} \tag{6-103}$$

第三节 地震岩石物理特征

一、岩石物理模型

建立岩石的物理模型是为了能够更好地解释实验结果。常用的岩石结构模型大体上可以分成空间平均模型、球形孔隙模型和含流体的多孔介质模型三大类（图6-26）。空间平均模型由矿物性质进行体积平均，推测岩石性质的模型；球形孔隙模型集中讨论岩石内部球形孔隙对岩石性质影响；含流体的多孔介质模型又称包裹体模型，讨论椭球形裂纹及对岩石性质影响。实际上，这三类模型主要用于讨论多相体岩石的传播和弹性性质。在实际工作中，讨论岩石其他物理性质时所提出的模型还有许多。

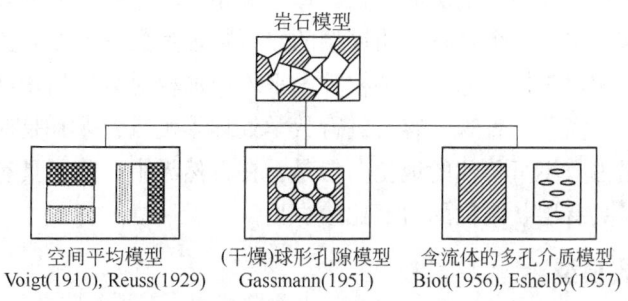

图6-26 解释观测资料时常用的几种岩石模型

1. 常见岩石物理模型

岩石是矿物的集合体，它是由多种矿物、孔隙等组成的多相体。严格来说，岩石是一类不均匀的物体，因为岩石内部存在着不同的矿物、孔隙等。而波在物体内传播的理论是建立在均匀物体的假定之上的。但是，当波长比岩石中存在的不均匀尺度大许多时，可以将岩石看作是一个统计意义上的均匀物体，这时表征岩石特性的参量就可以看成是描述这样一个"等效体"的参量。前面介绍的波速、衰减等都是这种意义上的参量。

在解释岩石中波速和衰减等实验结果时，会遇到两个方面的问题。一方面，如果知道了岩石各种矿物的性质、各种矿物在岩石中所占的比例以及矿物的几何情况等，能否由矿物的具体情况推导作为多相体的岩石的等效性质？另一方面，能否通过测量岩石的等效性质和利用其他可能的资料，了解组成岩石的矿物情况？显然，这第二方面的问题在实际应用中有着重要的意义，例如在解释地震勘探所得到的资料时，岩石物理的知识就具有极其基础的意义。

在关于岩石物理学的研究方法的讨论中已经提到，由于影响岩石物理性质的因素多且相互之间的关系复杂，所以在进行岩石物理学理论研究时要把实际的岩石模型化，只保留影响岩石物理性质的主要因素，而忽略次要因素。常用的岩石物理学模型有（图 6-27）：（1）层状介质模型；（2）分散状介质模型；（3）离散颗粒堆积介质模型；（4）网状介质模型；（5）连续介质模型。

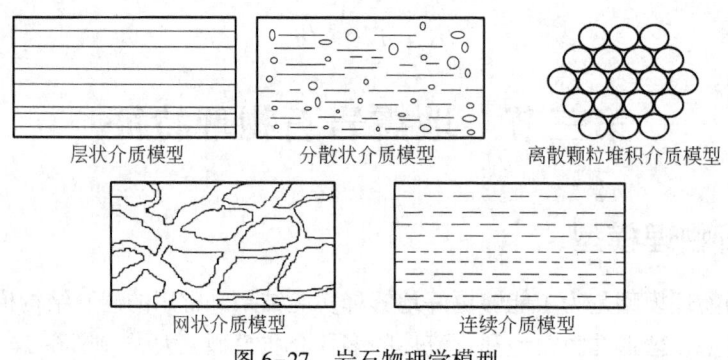

图 6-27　岩石物理学模型

1) 层状介质模型

层状介质模型是最简单的一种岩石物理模型，其基本思想是根据所考虑岩石的矿物组成将结构杂乱无章的岩石等效为水平层的集合。每一层相当于一种矿物成分，每层的序度则根据矿物的体积分数来决定。整个层状介质模型的岩石物理参数一般按有关的物理定律由单层的岩石物理性质经过相对于体积分数的加权算术平均或加权对数平均得到。

层状介质模型具有简单、直观、容易进行数学处理等优点，尤其是对于岩石物理参数各向异性的描述，更是占有不可替代的地位。但是，在自然界中，除了具有平行裂缝的岩石和大部分变质岩以外，具有层状结构的岩石比较少见。

2) 分散状介质模型

分散状介质模型假设岩石中存在有一种基本的物质，而其他物质以分散的形式分布在这种基本物质之中。这种分散性的分布既可以是确定性的，又可以是随机的。分散状介质模型是处理含泥质砂岩导电性的有效模型之一。

3) 离散颗粒堆积介质模型

离散颗粒堆积介质模型主要用来研究孔隙性岩石的物理性质，也称为离散堆积模型。假设岩石中的矿物颗粒呈圆球状，则将具有给定半径的球体堆积成立方体，就形成了离散的球体堆积模型。根据几何学中的有关结果，可以计算出这种堆积介质的孔隙度。将球体换成圆柱体，可以得到由离散柱体堆积成的模型。如果将柱体换成圆柱管，则可用这种模型来研究在一定压力和温度下岩石对流体的传导作用。

4) 网状介质模型

网状介质模型是圆管状介质堆积模型的推广。具有不同半径、不同截面形状和不同弯曲程度的管状物体相互连接，形成岩石中的一张管网。这种模型能比较好地逼近自然界中的孔隙性岩石的内部结构。

5) 连续介质模型

连续介质模型假定岩石中的矿物成分是按一定规律连续分布的。对于由颗粒非常细的矿物组成的岩石，连续介质模型可以对其进行比较逼真的描述。

2. 储层岩石物理模型

岩石物理的正问题，即利用岩石物理模型，在已知储层参数信息的情况下，正演出储层的弹性信息。作为正问题研究的关键，岩石物理模型包括接触—胶结模型、包裹体模型和经验模型等。不同的模型适用于不同的岩石特征，如接触—胶结模型主要适用于高孔未固结或弱胶结沉积物，而包裹体模型主要适用于胶结砂岩、泥岩和碳酸盐岩。基于岩石物理模型建立的岩石物理量版，是解释岩性等储层离散属性的有力工具。

1) 接触—胶结模型理论基础

岩石物理模型的合理性和适用性，对于岩石物理反演来讲，都起着至关重要的作用。由于岩石物理关系的高度非线性化，为了降低岩石物理模型的非线性程度并提高计算效率，岩石物理反演主要使用的模型是数学形式较为简单的接触—胶结模型。该模型对于未固结或弱胶结的砂岩适用性较强，模型的选择依赖岩石类型。

不同于基于包裹体模型等一系列仅研究孔隙—基质相互作用的理论模型，接触—胶结模型从岩石的沉积—成岩过程出发，将矿物颗粒抽象为球形颗粒。在岩石沉积成岩之前，矿物颗粒悬浮于地层流体内部，岩石整体上呈现悬浊液特征，典型的地质对照物为泥石流、砂质碎屑流、早期浊积体等。

岩石早成岩阶段的弹性特征主要受岩石的结构影响。岩石的微观结果主要受沉积过程中的分选、磨圆等沉积动力特征影响。如砂砾岩和粉砂岩因其在沉积动力等特征的差异导致分选差异较大。

岩石随着埋深的增加，压实作用往往导致岩石矿物颗粒之间的接触点和接触方式发生改变，进一步导致储层的孔隙结构和孔隙度变化。在压实过程中，随着地层排水、压力系统变化等过程，往往导致胶结物产生，进一步固结岩石，增加稳定性。常见的胶结物包括以方解石为代表的钙质胶结物、以石英为代表的硅质胶结等。

2）岩石沉积成岩过程中的临界孔隙度与岩石矿物颗粒悬浮态弹性特征描述

在分析岩石孔隙度与速度的研究早期，主要使用的是 Wyllie 时间平均方程等方法。Wyllie 时间平均方程是速度按照体积比例的直接平均：

$$\frac{1}{v_{Ps}} = \frac{1-\phi}{v_{Pm}} + \frac{\phi}{v_{Pf}} \tag{6-104}$$

式中，v_{Ps}、v_{Pm}、v_{Pf} 分别为岩石的纵波速度、岩石基质的纵波速度和岩石孔隙流体的纵波速度；ϕ 为岩石的孔隙度。

Wyllie 时间平均方程在描述低孔隙度和特别高孔隙度岩石的孔隙度—速度规律时存在较大偏差，于是利用数据统计回归的方法，有学者提出了新的孔隙度—速度关系，在新关系中，孔隙度—速度关系明显存在分段特征，即在不同的孔隙度区间，其关系存在明显的差异。研究使用 0.37 和 0.47 作为孔隙区间的边界值而将孔隙区间分为了三段。在前期研究基础上，有学者提出了临界孔隙度概念。表 6-5 中给出了常见岩石的临界孔隙度。

表 6-5 常见岩石的临界孔隙度

岩石	砂岩	石灰岩	白云岩	浮石	白垩	盐岩	裂缝火成岩	海洋玄武岩
临界孔隙度	40%	40%	40%	80%	65%	40%	5%	20%

当岩石孔隙度大于临界孔隙度时，认为岩石没有固结成岩，矿物颗粒悬浮于流体内部。当岩石孔隙度小于临界孔隙时，岩石的弹性特征主要受到沉积分选、胶结、压实等作用影响。描述岩石悬浮态岩石物理规律最好的模型为 Reuss 模型：

$$\frac{1}{K_s} = \frac{1-\phi}{K_m} + \frac{\phi}{K_f} \tag{6-105}$$

$$\frac{1}{\mu_s} = \frac{1-\phi}{\mu_m} + \frac{\phi}{\mu_f} \tag{6-106}$$

式中，K_s、K_m、K_f 分别为岩石的体积模型、岩石基质的体积模型和岩石孔隙流体的体积模量；μ_s、μ_m、μ_f 分别为岩石的剪切模型、岩石基质的剪切模型和岩石孔隙流体的剪切模量；ϕ 为岩石的孔隙度。

当岩石在成岩之前，整体为悬浮物，所以 μ_s、μ_f 均为 0。

3）岩石沉积成岩作用的岩石物理描述

根据地质作用的特点，将岩石成岩后（孔隙度小于临界孔隙度）的地质作用分为矿物颗粒分选作用导致的弹性差异和胶结物导致岩石固结成岩导致的弹性差异。沉积分选作用的差异，可以直接导致岩石孔隙度的差异。如砂砾岩中的粉砂、细砂等粒级的颗粒可以作为填隙物而导致岩石孔隙的降低。

首先，需要利用接触理论确定岩石在临界孔隙度处的岩石弹性性质。常用的接触模型包括 Hertz—Mindlin 模型、Walton 模型、Digby 模型、Jenkins 模型。

4）包裹体模型理论基础

基于考虑孔隙结构的包裹体模型的 Xu—White 方法和 Xu—Payne 方法是针对砂泥岩和碳酸盐岩的主流方法，具有岩性适应性强、曲线拟合度高的特征。由于数学形式复杂、计算效率较低等问题，Xu—White 方法和 Xu—Payne 方法主要用于岩石物理正演工作中，反演应用较少。表 6-6 和表 6-7 分别给出了常用的各向同性和各向异性包裹体模型假设条件、局限性及优点。

表 6-6 各向同性包裹体模型

模型	公式	假设	局限性	优点
Kuster—Toksoz (K—T)	$(K_{KT}^* - K_m) \dfrac{K_m + \dfrac{4}{3}\mu_m}{K_{KT}^* + \dfrac{4}{3}\mu_m} = \sum\limits_{i=1}^{N} x_i(K_i - K_m) P^{mi}$ $(\mu_{KT}^* - \mu_m) \dfrac{\mu_m + \zeta_m}{\mu_{KT}^* + \zeta_m} = \sum\limits_{i=1}^{N} x_i(\mu_i - \mu_m) Q^{mi}$ $\zeta_m = \dfrac{\mu}{6} \dfrac{9K + 8\mu}{K + 2\mu}$ 其中 K_{KT}^* 为等效介质体积模量；μ_{KT}^* 为等效介质剪切模量；K_m 和 μ_m 分别为背景基质的体积模量和剪切模量；K_i 为第 i 个包裹体的体积模量；μ_i 为第 i 个包裹体的剪切模量；P^{mi} 和 Q^{mi} 描述了背景介质 m 中加入第 i 种包含物材料后的效果，称为几何形状因子，可以分别代表硬孔隙和软孔隙；x_i 为每种包含物占总包含物的比例	各向同性、线弹性；稀疏含量的包裹体；包裹体为理想化的椭球形	只适用于高频情况	不受孔隙加载顺序限制
自相容模型 (SC)	$\sum\limits_{i=1}^{N} x_i(K_i - K_{SC}^*) P^{*i} = 0$ $\sum\limits_{i=1}^{N} x_i(\mu_i - \mu_{SC}^*) Q^{*i} = 0$ 其中 x_i 是体积含量；K_i 和 μ_i 为第 i 个包裹体的体积模量和剪切模量；P^{*i} 和 Q^{*i} 是几何参数，此几何参数是针对具有自相容等效模量 K_{SC}^* 和 μ_{SC}^* 的背景介质中包含物基质 i	各向同性、线弹性；包裹体为理想化的椭球形	只适用于高频情况	一定程度上考虑了孔隙间的相互作用，适用于相对高孔隙度情况
微分等效介质模型 (DEM)	$(1-y)\dfrac{d}{dx}[K^*(y)] = (K_2 - K^*) P^{(*2)}(y)$ $(1-y)\dfrac{d}{dx}[K\mu^*(y)] = (\mu_2 - \mu^*) Q^{(*2)}(y)$ 其中 y 为孔隙度，%；K_2 和 μ_2 分别为孔隙内成分或包裹体的体积模量及剪切模量，GPa；$K^*(y)$ 和 $\mu^*(y)$ 分别为考虑基质矿物及孔隙组分的等效体积模量和等效剪切模量，GPa；$P^{(*2)}(y)$ 和 $Q^{(*2)}(y)$ 分别为等效体积模量和等效剪切模量的激化因子	各向同性、线弹性；包裹体为理想化的椭球形	只适用于高频情况	孔隙间的相互作用考虑更合理，适用于相对高孔隙度情况

表 6-7 各向异性包裹体模型

模型	公式	原理	特点
Hudson	$c_{ij}^{eff} = c_{ij}^0 + c_{ij}^1 + c_{ij}^2$ 其中 c_{ij}^0 是无缝各向同性岩石的模量；c_{ij}^1 和 c_{ij}^2 分别为一阶和二阶更正	基于对含有椭球缝或包含物的弹性固体中的平均波长的散射理论分析	理想化的缝隙形状，且高宽比要小；裂缝半径和裂缝间距必须远小于波长；裂缝密度不大于 0.1；裂缝彼此之间间隔，流体不能相互流动，孔隙压力是未来平衡的和绝热的，只适用于高频情况

续表

模型	公式	原理	特点
Eshelby—Cheng	$c_{ij}^{\text{eff}} = c_{ij}^0 - \phi c_{ij}^1$ 其中 ϕ 是孔隙度；c_{ij}^0 是无缝各向同性岩石的模量；c_{ij}^1 为一阶更正	基于 Eshelby（1975）对有椭球包含物的各向同性固体矿物中内部应变的静态解	理想化的缝隙形状，且高宽比要小；裂缝密度不能太大；裂缝彼此之间隔离，流体不能相互流动，孔隙压力是未来平衡的和绝热的，只适用于高频情况

5）孔隙流体理论模型（以 Gassmann 理论为例）

尽管描述孔隙流体弹性特征的模型包括 Biot 理论、BISQ 理论、中观流理论，但是结合地震频带较低的特征，Gassmann 理论具有更强的适用性。因此，本书主要针对包裹体模型和低频孔隙弹性模型进行研究。表 6-8 给出了常用的描述低频孔隙弹性特征的岩石物理模型。

表 6-8　低频孔隙弹性模型（各向同性和各向异性）

模型	公式	特点
各向同性 Gassmann	$K^{\text{sat}} = K^{\text{dry}} + a^2 M$ $a = 1 - 1 - K^{\text{dry}}/K_g$ $M = \dfrac{K_g}{(1 - 1 - K^{\text{dry}}/K_g) - \phi(1 - K_g/K_f)}$ 其中 K^{sat} 为饱和岩石体积模量；K^{dry} 为干岩石体积模量；K_g 为固体颗粒体积模量；K_f 为孔隙流体体积模量；ϕ 为孔隙度	孔隙压力在整个孔隙空间达到平衡；岩石是各向同性的；所有组成岩石矿物具有相同的体积模量和剪切模量；微观均质；孔隙任意形状
各向异性 Gassmann	$c_{ij}^{\text{sat}} = c_{ij}^{\text{dry}} + a_i a_j M, i,j = 1,\cdots,6$ $a_m = 1 - \dfrac{\sum_{n=1}^{3} c_{mn}^{\text{dry}}}{3 K_g}, m = 1,2,3$ $M = \dfrac{K_g}{(1 - K^*/K_g) - \phi(1 - K_g/K_f)}$ $K^* = \dfrac{1}{9} \sum_{i=1}^{3} \sum_{j=1}^{3} c_{ij}^{\text{dry}}$ 其中 c_{ij}^{sat} 为饱和岩石刚度矩阵；c_{ij}^{dry} 为干岩石刚度矩阵；K_g 为固体颗粒体积模量；K_f 为孔隙流体体积模量	孔隙压力在整个空间达到平衡；所有组成岩石矿物具有相同的体积模型和剪切模量；微观均质；背景孔隙任意形状，不限制裂缝形状
Brown—Korringa	$S_{ijkl}^{\text{dry}} - S_{ijkl}^{\text{sat}} = \dfrac{(S_{ijaa}^{\text{dry}} - S_{ijaa}^0)(S_{klaa}^{\text{dry}} - S_{klaa}^0)}{(S_{aa\beta\beta}^{\text{dry}} - S_{aa\beta\beta}^0) + (\beta_{\text{fl}} - \beta_0)\phi}$ 其中 S_{ijkl}^{dry} 为干岩石骨架有效弹性柔性张量；S_{ijkl}^{sat} 为孔隙流体饱和度和岩石有效弹性柔性张量；S_{ijaa}^0 为矿物有效弹性柔性张量；β_{fl} 为孔隙流体可压缩性；β_0 为矿物可压缩性	孔隙压力在整个空间达到平衡；所有组成岩石矿物具有相同的体积模量和剪切模量；背景孔隙任意形状，不限制裂缝形状
Thomsen 方法	$S^{\text{sat}} = S_B^{\text{sat}} + S_F^{\text{sat}}$ S_B^{sat} 为饱和背景的柔性矩阵； S_F^{sat} 为饱和裂缝导致的额外柔性矩阵	考虑了背景孔隙与裂缝之间的孔隙流动；背景孔隙任意形状，裂缝为理想硬币状

Gassmann 方法基于几何抽象示意图（图 6-28）。其中 p 为外部压力，p_F 为连通孔隙内均衡的孔隙压力，$p_d = p-p_F$ 为外部压力与孔隙压力之差，外部压力变化 δp 导致体积 b 变化 δV，$\delta P_d = \delta p - \delta P_F$。

首先，根据几何抽象示意图，建立岩石的体积模型和物理模型：

$$V = V_M + V_\phi = V_M + \phi V \quad (6-107)$$
$$\Delta V = \Delta V_M + \Delta V_\phi = \Delta(V_M + \phi V) \quad (6-108)$$
$$V = V(p_d, p_F) \quad (6-109)$$
$$V_\phi = V_\phi(p_d, p_F) \quad (6-110)$$

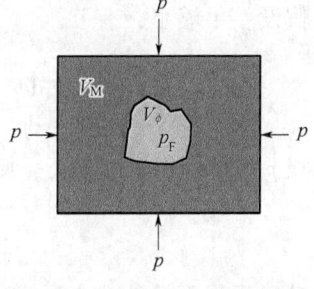

图 6-28　Gassmann 方法基于几何抽象示意图

V_M—总体应变；V_ϕ—孔隙体应变

其次，建立第一组理想模型：干燥岩石模型（图 6-29）。应用功的互等定理获得沃尔什公式：若弹性体上作用两个外力系，分别产生两组位移，则第一外力系在第二外力系位移上做的功等于第二外力系在第一外力系位移上做的功（针对固体部分）。

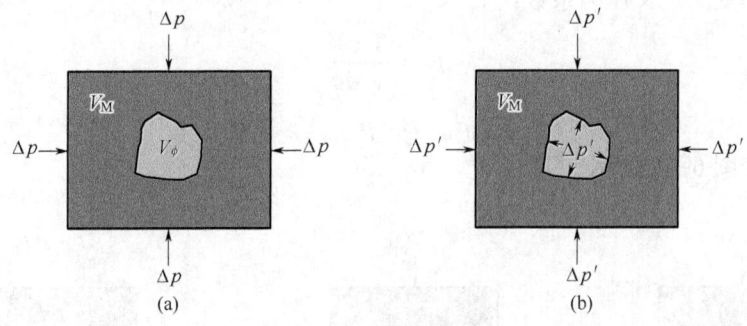

图 6-29　理想模型 1

(a) 干燥岩石模型，孔隙压力为 0，外部应力为 Δp，总体应变与孔隙体应变分别为 ΔV 和 ΔV_ϕ；

(b) 内外等应力模型，内外部应力均为 $\Delta p'$，孔隙流体应变为 0，固体体应变为 $\Delta V'$

根据功的互等定理，有

$$W_{21} = \Delta p' \Delta V - \Delta p' \Delta V_\phi = W_{12} = \Delta p \Delta V' \quad (6-111)$$

干燥岩石压力与体积变量为

$$\delta p_d = \delta p - \delta p_F = \delta p \quad (6-112)$$
$$\Delta V = \Delta V_M + \Delta V_\phi \quad (6-113)$$

两边同除 $\Delta p' \Delta p V$，可得

$$\frac{1}{V}\frac{\Delta V}{\Delta p} = \frac{1}{V}\frac{\Delta V'}{\Delta p'} + \frac{1}{V}\frac{\Delta V_\phi}{\Delta p} \quad (6-114)$$

定义压缩系数（干岩石定义式）：

$$\beta = \frac{d\varepsilon_V}{dp} = \frac{1}{V}\frac{d(\Delta V/V)}{dp} = \frac{1}{V}\frac{dV}{dp} = \frac{1}{K} \quad (6-115)$$

获得干岩石等效式：

$$\beta_{eff} = \beta_S + \frac{1}{V}\frac{\Delta V_\phi}{\Delta p} \quad (6-116)$$

假设 $\dfrac{\phi}{V}$ 足够小，有

$$\frac{\mathrm{d}\phi}{\mathrm{d}p} = \frac{\mathrm{d}(V_\phi/V)}{\mathrm{d}p} = \frac{1}{V}\frac{\Delta V_\phi}{\Delta p} - \frac{\phi}{V}\frac{\mathrm{d}V}{\mathrm{d}p} \approx \frac{1}{V}\frac{\Delta V_\phi}{\Delta p} \tag{6-117}$$

设 p 增加，ϕ 增加为正，则

$$\frac{\mathrm{d}\phi}{\mathrm{d}p} = -\frac{1}{V}\frac{\Delta V_\phi}{\Delta p} \tag{6-118}$$

获得干岩石等效式变形式：

$$\beta_{\mathrm{eff}} = \beta_{\mathrm{S}} - \frac{\mathrm{d}\phi}{\mathrm{d}p} \tag{6-119}$$

式(6-119) 称为沃尔什公式，仅适用于干燥岩石。如果不考虑 $\dfrac{\phi}{V}$ 具体形式，则需要进行代换运算；否则，需要进行包裹体假设等进行理论模型研究。

然后，建立第二组理想模型：饱和岩石—排水模型。根据孔隙流体质量可变及连通器原理，孔隙压力不变。定义压缩系数：

$$\beta_{\mathrm{D}} = \frac{1}{V}\frac{\mathrm{d}V}{\mathrm{d}p} \tag{6-120}$$

$$\beta_{\mathrm{D}} = \beta_{\mathrm{D}}(p, p_{\mathrm{p}}) \tag{6-121}$$

排水模型如图 6-30 所示。

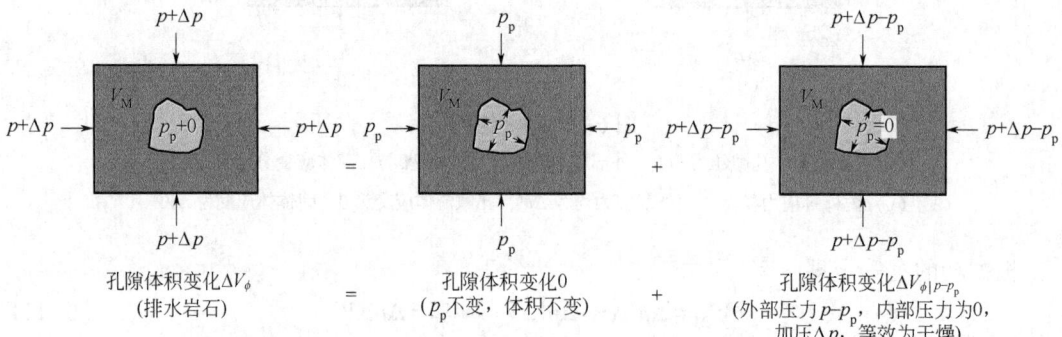

图 6-30　理想模型 2：饱和岩石—排水模型

建立排水岩石定义式与等效式：

$$\beta_{\mathrm{D}} = \beta_{\mathrm{D}}(p, p_{\mathrm{p}}) = \beta_{\mathrm{eff}}(p - p_{\mathrm{p}}, 0) \tag{6-122}$$

$$\mu_{\mathrm{D}} = \mu_{\mathrm{eff}} \tag{6-123}$$

用差应力 $p-p_{\mathrm{p}}$ 代替 p，引入干燥岩石情况（p_{p} 为 0），实现排水下的干岩石等效如下：

$$\beta_{\mathrm{D}} = \frac{1}{V}\frac{\partial V}{\partial p_{\mathrm{d}}}\Big|_{p_{\mathrm{p}}} = \frac{1}{V}\frac{\partial V}{\partial p}\Big|_{p_{\mathrm{p}}} \tag{6-124}$$

$$\beta_{\mathrm{S}} = \frac{1}{V}\frac{\partial V}{\partial p}\Big|_{p_{\mathrm{d}}} = \frac{1}{V}\frac{\partial V}{\partial p_{\mathrm{p}}}\Big|_{p_{\mathrm{d}}} \tag{6-125}$$

$$\beta_D = \beta_S + \frac{1}{V}\frac{\partial V_C}{\partial p_d}\bigg|_{p_p} = \beta_S - \frac{1}{V}\frac{\partial \phi}{\partial p_d}\bigg|_{p_p} = \beta_S - \frac{1}{V}\frac{\partial \phi}{\partial p}\bigg|_{p_p} \tag{6-126}$$

其中 $\partial p_d = \partial p$。

接下来，建立第三组理想模型：饱和岩石—不排水模型。因为流体无法排除，导致孔隙压力 p_p 发生变化。定义压缩系数为 $\bar{\beta}$，差应力为 $p_d = p - p_p$。将前两组理想模型代入式(6-124)至式(6-126)中可得

$$\delta V = \frac{\partial V}{\partial p_d}\bigg|_{p_p}\delta p_d + \frac{\partial V}{\partial p_p}\bigg|_{p_d}\delta p_p \tag{6-127}$$

$$\delta V_\phi = \frac{\partial V_\phi}{\partial p_d}\bigg|_{p_p}\delta p_d + \frac{\partial V_\phi}{\partial p_p}\bigg|_{p_d}\delta p_p \tag{6-128}$$

$$\frac{1}{V_\phi}\delta V_\phi = \frac{1}{V_\phi}\frac{\partial V_\phi}{\partial p_d}\bigg|_{p_p}\delta p_d + \frac{1}{V_\phi}\frac{\partial V_\phi}{\partial p_p}\bigg|_{p_d}\delta p_p \tag{6-129}$$

$$\delta V = \frac{\partial V}{\partial p_d}\bigg|_{p_p}\delta p_d + \frac{\partial V}{\partial p_F}\bigg|_{p_d}\delta p_p = V\beta_D\delta p_d + V\beta_S\delta p_p \tag{6-130}$$

定义排水下的压缩系数 $\frac{\delta V}{V} = \bar{\beta}\delta p$，有

$$[(\beta_p - \beta_S)\phi + (\beta_D - \beta_S)]\delta p_p = (\beta_D - \beta_S)\delta p \tag{6-131}$$

$$(\bar{\beta} - \beta_D)\delta p = (\beta_S - \beta_D)\delta p_p \tag{6-132}$$

$$\frac{1}{\bar{\beta} - \beta_S} = \frac{1}{\beta_D - \beta_S} + \frac{1}{(\beta_p - \beta_S)\phi} \tag{6-133}$$

式(6-133)即为 Gassmann 方程的压缩系数形式。

二、岩石物理分析

地震反演的基石有两个，一个是数学算法，另一个就是岩石物理分析。岩石物理分析用于导出地震响应与各个储层物性参数之间的关系式，而数学算法用于求解这个关系式。就研究手段来说，存在实验岩石物理分析和理论岩石物理分析之分，二者是相辅相成的关系。就研究的总体思路来说，可以分成机理性岩石物理分析和统计岩石物理分析。

1. 机理性岩石物理分析

机理性岩石物理分析试图给出具体而明确的答案，尝试固定其他储层物性参数而只研究一种或几种参数变化时的地震响应变化，集中体现在地震速度、振幅和衰减的变化上。

地震速度是最重要的地震信息，通过地震速度的改变来预测储层物性是主要的依据，因此，从机理上进行这方面的岩石物理分析是非常关键的。

最著名的也许就要算 Biot—Gassmann 流体替代分析了，可以用 Biot—Gassmann 方程来预测岩石的体积模量如何随孔隙流体的改变而发生变化：

$$\frac{K_{sat}}{K_0 - K_{sat}} = \frac{K_{dry}}{K_0 - K_{dry}} + \frac{K_{fl}}{\phi(K_0 - K_{fl})} \tag{6-134}$$

式中，K_{sat}、K_0、K_{dry} 和 K_{fl} 分别代表流体饱和岩石、岩石固体骨架、干燥岩石和孔隙流体的

体积模量。

不过，这里假定岩石为线弹性各向同性的，且地震频率低至零，流体相对于固体骨架可以呈静态，即不考虑流体的流动效应，如果流体是不完全饱和在孔隙中的，那么还需要对式（6-134）进行进一步的复杂化，如后面的式（6-136）所示。随着考虑问题的增多，模型将会更加接近实际情况，但是理论和公式也会变得异常复杂，有时甚至难以处理。

在实验分析方面，举例来说，可以分析在有效应力或者渗透率改变的情况下速度如何改变，分别如图 6-31（a）（b）所示。当然，对图 6-31（a）中的实验结果，也可以利用接触力学理论来进行辅助分析。

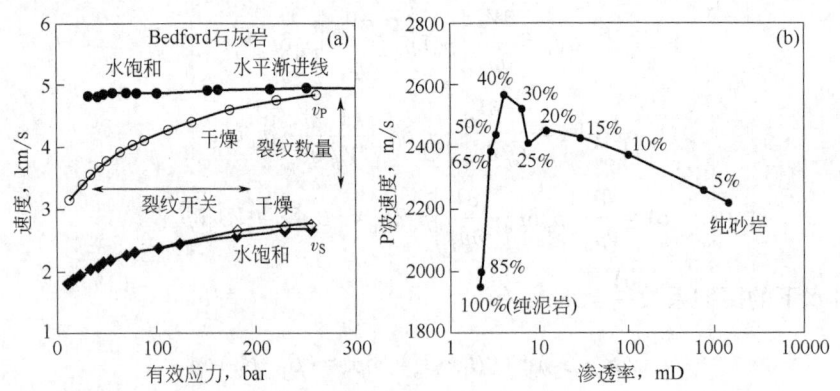

图 6-31 储层岩石纵波速度的实验结果（据 Mavko，2008）
（a）随有效应力的变化；（b）随渗透率的变化

基于机理性岩石物理分析，利用地震数据也可以预测石油工程参数。比如地层压力（流体压力或称孔隙压力），这是一个对勘探和开发来说都非常重要的参数。地震数据也许是钻前地层压力预测的唯一依据，通过 Hertz—Mindlin 接触力学分析和实验数据的验证，可以在地层压力与地震速度之间建立起联系：

$$p_r = a(v_t^3 - v^3) \tag{6-135}$$

式中，p_r 是地层压力；v 是地震纵波速度（叠加速度、偏移速度或反演速度等）；v_t 是无静水压力时的理论速度值；a 是转换系数。

可以根据实验观测得到的储层物性和环境参数对速度影响的经验性认识和公式，这是理论分析之外的另外一种解决办法，但是经验观测往往具有区域性和适用性限制，因此，普适性是无法回避的问题。

储层物性的改变也可以造成地震振幅的变化，这类研究可以统称为 AVO 研究，阻抗类反演正是基于此类岩石物理分析的，当然，要排除储层几何形状改变所带来的振幅变化，如薄层调谐效应。

利用地震衰减信息来研究储层物性是比较困难的，主要原因是从地震数据中量化提取地层的本征衰减信息是极其困难的。笼统地将地震振幅的降低称为衰减，造成衰减的机理除了吸收作用之外还有很多，包括球面扩散、散射、透射（或反射）等。在 VSP 调查布局中，可以排除其他影响因素而得到地层的本征衰减信息，测井、岩心实验和井间地震方法也可以得到本征衰减信息，如图 6-32 所示。对反射地震数据来说，由于诸多其他因素的影响，这种工作始终面临着巨大的挑战。

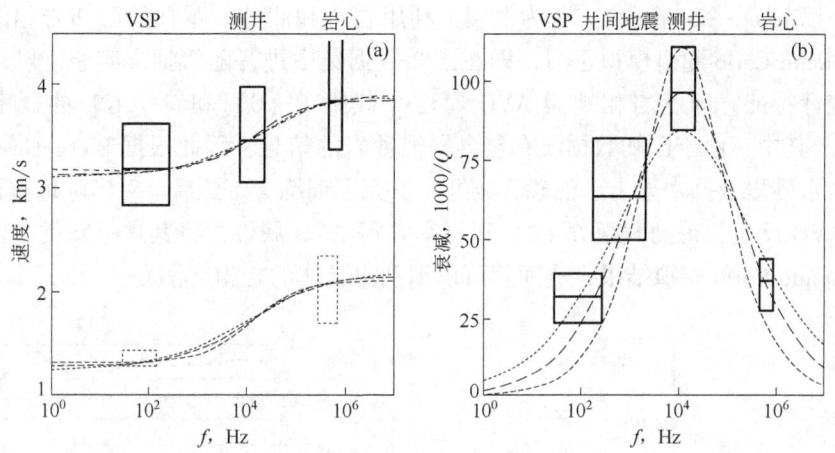

图 6-32 频散效应实际观测值与理论预测结果（据 Sams et al., 1997）
(a) 速度；(b) 衰减

除了这些成功的案例之外，对机理性岩石物理分析来说，地层参数是如此之众多，它们对地震响应的影响又是交织在一起的，有的会彼此强化地震响应，有的则会弱化，有时几个参数的综合效应又是无法在地震响应中探测出来的，想要拨云见日仍然是非常困难的。

2. 统计岩石物理分析

统计岩石物理分析试图从数理统计学的角度来分析问题。在机理性岩石物理分析中，由于模型是针对特定问题而进行过简化的，因此其适用性和处理实际问题的能力会出现问题。统计岩石物理分析试图解决这种不确定性，同时又不脱离岩石物理波动理论的基本框架。利用已知的测井信息、岩心测试信息、地质信息和岩石物理理论作为训练集，将地震数据与储层物性联系起来，据此可以反演出储层物性参数，而且还可以量化反演结果的可信度。

基于统计岩石物理分析，有学者提出利用地震 AVO 数据划分出了岩相单元，并给出了含油气地层的空间展布范围。首先根据岩心和测井数据进行统计分析（图6-33），确定出可以进行有效岩相划分的储层物性参数。结果显示，与图 6-33(a) 中的速度相比，图 6-33(b) 中的 v_P/v_S 是一种更为有效的岩相划分参数。已知 v_P/v_S 可以体现在 AVO 特性方面，特别是对 AVO 斜率 G 具有决定性影响，因此，这就确定了地震 AVO 反演在岩相划分方面的可行性。

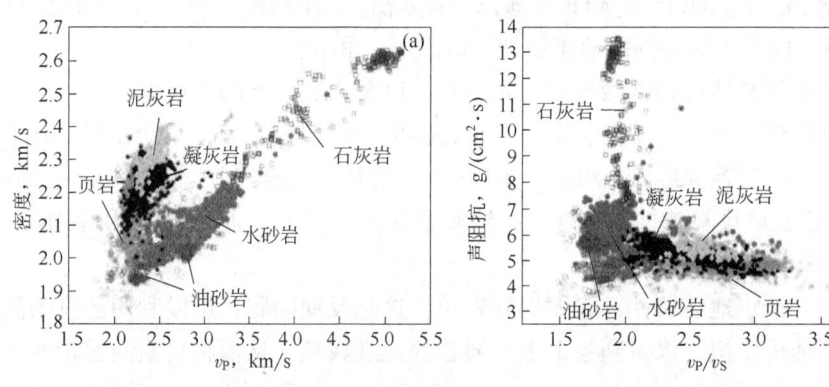

图 6-33 基于测井和岩心信息的储层岩石物理性质统计结果（据 Avseth et al., 2001）
(a) 纵波速度与密度的交会图；(b) 纵横波速度比与声阻抗的交会图

彩图 6-33

其次，以 Knott—Zoeppritz 方程为框架，利用岩心和测井所掌握的已知岩相的岩石物理参数进行 Monte Carlo 随机模拟正演，即在已知数据集中进行随机抽样实验，以得出各岩相所对应的统计特征，即各岩相地震 AVO 属性［截距 R（0）和斜率 G］的概率分布范围（图 6-34）。其中，由于已知数据没有包含饱油砂岩的信息，因此根据 Biot—Gassmann 流体替代方法从水砂岩数据中导出了油砂岩数据，扩充了训练集。然后，对实际地震记录数据进行常规的 AVO 反演，得到截距 R（0）和斜率 G 等 AVO 属性，将其进行归类，依据是前面所得到的 Monte Carlo 模拟结果，进而就可以识别出具体的岩相（图 6-34）。

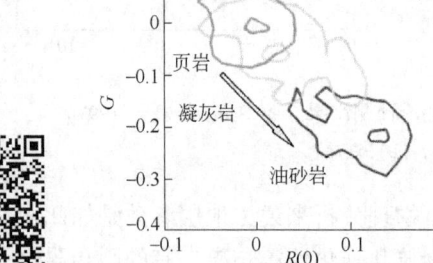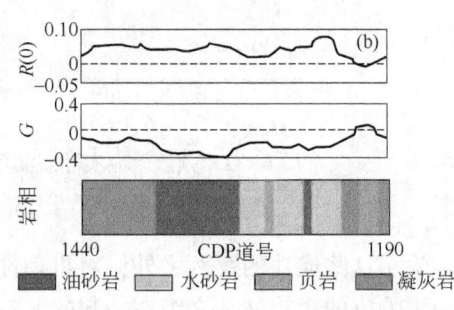

图 6-34　基于 AVO 属性统计结果的岩相预测（据 Avseth et al.，2001）

（a）根据岩心和测井数据得到的 AVO 属性统计结果；（b）基于统计 AVO 的地震岩相预测结果

对于更加复杂的问题，比如物理规律错综复杂或是需要同时预测多个储层物性参数时，统计岩石物理可以发挥无可比拟的作用。例如，Bachrach（2006）结合 Biot—Gassmann 波动理论、Markov—Monte Carlo 随机岩石物理模拟和 Bayes 估计方法，给出了孔隙度和油气饱和度的联合预测结果。

对部分饱和岩石或岩石中含有多种液态成分时，岩石的体积密度由下式给出：

$$\rho_{bulk}=\rho(\phi,S_w)=\rho_{bulk}(1-\phi)+\phi[S_w\rho_{brine}+(1-S_w)\rho_{HC}]+\varepsilon_P \tag{6-136}$$

式中，ρ_{bulk}、ρ_{brine}、ρ_{HC} 分别代表岩石总体的密度、盐水的密度和烃的密度；S_w 代表盐水饱和度；ε_P 为误差项。

这个方程式从理论上同时引入了孔隙度 ϕ 和盐水饱和度 S_w。

Bayes 联合预测公式为

$$p(\phi,S_w\mid ATR)=p(ATR\mid \phi,S_w)p(\phi,S_w)/p(ATR) \tag{6-137}$$

式中，p 代表概率；ATR 代表反演得到的地震属性（ρv_P、ρv_S 和 ρ）。

根据上面的方法可以预测储层物性参数的空间分布，以及预测结果的可信度。

从这个例子中可以看到，求解反演问题实际上是转换成了求解正演问题，比如想得到给定地震属性时的孔隙度和油气饱和度 p（ATR $\mid$ ϕ，S_w），这有些困难，但是根据 Biot—Gassmann 关系容易求取给定孔隙度和油气饱和度时的地震属性 p（ATR $\mid$ ϕ，S_w），利用 Bayes 公式就可以将反演问题转换成正演问题了。

在前面一个例子中，给定地震属性，想要划分岩相，这是反演问题，可以利用已有的测井数据和理论知识进行随机模拟，以得到各个不同岩相的地震属性，从而将反演问题转换成正演问题。阻抗反演问题也是如此，先假定一个地质模型（初始阻抗值），然后进行正演，将结果与实际地震记录进行对比，通过不断地迭代，使二者达到最佳匹配。事实上，人们总是基于理论和信息等先验知识来进行预测，这与 Bayes 的思想是一致的。

在石油工业界，地质统计方法的应用起始于用 Kriging 技术来绘制地质图以及岩石物理参数的展布图，目前地质统计反演在石油勘探开发领域的应用已经越来越广泛了。

三、地震流体识别

地震流体识别指利用地震资料对储层含流体特征进行识别与描述，是勘探地球物理学研究的热点和难点问题之一，究其原因是研究对象的特殊性、地下埋藏条件的复杂性以及相应地球物理数学特征的多解性。岩石物理驱动下地震流体识别是在地震岩石物理理论指导下，将与孔隙流体有关的异常特性表征为流体因子或通过地震岩石物理建立储层流体类型与弹性参数间的量化关系，利用地震资料丰富的振幅、频率、相位及其变化特征信息等实现流体因子反演或流体类型预测的过程。

地震流体识别始于 20 世纪 70 年代，也正是这种利用地震资料直接进行储层流体检测的潜在应用价值引起了地震处理和解释技术的重大变革，其中，地震技术的数字化是变革的主要动力。地震技术的数字化使得采集到解释过程中的真振幅或相对振幅的保持成为可能，而利用高于周围振幅的强反射振幅寻找地下含气层的"亮点"技术在当时得到广泛研究和应用。

随着研究深入，相继出现了"暗点""相位反转""平点"现象等烃类识别方法。然而，随着实践中发现"亮点"技术存在的局限性和多解性，振幅随偏移距的变化特征（amplitude variation with offset，AVO）得到国内外学者的广泛关注。1982 年，利用反射系数随入射角的变化来判识"亮点"型含气砂岩的技术的提出，标志着利用 AVO 技术进行流体识别的出现。后期基于 AVO 分析技术又发展了基于 AVO 截距和梯度交会图的烃类检测方法、AVO 烃类检测因子方法等。目前，AVO 分析技术仍是地震流体识别的主流方法之一。"亮点"和 AVO 属性分析技术作为地震流体识别定性分析技术在实际生产中取得了一定成效，然而，目前隐蔽型岩性油气藏和非常规致密储层的出现给地震流体识别方法带来了新的挑战。随着地震反演理论的发展，特别是地震岩石物理理论的崛起，在地震岩石物理驱动下，利用地震反演方法进行储层流体识别成为现阶段储层含油气性判识的主流研究方向。地震岩石物理的发展促使地震流体识别由"定性"预测向"定量"描述过渡。

储层中流体的存在形式、特性及其分布特征对地震波具有复杂的改造作用，其影响主要体现在地震波旅行时、振幅、频率和相位等运动学或动力学参数变化上。流体识别是油气勘探工作者的重要目标，为可靠获取储层流体分布，实现储层流体量化预测，需要理解储层流体存在形式、特性及其分布特征对地震波的改造机理，发展地震流体识别的地球物理理论基础和方法。本节概述地震流体识别研究中的关键科学问题，评述国内外主要研究进展，并探究地震流体识别面临的机遇、挑战及未来的研究方向。

1. 流体对地震波的影响

1) 流体影响地震波速度

储层中流体的特性及分布特征对地震波速度的影响一般通过岩石物理实验及理论模型的构建来研究。含流体储层一般等效为孔隙介质，包括多种相态，如由固体骨架和孔隙内充填的流体构成的双相介质等流体的分布特征不同，所建立的地震岩石物理模型各异，对地震波速度的影响也不同。当波在均匀多孔介质中传播，波长与地层厚度可比时，岩石表现出宏观各向同性和均匀性。波的传播导致介质内部分界面上发生流体的流动，引起波的频散和衰减，衰减的特征频率取决于孔隙流体压力弛豫的时空尺度。分界面两侧流体性质的差别越小，波的频散和衰减越弱。岩石的流体饱和度呈斑块分布时，体积模量较大的流体对应着较强的波衰减。斑块大小和含气饱和度对波诱导的流体流动效应（频散和衰减）有重要的作用，当气体密度低且斑块尺度相对较大时，含气饱和度的作用较为明显。流体非均匀饱和对地震波传播和衰减也有很大的影响。流体非均匀饱和时，纵波速度随含油气饱和度的变化相对于流体均匀饱和情况下更加连续，孔隙含油水比只含气时纵波速度传播更快。含气饱和度增大，岩石的刚度降低，波速的低频极限降低。含气饱和度较高时，岩石密度随含气饱和度增加而降低，导致波速增加等。目前，科学界对储层流体的存在形式及分布特征以及由此而建立的地震岩石物理理论模型的认识尚未达成共识，如何更合理地认识储层流体对地震波速度的影响是开展地震流体识别研究的关键科学问题之一。

2）流体影响地震波响应

储层中流体的特性及分布特征对地震波响应的影响一般通过物理模拟或数值模拟来研究。流体性质不同，对地震波响应的影响各异。例如，孔隙流体黏滞性是引起储层岩石以及其他流体饱和多孔介质弹性波衰减的重要原因。与气体相比，液相的黏滞性对两种快波（快纵波和SV波）的速度影响更大，气体和液体黏滞性对这些波的衰减作用是类似的。随黏滞系数增大，横波液相分量的振幅略有增大，固相分量振幅略有减小，慢纵波的振幅逐渐减小，到黏滞边界条件下，慢纵波衰减较快，在快照中看不到慢纵波。实际介质大部分都具有黏滞边界，这也是在实际观测中很难观测到慢纵波的主要原因。流体渗透率也会对地震波响应有直接影响，双孔隙度模型表明了频散和衰减与孔隙度和渗透率的关系，纵波衰减系数与频率的相关性，以及各向异性对渗透率的变化很敏感，介质中不渗透的地质体能引起横波衰减明显增加。横波衰减可以作为油藏中渗透率变化的指示。渗透率减小，慢纵波的振幅明显减小，而速度变化不明显，快纵波和横波无明显变化，除此之外，流体类型、分布均匀性、饱和度和温压条件等对地震波响应都有直接或间接的影响。如何在地震岩石物理模型构建基础上建立合理的数学物理方程，发展相应的模拟方法研究流体对地震波的影响也是开展地震流体识别研究的关键科学问题。

3）地震数据中获取有效流体信息

地震资料中蕴含着丰富的运动学及动力学信息，这些信息是地下介质岩性、物性和流体等储层特征参数的综合体现。从地震资料中获取有效流体信息主要有模型驱动和数据驱动两种方式。模型驱动是考虑地下介质地质地球物理特征，选择合理的模型参数和边界条件建立地震波特征方程，利用地震反演方法实现有效流体信息估算的过程。数据驱动是指基于信号理论，选择合适的数据信号变换方法，将观测数据作为地震信号实现地下流体信息估计的过程，可实现地震蕴含的与流体直接关联的信息的提取。具体来讲，基于数据驱动的地震反演可利用信号的相关表示理论（如稀疏表示、匹配追踪和基追踪等），选择合理的信号原子或字典，实现地震信号直接关联的流体敏感参数估算。相比数据驱动，采用基于模型驱动的地震流体方法得到的流体敏感参数更具有岩石物理意义。受观测资料、模型参数化、正演算子和反演优化算法等多方面影响，采用基于模型驱动的方式获取储层有效流体信息仍面临很大挑战。

2. 含流体储层地震岩石物理

含流体储层岩石物理等效模型主要包括三类：对矿物性质进行体积平均的有效介质理论，基于颗粒接触关系等效的接触介质理论，岩石内部矿物、孔隙形状及流体等效的自适应理论。

在岩石中的孔隙相互连通、孔隙中流体在流动过程中与骨架之间没有摩擦且不会起化学作用等假设条件下建立的低频 Biot—Gassmann 理论是研究孔隙介质的基础，孔隙介质主要包括岩石基质、干岩石骨架、饱和岩石及孔隙流体四部分，利用骨架模量和孔隙中流体模量，计算低频下的饱和岩石体积模量和剪切模量，从而求取与流体性质有关的纵波速度和横波速度。在利用 Gassmann 方程进行流体替换时，输入参数的不准确往往导致错误地估算流体的影响，也可以推导得到简化的 Gassmann 关系。

地震波在实际地球介质中传播时，其振幅会由于各种可在宏观上归纳为"内摩擦"的过程而衰减，导致质点运动的总能量减少，衰减的过程伴随着一定的频散。地震波的衰减归结为两个方面——散射引起的衰减和地层的吸收作用引起的固有衰减。散射引起的衰减将能量以尾波的形式转移，它与非均质体的尺度有关，当非均质体的尺度远小于地震波长时，高频成分会因相消干涉而损失。对于油气勘探，岩石孔隙流体引起的地震波衰减是勘探地震研究的重要内容之一。流体引起地震波衰减的基本假设为，地震波在干燥的岩石中没有衰减，因此衰减可以归因于当波动经过岩石时，引起孔隙流体的流动，这种流体流动因摩擦将一部分能量转化为热能。在含气部分饱和岩石中，这种衰减更明显。与衰减及速度频散有关的地震属性已经用于地震解释和储层描述。

波动引起流体流动（wave induced by fluid flow，WIFF）是导致地震波衰减及速度频散的主要原因之一。当地震波经过时，由于岩石骨架或孔隙流体分布不均匀，产生压力梯度，从而导致流体流动引起地震波衰减和频散。与流体有关地震波吸收衰减的岩石物理理论可以从尺度上分为三类：宏观、中观（或介观、细观）和微观机制。由于地震数据主频在几十赫兹，频带宽度有限，中观吸收衰减机制是最重要的。这种理论的研究已从一维层状介质发展到三维空间非均匀分布的介质。WIFF 机制本质上是流体压力松弛引起衰减，有学者尝试用黏弹性介质来对其衰减和频散特征进行近似，其中最常用的是标准线性体模型，这是一种基于表象的方法，缺少岩石物理意义，难以用测量的岩石物理特性进行解释。在中观衰减方面，基于中观尺度地震岩石物理理论，有学者构建了包含气泡的球状和由含水多孔介质单元层与含气多孔介质单元层周期叠置而成的斑块饱和模型。除了多相流体的渗入以及非均匀饱和导致的中观非均匀岩石物理模型外，岩石骨架结构、孔隙形状与分布等因素的非均匀性也可以导致中观衰减，其中最具代表性的是双孔隙介质模型。学者对地震波的衰减与速度频散进行了详细研究，指出中观尺度非均匀的多孔固体骨架模型和多相流体非均匀饱和模型均能够在地震频带范围内产生与实际观测吻合的纵波频散。国内学者也进行了一些关于地震岩石物理衰减理论及速度频散的研究，大多集中在宏观和微观尺度。

国内学者考虑了孔隙与裂隙的相互作用，对 Biot 理论和 BISQ 理论进行推广，并分析了裂隙对衰减和频散特征的影响（图 6-35）。在地震波衰减机制研究的基础上，充分考虑宏观、中观及微观孔隙流体流动衰减影响，可构建跨尺度岩石物理模型，探索适用于地震频带的有效衰减理论，同时结合孔隙流体介质弹性波动方程，选择合理的边界条件，建立相应的数学物理方程，通过方程求解，建立地层吸收参数与储层物性及孔隙流体参数之间的量化关系。

图 6-36 为跨尺度全频带条件下地层吸收参数与储层渗透率之间的关系曲线，从图中可知，随储层渗透率降低，地震波的衰减主频降低，这为利用地层吸收参数等衰减属性进行致密油气储层流体识别研究奠定了理论基础。

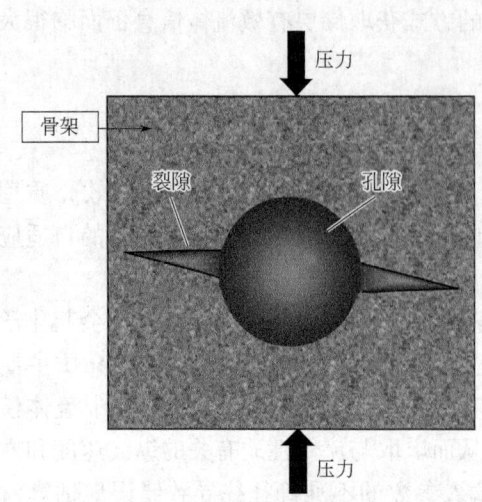

图 6-35　含裂隙—孔隙统一模型
（据唐晓明，2011；印兴耀等，2015，有修改）

3. 地震流体识别方法

地震流体识别方法主要研究如何利用地震资料的振幅、频率及相位等获取有效的储层流体信息。在地震资料解释过程中，振幅信息主要应用于进行波的对比，利用薄层反射振幅来估算薄层厚度，利用反射振幅在纵横向的差异变化进行储层预测及烃类检测等。叠前地震反演是基于模型驱动的流体识别的主要手段。为了提高反演质量，学者们对反演算法进行了大量的研究。基于波动方程的弹性波反演理论出现得比较早，其直接利用地震炮集数据，综合考虑所有类型的波来反演储层的弹性参数。有学者利用地震波动力学与运动学理论，基于传播矩阵的方法提出了反射系数模型的反演方法，进一步利用先验约束信息改进了反演方法，利用最小二乘准则将观测数据与模型计算数据的误差进行最小化处理。此类弹性波非线性反演方法在理论上较为成熟，但受其计算效率低、稳定性差以及易受噪声影响等原因的制约，在实际生产中并没有得到广泛应用。

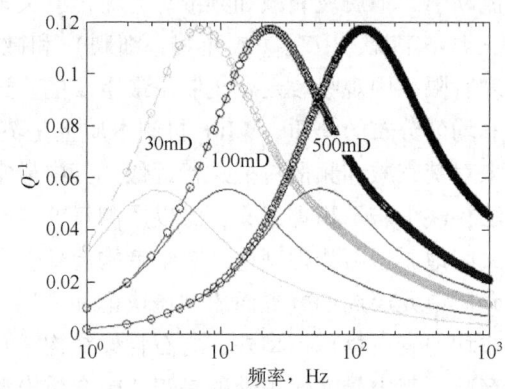

彩图 6-36　图 6-36　跨尺度全频带地层吸收参数与油气储层渗透率间的变化关系

现阶段，基于射线理论的叠前反演方法仍然在叠前地震反演的实际应用中占据主导地位。基于射线理论的叠前反演包括 AVO 反演和叠前弹性阻抗反演，前者利用反射系数及其近似公式，后者采用弹性阻抗方程。利用地震振幅信息的 AVO 反演及分析技术在地震流体识别中发挥了重要作用。然而，在实际情况中，仍然存在一些传统 AVO 技术解决不了的问题。与油气藏有关的低频阴影现象一直是地球物理学家关注的热点。大量证据表明，当地震波传播经过油气藏时，波的衰减会引起频率异常变化。强衰减的油气饱和地层往往品质因子低。与衰减相伴随的是速度频散，一些学者基于速度频散与地震反射特征之间的数学关系，对 AVF（振幅随频率的变化，amplitude variation with frequency）理论进行系统研究。垂直入射时，在非频散介质和频散介质界面处，振幅和相位角随着频率而变化。根据吸收反射系数公式，吸收反射系数随入射角、频率以及品质因子而变化，进一步讨论了反演目标介质 Q 的 AVF 反演方法。在与频散有关的地震属性提取方法及引用方面，有学者提出了频变流体因子反射系数方程，发展了频变流体因子反演方法，并对实际资料进行了处理，取得了较好的应用效果。还有学者发展了基于数据驱动的与频率有关的流体识别方法，直接提取与频率有关的地震属性来识别油气。

除振幅和频率信息外，利用地震波相位信息也可获取储层流体信息。针对致密油气储层，可考虑跨尺度全频带条件下构建的地层吸收参数进行储层流体识别。

四、储层岩石物理特征

1. 碳酸盐岩储层地震岩石物理特征

研究表明，碳酸盐岩分布面积占全球沉积岩总面积的 20%，所蕴藏的油气储量占世界总储量的 52%。碳酸盐岩储层是中国陆上油气勘探的重要储层类型，已相继在塔里木盆地奥陶系鹰山组、鄂尔多斯盆地奥陶系马家沟组、四川盆地多套层系（主要包括震旦系灯影组、下寒武统龙王庙组、三叠系飞仙关组与雷口坡组）中发现众多大、中型油气田。随着认识程度不断加深，碳酸盐岩储层逐渐跳出利用地震手段直接寻找"串珠"等大尺度油气储集空间，而扩展至寻找分布广泛的小尺度储层作为接替目标，如哈拉哈塘与古城地区的鹰山组裂隙—溶蚀孔隙型碳酸盐岩储层。与"串珠"刻画对地震准确成像的要求不同，小尺度碳酸盐岩储层的地震预测方法更侧重于储层特征［如岩性、孔隙类型（图 6-37）及发育程度］识别与烃类检测，而其基础则是对碳酸盐岩地震岩石物理特征的研究与表征。

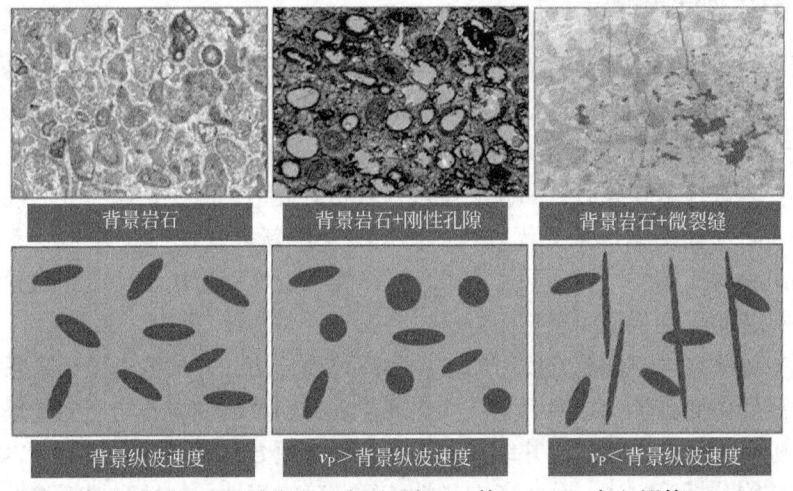

图 6-37　碳酸盐岩孔隙类型示意图（据 Xu 等，2010；印兴耀等，2015）　　　彩图 6-37

国内外许多学者都对碳酸盐岩的地震岩石物理特征进行了大量的实验和理论研究，结果表明，碳酸盐岩地震岩石物理性质受岩石结构、孔隙结构、孔隙度与孔隙流体等多种因素影响。对碳酸盐岩超声速度的测量与微观结构的观察指出，孔隙类型差异是造成相同孔隙度碳酸盐岩样品表现出明显速度差异的主要原因。有实验结果表明，在相同孔隙度下，含有近球形铸模孔隙的碳酸盐岩样品出现速度超过 2500m/s 的差异。利用 CT 技术系统可以证实碳酸盐岩样品微观结构不均匀造成的介质中流体流动差异，以及这种流动差异所引起的岩石样品速度随饱和度变化方式的差异。

碳酸盐岩在岩性成分上相较于砂岩更为单一，而成岩过程形成的孔隙类型更为复杂。从以上研究不难看出，在岩石结构、孔隙度、孔隙类型等诸多对地震弹性性质的影响因素中，孔隙类型对岩石弹性性质的影响显得尤为重要。就塔里木盆地古城地区奥陶系鹰山组碳酸盐岩而言，复杂的成岩与后成岩过程不但使岩石表现出低孔低渗的非常规碳酸盐岩储层特征，也使其孔隙类型和结构特征更为复杂。对研究区低孔低渗碳酸盐岩地震弹性性质的实验研究，尤其是微观孔隙结构对其弹性特征的影响，国内外研究基础相对薄弱。

图 6-38 为流体识别因子连井剖面图，绿色、淡蓝色为含水特征，红色为含气特征。在 D11 井与 DPF-3d 井处为含气响应，已钻探井位预测结果与反演结果吻合度较好，纵向分辨率较好，在 PG-15A 井处均表现为含水特征，同样与钻井和测井解释结果保持一致，进一步证明计算所得流体识别因子对含气储层预测有较好的应用效果。

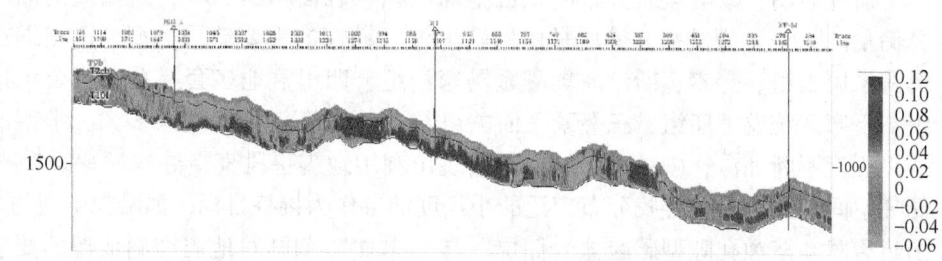

彩图 6-38

图 6-38　流体识别因子连井剖面（据王佳庆，2020）

2. 页岩储层地震岩石物理特征

国外对页岩油气储层岩石物理特征研究较早，有学者通过岩石物理实验测试了 Bakken 页岩弹性波速度的各向异性特征，总结了岩石速度特征的影响因素，并通过测试速度随压力变化关系结合 X 射线衍射和电镜微观成像技术研究了页岩的地震各向异性以及波的传播过程。国内的地震岩石物理测试技术在碎屑岩和碳酸盐岩领域相对成熟，但在页岩油气的勘探开发中，缺少系统性的岩石物理测试成果，代表性的测试有邓继新等（2018）在实验室超声波频率下测试龙马溪组页岩气储层岩石不同压力条件、干燥以及饱和流体条件下各向异性特征，并从地质角度分析各向异性特征的影响因素。

国内有学者研究了有机质页岩不同成熟度时的岩石物理建模方法，并根据模拟结果系统分析了有机页岩弹性性质和各向异性的影响因素及变化规律。目前页岩油岩石物理多聚焦于研究各向异性和微观孔隙结构表征以及与测井结合的岩石物理建模方面，缺少直接对页岩油岩心的弹性测试，结合矿物分析等方法，分析各向异性特征，确定岩性、物性和地震弹性参数间的变化关系，寻找储层识别的有利参数。

岩性弹性参数变化规律依据地震属性寻找有利岩相是储层"甜点"识别的重要手段之一，然而对于盐间页岩油储层，其独特的成岩过程导致矿物组成具有混积性，岩性复杂，且纵向变化快，使得地震属性识别有利岩性存在不确定性。因此，借助岩石物理手段直接测试岩石动态弹性参数的变化规律，可为地震"甜点"识别提供依据。图6-39给出了不同岩性30MPa压力下完全饱和白油条件下的纵横波速度、杨氏模量与泊松比、纵波阻抗与纵横波速度比以及杨氏模量与体积模量的交会图。

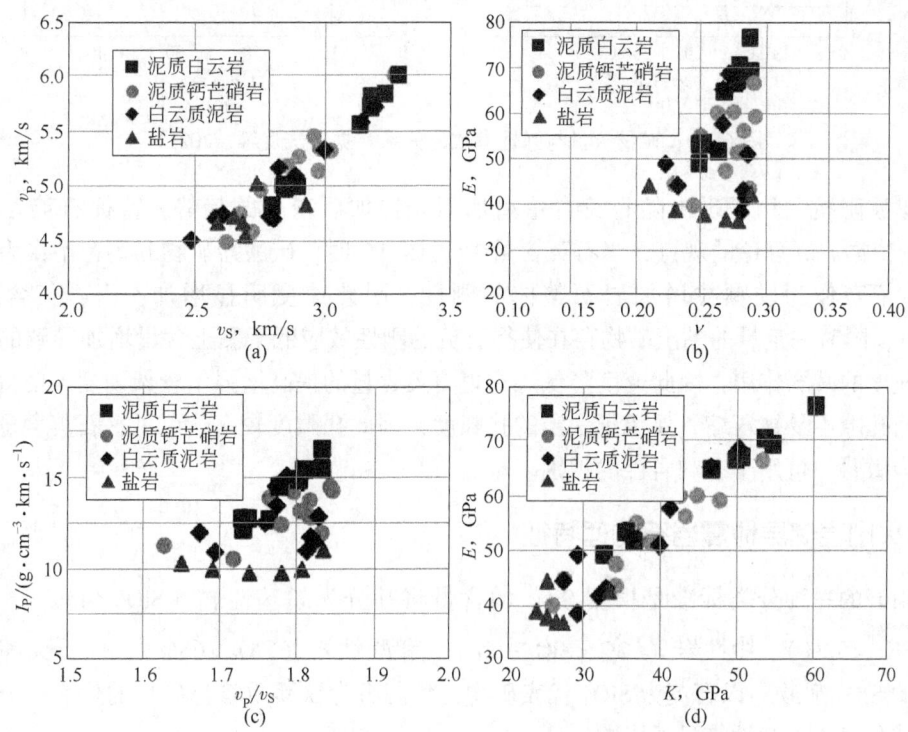

图6-39 不同岩性地震岩石物理弹性参数交会分析结果（据钟庆良等，2021）

交会结果显示，泥质白云岩和泥质钙芒硝岩以及白云质泥岩的弹性参数交会都出现重叠，这与岩石的混积性密切相关。表6-9中根据矿物分析结果挑选出具有单一矿物岩石（单一矿物含量高于90%的岩心）的弹性参数统计，可以发现4种岩性的纵横波速度、杨氏模量、体积模量以及纵波阻抗在数值上分别存在差异，可用于地震上的岩性识别。而4种岩性的纵横波速度比和泊松比数值相近，故不适用于岩性区分。

表6-9 不同岩性典型岩心弹性参数

岩性	v_P, m/s	v_S, m/s	v_P/v_S	E, GPa	ν	I_P, (g/cm³)(km/s)	K, GPa
纯白云岩	5712	3180	1.80	66.85	0.27	14.80	49.61
纯钙芒硝岩	4750	2672	1.78	47.60	0.27	12.47	34.26
白云质泥岩	4504	2485	1.81	38.50	0.28	10.96	39.35
盐岩	4551	2571	1.77	34.71	0.27	9.44	24.69

图6-40给出了矿物含量与弹性参数的变化关系，所有矿物种类中，以石英含量与弹性参数的关系最为敏感。如图6-40所示，除不含石英矿物的岩石外，其他岩石无论是纵波速

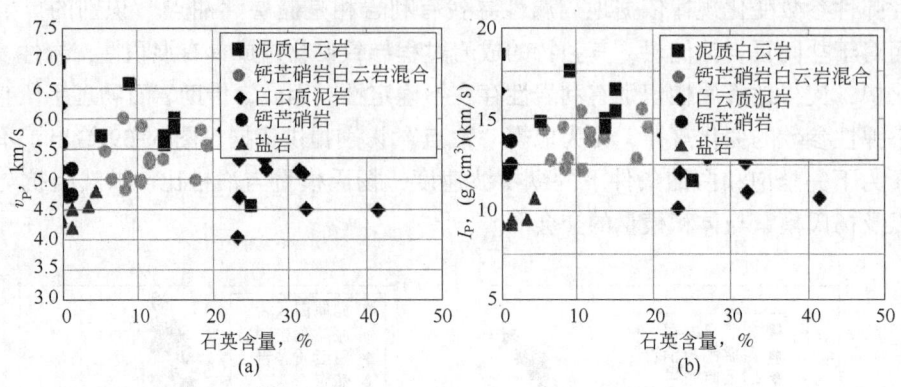

图 6-40 矿物含量与弹性参数的关系（据钟庆良等，2021）

度还是纵波阻抗，均呈现出随石英含量增加而先增加后减少的趋势，特征石英含量点为 15.1%。依据成岩理论的观点，当石英含量少于 15.1% 时，碳酸盐矿物和钙芒硝作为岩石骨架主体，石英作为硬颗粒增加岩石整体的刚性，因此速度明显增加；当石英含量高于 15.1% 时，同时一定量的黏土矿物存在使得石英的刚性效应低于黏土含量增加导致的孔隙度变大对速度的减弱作用，因此速度降低。这里石英含量的提高增强了骨架硬度，使得沉积过程中粒间孔隙不易被压缩，保留了一定的孔隙度，因此孔隙度较高。可见，石英含量与弹性参数较为敏感，可用于有利岩性的识别。

3. 火山岩储层地震岩石物理特征

火山岩的一种分类标准是根据 SiO_2 的含量将其分为超基性岩（$SiO_2<45\%$）、基性岩（$45\%<SiO_2<52\%$）、中性岩（$52\%<SiO_2<65\%$）和酸性岩（$SiO_2>65\%$），而石英和长石类是主要的 SiO_2 矿物。以石英为 SiO_2 代表矿物，角闪石为铁镁质暗色矿物的代表，分析矿物成分的变化对岩石弹性模量的影响。

表 6-10 不同岩性典型岩心弹性参数

参数名	参数值	参数名	参数值
石英含量	0~1	裂缝的孔隙纵横波速度比	0.01
含水饱和度	1	石英的体积/剪切模量,GPa	38/44
孔隙度	0.15	角闪石的体积/剪切模量,GPa	97.6/51.2
气孔的孔隙纵横波速度比	0.8	油/气/水的体积模量,GPa	1.58/0.00013/2.5
溶蚀孔的孔隙纵横波速度比	0.3	石英/油/气/水的密度,g/cm³	2.65/0.8/0.00065/1

有学者在新疆准噶尔盆地某区火山岩储层开展叠前地震反演预测，利用测井数据计算拉梅参数、$\lambda\rho$、$\mu\rho$、纵波阻抗等弹性参数，对不同弹性参数进行岩石物理交会分析，选出对储层流体最为敏感的流体因子参数。

首先计算 fp 伪测井曲线（图 6-41），图中自左向右分别是纵波速度、密度和 fp 曲线。$f=\beta^2 M$ 为混合流体项。其中 β 为 Boit 系数，表述当液压恒定时，流体体积变化与岩石体积变化之比；M 为模量，其物理意义为使流体进入岩石且不会引起岩石体积变化的压力。$\beta^2 M$ 为饱和岩石和干岩石的差异项，Boit—Gassmann 理论中将流体项与干岩石分开。fp 表示弹性阻抗伪测井曲线。通过比较可知，纵波和密度曲线无法有效的区分气层和油层，而 $f\rho$ 可以较好地区分储层类型。如图所示，在 $f\rho$（3580~3725m，气层）$< f\rho$（3865~3880m，油层）$< f\rho$（3940~3955m，水层），说明 $f\rho$ 能够较好地识别储层以及孔隙流体类型。

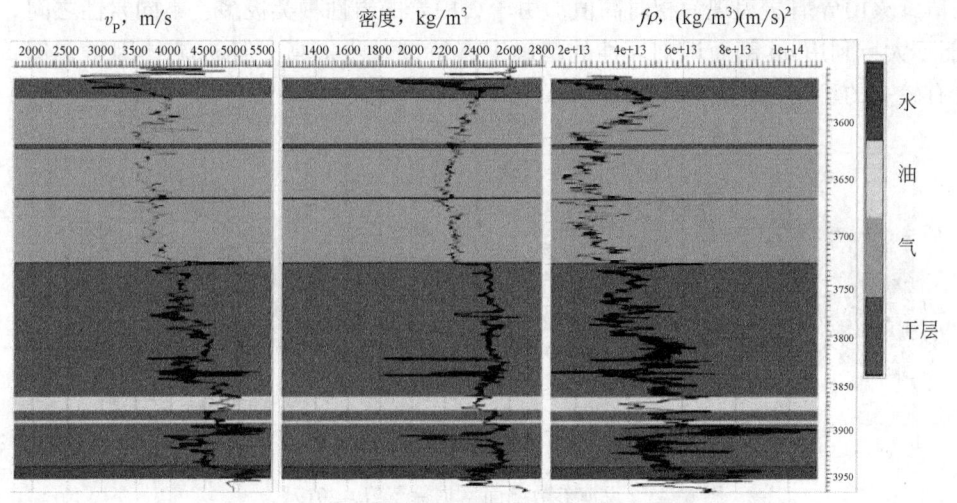

图 6-41　某层段测井曲线（据徐苗苗，2019）　　　　彩图 6-41

为了选出对储层流体最为敏感的流体因子参数，利用测井数据计算拉梅参数、$\lambda\rho$、$\mu\rho$、纵波阻抗等弹性参数，对不同弹性参数进行岩石物理交会分析，交会分析结果如图 6-42 所示，$f\rho$、$\lambda\rho$、λ 可以较好地区分流体类型，储层含气显示较低的弹性参数 μ、$\mu\rho$ 可以较好地区分储层岩性，火山碎屑岩具有较高的 μ 和 $\mu\rho$ 值，安山岩则相对较小。

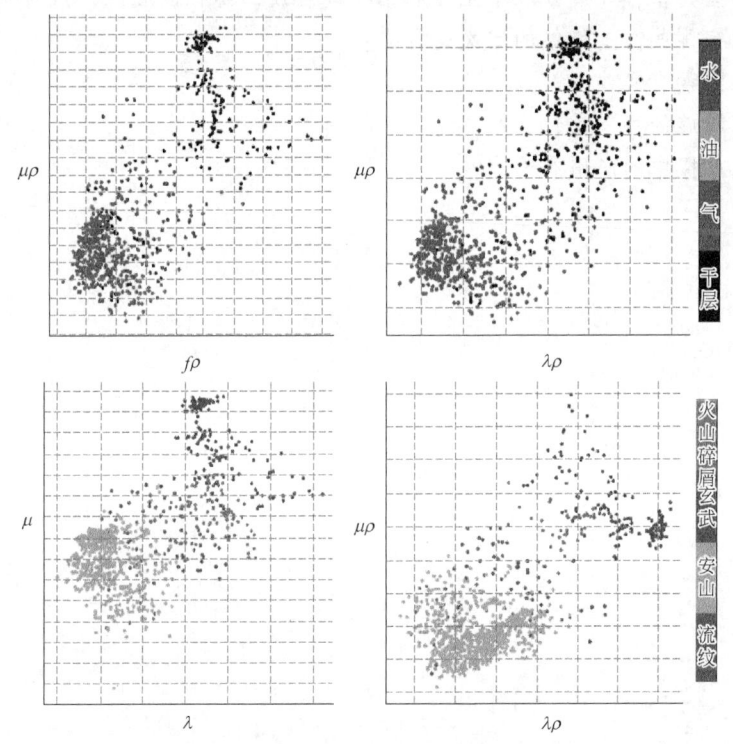

图 6-42　岩石物理交会图（据徐苗苗，2019）　　　　彩图 6-42

在此基础上，开展叠前地震反演，对 $fρ$ 的流体检测作用进行验证，将本工区某测线的流体因子的反演结果与测井解释结果进行了比对。$fρ$ 流体因子剖面中（图6-43），在2.8s和2.85s处的两个含油层均呈现低值，与测井解释结果吻合良好。反演的 $μρ$ 剖面中，玄武岩呈现相对低值，火山碎屑岩表现为相对高值。由于火山岩的岩性种类极多，不同岩性之间的 $μρ$ 差异可能不大，利用 $μρ$ 剖面识别岩性的精确度有待进一步提高，但 $fρ$ 流体因子在储层预测方面具有较高的可靠性。

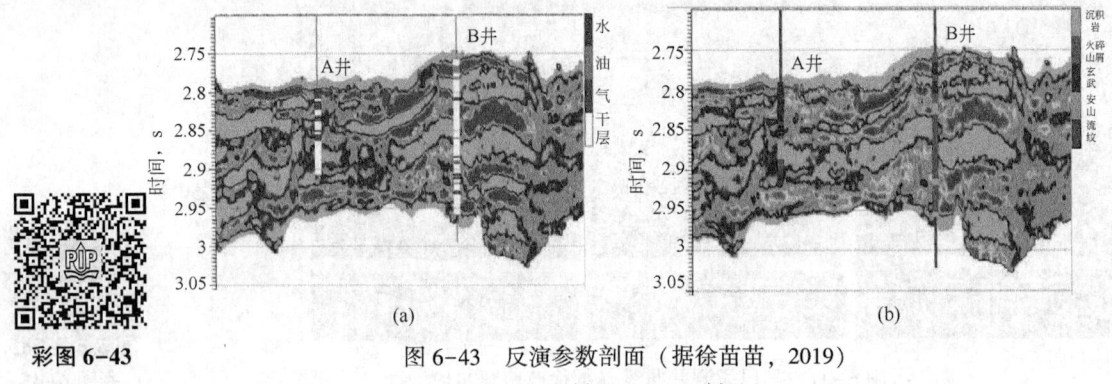

图6-43　反演参数剖面（据徐苗苗，2019）
(a) $fρ$ 剖面；(b) $μρ$ 剖面

思考题

1. 岩石中的地震波有哪些类型，地震勘探中主要利用了地震波的哪种性质？
2. 储层岩石的弹性参数有哪些？二相体的定义是什么？
3. 储层弹性参数的影响因素有哪些？
4. 储层弹性参数与地震属性的关系是什么？
5. 储层岩石弹性在油气勘探中的应用有哪些？

第七章
储层岩石物理参数之间的关系

本书介绍了储层岩石的储集参数、含流体饱和度及其影响因素,讨论了岩石的电学、声学、原子物理学和原子核物理学等性质,以及它们与储层特性的关系。通过对比各参数评价公式可以发现,岩石的各种物理参数几乎都和岩石的一些固有特性(孔隙度、颗粒形状和尺寸)有关。另外,在一些岩石物理参数的公式之间存在着相似性。通过一定的参数替换规则,可以从一种参数公式出发导出其他岩石物理参数的公式。例如,可以从岩石电学中的有关公式出发,得到岩石弹性参数和岩石热学参数的有关公式。在储层岩石成分比较单一、孔隙结构比较均匀的情况下,利用一种物理参数有可能研究某种储集参数,但是当地层的岩石成分和孔隙结构比较复杂时,根据一种物理参数往往难以给出可靠的储集特性。另外,物理参数之间的相互关系有时也能提供某些有用信息。本章简单介绍已知的物理参数之间的相关性,以及综合利用多个物理参数研究储集参数的问题。

岩石物理性质之间的相关性将使其产生的物理场之间有某些联系。因此,岩石物理性质之间相关性的研究,对于综合地球物理应用和减少解的非唯一性具有实际意义。物理性质之间相关性有时并不是一种性质对另一种性质的相依关系,而在很多情况下这种相依关系的存在是由于两个参数都依赖于一些因素,从而决定了它们之间的相关性。

岩石的物理性质是由它们的矿物组分所决定的,同时还和它们的结构、构造特点、孔隙空间充填的类型等有关。对于结构致密的岩石,如侵入岩、变质岩和喷出岩,矿物组分是决定岩石物理性质对的主要因素。同矿物组分关系最密切的参数是密度,其次是地震波速度及电阻率。在致密结构岩石中,孔隙度对物理性质的影响比矿物组分要小。

以沉积岩为代表的孔隙性岩石中,孔隙度是对某些物理性质影响的重要因素。高孔隙度岩石的密度、地震波传播速度和热导率同岩石的孔隙度有关。离子导体型岩石,其电导率也同孔隙度有关。

一、狄拜温度和地震波速度

狄拜温度和地震波速度之间的关系建立在固体物理学研究结果的基础之上,主要适用于致密的岩浆岩。根据晶格动力学的有关理论,固体的热导率 λ 和比热容 c、密度 ρ、分子的自由程 l 之间有下列关系:

$$\lambda \sim c l \rho v_m \tag{7-1}$$

式中,v_m 为声子的速度(即平均声波速度)。

有关实验证明,声子的速度和地震波速度的关系为

$$v_\mathrm{m} = \left(\frac{1}{v_\mathrm{P}^3} + \frac{2}{v_\mathrm{S}^3}\right)^{1/3} \tag{7-2}$$

而对于狄拜温度 T_D 有

$$T_\mathrm{D} = \frac{h}{k}\left(\frac{9}{4\pi}\frac{\rho N_\mathrm{A}}{\overline{m}}\right)^{1/3} v_\mathrm{m} \tag{7-3}$$

式中，h 为普朗克常数；k 为玻耳兹曼常数；N_A 为阿伏加德罗常数；$\overline{m}$ 为原子的平均质量。

将有关常数的值代入式(7-3)后得到

$$T_\mathrm{D} = 251.45\left(\frac{\rho}{\overline{m}}\right)^{1/3} v_\mathrm{m} \tag{7-4}$$

式中，温度的单位为 K；密度的单位为 g/cm³；速度的单位为 km/s。

公式(7-3)结出了狄拜温度和物质性质参数 $\rho/\overline{m}$、声子速度 v_m 之间的关系。1965年，Anderson 证明

$$\frac{\rho}{\overline{m}} = A\left(v_\mathrm{P}^2 + \frac{4}{3}v_\mathrm{S}^2\right)^n \tag{7-5}$$

式中，A 和 n 是经验常数。

将这个关系式代入公式(7-4)中，就得到了狄拜温度和地震波速度之间的关系。

二、速度、弹性模量及泊松比

如根据实验室观测数据，弹性模量比 K/G 和地震波纵横波速比之间的关系为

沉积岩：
$$\frac{K}{G} = -4.59 + 3.57\frac{v_\mathrm{P}}{v_\mathrm{S}} \tag{7-6}$$

火成岩：
$$\frac{K}{G} = -4.514 + 3.588\frac{v_\mathrm{P}}{v_\mathrm{S}} \tag{7-7}$$

变质岩：
$$\frac{K}{G} = -4.242 + 3.444\frac{v_\mathrm{P}}{v_\mathrm{S}} \tag{7-8}$$

杨氏模量和纵横波速比之间的关系是

$$E = 6.26 - 5.25\frac{v_\mathrm{S}}{v_\mathrm{P}} \tag{7-9}$$

泊松比和纵横波速比之间的关系是

沉积岩 I：
$$\nu = -0.661 + 0.504\frac{v_\mathrm{P}}{v_\mathrm{S}} \tag{7-10}$$

沉积岩 II：$\nu = 4.51\left(\frac{v_\mathrm{P}}{v_\mathrm{S}}\right)^7 - 59.39\left(\frac{v_\mathrm{P}}{v_\mathrm{S}}\right)^6 + 334.4\left(\frac{v_\mathrm{P}}{v_\mathrm{S}}\right)^5 - 1044\left(\frac{v_\mathrm{P}}{v_\mathrm{S}}\right)^4 + 1952\left(\frac{v_\mathrm{P}}{v_\mathrm{S}}\right)^3 - 2192\left(\frac{v_\mathrm{P}}{v_\mathrm{S}}\right)^2$

$$+ 1373\frac{v_\mathrm{P}}{v_\mathrm{S}} - 370.8 \tag{7-11}$$

火成岩：
$$\nu = -0.523 + 0.432\frac{v_\mathrm{P}}{v_\mathrm{S}} \tag{7-12}$$

变质岩 I：
$$\nu = -0.76 + 0.561\frac{v_\mathrm{P}}{v_\mathrm{S}} \tag{7-13}$$

变质岩 II：

$$\nu = 7.17\left(\frac{v_P}{v_S}\right)^7 - 94.38\left(\frac{v_P}{v_S}\right)^6 + 530.6\left(\frac{v_P}{v_S}\right)^5 - 1652\left(\frac{v_P}{v_S}\right)^4 \\ + 3080\left(\frac{v_P}{v_S}\right)^3 - 3411\left(\frac{v_P}{v_S}\right)^2 + 2135\frac{v_P}{v_S} - 56.92 \tag{7-14}$$

三、声波传播速度与岩石密度的关系

岩石中弹性波传播速度主要由岩石矿物成分的弹性、温度、压力和胶结情况决定。由于岩石成分的差异、裂缝和孔隙的影响、各向异性以及温度和压力的不同，岩石中弹性波的传播速度在很宽的范围变化。

在岩浆岩中，石英（SiO_2）的特点是速度比较低，因此酸性岩石比基性岩石的弹性波速度低。同时，酸性成分还具有密度低于基性成分的特点，于是速度和密度之间表现出明显的相关关系，而且大多数岩石矿物成分变化对速度和密度影响的方向是一致的。

许多研究人员根据实验给出了密度和速度的经验关系式。在密度和速度变化范围不大的情况下，两者之间的关系可以用线性关系近似。Birch 于 1961 年提出下列一般形式的关系：

$$v_P = a + b\rho \tag{7-15}$$

式中，系数 a 和 b 与地区与岩性有关。

Birch 根据北美洲和印度的样品，发现岩浆岩有下列关系：

$$v_P = 2.76\rho - 0.98 \tag{7-16}$$

式中，密度 ρ 的单位为 g/cm^3；纵波速度 v_P 的单位为 km/s。

Volarovic 和 Bajuk（1977）对苏联不同地区的岩浆岩观测得到的关系为

$$v_P = 2.67\rho - 1.08 \tag{7-17}$$

在一些地区，速度和密度之间的经验关系表现为非线性。例如，Christensen（1975）对深海钻探（DSDP）取出的玄武岩的研究发现具有如下形式的关系：

$$v_P = 2.33 + 0.08\rho^{3.63} \tag{7-18}$$

$$v_S = 1.33 + 0.011\rho^{4.85} \tag{7-19}$$

式中，v_P 为纵波速度；v_S 为横波速度。

在建立了类似上述关系的地区，声波传播速度与岩石密度之间可以进行相互转换。

Birch（1961）还指出，对于硅酸盐和氧化物，式（7-15）中的 a 和平均原子质量有关。

孔隙型沉积岩的纵波和横波速度比岩浆岩的低，并且同一种岩石的变化范围也比较宽。Drake（1963）和 Gardner（1974）给出沉积岩的纵波速度与密度的关系：

$$\rho = 0.31 v_P^{0.25} \tag{7-20}$$

$$v_P = 108\rho^4 \tag{7-21}$$

中国海洋石油渤海有限公司对该区新生界得到如下的关系式（万明浩等，1994）：

$$\rho = 1.66 + 0.181 v_P \tag{7-22}$$

对中生界则有

$$\rho = 1.85 + 0.156 v_P \tag{7-23}$$

新疆油田采用两种方法对准噶尔盆地岩石密度与声波传播速度的关系进行了研究：（1）将常温常压下的速度—密度交会图外推，用加温加压后的速度反求密度；（2）利用

Gardner 公式 $\rho=0.31v_P^{0.25}$,将加温后的 v_P 换算为密度。比较两种结果,均方误差在 0.35×10^{-3} 左右,两者相差甚微。图 7-1 中 1 和 2 即代表上述两种方法获得的结果。

图 7-1 中曲线的近似拟合关系可以分别写成

$$\rho_{含气}=0.946v_P^{0.11} \tag{7-24}$$

$$\rho_{饱水}=0.996v_P^{0.11} \tag{7-25}$$

$$\rho_{稀油}=0.834v_P^{0.13} \tag{7-26}$$

$$\rho_{稠油}=0.478v_P^{0.19} \tag{7-27}$$

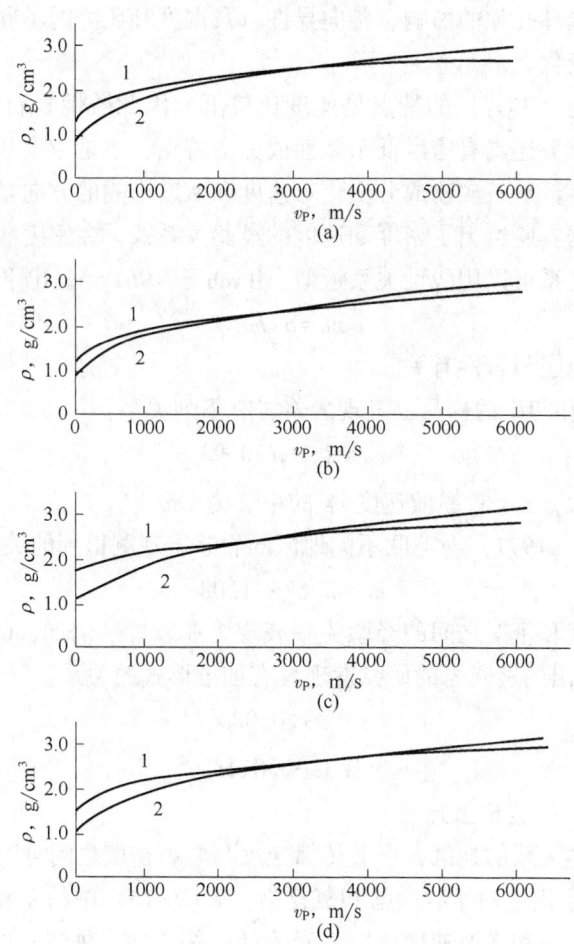

图 7-1 岩石密度与声波传播速度的关系曲线(引自万明浩等,1994)
(a) 饱含水;(b) 饱含稠油;(c) 饱含稀油;(d) 含气样品

Anderson(1967)由固体物理学理论也导出一个岩石弹性和密度的关系式:

$$\rho=am_A\psi^n \tag{7-28}$$

其中

$$\psi=v_P^3-\frac{4}{3}v_S^2 \tag{7-29}$$

式中,ρ 是密度;m_A 是平均原子质量;n 是与格林爱森参数有关的指数,在 $1/4\sim 1/3$ 之间;ψ 是地震参数。

纵波速度和密度之间存在有下列经验关系:

$$\rho = A v_P^{0.25} \quad \text{(Gardner 公式)} \tag{7-30}$$

$$v_P = B\rho^4 \tag{7-31}$$

$$v_P = a\rho + b \tag{7-32}$$

$$v_P = 2.64\rho - 4.73 \quad \text{(喷出岩)} \tag{7-33}$$

$$v_P = 2.47\rho - 1.55 \quad \text{(变质岩)} \tag{7-34}$$

式中，密度的单位是 g/cm^3；速度的单位是 km/s。

四、横波速度和纵波速度

横波速度纵波速度之间的关系有两类：一类是根据岩石物理理论建立的理论关系式；另一类是通过对实验室观测数据的统计分析建立的经验关系式。这里主要介绍经验关系式。

Castagna 公式：

$$v_P = 1.360 + 1.16 v_S \tag{7-35}$$

Smith 公式：

$$v_P = 0.790 + 1.425 v_S \tag{7-36}$$

甘利灯公式：

$$v_P = 0.937 + 1.35 v_S \tag{7-37}$$

李庆忠抛物公式：

$$v_P = 1.250 + 0.994 v_S + 0.0874 v_S^2 \tag{7-38}$$

当砂岩含气后，抛物拟合公式为

$$v_P = 1.41 v_S + 0.07 v_S^2 \tag{7-39}$$

图 7-2 是李庆忠对公式(7-35)至式(7-39)的研究结果。从图中可以看出，甘利灯线

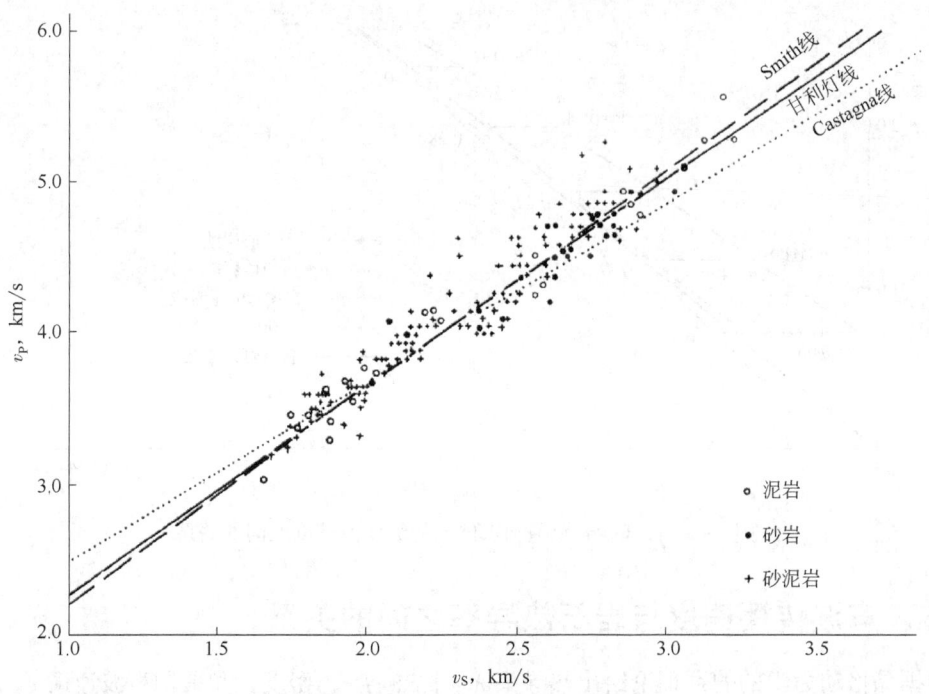

图 7-2　砂泥岩纵横波速度之间的关系

与 Smith 线非常接近，但其斜率与 Castagna 线不一致。另外，三条线都在 $v_P = 3.9 \text{km/s}$ 处相交，但在速度坐标线的两头相差很远。造成这种现象的原因是：

（1）Castagna 分析的是一些纯净的石英砂岩标本，而在实际上，砂岩大都含有一定数量的钙质和泥质。所以，对于大多数砂岩，尤其是对埋藏深度较大的砂岩，由于长期受到地下水的作用，很容易形成钙质胶结，因而其纵横波速度曲线要偏离纯砂岩线。

（2）Smith 线和甘利灯线在 $v_P < 3.0 \text{km/s}$ 时，只有少量的疏松砂岩数据，所以离开了实际砂岩的观测曲线。

李庆忠综合了上述三人的研究结果，采用抛物拟合的方式得到了公式(7-38)。在速度坐标的左端，李庆忠的结果接近 Smith 和甘利灯的结果；在速度坐标轴的右端，李庆忠线大致在 Castagna 线和 Smith 线之间。实践证明，公式(7-38) 比较合理地反映了地下饱和含水砂岩的纵横波速度关系。

图 7-3 给出了含气砂岩和饱和水砂岩的纵横波速度之间的关系及相应的泊松比值。从图中可以看出，砂岩含气后，其泊松比并不永远地接近于 0.1。对于疏松砂岩，其泊松比可以接近于零；对于致密砂岩，其泊松比可以接近于 0.2。当纵波速度大于 4.5km/s 时，无法根据纵横波速度之间的关系区分岩层是含水还是含气。

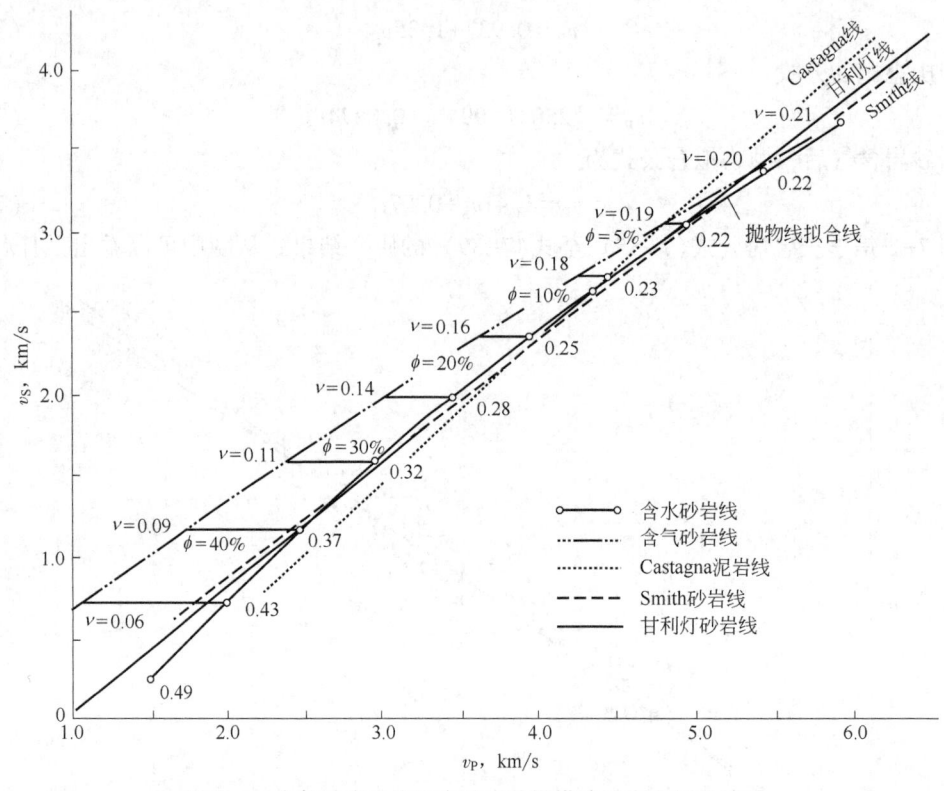

图 7-3　含气砂岩及饱和水砂岩的纵横波速度之间的关系

五、声波传播速度与岩石热导率之间的关系

根据晶格动力学的德拜理论给出热导率 λ、比热容 c、密度 ρ 和平均声波速度 v_m 之间的关系：

$$\lambda \approx c\rho v_m \tag{7-40}$$

平均声波速度 v_m 由下式给出：

$$\frac{3}{v_m^3} = \frac{1}{v_P^3} + \frac{1}{v_S^3} \tag{7-41}$$

由固体物理学得出的上述关系经简化并与实验关系相结合，硅酸盐的纵横波速度与热导率导之间的关系如图7-4所示（Horai et al.，1970）。与实验数据拟合的直线可写成如下线性方程：

$$v_P = (405.0 \pm 47.7\lambda) + (5930 \pm 170) \tag{7-42}$$

$$v_S = (214.8 \pm 47.7\lambda) + (3310 \pm 160) \tag{7-43}$$

式中，速度的单位为 m/s；热导率 λ 的单位为 W/(m·K)。

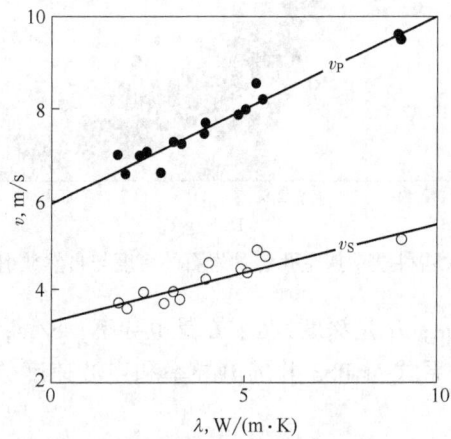

图 7-4　热导率与弹性波速度的关系（引自 Horai et al.，1970）

六、岩石自然放射性与密度和速度的关系

岩浆岩中石英含量增加，声波传播速度和密度降低。岩浆岩中石英含量增加，酸性越强，岩石的自然放射性也越强。因此，在岩石自然放射性与密度和速度之间存在负相关关系。

图 7-5 是我国大陆科学钻探主孔各种岩石的密度与自然放射之间关系的实验结果（牛一雄等，2006）。

七、声波速度与电阻率的关系

根据法斯特通过大量地震测井与电阻率测井数据分析对比得出经验关系，可以写成如下的一般形式（万明浩，1994）：

$$v_P = aH^b R^c \tag{7-44}$$

式中，v_P 是声波速度，m/μs；H 是深度，m；R 是电阻率，Ω·m；a、b、c 是与不同地区有关的常数。

如果式(7-44)用声波时差和电导率表示，则式(7-44)可写成

$$\Delta t = kH^p C^q \tag{7-45}$$

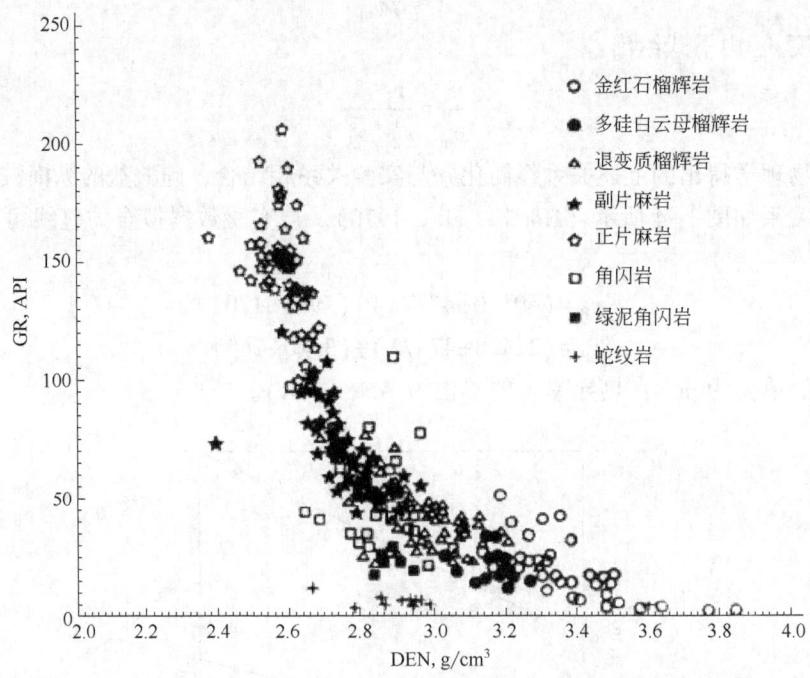

图 7-5 我国大陆科学钻探主孔各种岩石的密度与自然放射性之间的关系

式中，Δt 是声波时差，μs/m；H 是深度，m；C 是电导率，S/m；k、p、q 是地区常数。

我国胜利油田按上述关系式对 BS3 井的电导率和声波速度数据进行拟合，得到如下的关系：

$$\Delta t = 18 H^{0.2438} C^{0.1788} \tag{7-46}$$

在纵波速度和电阻率之间存在着统计相关关系。令 H 代表埋藏深度，则电阻率和纵波速度之间的关系为

$$v_P = 2 \times 10^3 (\rho H)^{1/6} \qquad （\text{Faust 公式}） \tag{7-47}$$

或

$$v_P = 2 \times 10^3 H^a \rho^b \tag{7-48}$$

式中，电阻率 ρ 的单位是 $\Omega \cdot m$；埋深的单位是 m；速度的单位是 m/s；a 和 b 是经验常数。

另外，有

花岗岩 1：
$$\rho = 1.9 \left[1 - \left(\frac{v_P}{4.9}\right)^2\right]^{-2} \times 10^{-3} \tag{7-49}$$

花岗岩 2：
$$\rho = 1.1 \left[1 - \left(\frac{v_P}{6.4}\right)^2\right]^{-2} \times 10^{-2} \tag{7-50}$$

式中，电阻率的单位为 $\Omega \cdot m$；速度的单位为 km/s。

八、动、静态弹性参数之间的关系

岩石弹性参数在油藏工程中经常要用到，如压裂工程中计算破裂压力、地应力计算等。岩石力学参数主要有杨氏模量、剪切模量、体积模量和泊松比等。它们当中只有两个参数是独立的，通常取泊松比和杨氏模量为独立参数，其他参数可以通过泊松比和杨氏模量转换求

出。岩石弹性参数通常用动态和静态两种方法求得。静态法是通过对岩样进行静态加载，测试其变形，得到的弹性参数称为静态弹性参数；动态法则是测定超声波在岩样中的传播速度并进行转换，所得参数称为动态弹性参数。静态法比较费时费钱，并且所得到的弹性参数不连续；地球物理测井方法能在地层原位条件下对地层进行测试，并能获得连续的地层弹性参数，是提供这些参数的有效手段。但是，利用声波测井求得的是动态弹性参数，而工程中应用的是静弹性参数。因此研究岩石动、静态弹性参数间的关系具有重要的意义。

静态测量包括非弹性变形和弹性变形。一般来说，静态确定的参数小于实际岩石中的动态参数，只是对于理想的弹性物质两者是相等的（图 7-6）。很多学者对动、静态弹性参数之间的关系进行了研究，初步得到的一些共同认识是：

(1) 静态参数小于动态参数；

(2) 随着裂缝和孔隙度的增大，两者的差别加大，在没有固结的岩石中这种差别非常大；

(3) 随着侧限应力的增大，两者的差别减小。

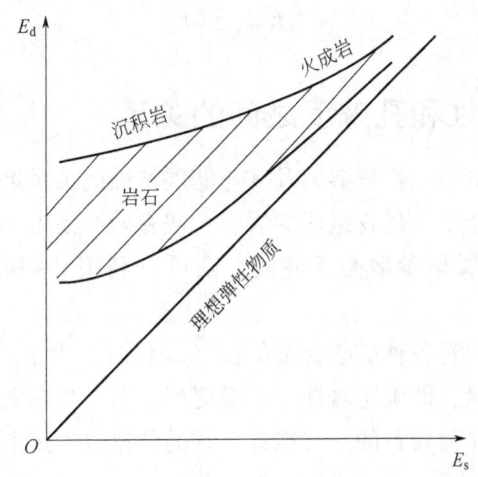

图 7-6　动、静态弹性参数之间的关系示意图

E_s—静态参数；E_d—动态参数

如图 7-6 所示，对于对应非固结或裂缝型岩石的较小参数，动、静态弹性参数之间的差别大，而对应未破坏的致密岩石的大参数，则两者之间的差别较小。图 7-7 是图 7-6 预测变化趋势的一个实验证据。

表 7-1 是大庆油田针对一些储层岩石动、静态弹性参数关系的实验研究结果。

表 7-1　大庆油田一些储层动、静态弹性参数关系

参数类别	泊松比	杨氏模量
火山角砾岩	$\nu_d = 0.1901\nu_s + 0.1927$	$E_d = 0.8506E_s + 11.549$
熔岩	$\nu_d = 0.899\nu_s + 0.032$	$E_d = 0.64526E_s + 27.294$
砂砾岩	$\nu_d = 0.3147\nu_s + 0.1775$	$E_d = 0.9869E_s + 9.8737$
砂岩	$\nu_d = 0.7855\nu_s + 0.0485$	$E_d = 1.0439E_s + 10.459$

注：下标 d 代表动态；s 代表静态。

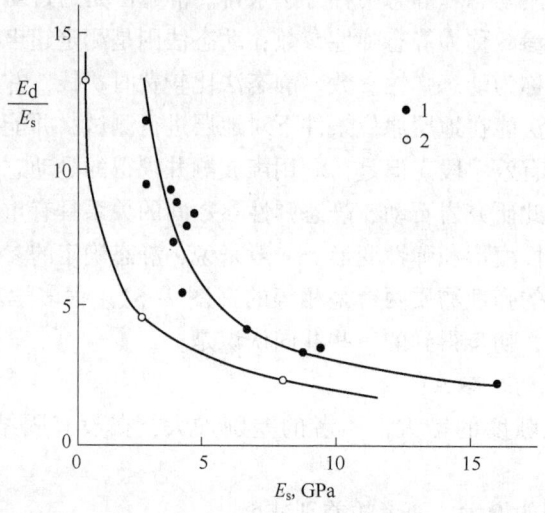

图 7-7 动态和静态确定的杨氏模量比与静态杨氏模量的关系（引自 Thiel et al., 1970）
1—石灰岩；2—片岩

九、多参数与岩性和孔隙度之间的关系

前面各节分别对岩石的单一物理参数及其与储层特性的关系进行了讨论。这里介绍多个参数联合应用的情况。对于单一矿物组成的岩石，或者岩石是由多种矿物组成但矿物含量的比例是不变的，即岩石的骨架参数是不变的，则可以利用某一种物理参数确定岩石的孔隙度。

当岩石含有多种矿物而且各种矿物含量的比例变化时，为了求得储层岩石的储集参数，首先要确定矿物成分的含量，即确定岩性，才能得到岩石骨架参数。实际上，在确定矿物成分含量的同时，孔隙流体作为岩石的一种组分，它的数量也确定下来。流体的物理参数已知时，则孔隙度也就确定了。

利用地球物理数据确定岩性是建立在混合规律的理论基础之上的。混合规律认为，一个多种组分物体的某种物理参数 g 在多数情况下仅仅取决于各组分的体积 V_i 和参数 g_i，即

$$g = M(g_1, g_2, \cdots, g_n, V_1, V_2, \cdots, V_n) \tag{7-51}$$

当各个组分在整个体积中均匀分布时，某些参数等于各组分的体积加权平均：

$$g = \sum_{i=1}^{n} g_i V_i \tag{7-52}$$

$$\sum_{i=1}^{n} V_i = 1 \tag{7-53}$$

称为体积模型。在现有的地球物理参数中，满足或近似满足体积模型的有密度 ρ、声波时差 Δt、中子孔隙度 ϕ、体积光电吸收截面指数 U 和热中子俘获截面 Σ 等。假如岩石是由 C、D、Q 三种矿物构成，则利用三种满足体积模型的地球物理参数（例如 ρ、Δt、ϕ），根据式(7-52) 和式(7-53) 可以得到下列联立方程组：

$$\begin{cases} \rho = \rho_C V_C + \rho_D V_D + \rho_Q V_Q + \rho_F \phi \\ \Delta t = \Delta t_C V_C + \Delta t_D V_D + \Delta t_Q V_Q + \Delta t_F \phi \\ \phi_N = \phi_{NC} V_C + \phi_{ND} V_D + \phi_{NQ} V_Q + \phi_{NF} \phi \\ 1 = V_C + V_D + V_Q + \phi \end{cases} \qquad (7-54)$$

式中，V_C、V_D、V_Q 和 ϕ 分别是三种矿物的体积和孔隙度；ρ_C、ρ_D、ρ_Q 和 ρ_F 分别是三种矿物和孔隙流体的密度；Δt_C、Δt_D、Δt_Q 和 Δt_F 分别是三种矿物和孔隙流体的声波时差 ϕ_{NC}、ϕ_{ND}、ϕ_{NQ} 和 ϕ_{NF} 分别是三种矿物和孔隙流体的中子孔隙度。

解上述方程组，便可以得到三种矿物的体积和孔隙度。这种方法的基本要求是，测井曲线的数目应等于岩石组分数减一。这时，方程数和未知数的数目相等，系统称为"确定的"。在实际中，这个要求并不是总能得到满足的。在许多情况下，测井曲线的数目不足以提供复杂岩性组分的唯一解，此时系统称为"欠定的"。偶尔，测井曲线数目可能多于求解简单矿物组合所必需的数目，此时系统称为"超定的"。出现欠定或超定情况时，可以由矩阵代数引申出的办法进行处理（Doveton, 1986）。

思考题

1. 简述狄拜温度和地震波速度的关系。
2. 简述声波速度、弹性模量及泊松比的转换关系。
3. 简述动、静态弹性参数的定义及它们之间的关系。
4. 简述地层中纵波速度和横波速度的关系及造成这种差异的原因。

参考文献

巴晶, 2013. 岩石物理学进展与评述 [M]. 北京: 清华大学出版社.

巴晶, 晏信飞, 陈志勇, 等, 2013. 非均质天然气藏的岩石物理模型及含气饱和度反演 [J]. 地球物理学报, 56 (5): 1696-1706.

边婧, 2015. 地震岩石物理分析在致密砂岩储层预测中的应用 [J]. 东北石油大学学报, 39 (5): 63-70.

蔡涵鹏, 贺振华, 何光明, 等, 2013. 基于岩石物理模型和叠前弹性参数反演的孔隙度计算 [J]. 天然气工业, 33 (9): 48-52.

蔡生娟, 李宏兵, 潘豪杰, 2020. 基于岩石物理模板的孔隙度非敏感流体因子构建方法及应用 [J]. 地球物理学进展, 35 (3): 932-939.

曹晓初, 常少英, 李立胜, 等, 2019. 碳酸盐岩孔洞储层地震岩石物理建模及应用 [J]. 地球物理学进展, 34 (6): 2239-2246.

柴毓, 王贵文, 2016. 致密砂岩储层岩石物理相分类与优质储层预测: 以川中安岳地区须二段储层为例 [J]. 岩性油气藏, 28 (3): 74-85.

陈怀震, 印兴耀, 高成国, 等, 2014. 基于各向异性岩石物理的缝隙流体因子AVAZ反演 [J]. 地球物理学报, 57 (3): 968-978.

陈怀震, 印兴耀, 张金强, 等, 2014. 基于方位各向异性弹性阻抗的裂缝岩石物理参数反演方法研究 [J]. 地球物理学报, 57 (10): 3431-3441.

陈启艳, 高建虎, 董雪华, 2017. 统计岩石物理技术在薄储层定量解释中应用 [J]. 物探化探计算技术, 39 (3): 388-394.

陈树民, 韩德华, 赵海波, 等, 2020. 松辽盆地古龙页岩油地震岩石物理特征及甜点预测技术 [J]. 大庆石油地质与开发, 39 (3): 107-116.

陈双全, 钟庆良, 李忠平, 等, 2020. 水平层理缝岩石物理建模及其地震响应特征 [J]. 石油与天然气地质, 41 (6): 1273-1281.

陈祥忠, 王斌, 2021. 基于岩石物理模型的裂缝型储层AVOA反演方法 [J]. 吉林大学学报 (地球科学版), 51 (1): 266-276.

陈颙, 黄庭芳, 刘恩儒, 2009. 岩石物理学 [M]. 合肥: 中国科学技术大学出版社.

陈志, 2008. 高温高压下辉长岩弹性波速及其衰减 [D]. 北京: 中国地震局地震预测研究所.

成志刚, 宋子齐, 何羽飞, 等, 2013. 岩石物理相分类与致密储层含气层评价: 以苏里格气田东区致密储层老井复查为例 [J]. 油气地质与采收率, 20 (5): 23-25.

戴世立, 2018. 徐家围子断陷营城组火山岩岩性、储层岩石物理弹性参数特征分析 [J]. 石油地球物理勘探, 53 (1): 122-128.

邓继新, 史謌, 刘瑞珣, 等, 2004. 泥岩、页岩声速各向异性及其影响因素分析 [J]. 地球物理学报 (5): 863-869.

邓继新, 王尚旭, 2009. 基于统计岩石物理的含气储层饱和度与孔隙度联合反演 [J]. 石油天然气学报, 31 (1): 48-52.

邓继新, 韩德华, 王尚旭, 2010. 未固结砂岩地震弹性性质的岩石物理模型表征研究 [J]. 石油地球物理勘探, 45 (2): 248-253.

邓继新, 王欢, 周浩, 等, 2015. 龙马溪组页岩微观结构、地震岩石物理特征与建模 [J]. 地球物理学报, 58 (6): 2123-2136.

邓继新, 唐郑元, 李越, 等, 2018. 成岩过程对五峰—龙马溪组页岩地震岩石物理特征的影响 [J]. 地球物理学报, 61 (2): 659-672.

丁国辉, 秦甜甜, 2017. 岩石物理力学参数与电阻率测井参数的相关性研究 [J]. 煤炭工程, 49 (1): 95-97.

Djebbar Tiab, Erle C Donaldson, 2016. 岩石物理学 [M]. 3版. 周灿灿, 等译. 北京: 石油工业出版社.

董丙响, 程远方, 刘钰川, 等, 2013. 页岩气储层岩石物理性质 [J]. 西安石油大学学报（自然科学版）, 28 (1): 25-28.

段庆宝, 杨晓松, 陈建业, 2015. 地震断层带流体作用的岩石物理和地球化学响应研究综述 [J]. 地球物理学进展, 30 (6): 2448-2462.

高祝军, 卞应时, 王振升, 等, 1999. 玄武岩油藏岩石物理研究方法 [J]. 石油勘探与开发 (2): 58-61.

龚洪林, 刘伟方, 张喜梅, 2014. 塔北轮古东碳酸盐岩储层岩石物理响应特征 [J]. 地球物理学进展, 29 (1): 331-338.

桂俊川, 马天寿, 陈平, 2020. 横观各向同性页岩岩石物理模型建立: 以龙马溪组页岩为例 [J]. 地球物理学报, 63 (11): 4188-4204.

郭洪岩, 云美厚, 艾印双, 等, 2012. 松辽盆地营城组三段火山岩储层的岩石物理特性 [J]. 石油地球物理勘探, 47 (1): 74-81.

郭淑文, 吴雪松, 王王禹, 等, 2012. 歧口凹陷深层地震岩石物理特征分析及应用 [J]. 东北石油大学学报, 36 (5): 12-16.

郭宇航, 刘财, 潘保芝, 等, 2019. 基于岩石物理参数转换模型的页岩气含气量评价新方法研究 [J]. 地球物理学报, 62 (7): 2724-2731.

韩学辉, 2020. 测井岩石物理实验教学指导书 [M]. 北京: 地质出版社.

何昌龙, 吕龑, 黄天俊, 等, 2020. 基于岩石物理分析的页岩气叠前预测方法在川南威远地区的应用 [J]. 石油学报, 41 (10): 1209-1218.

何润发, 巴晶, 陈天胜, 等, 2020. 致密砂岩气藏裂隙-孔隙型弹性岩石物理模板研究: 以川西坳陷A区为例 [J]. 地球物理学进展, 35 (1): 116-123.

侯波, 康洪全, 程涛, 2019. 综合成岩作用和孔隙形状的岩石物理模型及其应用 [J]. 物探与化探, 43 (1): 161-167.

黄欣芮, 黄建平, 李振春, 2015a. 基于双重孔隙理论的各向异性致密油砂岩地震岩石物理模型 [J]. 石油学报, 36 (10): 1248-1259.

黄欣芮, 黄建平, 李振春, 等, 2015b. 基于各向异性致密砂岩油地震岩石物理模型的脆性指数研究 [J]. Applied Geophysics, 12 (1): 11-22.

姜仁, 曾庆才, 黄家强, 等, 2015. 基于岩石物理分析的致密砂岩流体检测方法研究 [J]. 科学技术与工程, 15 (1): 163-167.

姜文龙, 杨锴, 2012. 岩石物理参数高分辨率地质统计学反演 [J]. 石油物探, 51 (6): 638-648.

景成, 宋子齐, 蒲春生, 等, 2013. 基于岩石物理相分类确定致密气储层渗透率: 以苏里格东区致密气储层渗透率研究为例 [J]. 地球物理学进展, 28 (6): 3222-3230.

赖强, 谢冰, 吴煜宇, 等, 2017. 沥青质碳酸盐岩储集层岩石物理特征及测井评价: 以四川盆地安岳气田寒武系龙王庙组为例 [J]. 石油勘探与开发, 44 (6): 889-895.

雷雷, 2016. 二氧化碳驱油岩石物理分析及地震正演模拟 [J]. 地球物理学进展, 31 (2): 675-682.

李阿伟, 孙东生, 王红才, 2014. 致密砂岩波速各向异性及弹性参数随围压变化规律的实验研究 [J]. 地球物理学进展, 29 (2): 754-760.

李闯, 赵建国, 王宏斌, 等, 2020. 致密碳酸盐岩跨频段岩石物理实验及频散分析 [J]. 地球物理学报, 63 (2): 627-637.

李宏兵, 张佳佳, 蔡生娟, 等, 2019. 复杂孔隙储层三维岩石物理模版 [J]. 地球物理学报, 62 (7): 2711-2723.

李洪娟, 覃豪, 杨学峰, 2011. 基于岩石物理相的酸性火山岩储层渗透率计算方法 [J]. 大庆石油学院学报，35（4）：38-41.

李华阳，李潮流，周灿灿，等，2014. 致密砂岩储层测井数字岩石物理研究需求、进展与挑战［J］. 测井技术，38（2）：125-130.

李维新，史謌，王红，等，2007. 岩石物理弹性参数规律研究［J］. 地球物理学进展（5）：1380-1385.

李霞，2010. 泌阳凹陷梨树洼地区岩石物理特征分析与储层预测研究［J］. 石油天然气学报，32（3）：240-242.

李艳华，高君，郑磊，等，2015. 西非深水区弱固结浊积砂岩岩石物理模型研究及其应用［J］. 地球物理学进展，30（1）：185-190.

李尧，李英，谭辉煌，2018. 地震岩石物理在渤海PL油田流体检测中的应用［J］. 地球物理学进展，33（1）：372-378.

李勇根，徐胜峰，2008. 地震岩石物理和正演模拟技术在致密砂岩储层预测中的应用研究［J］. 石油天然气学报，30（6）：61-65.

李远，程飞，雷栋，等，2018. 基于页岩岩石物理分析技术的TOC和脆性预测［J］. 石油地球物理勘探，53（S2）：204-210.

李舟波，莫修文，王谦，等，2000. 塔里木盆地低阻泥质砂岩油气储层导电模型的建立和应用［C］//中国地质学会."九五"全国地质科技重要成果论文集：774-776.

凌贤长，蔡德所，2002. 岩体力学［M］. 哈尔滨：哈尔滨工业大学出版社.

刘财，邓馨卉，郭智奇，等，2018. 基于岩石物理的页岩储层各向异性表征［J］. 石油地球物理勘探，53（2）：339-346.

刘财，符伟，郭智奇，等，2018. 基于贝叶斯框架的各向异性页岩储层岩石物理反演技术［J］. 地球物理学报，61（6）：2589-2600.

刘杰，刘江平，程飞，等，2017a. 祁连山冻土区水合物地层岩石物理模型的构建［J］. Applied Geophysics，14（1）：31-39.

刘杰，刘江平，程飞，等，2017b. 青藏高原冻土区天然气水合物地层的岩石物理分析［J］. 地球物理学进展，32（3）：1008-1018.

刘军，刘杰，曹均，等，2019. 基于岩石物理实验的储层与孔隙流体敏感参数特征：以珠江口盆地东部中—深层碎屑岩储层为例［J］. 石油学报，40（S1）：197-205.

刘茂诚，2010. 一个各向异性速度分析应用实例［J］. 石油地球物理勘探，45（4）：525-529，624，466-467.

刘喜武，刘宇巍，霍志周，等，2016. 页岩油气层地震岩石物理计算方法研究［J］. 石油物探，55（1）：10-17.

刘向君，2018. 岩石物理学基础［M］. 北京：石油工业出版社.

罗琪，韩光明，王立锋，等，2016. 基于岩石物理统计的亮点预测含气性的应用分析：以莺歌海盆地东方1-1北探区为例［J］. 地球物理学进展，31（6）：2598-2603.

马君霞，卓胜广，张玉金，等，2016. 通过岩石物理模拟改进北黄海盆地中生界致密砂岩储层的地震刻画［J］. 地球物理学进展，31（6）：2609-2617.

马丽娟，郑和荣，2006. 准噶尔盆地侏罗系储层含油气性相关岩石物理参数［J］. 石油与天然气地质（5）：614-619.

马淑芳，韩大匡，甘利灯，等，2010. 地震岩石物理模型综述［J］. 地球物理学进展，25（2）：460-471.

孟繁昌，孙建国，刘春成，等，2014. 基于岩石物理理论的井中数据外推［J］. 世界地质，33（1）：227-234.

牛一雄，2006. 中国大陆科学钻探工程变质岩测井新技术的研究与应用［D］. 北京：中国大陆科学钻探工程中心.

潘保芝，房春慧，郭宇航，等，2018. 基于岩石物理转换模型的苏里格致密砂岩储层测井评价与产能预测［J］. 地球物理学报，61（12）：5115-5124.

潘建国，王宏斌，李闯，等，2015. 孔隙结构对致密碳酸盐岩地震岩石物理特征的影响分析［J］. Applied

Geophysics, 12 (1): 1-10.

潘新朋, 张广智, 印兴耀, 2018a. 岩石物理驱动的储层裂缝参数与物性参数概率地震反演方法 [J]. 地球物理学报, 61 (2): 683-696.

潘新朋, 张广智, 印兴耀, 2018b. 岩石物理驱动的正交各向异性方位叠前地震反演方法 [J]. 中国科学: 地球科学, 48 (3): 299-314.

庞孟强, 巴晶, J. M. Carcione, 等, 2020. 致密砂岩衰减岩石物理图板分析: 储层微裂隙预测 [J]. 地球物理学报, 63 (11): 4205-4219.

逄硕, 刘财, 郭智奇, 等, 2017. 基于岩石物理模型的页岩孔隙结构反演及横波速度预测 [J]. 吉林大学学报 (地球科学版), 47 (2): 606-615.

裴发根, 方慧, 杜炳锐, 等, 2013. 储层条件下气—水和油—水互驱地震岩石物理实验研究 [J]. 石油物探, 52 (6): 559-565.

彭刚, 周东红, 张平平, 等, 2016. 基于岩心测试的岩石物理参数敏感性分析: 以沙南凹陷古近系不同相带碎屑岩为例 [J]. 中国海上油气, 28 (3): 57-61.

尚新民, 李红梅, 韩文功, 等, 2008. 基于岩石物理与地震正演的 AVO 分析方法 [J]. 天然气工业 (2): 64-66.

舍恩 J H, 2016. 岩石物理特性手册 [M]. 魏新善, 等译. 北京: 石油工业出版社.

沈建国, 2009. 声波测井原理与技术 [M]. 北京: 石油工业出版社.

孙建国, 2006. 岩石物理学基础 [M]. 北京: 地质出版社.

唐晓明, 2011. 含孔隙、裂隙介质弹性波动的统一理论——Biot 理论的推广 [J]. 中国科学: 地球科学, 41 (6): 784-795.

陶果, 岳文正, 谢然红, 等, 2005. 岩石物理的理论模拟和数值实验新方法 [J]. 地球物理学进展 (1): 4-11.

滕龙, 程玖兵, 2014. 贝叶斯框架下联合 AVA 反演与统计岩石物理的储层参数估计 [J]. 石油地球物理勘探, 49 (4): 729-738.

万明浩, 等, 1994. 岩石物理性质及其在石油勘探中的应用 [M]. 北京: 地质出版社.

王大兴, 2016. 致密砂岩气储层的岩石物理模型研究 [J]. 地球物理学报, 59 (12): 4603-4622.

王佳庆, 2020. 碳酸盐岩地震岩石物理建模与储层预测研究: 以鄂尔多斯盆地大牛地地区为例 [D]. 成都: 成都理工大学.

王谦, 苏波, 宋帆, 等, 2015. 东河砂岩水淹后岩石物理特性变化规律研究 [J]. 西南石油大学学报 (自然科学版), 37 (6): 47-54.

王团, 赵海波, 李奎周, 等, 2019. 一种考虑复杂孔隙结构的泥页岩地震岩石物理模型 [J]. 中国石油大学学报 (自然科学版), 43 (3): 45-55.

王向荣, 李潮流, 邓继新, 等, 2020. 塔里木盆地鹰山组致密碳酸盐岩地震岩石物理特征 [J]. 大庆石油地质与开发, 39 (5): 117-126.

王小玄, 肖程释, 郑翔天, 2016. 基于岩石物理分析的煤系地层测井曲线扩径影响校正 [J]. 中国煤炭, 42 (2): 22-26.

魏建新, 林天瑞, 朱慧娟, 等, 1993. 岩石物理的发展方向 [J]. 石油物探译丛 (5): 1-11.

吴建鲁, 吴国忱, 2018. 一维频率域中观尺度虚岩石物理方法 [J]. 石油地球物理勘探, 53 (1): 105-112.

武文来, 印兴耀, 2008. 岩石物理参数与地球物理特征关系研究: 以 QHD326 油田为例 [J]. 石油物探 (3): 235-243.

席道瑛, 徐松林, 2012. 岩石物理学基础 [M]. 合肥: 中国科学技术大学出版社.

席道瑛, 徐松林, 2016. 岩石物理与本构理论 [M]. 合肥: 中国科学技术大学出版社.

谢非, 丁文龙, 尹帅, 2017. 陆相泥页岩储层岩石物理性质及含气性影响因素 [J]. 科学技术与工程, 17 (5): 20-28.

谢月芳, 张纪, 2012. 岩石物理模型在横波速度估算中的应用 [J]. 石油物探, 51 (1): 65-70.

邢文军, 吴开龙, 吴鑫, 等, 2018. 储层砂岩宽频段地震岩石物理特征的实验研究 [J]. 地球物理学进展, 33 (4): 1609-1616.

熊晓军, 吕文正, 周东红, 等, 2015. 岩石物理测试分析的 v_P—v_S 关系式的适用性分析 [J]. 地球物理学进展, 30 (4): 1941-1945.

徐赣川, 钟光海, 谢冰, 等, 2014. 基于岩石物理实验的页岩脆性测井评价方法 [J]. 天然气工业, 34 (12): 38-45.

徐苗苗, 2019. 火山岩储层岩石物理建模与叠前地震反演方法研究 [D]. 青岛: 中国石油大学 (华东).

徐胜峰, 李勇根, 曹宏, 等, 2009. 地震岩石物理研究概述 [J]. 地球物理学进展, 24 (2): 680-691.

徐松林, 刘永贵, 席道瑛, 2019. 岩石物理与动力学原理 [M]. 北京: 科学出版社.

徐中华, 郑马嘉, 刘忠华, 等, 2020. 四川盆地南部地区龙马溪组深层页岩岩石物理特征 [J]. 石油勘探与开发, 47 (6): 1100-1110.

燕军, 刘堂晏, 孙嘉戌, 等, 1995. 岩石物理研究中数据匹配方法的改进 [J]. 测井技术 (5): 319-322.

杨景强, 刘如红, 张立秋, 等, 2013. GU 油田多层砂岩储层岩石物理评价 [J]. 石油地球物理勘探, 48 (S1): 170-174.

杨宽, 1993. 测井和实验室测试岩石物理力学性质的对比 [J]. 煤田地质与勘探 (6): 55-58.

杨文强, 宗兆云, 姜曼, 等, 2021. 基于等效介质理论的天然气水合物岩石物理建模方法 [J]. 石油地球物理勘探, 56 (3): 528-535.

杨志芳, 曹宏, 2009. 地震岩石物理研究进展 [J]. 地球物理学进展, 24 (3): 893-899.

杨志强, 何涛, 邹长春, 2017. 筇竹寺和五峰—龙马溪组页岩地震岩石物理等效模型及等效孔隙纵横比的分析 [J]. Applied Geophysics, 14 (3): 325-336.

尹帅, 丁文龙, 王濡岳, 等, 2015. 陆相致密砂岩及泥页岩储层纵横波波速比与岩石物理参数的关系及表征方法 [J]. 油气地质与采收率, 22 (3): 22-28.

印兴耀, 宗兆云, 吴国忱, 2015. 岩石物理驱动下地震流体识别研究 [J]. 中国科学: 地球科学, 45 (1): 8-21.

印兴耀, 李龙, 2015. 基于岩石物理模型的纵、横波速度反演方法 [J]. 石油物探, 54 (3): 249-253, 281.

印兴耀, 刘倩, 2016. 致密储层各向异性地震岩石物理建模及应用 [J]. 中国石油大学学报 (自然科学版), 40 (2): 52-58.

印兴耀, 刘欣欣, 2016. 储层地震岩石物理建模研究现状与进展 [J]. 石油物探, 55 (3): 309-325.

于宝利, 赵小辉, 瞿建华, 等, 2016. 岩石物理建模技术在玛湖西斜坡储集层预测中的应用 [J]. 新疆石油地质, 37 (6): 720-725.

云美厚, 丁伟, 杨长春, 2006. 油藏水驱开采时移地震监测岩石物理基础测量 [J]. 地球物理学报 (6): 1813-1818.

张秉铭, 刘致水, 刘俊州, 等, 2018. 富有机质泥页岩岩石物理横波速度预测方法研究 [J]. 石油物探, 57 (5): 658-667.

张广智, 陈娇娇, 陈怀震, 等, 2015. 基于岩石物理模版的碳酸盐岩含气储层定量解释 [J]. 吉林大学学报 (地球科学版), 45 (2): 630-638.

张海澜, 等, 2004. 井孔的声场和波 [M]. 北京: 科学出版社.

张佳佳, 印兴耀, 张广智, 等, 2016. 地震岩石物理综合实验设计 [J]. 实验技术与管理, 33 (7): 67-70.

张龙海, 刘忠华, 周灿灿, 等, 2008. 低孔低渗储集层岩石物理分类方法的讨论 [J]. 石油勘探与开发, 35 (6): 763-768.

张平, 夏晓敏, 崔涵, 等, 2019. 基于岩石物理实验的致密油储集层脆性指数预测: 以柴达木盆地跃灰 101

井区为例［J］.新疆石油地质,40（5）:615-623.

张世鑫,印兴耀,张繁昌,2011.岩石物理模型约束拉梅参数提取方法［J］.中国石油大学学报（自然科学版）,35（4）:59-63.

张万龙,孙赞东,贺薪蔚,等,2015.地震岩石物理模板应用中的两个关键问题［J］.地球物理学进展,30（5）:2324-2329.

张益明,秦小英,郭智奇,等,2021.针对致密砂岩气储层复杂孔隙结构的岩石物理模型及其应用［J］.吉林大学学报（地球科学版）,51（3）:927-939.

章成广,等,2009.声波测井原理与应用［M］.北京:石油工业出版社.

赵海波,唐晓花,李奎周,等,2017.基于地震岩石物理分析与叠前地质统计学反演技术的齐家地区致密薄储层预测［J］.石油物探,56（6）:853-862.

赵群,郭建,郝守玲,等,2005.模拟天然气水合物的岩石物理特性模型实验［J］.地球物理学报（3）:649-655.

钟庆良,唐海,石秀平,等,2020.潜江凹陷潜江组盐间页岩油岩石物理建模研究［J］.石油物探,59（4）:505-516.

钟庆良,赵建国,肖增佳,等,2021.潜江凹陷潜江组盐间页岩油储层地震岩石物理特征分析［J］.石油物探,60（2）:323-333.

周水生,刘洪,王冲,2013.基于岩石物理实验的时移地震研究［J］.地球物理学进展,28（4）:1739-1748.

周欣,巴晶,符力耘,等,2020.页岩脆性评价岩石物理模型及地震预测［J］.地球物理学进展,35（5）:1736-1744.

周游,李治平,景成,等,2017.基于"岩石物理相—流动单元"测井响应定量评价特低渗透油藏优质储层:以延长油田东部油区长6油层组为例［J］.岩性油气藏,29（1）:116-123.

邹新宁,孙卫,2006.盒8地层岩石物理参数及地震响应模型研究［J］.中国石油大学学报（自然科学版）（2）:21-25.

Akkurt R, Vinegar H J, Tutunjian P N, et al, 1995. NMR logging of natural gas reservoirs［C］. SPWLA 36th annual logging symposium.

Akkurt R, Moore M A, Prammer M G, 1996. Selection of optimal acquisition parameters for MRIL logs［J］. The Log Analyst, 37（6）.

Annan A P, Davis J L, 1978. Methodology for radar transillumination experiments［R］. Report of Activities, Geological Survey of Canada, 78: 107-110.

Attewell P B, Ramana Y V, 1966. Wave attenuation and internal friction as functions of frequency in rocks［J］. Geophysics, 31（6）: 1049-1056.

Avseth P, Mukerji T, Jørstad A, et al, 2001. Seismic reservoir mapping from 3-D AVO in a North Sea turbidite system［J］. Geophysics, 66（4）: 1157-1176.

Bachrach R, 2006. Joint estimation of porosity and saturation using stochastic rock-physics modeling［J］. Geophysics, 71（5）: 53-63.

Baker Atlas, 1985. Log interpretation charts［M］. Houston: Baker Hughes Inc.

Baker Atlas. 2002. Introduction to Wireline Log Analysis［M］. Houston: Baker Hughes Inc.

Bancroft D, 1941. The velocity of longitudinal waves in cylindrical bars［J］. Physical Review, 59（7）: 588.

Barson D, Christensen R, Decoster E, et al, 2005. Spectroscopy: the key to rapid, reliable petrophysical answers［J］. Oilfield Review, 17（2）: 14-33.

Bassiouni Z, 1994. Theory, measurement, and interpretation of well logs［M］. Pennsylvania: Society of Petroleum Engineers.

Berktold A, 1983. Electromagnetic studies in geothermal regions［J］. Geophysical surveys, 6（1-2）: 173-200.

Berzon I S, 1977. Seismic exploration of vertically bedded surroundings of the basement. Seismicheskaya razvedka vertikal'no-sloistykh sred fundamenta [J].

Best A I, McCann C, 1995. Seismic attenuation and pore-fluid viscosity in clay-rich reservoir sandstones [J]. Geophysics, 60 (5): 1386-1397.

Binley A, Kemna A, 2005. DC resistivity and induced polarization methods [J]. Hydrogeophysics: 129-156.

Biot M A, 1956. Theory of propagation of elastic waves in a fluid-saturated porous solid: II Higher frequency range [J]. The Journal of the acoustical Society of America, 28 (2): 179-191.

Biot M A, 1962. Mechanics of deformation and acoustic propagation in porous media [J]. Journal of applied physics, 33 (4): 1482-1498.

Birch F, 1961. Composition of the earth's mantle [J]. Geophysical Journal International, 4 (S1): 295-311.

Boerner F D, 2006. Combined Geoelectrical and Georadar Measurement for State Characterization of porous Rock [C] //AGU Spring Meeting Abstracts, 2007: NS22A-02.

Börner F D, Schön J H, 1991. A relation between the quadrature component of electrical conductivity and the specific surface area of sedimentary rocks [J]. The Log Analyst, 32 (5).

Börner F D, Gruhne M, Schön J, 1993. Contamination indications derived from electrical properties in the low frequency RANGE1 [J]. Geophysical Prospecting, 41 (1): 83-98.

Börner F D, Schön J H, 1995. Low frequency complex conductivity measurements of microcrack properties [J]. Surveys in geophysics, 16: 121-135.

Bradford I D R, Fuller J, Thompson P J, et al, 1998. Benefits of assessing the solids production risk in a North Sea reservoir using elastoplastic modelling [C] //SPE/ISRM rock mechanics in petroleum engineering. OnePetro.

Brie A, Pampuri F, Marsala A F, et al, 1995. Shear sonic interpretation in gas-bearing sands [C] //SPE Annual Technical Conference and Exhibition. OnePetro.

Brunauer S, Emmett P H, Teller E, 1938. Adsorption of gases in multimolecular layers [J]. Journal of the American chemical society, 60 (2): 309-319.

Bücker C, Rybach L, 1996. A simple method to determine heat production from gamma-ray logs [J]. Marine and Petroleum Geology, 13 (4): 373-375.

Carr H Y, Purcell E M, 1954. Effects of diffusion on free precession in nuclear magnetic resonance experiments [J]. Physical review, 94 (3): 630.

Cermak V, Rybach L, 1982. Introductory remarks: Thermal conductivity and specific heat of minerals and rocks [J]. Subvolume A: 305-310.

Cerniak G J, 1964. Dielectriceskie metody issledovania vlashnych gruntov [M]. Moskva: Izdatelstvo Nedra.

Chang C T P, Qiao J, Chen S, et al, 1997. Fracture characterization with NMR spectroscopic techniques [J]. Journal of magnetic resonance, 126 (2): 213-220.

Chang C, Zoback M D, Khaksar A, 2006. Empirical relations between rock strength and physical properties in sedimentary rocks [J]. Journal of Petroleum Science and Engineering, 51 (3-4): 223-237.

Chen J, Hirasaki G J, Flaum M, 2006. NMR wettability indices: Effect of OBM on wettability and NMR responses [J]. Journal of Petroleum Science and Engineering, 52 (1-4): 161-171.

Cheng K T, Johnson W R, 1981. Atomic structure calculations using the relativistic random phase approximation [R].

Christensen N I, Carlson R L, Salisbury M H, et al, 1975. Elastic wave velocities in volcanic and plutonic rocks recovered on DSDP leg 31 [J].

Clavier C, Coates G, Dumanoir J, 1984. Theoretical and experimental bases for the dual-water model for interpretation of shaly sands [J]. Society of Petroleum Engineers Journal, 24 (2): 153-168.

Coates G R, Denoo S A, 1981. Mechanical properties program using borehole analysis and Mohr's circle [C] //

SPWLA 22nd Annual Logging Symposium. OnePetro.

Coates G R, Denoo S, 1988. The Producibility Answer Product [J]. Schlumberger Tech Rev.

Coates G R, Peveraro R C A, Hardwick A, et al, 1991. The magnetic resonance imaging log characterized by comparison with petrophysical properties and laboratory core data [C] //SPE Annual Technical Conference and Exhibition. OnePetro.

De Waal J A, Smits R M M, De Graaf J D, et al, 1989. Measurement and evaluation of resistivity index curves [C] //SPWLA 30th Annual Logging Symposium. OnePetro.

Di Rosa D, Gyllensten A, Chen S, et al, 2006. Use of the NMR diffusivity log to identify and quantify oil and water in carbonate formations, SPE 101396 [C] //Abu Dhabi International Petroleum Exhibition and Conference held in Abu Dhabi, UAE: 5-8.

Dias C A, 2000. Developments in a model to describe low-frequency electrical polarization of rocks [J]. Geophysics, 65 (2): 437-451.

Dissado L A, Hill R M, 1984. Anomalous low-frequency dispersion. Near direct current conductivity in disordered low-dimensional materials [J]. Journal of the Chemical Society, Faraday Transactions 2: Molecular and Chemical Physics, 80 (3): 291-319.

Dortman N B, 1976. Physical property of rocks and mineral [J]. Nedra.

Doveton J H, 1986. Log analysis of subsurface geology: concepts and computer methods [J].

Drake C L, Girdler R W, 1964. A geophysical study of the Red Sea [J]. Geophysical Journal International, 8 (5): 473-495.

Duffy J, Mindlin R D, 1957. Stress-strain relations and vibrations of a granular medium [J].

Eisenberg D, Kauzmann W, 1969. The structure and properties of water, Clarendon [J]. Oxford. Nagle JF (1983) J Phys Chem, 87: 4086.

Ellis D V, Schweitzer J S, Ullo J J, 1987. Nuclear techniques for subsurface geology [J]. Annual Review of Nuclear and Particle Science, 37 (1): 213-241.

Ellis D V, Singer J M, 2007. Well logging for earth scientists [M]. Dordrecht: Springer.

Ellis L, Brown A, Schoell M, et al, 2003. Mud gas isotope logging (MGIL) assists in oil and gas drilling operations [J]. Oil & gas journal, 101 (21): 32-41.

Eshelby J D, 1957. The determination of the elastic field of an ellipsoidal inclusion, and related problems [J]. Proceedings of the royal society of London. Series A. Mathematical and physical sciences, 241 (1226): 376-396.

Esmersoy C, Kane M, Boyd A, et al, 1995. Fracture and stress evaluation using dipole-shear anisotropy logs [C] //SPWLA 36th Annual Logging Symposium. OnePetro.

Fehr A, 2007. NMR-und SIP-Messungen an Gesteinsproben [J]. RWTH Aachen.

Fjaer E, Holt R M, Horsrud P, et al, 1992. Petroleum Related Rock Mechanics, pdf [J].

Folk R L, Ward W C, 1957. Brazos River bar [Texas]: a study in the significance of grain size parameters [J]. Journal of sedimentary research, 27 (1): 3-26.

Freyburg E, 1972. Der untere und mittlere buntsandstein sw-thuringen in seinen gesteinstechnicschen eigenschaften. Deustche Gesellschaft [J]. Geologische Wissenschaften A, 176: 911-919.

Fricke S, Schön J, 1999. Praktische Bohrlochgeophysik [M]. Enkeim: Thieme-Verlag.

Fukushima E, Roeder S B W, 1981. Experimental NMR: a nuts and bolts approach [J].

Gardner G H F, Gardner L W, Gregory A R, 1974. Formation velocity and density: The diagnostic basics for stratigraphic traps [J]. Geophysics, 39 (6): 770-780.

Garrouch A A, Sharma M M, 1994. The influence of clay content, salinity, stress, and wettability on the dielectric properties of brine-saturated rocks: 10 Hz to 10 MHz [J]. Geophysics, 59 (6): 909-917.

Gassmann F, 1951. Elastic waves through a packing of spheres [J]. Geophysics, 16 (4): 673-685.

Gebrande H, Kern H, Rummel F, 1982. Elasticity and inelasticity [J]. Landolt-Börnstein Numerical Data and Functional Relationships in Science and Technology, 1.

Geertsma J, 1957. The effect of fluid pressure decline on volumetric changes of porous rocks [J]. Transactions of the AIME, 210 (1): 331-340.

Georgi D T, 1997. Formation Evaluation with Nuclear Magnetic Resonance-World Wide Applications [C] //5th International Congress of the Brazilian Geophysical Society. European Association of Geoscientists & Engineers: cp-299-00109.

Gilchrist W A, Prati E, Pemper R, et al, 1999. Introduction of a new through-tubing multifunction pulsed neutron instrument [C] //SPE Annual Technical Conference and Exhibition. OnePetro.

Gilchrist W A, Pemper R R, Treka D, et al, 2000. Initial field applications of a new 1.7-inch pulsed neutron instrument [C] //SPWLA 41st Annual Logging Symposium. OnePetro.

Gilchrist W A, 2009. Compensated neutron log response issues [J]. Petrophysics-The SPWLA Journal of Formation Evaluation and Reservoir Description, 50 (5).

Guéguen Y, Palciauskas V. Introduction to the Physics of Rocks [M]. Princeton: Princeton University Press, 1994.

Haack U, 1983. On the content and vertical distribution of K, Th and U in the continental crust [J]. Earth and Planetary Science Letters, 62 (3): 360-366.

Han S H, Lee D Y, Lee S J, et al, 2009. Effect of electron blocking layer on efficiency droop in InGaN/GaN multiple quantum well light-emitting diodes [J]. Applied Physics Letters, 94 (23): 231123.

Hearst J R, Nelson P H, 1985. Well logging for physical properties [M]. New York: McGraw-Hill.

Hertz H, 1882. Ueber die Berührung fester elastischer Körper [J]. Angew Math: 156-171.

Hertzog R C, Soran P D, Schweitzer J S, 1987. Detection of Na, Mg, Al, and Si in Wells With Reactions Generated By 14 MeV Neutrons [C] //Nuclear data for applied nuclear geophysics proceedings of a consultants' meeting on nuclear data for applied nuclear geophysics, organized by the international atomic energy agency: 109.

Horai K, Simmons G, 1970. An empirical relationship between thermal conductivity and Debye temperature for silicates [J]. Journal of Geophysical Research, 75 (5): 978-982.

Horsrud P, 2001. Estimating mechanical properties of shale from empirical correlations [J]. SPE Drilling & Completion, 16 (02): 68-73.

Johnson L R, Toksoz M N, Timur A, 1981. Attenuation of seismic waves in dry and saturated rock: II. Mechanism, Seismic wave attenuation [J]. Soc. Explor. Geophys, 2: 229-249.

Johnston D H, Toksoz M N, Timur A, 1979. Attenuation of seismic waves in dry and saturated rocks; II, Mechanisms [J]. Geophysics, 44 (4): 691-711.

Johnston J R, Guillory A J, 1981. Chemical flood progress evaluation test, South Pass Block 27 field, Plaquemines Parish, Louisiana [R]. Final report, September 28, 1979-May 16, 1980. Shell Oil Co, New Orleans, LA (USA).

Jonscher A K, 1981. A new understanding of the dielectric relaxation of solids [J]. Journal of materials science, 16: 2037-2060.

Joyce J M, 1998. A nonpragmatic vindication of probabilism [J]. Philosophy of science, 65 (4): 575-603.

Kasap E, Altunbay M, Georgi D, 1999. Memoir 71, Chapter 13: Flow Units from Integrated WFT and NMR Data [J].

Keller M A, Saba C S, 1989. Monitoring of ester base lubricants by dielectric constant [J]. Lubrication engineering, 45 (6): 347-351.

Kenyon W E, Day P I, Straley C, et al, 1986. Compact and consistent representation of rock NMR data for permeability estimation [R]. Society of Petroleum Engineers, Richardson, TX.

Kenyon W E, 1997. Petrophysical principles of applications of NMR logging [J]. The log analyst, 38 (2).

Kleinberg R L, Kenyon W E, Mitra P P, 1994. Mechanism of NMR relaxation of fluids in rock [J]. Journal of magnetic resonance, Series A, 108 (2): 206-214.

Kleinberg R L, Vinegar H J, 1996. NMR properties of reservoir fluids [J]. The log analyst, 37 (06): 20-32.

Klimentos T, McCann C, 1990. Relationships among compressional wave attenuation, porosity, clay content, and permeability in sandstones [J]. Geophysics, 55 (8): 998-1014.

Kobranova V N, 1989. Petrophysics [M] Berlin: Springer-Verlag.

Kuster G T, Toksöz M N, 1974. Velocity and attenuation of seismic waves in two-phase media: Part I. Theoretical formulations [J]. Geophysics, 39 (5): 587-606.

Lal M, 1999. Shale stability: drilling fluid interaction and shale strength [C] //SPE Asia Pacific Oil and Gas Conference and Exhibition. OnePetro.

Larionov V V, 1969. Theoretical studies on the effect of conditions prevailing during borehole measurements on the configuration of curves obtained by the $ gamma $ method [J]. Tr Mosk Inst Neftekhim Gazov, 89: 22-32.

Marshall D J, Madden T R, 1959. Induced polarization, a study of its causes [J]. Geophysics, 24 (4): 790-816.

Martinez A, Byrnes A P, 2001. Modeling dielectric-constant values of geologic materials: An aid to ground-penetrating radar data collection and interpretation [J]. Current Research in Earth Sciences: 1-16.

Mavko G, Mukerji T, Dvorikin J, 1987. The Rock Physics Handbook: Tools for Seismic Analysis in Porous Media [M]. Hefei: China University of Science and Technology Press.

McNally G H, 1987. Estimation of coal measures rock strength using sonic and neutron logs [J]. Geoexploration, 24 (4-5): 381-395.

Meiboom S, Gill D, 1958. Modified spin-echo method for measuring nuclear relaxation times [J]. Review of scientific instruments, 29 (8): 688-691.

Merkulov L G, Merkulova V M, 1972. Anomalous reflection of ultrasonic beams at the interface of a solid medium with attenuation [J]. Le Journal de Physique Colloques, 33 (C6): C6-211-C6-215.

Merkulova N, Metik L, 1996. UBVRI observations of variability of nuclei of the Seyfert galaxies NGC 1275 and NGC 4151 Rapid flares on light curves of the galaxy NGC 1275 [J]. Astronomical and Astrophysical Transactions, 10 (4): 295-303.

Merkulova V M, 1968. Absorption of ultrasonic waves in rocks in the 10-160 kilohertz range [J]. Izvestiya, Academy of Sciences, USSR.: Physics of the solid earth: 350.

Militzer H, Stoll R, 1973. Einige Beitrageder geophysics zurprimadatenerfassung im Bergbau, Neue Bergbautechnik [J].

Militzer J, 1978. Dual plane parallel turbulent jets: the measurement and prediction of the mean velocity field [J].

Militzer J, 1986. Numerical prediction of the fully developed two-phase (air-solids) flow in a pipe [M] //Circulating Fluidized Bed Technology. Pergamon: 173-183.

Olhoeft G R, 1981. Electrical properties of rocks [J]. Physical properties of rocks and minerals, 2: 257-297.

Olhoeft G R, 1985. Low-frequency electrical properties [J]. Geophysics, 50 (12): 2492-2503.

Olhoeft G R, 1987. Electrical properties from 10^{-3} to 10^{+9} Hz Physics and chemistry [C] //AIP conference proceedings. American Institute of Physics, 154 (1): 281-298.

Olhoeft G R, 1992. Geophysical Detection Of Hydrocarewn And Organic Chemical Contamination [C] //5th EEGS Symposium on the Application of Geophysics to Engineering and Environmental Problems. European Association of Geoscientists & Engineers: cp-210-00035.

Parchomenko E J, 1965. Elektriceskie svoistva gornich porod [J]. Moskva: Izdatelstvo Nauka.

Patchet J G, 1975. An investigation of shale conductivity: 16th Ann [C] //Logging Symp, Soc Prof Well Log Anal, Transactions, paper U.

Patnode H W, Wyllie M R J, 1950. The presence of conductive solids in reservoir rocks as a factor in electric log interpretation [J]. Journal of petroleum technology, 2 (2): 47-52.

Pelton W H, Ward S H, Hallof P G, et al, 1978. Mineral discrimination and removal of inductive coupling with multifrequency IP [J]. Geophysics, 43 (3): 588-609.

Pemper R R, Sommer A, Guo P, et al, 2006. A new pulsed neutron sonde for derivation of formation lithology and mineralogy [C] //SPE annual technical conference and exhibition. OnePetro.

Pemper R, Han X, Mendez F, et al, 2009. The direct measurement of carbon in wells containing oil and natural gas using a pulsed neutron mineralogy tool [C] //SPE Annual Technical Conference and Exhibition. OnePetro.

Peselnick L, Zietz I, 1959. Internal friction of fine-grained limestones at ultrasonic frequencies [J]. Geophysics, 24 (2): 285-296.

Pooley I P, Nooteboom I I, De Waal P J, 1978. Use of VHF dielectric measurements for formation analysis [J]. Log Anal, 19 (3): 8-30.

Raaen A M, Hovem K A, Joranson H, et al, 1996. FORMEL: A step forward in strength logging [C] //SPE Annual Technical Conference and Exhibition. OnePetro.

Rahman M J J, Bari Z, Chodhury K R, et al, 2008. Heavy mineral composition of the Neogene sandstones and beach sands across the Inani-Dakhin Nhila area, Southeast Bangladesh: Implications for provenance [J]. Journal of the Sedimentological Society of Japan, 67 (1): 3-17.

Raymer L L, Hunt E R, Gardner J S, 1980. An improved sonic transit time-to-porosity transform [C] //SPWLA 21st annual logging symposium. OnePetro.

Reuss A, 1929. Computation of the yield point of mixed crystals due to hiring for single crystals [J]. Math. Phys, 9: 49-58.

Reynolds O, 1883. An experimental investigation of the circumstances which determine whether the motion of water in parallel channels shall be direct or sinuous and of the law of resistance in parallel channels [J]. Philos Trans R Soc, 174: 35-82.

Rosa D D, Gyllensten A, Chen S, et al, 2008. Use of the NMR diffusivity log to identify and quantify oil and water in carbonate formations [J]. SPE Reservoir Evaluation & Engineering, 11 (2): 238-245.

Rose F C, 1936. The variation of the adiabatic elastic moduli of rocksalt with temperature between 80K and 270K [J]. Physical Review, 49 (1): 50.

Rosenbaum J H, 1974. Synthetic microseismograms: Logging in porous formations [J]. Geophysics, 39 (1): 14-32.

Rybach L, 1976. Radioactive heat production in rocks and its relation to other petrophysical parameters [J]. Pure and Applied Geophysics, 114: 309-317.

Sams M S, Neep J P, Worthington M H, et al, 1997. The measurement of velocity dispersion and frequency-dependent intrinsic attenuation in sedimentary rocks [J]. Geophysics, 62 (5): 1456-1464.

Schlumberger, 1989. Log Interpretation Principles/applications [M].

Schmitt-Rink S, Chemla D S, Miller D A B, 1989. Linear and nonlinear optical properties of semiconductor quantum wells [J]. Advances in Physics, 38 (2): 89-188.

Schön J, 1969. Ausbreitungsgeschwindigkeiten elastischer Wellen in Lockerböden und ihre Beziehung zu bodenmechanischen Kennwerten [J]. Freiburger Forschungs-Hefte C250, Leipzig: 5-92.

Schön J, 1983. Petrophysik, Akademie Verlag Berlin and Ferd [M]. Stuttgart: Enke Verlag.

Schön J H, 1996. Physical Properties of Rocks: Fundamentals and Principles of Petrophysics// Helbig K, Treitel S. Handbook of geophysical exploration – seismic exploration, 18, Pergamon Press JS96.

Scott J B, 2006. The origin of the observed low-frequency electrical polarization in sandstones [J]. Geophysics, 71 (5): G235-G238.

Scott W J, Sellmann P V, Hunter J A, 1990. Geophysics in the study of permafrost [M] //Geotechnical an Environmental Geophysics: Volume I: Review and Tutorial. Society of Exploration Geophysicists: 355-384.

Seigel H, Nabighian M, Parasnis D S, et al, 2007. The early history of the induced polarization method [J]. The Leading Edge, 26 (3): 312-321.

Sengwa R J, Soni A, 2006. Low-frequency dielectric dispersion and microwave dielectric properties of dry and water-saturated limestones of Jodhpur region [J]. Geophysics, 71 (5): G269-G277.

Serra O, Serra L, 2004. Well Logging. Data Acquisitions and Applications [J].

Simandoux P, 1963. Dielectric measurements on porous media, application to the measurements of water saturation: study of behavior of argillaceous formations [J]. Revue de L' institut Francais du Petrole, 18 (Supplementary Issue): 193-215.

Simmons G, 1964. Velocity of shear waves in rocks to 10 kilobars [J]. Journal of Geophysical Research, 69 (6): 1123-1130.

Slichter C P, 1986. Probing phenomena at metal surfaces by NMR [J]. Annual Review of Physical Chemistry, 37 (1): 25-51.

Snyder T S, 1977. A study of photoelectric conversion in photosensitive membranes [M]. Pittsburgh: University of Pittsburgh.

Stefansson V, Axelsson G, Sigurdsson O, 1982. Resistivity logging of fractured basalt [R]. Orkustofnun, Reykjavik, Iceland.

Tang X M, Patterson D, Markovic M, 2000. Fracture measurements in open/cased holes using cross-dipole logging: Theory and field results [M] //SEG Technical Program Expanded Abstracts 2000. Society of Exploration Geophysicists: 1699-1702.

Thiel F L, Ghandhi S K, 1970. Electronic properties of silicon doped with silver [J]. Journal of Applied Physics, 41 (1): 254-263.

Thomsen L, 1986. Weak elastic anisotropy [J]. Geophysics, 51 (10): 1954-1966.

TimoshenkoS, Goodier J N, 1970. Theory of Elasticity [M]. New York: McGraw-Hill.

Titov K, Komarov V, Tarasov V, et al, 2002. Theoretical and experimental study of time domain-induced polarization in water-saturated sands [J]. Journal of applied geophysics, 50 (4): 417-433.

Titov K, Kemna A, Tarasov A, et al, 2004. Induced polarization of unsaturated sands determined through time domain measurements [J]. Vadose Zone Journal, 3 (4): 1160-1168.

Vanhala H, 1997. Mapping oil-contaminated sand and till with the spectral induced polarization (SIP) method [J]. Geophysical prospecting, 45 (2).

Vinegar H J, Waxman M H, 1984. Induced polarization of shaly sands [J]. Geophysics, 49 (8): 1267-1287.

Vinegar H J, Akkurt R, Tutunjian P N, 1996. NMR logging of natural gas in reservoirs [J]. Magnetic Resonance Imaging, 9 (14): VII.

Visher G S, 1969. Grain size distributions and depositional processes [J]. Journal of Sedimentary Research, 39 (3).

Voigt W, 1910. Lehrbuch der kristallphysik: (mit ausschluss der kristalloptik) [M]. BG Teubner.

Volarovich M P, Bajuk E I, 1977. Elastic properties of rocks [J]. Issledovanie Fiziceskich svoistv Mineralnogo Vescestva Zemli pri Vysokich Termodinamiceskich Parametrach. Izdat. Nakova Dumka, Kiev: 43-49.

Von Karman T, 1911. Ueber die Formanderung dunnwandiger Rohre, insbesondere federrnder Ausgleichrohre [J]. Z VDI, 55: 1889-1895.

Walsh J B, 1965. The effect of cracks on the compressibility of rock [J]. Journal of geophysical research, 70 (2): 381-389.

Walton K, 1987. The effective elastic moduli of a random packing of spheres [J]. Journal of the Mechanics and Physics of Solids, 35 (2): 213-226.

Ward Stanley H S, 1990. Geotechnical an environmental geophysics: Volume I: Review and Tutorial [M]. Society of Exploration Geophysicist.

Waxman M H, Smits L J M, 1968. Electrical conductivities in oil-bearing shaly sands [J]. Society of Petroleum Engineers Journal, 8 (2): 107-122.

Weingarten J S, Perkins T K, 1995. Prediction of sand production in gas wells: methods and Gulf of Mexico case studies [J]. Journal of Petroleum Technology, 47 (7): 596-600.

Western Atlas, 1996. Systems and methods for deep-looking NMR logging [M].

White J E, 1983. Underground sound: Application of seismic waves [J].

Winsauer W O, McCardell W M, 1953. Ionic double-layer conductivity in reservoir rock [J]. Journal of Petroleum Technology, 5 (5): 129-134.

Worthington P F, Pallatt N, Toussaint-Jackson J E, 1989. Influence off Microporosity on the Evaluation off Hydrocarbon Saturation [J]. SPE Formation Evaluation, 4 (2): 203-209.

Worthington P F, Pallatt N, 1990. Effect of variable saturation exponent upon the evaluation of hydrocarbon saturation [C] //SPE Annual Technical Conference and Exhibition. OnePetro.

Wyllie M R J, Gregory A R, Gardner L W, 1956. Elastic wave velocities in heterogeneous and porous media [J]. Geophysics, 21 (1): 41-70.

Xu B, Peng L, Wang G, et al, 2010. Easy synthesis of mesoporous carbon using nano-$CaCO_3$ as template [J]. Carbon, 48 (8): 2377-2380.